上海对外经贸大学资助

金融理财入门

余玮　主编

中国财经出版传媒集团
中国财政经济出版社

图书在版编目（CIP）数据

金融理财入门／余玮主编. --北京：中国财政经济出版社，2023.3
ISBN 978-7-5223-1881-3

Ⅰ.①金… Ⅱ.①余… Ⅲ.①金融投资-教材 Ⅳ.①F830.59

中国国家版本馆 CIP 数据核字（2023）第 018372 号

责任编辑：葛　新　　责任校对：胡永立
封面设计：孙俪铭　　责任印制：史大鹏

金融理财入门
JINRONG LICAI RUMEN

中国财政经济出版社 出版
URL：http：//www.cfeph.cn
E-mail：cfeph@cfeph.cn

社址：北京市海淀区阜成路甲 28 号　邮政编码：100142
营销中心电话：010-88191522　编辑部门电话：010-88190639
天猫网店：中国财政经济出版社旗舰店
网址：https：//zgczjjcbs.tmall.com
北京富生印刷厂印刷　各地新华书店经销
成品尺寸：185mm×260mm　16 开　18 印张　418 000 字
2023 年 3 月第 1 版　2023 年 3 月北京第 1 次印刷
定价：46.00 元
ISBN 978-7-5223-1881-3
（图书出现印装问题，本社负责调换，电话：010-88190548）
本社质量投诉电话：010-88190744

作者简介

余玮，上海对外经贸大学金融管理学院教授，硕士生导师，会计学博士，CFA 持证人，FRM，中国注册师会计协会非执业会员。主要从事公司理财与金融领域的教学与研究工作。

内容简介

本书是一本通识性的金融理财教材，将经济学、企业管理、金融学、会计学等知识与投资理财相融合，主要介绍了最常用的投资理财品种：储蓄、债券、股票、基金、房地产、外汇、期货、信托、理财产品、黄金、收藏品、理财保险、P2P 和数学货币等，并通过二维码链接的方式提供了同步课程视频和在线练习题。

前　言 Preface

随着现代经济和市场的全球化，金融渗透到社会与经济的各个领域，金融与社会公众的日常生活紧密相联。金融在促进经济和社会发展方面发挥着越来越重要的作用。学习金融知识不但可以扩展思维，开拓视野，还可以指导我们做出知情条件下的公共选择。对于我们每个人来说，学习金融知识都是重要的。它可以影响我们工作和生活中的金融决策。

随着金融业的不断发展，人们的金融意识变得越来越重要。人们对资本增值的意识从无到有，投资理念也逐渐增强。储蓄、股票、基金、外汇、保险、P2P 等投资工具涵盖的生活范围越来越大，个人投资理财也成为时尚潮流。随着市场经济的发展和人们生活水平的日益提高，加强个人投资理财的意识与能力已经成为不可懈怠的事情。

当前，我国金融行业正处于不断发展和变化中，金融服务范围不断扩大，金融创新层出不穷，金融产品不断涌现。与此相矛盾的是，社会公众对金融的了解还比较片面，对金融现象和金融决策的理解还较差、理财能力和水平较弱、没有做好应对各种金融突发事件的准备。社会公众对金融知识的掌握和对金融政策的理解，会影响我国金融体系的安全运行和健康发展。因此，对社会公众，尤其是对即将踏入社会的高校大学生，进行金融理财知识教育就显得十分迫切。

目前，我国非经济管理专业的大学生知识体系中缺乏经济与金融类知识。在当代社会，公众面对的是各类金融理财产品，在进行投资决策时，会面临投资风险，甚至会面对金融危机，因此，社会公众对金融理财知识的需求是必然的。需要为大学生，特别是非经济管理专业学生补充金融理财知识，使他们具备基本的金融理财素质。

本书是一本通识性的金融理财教材，将经济学、企业管理、金融学、会计学等知识与投资理财相融合。首先，从经济学角度分析了经济活动、市场、政府和企业的关系。其次，对微观经济个体——企业进行了介绍。接着讲述了货币、利率、金融机构和市场等金融学的基本理论知识及其在现实社会生活中的应用。在介绍完理财学基础知识后，主要讲述了最常用的投资理财品种，包括储蓄、债券、股票、基金、房地产、外汇、期货、信托产品、理财产品、黄金、收藏品、保险理财、P2P和数学货币，基本覆盖了现实生活中最主要的投资理财产品。最后，分析了家庭（个人）理财以及财务规划的方法，并对如何进一步学习和提高金融理财理论知识和实战操作提供指导和方向。

金融理财是一门非常实用的学问，存在于每个人的日常行为中；金融理财是一门充满智慧的学问，金融市场处于不断的变化中。人生是一个不断修炼、完善自我的过程。学习投资也是一场自我修炼。希望通过学习和阅读这本书，读者在生活中能更加清醒，在消费中能更加理性，在投资中能更加明智。

本书由余玮教授编写与校对，张强副教授参与了第五章的编写，梁芬莲副教授参与了第六章的编写。

书中难免存在错谬之处，敬请读者批评指正！

编　者

2022 年 11 月

课程介绍

目　录 Contents

第一章 Project 1 经济活动

经济活动是指人们在社会的组织与规则下，通过劳动或者支付获得各种生活和生产资源的一切活动。经济活动为我们的生活提供物质基础，影响每个人的日常活动。在生活中，我们参与很多经济活动，面临很多经济问题。在买房时，为什么房屋的价格会有高有低？为什么猪肉又贵了？鸡蛋又涨价了？爱情应该如何选择？应该继续求学还是工作？……经济学存在于每个人的日常活动中，我们在生活中都在有意无意地运用经济学的知识与原理进行选择和取舍，试图以最小的成本获得最大的收益。

1－1：经济学划分与研究

第一节 经济学划分与研究

经济学对人们的行为进行研究，分析如何将有限或者稀缺资源进行合理的配置。经济学的英语“Economics”来自希腊文 οἶκος［oikos］。亚当·斯密被称为“经济学之父”。他的著作《国富论》是近代经济学的奠基之作。经济学理论体系和实际应用在现实世界中被不断补充与完善。

经济学研究的基本问题包括：

（1）生产什么？这涉及资源应该如何配置的问题。

（2）为谁生产？这涉及分配问题，即产品如何分配的问题。

（3）怎么生产？这涉及两个问题，一是在解决资源应该如何配置的前提下，如何实现资源利用效率的问题；二是从增长角度看，技术进步对于产出或效率提高作用的问题。

人类经济活动是创造、转化、实现价值，满足人们物质文化生活需要的活动。经济就是价值的创造、转化与实现。经济学对经济活动进行研究，即研究价值的创造、转化和实现的规律，包括价值的生产、流通、分配、消费规律的理论和实践。

经济学的核心思想是稀缺资源配置和利用。以稀缺法则为起点，经济学涉及四个问题：一是稀缺资源，即资源是有限的。这是经济学产生的基础和研究的出发点。二是资源配置。因为资源是稀缺的，要对稀缺的资源进行配置，即如何将资源在社会各个领域进行配置。三是资源利用。因为，在资源配置中会出现资源不合理的利用，出现资源闲置或浪费问题。因此，为了实现对稀缺资源的合理利用，就需要进行干预。四是经济体制。资源配置和利用可以有不同的解决模式和方式，这就涉及经济体制问题。

西方经济学分为两大主要分支：微观经济学和宏观经济学。微观经济学以有限资源的配置作为主要的研究对象，而宏观经济学则以资源有效利用作为主要的研究对象。无论是微观经济学还是宏观经济学都涉及经济体制问题。当代不少经济学者主张建立混合经济体制。在这种经济体制中既有市场机制发挥作用的自由市场经济，国家也需要对经济生活进行干预和宏观调控。

在学科划分上，经济学学科门类包含理论经济学、应用经济学 2 个一级学科，16 个二级学科，其中理论经济学 6 个二级学科、应用经济学 10 个二级学科。如图 1－1 所示。

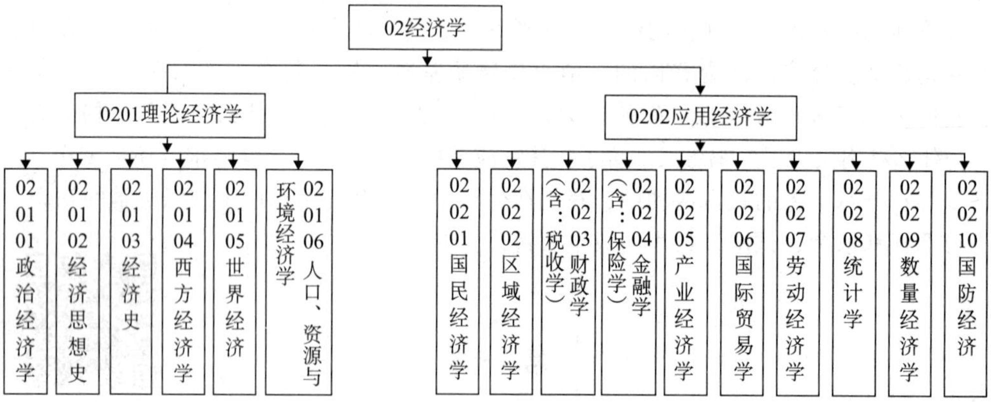

图 1－1　经济学学科分类

身边的案例

案例 1：以猪肉为例，用经济学有关知识分析猪肉价格上涨的原因：①价值决定价格。生产猪肉的成本上升，导致猪肉价格上升；②供求关系影响商品价格。当猪肉供不应求时，处于卖方市场，故猪肉价格上涨。③市场调节的自发性影响价格。有些商人投机取巧，囤积猪肉或猪饲料等引发猪肉价格上涨。

案例 2：如何用经济学来解释爱情？

在经济学家眼中，爱情是实现人们幸福感的众多消费品之一。它是一种具有互补效用的非耐用消费品。所谓互补效用，是说某一产品单独存在，价值不会太高。当另一产品出现时，彼此的价值会同时提升。以笔为例，如果只有笔而没有纸，没有人会用笔。有了纸后，笔和纸的价值都得到提升。这个道理告诉我们，因为爱情实现了 1＋1＞2 的效用，因此双方都感到幸福。爱情中的男女彼此找到一个均衡点，觉得对方的存在会让自己过得更好，或会让自己变得更好。

一、微观经济学

（一）什么是微观经济学

微观经济学（Microeconomics）是现代西方经济学的分支之一。微观来自希腊语“μικρο”，含义是“小”。微观经济学的研究对象为个人、家庭以及企业。研究内容主要包括厂商供给、消费者选择和收入分配。以单个经济单位（单个生产者、单个消费者、单个市场经济活动）作为研究对象，分析单个生产者如何将有限资源分配在各种商品的生产上以取得最大利润；分析单个消费者如何将有限收入分配在各种商品消费上以获得最大满足；分析单个生产者的产量、成本、使用的生产要素数量和利润应该如何确定；分析生产要素供应者的收入如何决定，受什么因素影响；分析单个商品的效用、供给量、需求量和价格如何确定等。

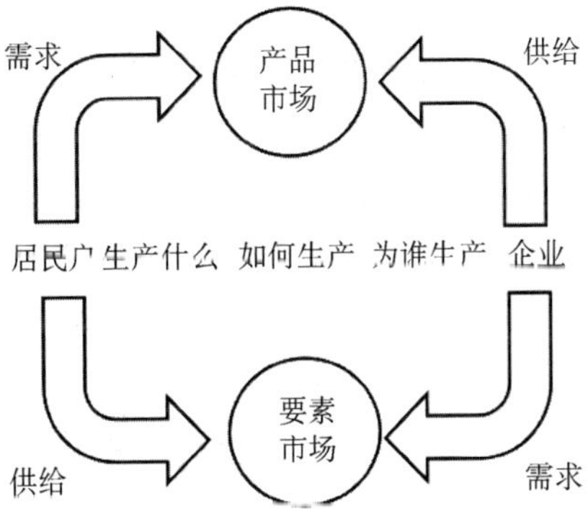

微观经济学研究社会中单个经济单位的经济行为。在此基础之上，研究现代西方经济社会的市场机制运行及其在经济资源配置中的作用，并提出微观经济政策以纠正市场失灵。微观经济学研究的基本问题是如何进行资源配置，即如何利用市场机制来实现资源最优配置的理论。其基本理论就是通过供求来决定相对价格的理论，关心社会中的个人和各组织之间的交换过程。其核心的思想是，自由交换可以使资源得到最充分的利用。在这种情况下，资源配置被认为是帕累托有效①的。

微观经济学涵盖的内容十分广泛，主要包括：生产者行为理论（包括生产理论、成本理论和市场均衡理论）、消费者行为理论、均衡价格理论、分配理论、市场失灵，以及微观经济政策。

身边的案例

春运期间火车票的购买通常处于饱和状态。火车票供给方面，每年春运期间铁路运输都处于饱和状态，火车票的供给曲线几乎是垂直的，基本无弹性可言。需求方面，春运期间，全中国的人口都在迁移，飞机、火车和汽车作为主要的迁移工具，其中火车票的性价比较高，所以火车票的需求急剧增大。政府通过增加火车班次、加开临时列车增加火车票的供给；或者增加替代品，例如，增加飞机和长途汽车等其他供给，降低春运火车票的需求。另外，由于需求规律的作用——价格和需求量呈相反方向变化，所以如果提高火车票价格，需求会部分转移，从而需求量减少。2001—2006 年，我国铁路部分直通列车曾实行春运期间票价上浮政策。由于春运期间火车票涨价，春运高峰期提前了三天也延后了三

---

① “帕累托有效”是意大利经济学家维弗雷多·帕累托提出的经济术语。如果当前配置不可能在不损害某些人利益的前提下使另一些人获益，则该配置便是“帕累托有效”的配置。

天。后来，出于多重考虑，从2007年开始，铁路运输在春运期间不再上浮票价。

（二）基本假设及局限性

微观经济学的理论前提条件是以下三个基本假设：

第一，理性经济人假说。理性经济人假说是在进行经济分析时，经济学家对人类经济行为的一个基本假定。意思是作为经济决策的主体都是完全理性的，即所追求的目标都是使自己的利益最大化。具体说就是：消费者追求效用最大化；厂商追求利润最大化；要素所有者追求收入最大化；政府追求目标决策最优化。合乎理性经济人的假设条件是，以利己为动机，努力以最小的经济代价去追逐和获取自身最大化的经济利益。

理性经济人假说是整个经济学理论的基石，之后衍生出“看不见的手”（invisible hand）、自由放任主义、古典经济学派等。基于理性经济人假说，可以推导出：市场各参与者都将各行其是，最终的合力将会把市场推向效率最大化以及社会福利最大化的均衡状态。

理性经济人假说假设每个人或单位的决策都是理性的，都把效用最大化或者利润最大化作为目标。但是这一假设在现实生活中并不一定成立。①对于个人决策，行为经济学的一些实验以及理论已经证明个人的决策受到很多其他因素的影响，例如，情绪、错觉等心理层面的因素，导致个人即使在获得完全信息的条件下，做出的决策仍然可能不是效用最大化的决策。②对于企业，公司金融也探讨了诸如利益冲突、代理成本等大量可能导致公司决策背离其公司价值最大化目标的情况。③由于公司的决策最终也是由个人做出的，行为经济学中讨论过大量由于个人的情绪以及认识偏差也会导致公司决策错误的情况。

第二，完全信息假定。完全信息假设是指市场参与者拥有并掌握所有基于某种经济环境状态的知识和信息。市场上每个从事经济活动的个体（即买者和卖者）都对有关的经济情况具有完全的信息。以“完全信息”假设为前提的市场是完全市场。在完全市场中，信息就像空气一样，不是商品，也没有市场价格。同时，信息在市场参与者之间不受任何形式的阻滞而广泛及时地传播，使每个市场参与者都能同时接受到同样的信息。

即使市场参与者高度理性，为了做出最优决策，他们仍然需要第一时间了解市场上的所有真实信息。但是这一点在现实生活中是不可能完全达到的。①由于技术的限制，市场消息的传播是需要时间的；②由于部分市场参与者希望通过信息优势谋取高额利润，也会有人为因素加强信息的隔绝性；③随着金融以及科技的发展，解读市场信息往往需要极为深厚的专业知识，而这种知识并不是市场上的每个参与者都能拥有的。以上三个方面的原因造成了市场参与者往往无法第一时间得到市场上的所有真实信息，也就是经济学中常说的“信息不对称”。信息不对称将会导致逆向选择[①]、道

---

① 逆向选择是指市场的某一方如果能够利用多于另一方的信息使自己受益而使另一方受损，倾向于与对方签订协议进行交易。由于交易双方信息不对称和市场价格下降产生的劣质品驱逐优质品，进而出现市场交易产品平均质量下降的现象。例如，在产品市场上，特别是在旧货市场上，由于卖方比买方拥有更多的关于商品质量的信息，买方由于无法识别商品质量的优劣，只愿根据商品的平均质量付价，这就使优质品价格被低估而退出市场交易，结果只有劣质品成交。

德风险[①]等市场失灵的情况，造成无效决策。

第三，市场出清假设。市场出清假设是指无论是劳动力市场上的工资，还是产品市场上的价格都具有充分的灵活性，可以根据供求情况迅速进行调整。也就是认为在价格可以自由且迅速升降的情况下，市场上一定会实现均衡（Equilibrium）状态。在这种状态下，资源可以得到充分利用，不存在资源闲置或浪费问题。

当劳动力市场上的工资或者产品市场上的价格都具有充分的灵活性时，供求情况可以根据价格迅速进行调整。有了这种灵活性，劳动力市场和产品市场都不会存在超额供给。因为如果产品或服务出现超额供给，价格就会下降，直至产品或服务的价格降到使买者愿意购买为止。如果劳动力市场出现超额供给，劳动者工资就会下降，直至工资降到使雇主愿意为所有想工作的劳动者提供工作为止。基于市场出清假设，所有市场都可以处于或趋向于供求相等的一般均衡状态。

在现实生活中，需求和供给迅速达到均衡的市场是很少存在的，否则就不会有产能过剩的现象。在实际中，这一理论可能适用于商品市场和金融市场，但不适用于劳动力市场。

身边的案例

案例 1：人行为的非理性：以我国一种习惯性支出为例——“送红包”。其是指亲戚和朋友家中有红白喜事（如子女结婚、小孩满月、老人寿诞、亲人去世等），朋友、亲友、邻居都要送钱，称“送红包”。这个习惯过去就有，那时红包不过几角、一元、二元，后来涨到五元、十元，现在通常至少送百元，有的地方高达上千元。这就给大家带来了沉重的负担。有些外出务工人员春节不愿意回家，因为一年在外辛辛苦苦，好不容易赚了些钱，送“红包”就送完了。这表明，“送红包”是一种非理性的支出。但为什么改变不了呢？因为“习惯成自然”，大家都这样，所以很难改变。

案例 2：信息不对称实例：2008 年，美国次贷危机期间，大量极为复杂的资产支持证券（ABS）[②] 和担保债务凭证（CDO）[③] 产品造成了整个市场的风险聚集，资产证券化的风险分散效应已经失效。由于当时的资产证券化结构复杂，市场上甚至很少有人能够真正理解这些产品真实的风险水平。大量投资银行为了推销资产证券化产品以换取现金流，在宣传时没有有效揭示这些产品的风险等级，最终导致违约行为大量蔓延，投资银行以及金融保险公司倒闭、资产价格大幅缩水。这也成为 2008 年美国次贷危机爆发的主要原因之一。

---

① 道德风险（Moral Hazard）是指参与合同的一方所面临的对方可能改变行为而损害到本方利益的风险。比如，当某人获得某保险公司的保险，由于此时某人行为的成本由该保险公司部分或全部承担。此时保险公司面临着道德风险。如果此人违约造成了损失，他自己并不承担全部责任，而保险公司往往需要承担大部分后果。此时某人缺少不违约的激励，所以只能靠他的道德自律。他随时可以改变行为造成保险公司的损失，而保险公司要承担损失的风险。

② 资产支持证券（ABS）是由受托机构发行的、代表特定目的的信托受益权份额。受托机构以信托财产为限，向投资机构承担支付资产支持证券收益的义务。其支付基本来源于支持证券的资产池产生的现金流。资产支持证券下的资产通常是金融资产，如贷款或信用应收款，根据它们的条款规定进行有规律的支付。

③ 担保债务凭证（CDO）是把所有可能的现金流打包在一起，并且进行重新包装，再以产品的形式投放到市场的凭证。这个现金流可能来自各种类型的债券、债务、保费等。

案例 3：非市场出清实例：在 1929—1933 年的经济危机时期，农场主把大量过剩的牛奶倒掉，把大量卖不出去的猪赶入大海，大量过剩物资被销毁。那么为什么农场主宁愿把牛奶倒掉，也不免费发给穷人？因为站在农场主的角度，现在市场上牛奶供大于求，价格极低。假如成本是 1 美元，但是却只能卖 0.5 美元，运输和加工还得花 1 美元，也就意味着，每卖 1 单位牛奶，农场主要亏 1.5 美元（0.5 - 1 - 1 = - 1.5 美元）。那么最理性的做法就是，所有的农场主一起改善供需关系，将过剩的牛奶销毁，让市场上的牛奶不是供过于求，从而大致实现供需平衡。

二、宏观经济学

宏观经济学（Macroeconomics）是相对于微观经济学而言的。宏观经济学研究国家经济总量、总需求与总供给、国民收入总量及构成、包括货币与财政政策在内的经济政策、人口与就业情况、生产要素与赋税水平、经济增长预期与经济周期、国际贸易与国际经济等宏观经济现象。它以国民经济运行活动作为研究对象，通过研究国民总收入、经济整体的投资和消费、劳动与就业等总量数据，分析和评价经济运行的总体规律。如图 1 - 2 所示。

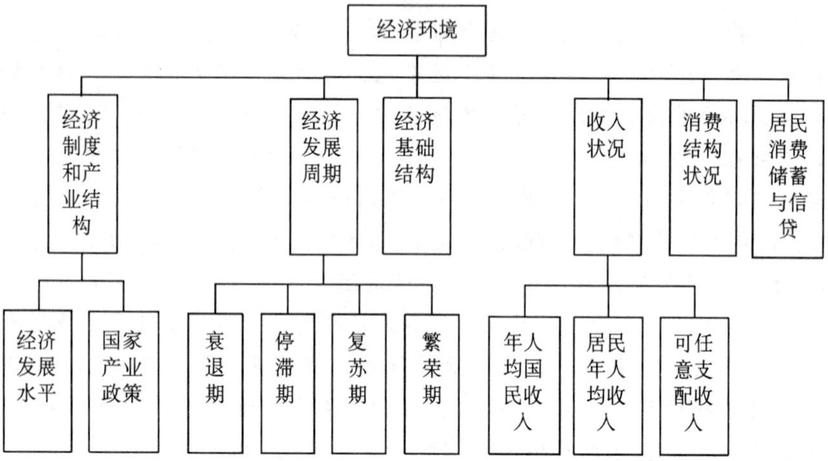

图 1 - 2　宏观经济学的主要研究内容

现代宏观经济学包括宏观经济理论、宏观经济政策和宏观经济计量模型。

（1）宏观经济理论包括：经济增长理论、经济周期理论、货币理论、失业与通货膨胀理论、国民收入决定理论、消费函数理论、投资理论、开放经济理论。

（2）宏观经济政策包括：经济政策目标、经济政策工具、经济政策机制（即经济政策工具如何达到既定的目标）、经济政策效应与运用。

（3）宏观经济计量模型包括：根据不同的经济学理论建立相应的计量模型，可以应用于理论检验、经济预测、经济政策制定和政策效果分析。

宏观经济学服务于国家运行的各项经济干预政策，内容主要包括：经济增长、经济周期波动、失业、通货膨胀、国家财政、国际贸易等方面。宏观经济学的研究对象涉及国民收入及社会总消费、人口数量及增长率、就业人数和失业率、国家预算和赤字、货币流通量和流通速度、物价水平、储蓄和投资水平和效率、进出口贸易和国际收入差额等。第二次世界大战之后，凯恩斯主义宏观经济政策在西方各国得到广泛的运用，在相当程度上促进了经济的发展，但是，国家对经济的干预也引起了其他的经济和社会问题。

身边的案例

政府可以运用财政政策和货币政策等手段调节供给与需求，平抑周期性经济波动，既能克服经济衰退，又能避免通货膨胀，以实现充分就业均衡。财政政策和货币政策的运用需要相互配合。在经济萧条或通货膨胀的不同时期，应采取扩张性或紧缩性的财政政策和货币政策。

在萧条时期，政府通常采取扩张性的财政政策和货币政策。

在财政政策方面，主要措施是减税和扩大政府开支。①减税可以使公司和个人少交纳税金，使税后收入增加，从而刺激企业扩大投资，个人增加消费。投资需求和消费需求的扩张，可以增加社会总需求，克服经济萧条。②扩大政府开支。主要是扩大政府的购买力，增加公共经费开支和扩大转移支付，通过扩大政府的消费，增加社会需求，刺激投资。但是，这种扩张性的财政政策可能会导致财政赤字。

在货币政策方面，主要措施是扩大货币供给量和降低贷款利率。具体的措施包括：在公开市场上购进政府债券，把更多的准备金注入商业银行。商业银行的准备金增加后，就可以扩大对企业和个人的贷款，从而扩大货币供给量。降低贷款利率，可以刺激企业的投资，通过增加供应量，进而增加总需求。

三、微观经济学和宏观经济学的比较

微观经济学和宏观经济学之间既有区别又有联系，很多经济问题既涉及微观经济层面也涉及宏观经济层面。例如，企业决定进行机器设备的更新与改造，这时需要分析单个企业所面临的情况——这是一个微观经济问题。当研究所有企业投资于新机器和设备的投资总额如何影响社会经济增长速度时——这是一个宏观经济问题。

微观经济学和宏观经济学之间的区别主要表现在以下几个方面：

1. 两者的研究对象和内容不同

微观经济学的研究对象是单个经济单位，如个人、家庭、企业等。单个经济单位的最优化行为奠定了微观经济学的基础。微观经济学研究个人、家庭和企业如何做出选择，它们如何在市场上相互作用，以及政府如何试图影响它们的选择。例如，微观经济学问题包括解释消费者如何应对产品价格的变化以及企业如何决定制定什么样的价格。宏观经济学的研究对象则是经济整体，研究社会整体经济的运行方式与规律，从总量上分析经济问题。宏观经济学将国民经济作为一个整体来进行研究，根据经济增长、经济周期波动、失业和通货膨胀等来分析全社会的经济行为。例如，宏观经济学问题包括解释为什么经济会经历衰退和失业不断增加的时期，以及为什么在很长时间有些国家（经济体）比其他国家（经济体）增长得快很多。如图 1－3 所示。

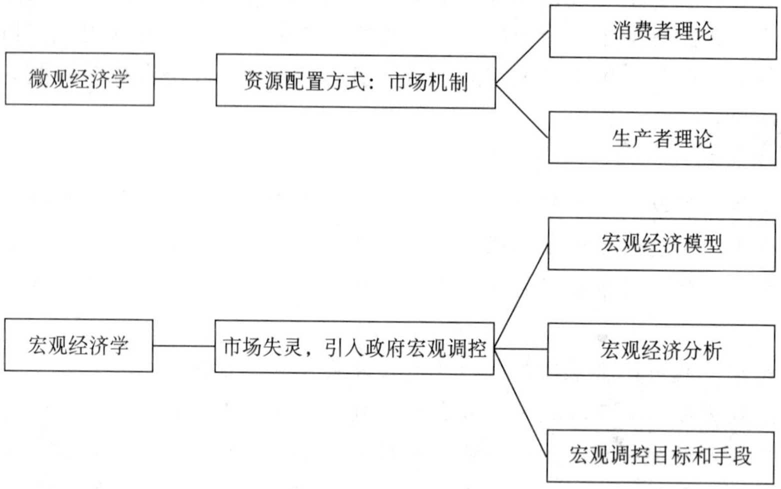

图 1－3 微观经济学与宏观经济学的研究对象和内容

2. 两者解决的问题存在差异

微观经济学分析的是资源配置问题，即生产什么、如何生产和为谁生产的问题，以实现单个经济单位的个体效益最大化。宏观经济学则把资源配置作为既定的前提，研究全社会范围内资源合理利用的问题，以实现社会福利的最大化。

3. 两者研究方法不同

微观经济学使用的研究方法是个量分析，即研究经济变量的单项数值如何确定。宏观经济学的研究方法则是总量分析法，即对能够反映整个经济运行情况的经济变量的变动及其相互关系、影响因素进行研究。这些总量数据包含两个方面的内容，即个量的总和与平均量。所以宏观经济学又称为总量经济学。

4. 两者基本假设不同

微观经济学的基本假设包括完全理性、充分信息和市场出清，认为“看不见的手”——市场通过自由调节，可以实现最优化的资源配置。宏观经济学则假定市场机制是不完善的，需要政府对经济活动进行干预，通过“看得见的手”纠正市场机制中存在的缺陷。

5. 两者的理论存在差异

微观经济学的理论包括：生产理论、消费者行为理论、价格理论、分配理论、一般均衡理论、市场理论、产权理论等。宏观经济学的理论则包括：失业与通货膨胀理论、经济周期与经济增长理论、国民收入决定理论、开放经济理论等。

身边的案例

案例1：调整利率对房价的影响

市场上房屋的供给与需求是决定房价上涨和下跌的主要因素。虽然调整利率并不能直接影响房价，但却可以通过控制房地产的需求和供给进而影响房价。利率调整对房地产消费者、房地产企业、房地产业发展规模和房价都会产生一定的影响。银行将利率上调后，住房贷款利率会提高，房价在短期内受加息影响较小，但未来房价增长将趋于平缓。利率上调，购房者将支付更多的房贷利息，意味着购房支出的增加。利率上调实际上是央行在减少对贷款购房者的支持力度，降低其购买力，而购买力的降低必然会减少对房地产的需求。这种对需求的抑制短期内会对过高的房价产生一定的降温作用。但是这种抑制作用可能会影响房地产的供给量，长期很难确定会对房价产生什么样的影响。

案例2：住房贷款利率调整对个人的影响：月供还款会增加还是下降？

自2019年10月8日起，我国新发放商业性个人住房贷款利率以最近一个月相应期限的贷款市场报价利率（LPR）为定价基准加点形成。房贷新规将对月供产生哪些影响？未来的房贷利率会下降还是上升？2019年10月8日之前，已发放的商业性个人住房贷款和已签订合同但未发放的商业性个人住房贷款，可以按原合同约定执行或转换成贷款市场报价利率（LPR）。这一规定只针对商业性个人住房贷款，对于公积金个人住房贷款利率政策暂不调整。月供的增加或下降由未来利率的变化决定。如果未来利率上调，月供还款会增加；如果未来利率下调，月供还款会减少。

第二节 分工、市场和商品

1-2：分工、市场和商品

一、专业化与分工

社会分工是指人们进行各种劳动的社会划分及其独立化和专业化。分工的产生是由于群居生活，为了使群体更好地生存下去，需要提高群体中各项工作的效率，因此产生了分工，最早的分工是自然分工。有些哺乳动物的分工跟人类类似，都是按照个体所擅长的进行分工，例如，雌狮擅长捕猎，于是雌狮就担负养育的责任；雄狮擅长打斗，因此雄狮担负起保卫家园的责任。昆虫的分工通常由幼虫期的发育情况决定，比如，雌性蜜蜂如果在幼虫期一直食用蜂王浆，就会发育成蜂王，负责繁殖；如果在幼虫期只吃两三天蜂王浆，则发育成不育的工蜂，负责采蜜、分泌蜂王浆、建造巢穴、养育幼虫等。

社会分工是在自然分工的基础上，随着生产力的发展而逐步形成的。社会分工是人类商品经济发展的基础。对人类而言，没有社会分工，就没有交换，市场经济也就无从谈起。人类社会分工的优势是让擅长的人做自己擅长的事情，使平均社会劳动时间尽可能地缩短，生产效率显著提高。能够提供优质高效劳动产品的劳动者，才能在市场竞争中获得高利润和高价值。人尽其才，物尽其用，最深刻的含义就是由社会分工得出的。恩格斯在《家庭、私有制和国家的起源》一书中指出：在原始社会后期共发生三次社会大分工，即畜牧业与农业的分离、手工业和农业的分离和商人阶层的出现。如图 1－4 所示。

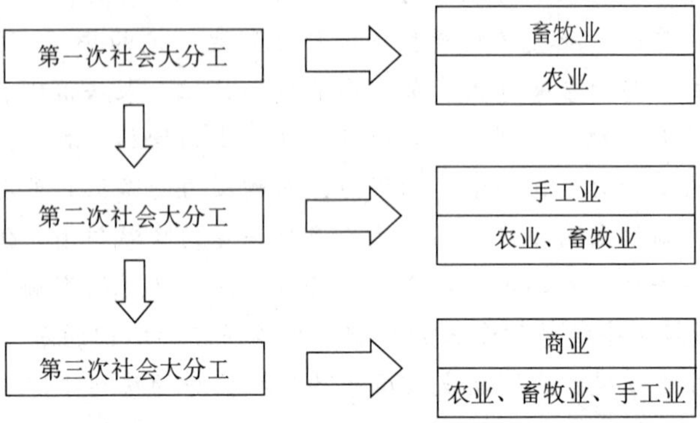

图 1－4 人类史上的三次社会分工

（一）第一次社会大分工

时间：野蛮时代的中级阶段。

标志：畜牧业与农业的分离，形成牧民和农民，养殖业牧场和种植业耕地。

简介：在人类征服自然的早期过程中，一些部落学会驯养动物以获取肉和奶等生活资料。随着较大规模畜牧群的形成，这些部落主要从事畜牧业，与其余的野蛮人群脱离，成为游牧部落。游牧部落生产的生活资料与其他部落不同，由于数量较多，促进了交换的发展，使定期交换成为可能。放牧一群牲畜只需要少数人，因此个体劳动取代了共同劳动，相应地产生了私有制。家庭相应发生变化，男子在家庭中占主导地位，畜牧业成为主要的谋生手段。后来，随着农业和手工业的发展，谷物成为人类的食物。人们开始掌握矿石冶炼和金属加工技术，青铜器和其他金属工具出现。分工和生产力的提高，使人的劳动力能够生产出超过维持劳动力所必需的产品。为了增加劳动力，战俘不再被杀害，而是变为奴隶，成为劳动力，奴隶制逐渐出现。

（二）第二次社会大分工

时间：野蛮时代的高级阶段。

标志：手工业与农业的分离，出现简单的手工业作坊和少量的手艺工人。

简介：铁器的使用和生产技术的进步，促进了农业的发展和劳动生产率的提高。手工业逐步多样化。多样化的活动无法由个人单独完成，需要人们之间的合作，出现了第二次社会大分工，手工业与农业相分离。在第二次社会大分工之后，以交换为目的的商品生产随之产生。随着商品交换的发展，贵金属成为主要的货币商品，参与交换过程。当货币财富在社会上出现，人们生活的目标变为追求财富的增加，人们努力积累财富。由于交换和剩余产品的出现，劳动力的价值得到提高。在第一次社会大分工时期，奴隶制还处于零散现象，而在这一时期其已经成为社会制度的重要组成部分。

（三）第三次社会大分工

时间：文明时代的门槛。

标志：商人的出现，有了商品、商人和商业。

简介：随着商品交换的进一步发展，出现了商人群体。他们作为生产者和消费者之间的中间人，只从事交换，不从事生产。商人的出现促进了商品的生产和交换。金属货币在交换过程中越来越重要。货币借贷、利息和高利贷也逐渐出现。土地成为私有财产，土地的私有权被明确确立，可以继承、抵押和出售。在奴隶之外，自由人区别为富人和穷人。根据财富多少和社会分工，产生了新的社会阶级。国家产生，财富变得更加集中，奴隶数量增加，强迫奴隶劳动成为社会的经济基础。

恩格斯对三次社会大分工的论述与他将人类社会划分为蒙昧时代、野蛮时代和文明时代的论述相结合。经过这三次社会大分工，人类社会进入了文明时代。第二次社会大分工中，出现了专门以交换为目的商品生产。在第三次社会大分工中，专门从事商品贸易的商人阶层出现，以适应商品生产和交换发展的需要。在手工业者和商人集中的地区，城市经济和城乡分工逐渐显现。劳动分工带来生产力的进步和剩余产品的增加，使一部分人彻底摆脱体力劳动，从事监督生产、管理国家及科学和艺术等活动，最后形成了脑力劳动和体力劳动的分工。

为什么随着社会的发展和成熟，社会分工越来越细？可以根据人们从事经济活动的成本和收益分析对这个问题进行深层次的解答。在市场经济活动中，理性经济人追求个人利益最大化。所以理性经济人在从事任何一项经济活动时，都会对进行这项活动付出的成本和获得的收益进行比较，只有收益大于成本，才会从事这项活动。在分工过程中，人类根据自身优势和能力，评价付出各种成本和获得的各种利益。越来越细致专业化的分工，既符合每个人的个人利益，也符合社会进步的宏观利益。正如大家所知道的，随着社会生产力的不断发展，要求人们掌握的知识和技术水平不断提高。人们技术水平的提高，离不开越来越精细的社会分工。分工之所以能够提高技术水平，根本原因在于任何人学习、获取和掌握技术的精力和能力是有限的。在个人有限的精力和能力制约下，人们能够掌握技术水平的高低，与他能掌握的技术种类数量成反比。分工可减少人们需要掌握的技术种类数量，那么每个人都有更多精力集中于某项知识、技能和工作。越来越精细的社会分工与专业化能不断促进社会生产力的提高和经济的发展。由于利益大于成本，所以能推动分工和专业化不断发展和深化。实际上，所有分工现象的产生，都受到理性经济人趋利避害倾向的引导。如果分析与研究各种各样的社会分工和国际分工，无不包含成本—收益分析的基本原理。

身边的案例

案例 1：假定某个村落只有两个农户甲和乙，他们为了吃饭各自种植粮食，为了穿衣各自织布。但是，甲比乙更擅长种植粮食，织布却是乙的强项。后来这两个农户进行了分工：甲专门种植粮食，乙专门织布。结果一年下来，在相同资源条件下有了更多的粮食和布匹。亚当·斯密告诉我们：要想增加产量，就必须提高劳动生产率，而要想提高劳动生产率，就必须进行分工。分工就是将复杂的事情分解，使之简单化，干简单的事情效率必然高。按照亚当·斯密的理论，分工是根据绝对优势进行分工，也就是自己和对方比，生产专业化生产效率绝对比对方高的产品，再进行交换，使双方都受益。

案例2：苹果智能手机价值链中的国际分工

苹果公司对外公布的2017年物料清单披露，苹果智能手机（iPhone）供货商包括中国大陆、中国台湾、美国、德国、日本、韩国等14个国家和地区的183家供货商企业。从核心零部件的供货商数量看，美国、日本和中国台湾最多，占总数的69.74%。从价值链角度看，美国供应商主要提供核心芯片、集成电路和内存等核心零部件；日本供应商提供摄像头模块等光学元件及显示面板；中国台湾供应商主要从事印刷电路板生产、代工中央处理器芯片以及最终组装；韩国供应商提供显示面板和一些芯片。中国大陆共有33家供应商为苹果智能手机（iPhone）提供声学元件以及结构元件等非核心零部件。由此可见，美国、中国大陆、中国台湾、日本和韩国等都深度介入苹果手机供应链。苹果智能手机（iPhone）的供应链具有全球化的特征。

但是苹果智能手机（iPhone）的生产高度集中在中国。183家供货商共有748家工厂为苹果公司供货，主要分布在中国大陆、奥地利、捷克、巴西、墨西哥、菲律宾、印度尼西亚和越南等26个国家和地区。其中347家工厂位于中国大陆，占比高达46.4%。中国内地核心部件工厂、非核心部件工厂和包装组装工厂所占比例分别为30.5%、54.1%和71.32%。也就是说，不仅苹果智能手机（iPhone）组装集中在中国内地，超过一半的非核心零部件工厂和近1/3的核心零部件工厂也位于中国大陆。在这347家工厂中，除中国供货商外，大部分是由日本、韩国和中国台湾等非美国供货商在中国大陆设立，只有57家是由美国供货商设立。

2018年，高盛（Goldman Sachs）发布了一份对苹果智能手机（iPhone）的全球供应链研究报告。报告指出，在苹果智能手机（iPhone）的全球供应链中，中国的生产成本占25%—35%，其中约15%是零部件加工和组装的人工成本。报告估计，如果将中国的苹果智能手机（iPhone）生产与组装全部转移到美国，手机的生产成本将提高大约37%。如果美国通过调整产品工艺等方法节约劳动成本，实现生产自动化的需要，会逐渐提高生产效率，预计5年后将消化部分新增的成本。如果苹果公司期望保持利润不变，苹果智能手机（iPhone）售价将上涨15%。当然，这种情况应该不会发生。即便由于某些原因，美国公司的中国工厂全部撤回美国，苹果智能手机（iPhone）生产和组装也不会回到美国，可能会选择人工成本比较低的东南亚地区。

二、市场

随着社会分工和商品生产的发展，市场产生出现。市场是进行商品交换的场所。有社会分工和商品交换的地方就有市场。市场在发展过程中，也促进了社会分工和商品经济的进一步发展。在市场上，通过信息沟通，生产者可以了解市场需求，影响企业或个人生产什么、生产多少、上市时间和产品销售状况等。市场为生产、供应、销售各方建立联系，提供交换场所、交换时间和其他交换条件。商品生产者和消费者之间的交易通过市场实现。决定市场规模和容量的主要因素是购买者、购买力和购买欲望。

市场的职能包括为商品交换和价值实现提供场所，根据市场价格实现供求平衡，通过信息传递和服务功能，满足消费者需求，帮助生产者创造收入。市场通过价格、利率、汇率、税率等经济杠杆，对市场上从事交易活动的主体——生产者、消费者和中间商进行收益分配或再分配。例如，当某种产品或服务价格上涨时，生产者和经营者可以增加收入。

根据自由市场的发展情况，其主要具有以下三个特点：

（1）自发性。在市场经济中，商品生产者和经营者追求自身利益的最大化，根据价格的涨落决定自己的生产和经营活动。在价值规律的调节下，生产资料和劳动在不同企业和部门之间进行分配，促进了资源的合理配置。但是，当市场不完善时，也存在某些企业或个人为了自身的利益，做出损失他人利益的不正当行为，例如，生产和销售假冒伪劣产品；欺行霸市，扰乱市场秩序；一切向钱看，不讲职业道德，有违社会公德等。此外，依据市场经济中价值规律的自发调节，可能引起社会财富的两极分化，由此产生的矛盾将不利于社会公平和经济的健康发展。

（2）盲目性。在市场经济条件下，经济活动的参与者分散在各自的领域。单一的生产者和经营者无法掌握社会经济中所有的信息，控制经济环境的变化趋势。在进行经营决策时，生产者和经营者通常只能根据观察到的当时市场上产品的销售价格和利润情况，决定生产和经营产品的类型和品质，具有一定的盲目性，缺乏前瞻性。随着市场的变化，这种决策过程中的盲目性可能会造成资源浪费以及经济波动。

（3）滞后性。在市场经济活动中，生产者根据市场价格进行调整，是事后调整，即经济活动的生产者和经营者根据商品供求不平衡导致价格的上涨或下跌，再决定是否扩大或减少某种商品和服务的供应。从供求不平衡——价格变化——做出决定——到实现供求平衡，必然存在调整过程，存在时间差。换句话说，市场价格虽然具有及时和灵敏的特点，但无法反映供求关系的长期变动走势。当生产者和经营者为追求市场上的高价格而大量生产某类商品时，社会对该商品的需求可能已经达到饱和点，但是商品生产者却还在继续大量生产，只有当供过于求，滞销带来价格下跌之后，生产者和经营者才会有所反应。

可以根据不同的分类标准对市场进行分类。按购买者的购买目的和身份进行划分，市场可以分为：①消费市场——为满足个人消费而购买产品或服务的消费品市场；②生产者市场——为工业生产而组织的工业市场；③转售市场——为中间商建立的中间市场；④政府市场——各级政府以公开招标的方式为政府部门购买货物、工程、劳务而建立的市场。在政府市场中，以法定的方式、方法和程序进行公开招标和公平竞争，完成政府的采购计划。

根据市场上的竞争状况，即产品或服务提供方的情况划分，市场可以分为：完全竞争市场、完全垄断市场、垄断竞争市场、寡头垄断市场。

根据交易区域和范围划分，市场可以分为：国际市场和国内市场（城市市场和农村市场）。

根据所经营商品的最终用途划分，市场可以分为：生产资料市场、生活资料市场、技术服务市场和金融市场。

根据交易对象的具体内容划分，市场可以分为：商品市场、现货市场、期货市场。

身边的案例

案例 1：网上购物：天猫与淘宝

2015 年 10 月 13 日，在阿里巴巴集团杭州西溪园区，39 个国家的驻华使节代表各国与阿里巴巴集团董事局主席马云、阿里巴巴集团 CEO 张勇和阿里巴巴集团总裁迈克·埃文斯一起，共同启动了“2015 天猫双 11 全球狂欢节”。作为消费者的节日，双 11 打造一场全球消费者的“双 11 春晚”。通过“双 11 春晚”，双 11 从一个购物狂欢节升级成为全民盛典，全球的消费者和商家像欢度春节一样，在移动互联时代，通过多屏多场景互动获得购物体验。

案例 2：上海钻石交易所

由我国国务院批准，上海钻石交易所于 2000 年 10 月 27 日成立。作为中国大陆唯一的钻石进出口交易平台，上海钻石交易所是国家级的要素市场。上海钻石交易所是世界钻石交易所联盟（WFDB）成员，按照国际公认的钻石交易规则进行运作和管理，为中外钻石交易商提供一个公平、公正、安全并实行封闭式管理的交易场所。

上海钻石交易所位于上海浦东的“中国钻石交易中心”大厦。作为类似保税区性质的海关特殊监管区，大厦内安检和保安系统均按照特定要求进行设计和管理。海关、外管局、工商局、检验检疫局、税务局等政府机构进驻大厦，并在大厦内行使政府职能，为钻石交易商提供“一站式”业务受理工作。上海钻石交易所内的银行、押运、报关、钻石鉴定等机构，也为钻石交易商提供配套服务。

上海钻石交易所设立会员大会。会员大会由全体会员组成，是上海钻石交易所的权力机构，实行自律管理。会员大会设理事会，理事会是会员大会的常设机构，理事会对会员大会负责，理事会所有理事由会员大会选举产生。理事长由中国籍人士担任。

三、商品

商品是为了销售获利而生产的产品或服务，是人类社会生产力发展到一定历史阶段的产物，是用于交换的劳动产品。恩格斯对此做出科学的总结：商品“首先是私人产品。但是，只有这些私人产品不是为自己消费，而是为他人的消费，即为社会的消费而生产时，它们才成为商品；它们通过交换进入社会的消费”。商品是指以销售为目的，具有使用价值的劳动产品或服务。在狭义上，商品仅指符合定义的有形产品。在广义上，商品既可以是有形产品，也可以是无形服务，如“金融产品”“理财产品”或“保险产品”等。

商品的基本属性是使用价值和交换价值。使用价值是指商品能够满足人们一定需要的属性。交换价值是指凝聚在商品中无差别的人类劳动。首先，商品应该是劳动的产物。也就是说，如果不是劳动产品就不能成为商品，例如，自然界中的空气和阳光虽然是人类生活所必需的，但它们不是劳动的产物，因此就不是商品。其次，商品应该用于交换，具有交换价值。商品总是离不开交换。换言之，如果不用于交换，即使是劳动产品也不能被称为商品。例如，在古代，传统家庭生产中，采用男耕女织的方式，粮食和布匹虽然都是劳动产品，但仅供家庭成员使用，不与他人进行交换，因此不是商品。最后，它对社会或他人有用。如果没有用，就不会发生交换；如果有用，才可能发生交换。当然，以上关于商品特征的描述存在一定的争议。

身边的案例

59 元买进 4999 元转手，盲盒是赚钱捷径还是交智商税？

2018 年开始，“盲盒最高溢价近 40 倍”“4 个月花 20 万元买盲盒”“买盲盒一年砸 70 万元”消息频频刷屏。不仅“90 后”炒盲盒，“中国大妈”频现炒盲盒的大军中。

但盲盒到底是什么？为何那么多人沉迷其中？真有投资价值？是不是变相赌博？估计很多人都十分困惑。“人生就像一盒各式各样的巧克力，你永远不知道下一块将会是哪种口味。”电影《阿甘正传》里的这句台词是对盲盒的最好诠释。

盲盒里装的是一系列表情呆萌、设计时尚的人偶玩具，由于盒子上没有显示，人们开盒前不知道自己会买到什么。这和我们小时候吃干脆面集水浒卡、吃泡泡糖攒神奇宝贝类似。“为了换取奖品，小时候，谁不是拿着父母给的零用钱，疯狂涌向小卖铺。”那时候，谁能集全卡片，谁就拥有了炫耀的资本。为了早日集齐卡片，纷纷跟小伙伴交换。

其实，盲盒玩法跟“吃干脆面、集水浒卡”又有所不同。除了像拆礼物一样，带给人满满的惊喜感外。盲盒的另一个吸引人之处是定价较低，目前淘宝上盲盒售价集中在 39—89 元，但一些隐藏款价格会被爆炒增值数十倍。但就像买彩票一样，在赌徒心理作用下，玩家们会不断尝试。赌输了，心有不甘继续开下一个盒子；赌赢了，极大的满足感和炫耀心理也会驱使玩家继续开盒。

为了集齐娃娃，在某个千人盲盒互换 QQ 群里，不少群成员花费几千元甚至上万元买公仔，很多都是端盒（购买整套）。在盲盒互换 QQ 群里，群成员会不断发布转出或交换信息，公仔的价格根据抽中难度、是否破损等进行调整，并且大多可以进行议价。玩家也可以在群中询问想要的公仔，如果碰到有人想转卖，即可达成交易。

由于盲盒购买重复率高，隐藏款少，催生了二级交易市场，众多买家在闲鱼、QQ 群、微信群里出售手中的公仔。在闲鱼上，盲盒转卖价格与盲盒互换 QQ 群里基本一致：常规款在转卖时往往会低于官网价格；售价与常规款相同，但数量稀少的隐藏款和限量款则会有几十倍至几百倍不等的溢价。

第三节　市场的运作——供给与需求

1－3：市场的运作——供给与需求

市场是确定商品和服务价格的过程和商品交换的场所。市场促进交易的发生，并实现社会资源的分配。市场帮助任何可交易的商品进行评估和定价。市场的出现或多或少是自发的，也可以通过人际互动有意识地构建，进行商品和服务权利（所有权）的交换。虽然交易各方可以通过易货交换商品和服务，但大多数市场依赖卖方提供货物或服务（包括劳力）来换取买方的钱。总之，市场是各方参与交易的制度、程序、法律强化和基础设施的系统。

一、商品的价值

商品是可以用来与别人交换的物品和服务。商品具有所有权的特性，可以被用来与他人进行交换。所以商品和所有财产一样，具有两种价值属性，即商品本身相对于人们需求的财富价值和相对于人们获得商品成本的财产价值。商品的财产价值并不是商品本身的价值，而是商品所有权的价值。所有权一旦消失，商品的财产价值就不复存在。

商品的存在形式可以是有形的，也可以是无形的，主要包括商品的外观、装饰和商标等。商品的物质内容主要包括质量、性能、工艺和用途等。根据物质内容，相同数量的同种商品具有同质性。但是如果严格细分，商品的物质特征存在无限可能，尤其是手工制品。其实商品并没有严格地进行细分，而是确定几个标准，然后按照这些标准，把商品分为若干品种。比如，按照面粉的精细程度，面粉可以分为标准面粉和精制面粉。虽然都可以收看电视节目。但根据性能不同，电视机却分为不同的型号。虽然矿泉水与自来水成分都是 H_2O，但根据所含矿物质的不同，却成为不同的商品。根据外包装不同，瓶装和罐装的可口可乐是不同的商品。在商业环境和市场竞争中，根据物质特征对商品加以区分是有必要的。为了在竞争中占据优势，在广告宣传中，制造商们会尽其所能地宣传其产品的物质特征，例如，商标的差异、优秀的性能、精细的工艺、舒适的感觉、优美的享受等。

商品的时间特征是指商品存在的时间。时代的变迁将带来生产工艺与消费喜好的变化。因此，在不同时间内存在的商品是不同的商品，这是区分商品的时间特征。例如，雨季雨伞销售量较大，而旱季雨伞则售不出去，因此，雨季的雨伞价格不同于旱季的雨伞价格。食物类的商品则更加重视时间的特征。过春节时，蔬菜和水果的价格都特别贵，原因在于这时的蔬菜和水果都是反季节销售，要么进口，要么大棚生产。与秋季蔬菜和水果丰收时的价格相差很多。

商品的财富价值是指商品相对于人们需求的满足价值。物品或服务满足价值的大小，由人们对它的需求大小决定。需求越大，满足价值就越大，反之亦然。所以，人们对商品的需求越大，则该商品的财富价值就越大，反之财富价值就越小。需要指出的是，商品的财富价值和财富数量不是一个概念，财富多少只反映商品的单位数量，而财富价值是指商品相对于人们需求的满足价值。当然，单位商品的财富价值和数量越大，总财富价值也就越大。

商品的财产价值是指为取得某商品所有权必须支付的总代价。它既包括物质上的损失，也包括精神上和体力上的耗费。例如，如果工匠手工制作一个皮包，它的财产价值应该等于皮革和缝线的成本，加工和制作耗费的时间和精力等的总和。这就是工匠对制作这个皮包的所付价值的判断。再如，某人走了 2 里路买了 1 瓶水，那么这瓶水的财产价值就等于买水付出的钱和走路所花费的时间和体力的所付价值总和。但是，如果另一个人也走了相同的路程，却买了 10 瓶水，那么他在每瓶水上所付价值就比你小，原因在于，尽管他在每瓶水上付出的钱相同，但所耗费的体力和时间如果平均到每瓶水上，就会小一些。所以他每瓶水的财产价值就比你那瓶水的财产价值要小。

我们注意到，由于每个人的主观价值判断不同，同一商品所付价值的不同，因此每个人对其财产价值的判断也会有所不同。那么，该如何确定同一商品的财产价值呢？显然，它不是以个人所付的价值决定的，而是应该以社会支付的价值决定，也就是说，商品的财产价值应该由社会大多数人获得该商品时所支付的平均价值决定。因此，商品的财产价值应等于该商品目前所处社会的平均支付价值。

商品是可以进行交换的财产。例如，某人用 20 斤苹果与他人换了 2 件上衣；某人用在上海的一套住房与他人交换到一套在北京的住房；等等。人们通常把商品交换看作换手或物物交换。事实上，我们发现了一个与我们以前所理解不完全相同的现象：在商品的交换中，实际上是商品的所有权发生了易手或交换，即双方交换了各自商品及其所有权。

身边的案例

奢侈品（luxury）其实是一个来自国外的概念，又称为非生活必需品，定义是“一种超出人们生存与发展需要范围的消费品，具有独特性、稀缺性和稀有性等特点”。奢侈品的含义主要包括：好的、贵的、非必需的。在经济学中，奢侈品是交换价值/使用价值关系比率最高的产品，即交换价值（价格）远超其使用价值；奢侈品又是无形价值/有形价值比率最高的产品，即无形价值远超其有形价值。奢侈品涵盖范围很广泛，从豪华汽车、名牌手表到服装。在经济发展过程中，奢侈品消费需求增长高于消费者收入的增长。

“奢侈品”最大的特点是贵，贵是指价格高。奢侈品的贵，有时是人为的昂贵，并不是天然的昂贵（使用价值高）。比如，某些著名设计师设计的名牌服装往往价格高昂，其中很大一部分是设计师收取的设计费用。但是这是一个固定成本，高昂的设计费用并不一定会造成高昂的成本——只需要大量生产，就可以将固定的设计成本分摊到每件衣服上。现在有些平价服装品牌与大牌设计师进行合作，就可以生产出平价的有设计感的服装。很多名牌服装卖得贵，重要原因是主动减少生产服装的数量，并且只针对高收入的目标客户，通过高利润少销售的策略来实现利润。

另外，奢侈品价格与成本明显偏离，一个重要的原因在于，奢侈品的消费很大程度上是基于情感消费，与成本无关。奢侈品和奢侈服务的定价与金钱无关。“价格高”本身就是奢侈品营销的重要策略，购买者关注的是高价所反映的体验价值，迎合了某些人“只买贵的，不买对的”的攀比心理。

二、看不见的手——供给与需求

“看不见的手”的概念出自亚当·斯密 1776 年出版的《国家财务的性质和原因的研究》（简称《国富论》）一书，该书中有一段话被后人广为引用：“每个人都试图使用他的资源（资本），使其生产的物品获得最大的价值。一般来说，他并不企图增加公共社会福利，也不清楚由于他的行为能增加多少公共福利。他所追求的仅仅是他个人的安乐和利益。但他这样做的时候，就会有一双看不见的手引导他去实现另外一个目标，而这个目标并不是他所追求的东西。由于追逐个人的效用最大化，他往往促进了社会利益，其效果比他真正想促进社会利益时获得的效果更大。”这就是现在经济学中著名的“看不见的手”的原理。其最常引申的含义是指在充分市场化的条件下，自由市场的供给和需求将会自然而然达到均衡，价格与数量都是最适当的水平，这就好像市场运作是看不见的，所以被称为“看不见的手”。“看不见的手”是“供需理论”的形象化的说法。而“供需理论”则是微观经济学的核心概念。

（一）供需理论

“供需理论”作为一个模型，是指在竞争性的市场中，供给和需求相对的稀缺性，也就是供给和需求的多少，决定了商品的价格和产量。这种供需关系通过价格和竞争来实现调节，形象化的比喻就是“看不见的手”。在竞争性市场中，供给少，会导致价格上升，而价格上升会导致需求下降和供给攀升，就会有更多的人一拥而上，有更多的人去生产它，而生产的人多了，供给多了，又会导致价格下降、需求上升、供给减少……如此往复，最终达到平衡。

导致供给与需求不断变化与竞争行为都是人性所自发产生的。这种方式是在没有任何外力干预下的自发行为。而如果有了干预，这只“看不见的手”也就失效了。导致价格起起落落波动的原因是生产能力的高低，生产的东西多了，自然也就不那么值钱了。“供需理论”是微观经济学的核心概念，它的作用无处不在，需要在现实生活中思考、理解并运用。

很多企业之所以赚不到钱，就是因为其生产的产品和其他企业生产的产品差异不大，没有足够的稀缺性，也就难以卖出好价钱。如果企业的产品和其他企业的产品差异化很小，那么，就免不了会陷入低水平的竞争，跟随着“看不见的手”起起落落。如果顺应这个规律，就要使产品具有稀缺性，无论是产品性能、功能和外形等，使其具备别人所不具备的竞争优势，才能在竞争中胜出。

（二）供求关系——价值、价格

在经济生活中，价格是“看不见的手”，取决于供给与需求关系。说其是“看不见的手”，是因为供方无法准确预计需求，会存在误差，这就产生价格波动，误差越大，波动越大。作为市场经济调控的方式之一，价格机制是市场经济关系中的核心体现。在市场中，当需求大于供给时，商品的价格会随着需求的增加而增加，这时商品的价格会高于其生产成本。商品的生产者通过扩大经营规模，增加投入，提高生产效率等方式来满足市场需求。其他生产者注意到市场中商品的需求及利润点，也会逐步向这个行业转型，以期望获得利润。随着生产者的增加，商品的供应量增加，市场会逐渐趋于供需平衡，这时候价格会逐步回落，相对比较稳定，不会出现大的波动。但是生产者生产具有盲目性，即使市场供需已经趋于平衡，供给方并没有意识到这一情况的出现。当他们有所反应，开始进行产业结构调整的时候，供需关系已经发展到供给大于需求。由于供给大于需求，供给方（生产者）相互竞争，为实现销售，商品价格会出现下跌的情况。当供给严重大于需求时，商品价格急剧下降，这时价格低于生产成本，供给方的利润降低或出现负利润的情况。这时，供给方（生产者）会急于脱离目前的行业，寻找新的利润点比较高的行业，生产价格高于价值的商品。周而复始循环往复，市场通过价格围绕价值波动，调整产业结构与供需平衡，所以说价格机制是一只“看不见的手”。如图 1－5 所示。

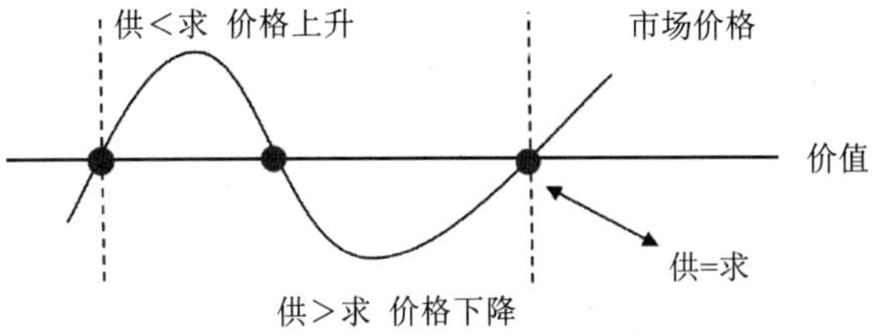

图 1－5 商品的市场价格围绕其价值上下波动

在商品经济社会里，可以销售的物品和服务都可以看成是商品。商品社会存在生产者和消费者，生产者决定“供给”的大小，消费者决定“需求”的大小。同时消费者决定的“需求”是影响生产者决定的“供给”的主要因素。

价格是商品的价值定量，是价值的表现。商品一般具有价值，体现为价格，价格由供给与需求共同作用决定。供给量的多少取决于生产量的多少。本期生产量与上期价格相关：上期价格高，本期生产量会增加；上期价格低，本期生产量会减少。供给量随着生产量的变化而变化。需求受偏好、收入等因素的影响。在一定时期内，一般假设需求不变。不同时期，需求可以变化。供给量确定，需求确定，价格便确定；供给量变化，需求变化，价格随之变化。

（三）供需平衡的意义

供需平衡就是使供应量与需求量基本匹配，相对一致，通过消除供求差异，实现供需平衡，消除供需之间的失调和不平衡现象。供需影响商品的交易价格。价格与需求正相关，与供给量负相关。在完全竞争市场中，通过“看不见的手”，价格围绕价值上下波动，可以实现供需平衡。但有时也需要通过政府对市场进行必要的干预。

供需平衡的意义在于以下几个方面：

1. 供需平衡是保证社会再生产顺利进行的必要条件

在商品供需实现平衡的条件下，生产者的人力与物力的消耗（成本）能够得到补偿，消费者的购买需求能够得到满足。商品如果供求不平衡，将不利于社会再生产的进行。在商品供过于求的条件下，商品无法实现销售，库存增加，会造成社会劳动力和物质资源的浪费，资金周转缓慢甚至停滞，使企业不能按原来的计划组织生产，甚至可能被迫停产。在商品供不应求的条件下，部分消费者的购买需求无法实现，影响人们实际生活水平的提高。产品供不应求，处于卖方市场，不利于生产企业改进生产，增加品种和提高产品质量，还会弱化消费者对商品质量的监督。

2. 供需平衡是稳定物价的重要条件

市场商品供需不平衡会导致市场价格的波动。当市场上出现需求大于供给的时候，过高的产品价格使生产者获得超额收益；当供给严重大于需求时，价格会急剧下降，生产者出现负利润。这会引起生产方和需求方货币收入的非正常再分配。

3. 供需平衡是合理配置社会资源的有效手段

实现供需平衡，有利于合理利用人力、物力和财力，实现资源的合理配置，避免浪费社会财富。在市场上，商品如果实现供需平衡，表示国民经济的基本比例相对协调。按照社会需要的比例，社会总劳动时间分配到各类商品的生产中，整个社会生产取得良好的经济效益。市场商品供需失衡的存在会造成社会资源的浪费。当某种商品出现供过于求的情况时，说明投入该商品生产的人力、物力和财力超过了社会需要，造成商品积压。生产超过需要的产品所耗费的人力、物力和财力无法获得社会的认可，从而造成资源和劳动的浪费。当某种商品出现供不应求的情况时，也可能出现人力、物力和财力得不到充分利用或使用不当的情况。例如，由于商品生产不足，供应无法满足需求，生产企业往往不注意提高产品质量，粗制滥造，在生产过程中不注重劳动生产率的提高。另外，货源短缺也会减弱消费者对产品服务质量的监督，影响企业提高产品质量，提高生产效率以及改善管理水平。任何供需失衡的存在都会影响生产者和消费者的利益，也损害了社会的整体利益。

身边的案例

2019 年猪肉价格上涨的原因是什么？

2019 年常常能听到身边的朋友讲现在猪肉二十几元一斤，都快吃不起猪肉了，只能吃青菜了。确实，在一些南方地区猪肉价格涨了不少，涨到了 24 元一斤。大家知道 2019 年非洲猪瘟对猪价会有一定影响，但还有哪些其他原因呢？

1. 猪肉价格上涨原因

（1）非洲猪瘟致生猪供应减少。一般来说，夏季是猪肉销售淡季，但 2019 年猪肉价格却频频上涨，为什么？猪肉价格上涨的主要原因是生猪供应量减少。由于 2018 年非洲猪瘟，部分地区生猪的生产能力下降明显。生猪的供应量减少，猪肉价格自然上涨。

（2）母猪存栏量减少。2018 年 10 月，根据我国农业农村部监测的 400 个县可繁母猪存栏信息统计，发现可繁母猪存栏同比下降达到 5.9%，超过了 5% 的预警线。在之后的一段时间内，母猪存栏同比降幅逐月扩大。按照生猪的生产规律，从母猪怀孕、仔猪出生，到育肥猪出栏上市大概需要 10 个月的时间。2018 年 10 月由于可繁母猪存栏的下降，生猪产能下降，造成 10 个月之后（2019 年 6 月和 7 月），生猪供应减少问题显现，猪肉价格持续上涨。

（3）散养户减少。非洲猪瘟是外来因素影响猪肉价格上涨，但这个单一的原因并不能让猪肉价格上涨如此显著。一直以来散养户是猪肉供给的重要来源，从环保一刀切禁止散养户养殖后，14 亿人口肉食来源过分依赖于进口和国内大型集团的垄断供给。当内部需求出现大量缺口，同时进口受限时，国内大型集团的供应链能否进行迅速调整成为关键。在需求大于供应的局面下，必然推动肉价上涨。

2. 猪肉价格上涨会造成哪些后果？

（1）我国的猪肉需求量非常大。相关统计数据显示，我国 2019 年的猪肉缺口高达 923 万吨，2020 的猪缺口将会攀至 1237 万吨。全球的猪肉总贸易产量为 700 万吨左右，其中中国的进口量就高达 300 多万吨，所以受非洲猪瘟的影响，拉大了需求缺口，猪肉价格上行明显。

（2）猪肉涨价会影响一部分人少吃或者不吃猪肉，或去消费其他肉类产品，这就会造成鸡肉、牛肉及各种肉类价格同步上涨，部分消费者会被迫减少肉类产品的消费。

（3）由于价格上涨，2019 年养猪的企业会增加。随着供应的增加，一年以后猪肉价格会有所回落。

第四节 成本与收益

1－4：成本与收益

成本收益分析是经济学分析的基本方法之一。成本收益分析的前提假设是所有个体都追求效用的最大化。为了追求效用最大化（利润最大化）的目标，从事经济活动的个体总要努力用最小的成本获取最大的收益。在经济活动中，人们使用成本收益分析法进行决策，目的就是为了实现以最少的投入获得最大的收益。经济分析的基本假设包括人们都在“追求个人效用最大化”。当然不是所有市场主体的每次经济选择和经济决策行为都能实现“效用最大化”的目标，而是说主体的行为是用“追求效用最大化”的方法加以分析和进行决策。

一、效用最大化原则

在经济学中，特别是在微观经济学中，效用最大化原则是指消费者所面临的问题，即“我应如何花钱才能使我的效用最大化？”哲学家边沁（Jeremy Bentham）提出快乐和痛苦是控制人类行为的力量。人类追求快乐和幸福，避免痛苦，这是效用最大化（maximization of utility）的心理。产权理论的先驱阿门·阿尔奇安（Armen Alchian）认为，效用是根据个人喜好对不同物品进行选择的排列。经济学中的效用概念（The concept of utility）是指武断（随意而不作解释）地根据个人的喜好进行数字排序。数字越大，偏好越强（效用的数字序列概念，Ordinal concept of utility）。

何为效用？效用就是消费者的满意程度。当消费者最满意时，效用达到最大。在消费者对若干消费品进行选择时，当每种消费品的边际效用与单位货币支付相等时，实现最大总效用，即称之为效用最大化原则。假定，对于某位消费者来说，吃一个面包的总效用是 10 效用单位，那么吃 2 个面包的总效用为 18 个效用单位，吃 3 个面包总效用还为 18 个效用单位。消费者吃第一个面包的边际效用是10效用单位，第2个面包的边际效用为8个效用单位，第3个面包边际效用为0个效用单位。这几个数字反映随着消费面包数量的增加，对于消费者来说边际效用是递减的。而且，消费者并不会吃第3个面包，原因在于消费者已经吃饱了，吃第3个面包不会增加消费者的效用。例如，对于生命来说，水十分珍贵。没有水人们会死亡。但是，如果某位消费者连续喝超过所能饮用水的数量时，那么多余的水就没用了。随着喝水量的增加，水的边际效用减少，最后几乎为零或低于零。

无论是家庭还是个人，都需要从市场上购买所需要的各种物品来满足他们的需要。无论是购买商品还是服务，消费者都需要有足够的钱才能购买，这在经济学上称为预算经济条件。一方面，其是指购买各种消费品所需的资金量；另一方面，由于收入有限，而想要买的物品很多，所以存在约束。那么，如何把有限的收入花好，让消费后的满意度实现最大化呢？搭配方式有很多种，比如，少买奢侈品，少买零食，少买衣服等，总之，消费者应该在各种搭配中选择最满意的组合。经济学把消费者的这种行为称为“效用最大化”。总之，在收入约束下消费者所追求的是效用最大化。

在实践中，消费者未必总能选择最优组合。例如，这可能要求消费者思考太多的问题。“有限理性”是可以用来解释这类行为的理论——选取次优的但够好的组合。

身边的案例

“幸福方程式”

人生的目的是为了获得幸福，平安快乐。美国经济学家萨谬尔森用“幸福方程式”对什么是人生的幸福进行解释。这个“幸福方程式”是：幸福＝效用/欲望。根据这个方程式我们发现，欲望与幸福成反比，即人的欲望越大，分母最大，人也就越不幸福。但是人的欲望可能是无限的。如果效用有限，那么幸福将趋向于零吗？所以萨谬尔森在对消费者行为进行分析时，假设人的欲望是确定且有限的。萨谬尔森的“幸福方程式”对幸福与欲望的关系进行了十分精辟的阐述，这也是他获得诺贝尔奖的原因之一。

在社会生活中，不同的人对幸福有不同的理解和诠释。政治家认为幸福是实现理想和抱负；企业家认为幸福是赚钱盈利；教师认为幸福是教书育人和传授知识；普通人认为幸福是衣食无忧、居有定所。幸福是个人的感受，自己觉得幸福就是幸福。但是如果人们把拥有财富多少作为衡量幸福的唯一标准，那么他就会十分痛苦，这时他的欲望水平与实际水平之间的差距太大。如果降低对财富的欲望，使之与自身的经济状况相匹配，更能让人们感到幸福。

二、成本收益分析的特征

在现代市场经济中，企业和个人是市场运作的主体。企业和个人按理性的方式追求自身的目标。个人追求的目标是“个人效用最大化”，即在个体可支配资源的约束下，最大限度地满足个人需求和愿望。企业追求的目标是“企业利润的最大化”。在这里，“利润”的定义是：在生产经营过程中，企业的总收入减去总费用的差额部分。“利润最大化”的含义是：如果利润（总收入－总费用）是正值，则越大越好；如果是负值，那么越小越好。“利润最大化”其实是“效用最大化”的变形，它突出了效用的可用货币进行计量的部分，而忽视了不能用货币进行计量的部分。

成本收益分析具有以下三个特点：

1. 利己主义

成本收益分析的核心是“追求收益最大化”，但追求收益具有强烈的自利性特征。成本收益分析是行为主体分析自身收益的计算方式，出发点和目的是追求行为主体自身的利益。成本收益分析不考虑他人的效用，只分析行为主体自身的效用，具有“自利性”和“利己性”的特征。

2. 经济性

在经济活动中，由于存在自利的动机，行为主体总是试图以最少的投入获得最大的收益，从而使经济活动既经济又有效率。成本收益分析的前提是效用最大化，它包含经济性和效率性的要求。

3. 可计算性

为了使个体的经济行为实现自利、经济和高效的目标，行为主体需要计算个体的投入与产出。成本收益分析包含了将支出控制在收入范围内计算的合理性。如果没有这种成本收支的比较计算和衡量，经济活动就不可能实现行为主体的目标。所以成本收益的计算特性不仅是实现经济目标的必要手段，也是保证行为主体自利行为的基本工具。

以投资项目为例，成本收益分析法包括以下四个程序：①首先明确相关的收入、成本和收益的范围；②然后计算收入、成本和收益的数值；③接下来比较项目生命周期内的收入、成本和收益的大小；④根据前三部分的分析结果，最后选择最优项目，即收益最大的项目。

成本收益分析法主要包括下列内容：①从企业或项目的角度出发，界定和估计预期的收入、成本和收益。市场价格是对收入和成本进行计算的“出发点”，但存在市场失灵和价格扭曲的情况；②在成本收益的计算中，可以使用增量收入、增量成本和增量收益，应该使用机会成本，但不能使用沉没成本。机会成本（opportunity cost）是指企业或个人为从事某项经营活动而放弃另一项经营活动的机会，或者是在利用某种资源获得一定收益时所放弃的另一种收入。沉没成本是指过去发生但与当前决策无关的支出费用。从决策的角度来看，过去的支出成本只是造成当前状态的某个因素。当前决策应该考虑未来可能的成本及所带来的收益，而不是过去的成本费用。③在计算净收益时，只计算实际经济价值；支出成本是指实施某项决策方案时需要立刻使用现金支付的成本；④需要考虑货币的时间价值。根据货币的时间价值（Time value of money）概念，当前持有的货币比未来收到相同金额的货币具有更大的价值，因为当前持有的货币可以进行投资，实现复利。

身边的案例

案例 1： 某企业有 50 万元资金，拟投资快餐业，预计年收益为 3 万元。而投资房地产，预计年收益是 10 万元，则投资房地产的机会成本是 3 万元。

对于该企业，投资房地产相对于快餐业有比较优势。

（1）比较优势：如果一个国家在本国生产某种产品的机会成本（用其他产品来衡量）低于在其他国家生产该产品的机会成本的话，则这个国家生产该种产品时具有比较优势。换言之，当某个生产者可以比其他生产者以更低的机会成本生产一种产品时，则可认为生产者在生产这类产品方面具有比较优势。

（2）机会成本是指为了得到某种东西而要放弃其他东西的最大价值。也可以理解为，在面临多重方案选择决策时，被舍弃选项中的最高价值就是这次决策的机会成本。它也指制造商把相同的生产要素投入到其他行业所能获得的最高收益。

案例 2：晚上妈妈叫你去外婆家，说外婆要送你一台笔记本电脑；爸爸叫你去奶奶家，说奶奶给你买了一辆自行车；而姐姐叫你晚上去吃肯德基。

这时就有三种选择，如果你选择去外婆家，那你就要放弃肯德基和自行车，比较自行车和肯德基，取价值大的自行车，所以你去外婆家获得笔记本电脑的机会成本就是一辆自行车。

案例 3：农民在养殖动物有三种选择，包括猪、鸡、鸭。如果选择养猪，就不能选择养其他家禽，所以养猪的机会成本就是放弃养鸡或养鸭的收益。如果养猪可以获利 9 万元，养鸡可以获利 7 万元，养鸭可以获利 8 万元，那么养猪的机会成本就是 8 万元。

案例 4：选择去教室学习还是在宿舍打游戏。在教室学习的机会成本是少享受打游戏带来的快乐，享受打游戏的机会成本是失去在教室学习所得到的知识。

本章思考题

1. 经济学研究什么问题？我们为什么要学习经济学？
2. 为什么有社会分工？简述市场产生的原因。
3. 从供需关系出发，分析为什么钻石比水贵？
4. 什么是成本效益原则？并举例说明。

第一章练习题

第二章　Project 2

企　业

企业通常是指利用各种生产要素（土地、劳动力、资本、技术和企业家才能等）向市场和客户提供商品或服务，自主经营、自负盈亏、独立核算的法人或其他社会经济组织。

在市场经济环境中，企业依据特定的组织规则构成经济主体。它们一般以营利为目的，通过提供商品或服务获得收入，实现投资人、客户、员工、社会大众的利益。它是社会发展的产物，随着社会分工的发展而发展。企业是市场经济活动的主要参与者。现代经济学理论认为，企业事实上是“一种资源优化配置的机制”。通过企业能够实现“社会经济资源的优化配置”，降低社会的“交易成本”。随着社会的发展和劳动生产力的提高，企业的形式也在不断发展与完善。

2－1：企业的演进

第一节　企业的演进

一、企业的定义

在《现代汉语词典》中企业被定义为：从事生产、运输、贸易和其他经济活动的组织，如工厂、矿山、铁路、银行、公司等。首先，企业是一种社会组织；其次，企业从事经济活动，向社会提供服务或产品；最后，企业经营的目的是为了获得收入，即以营利为目的。

企业是独立的经济组织，通过从事生产经营活动或者提供服务，获得收益。企业主要具有以下基本特征：

（1）企业是专门从事生产经营活动或提供服务的经济组织。其他类型的社会组织，如行政机构、事业单位和社会团体等都不具备这一特点。

（2）企业经营的目标是营利。通过从事生产经营活动或提供服务，企业获得尽可能多的利润，追求自身的经济效益，使投资者获得经济收益。

（3）企业是独立经营的经济组织。这表现在：①企业必须依法登记注册，取得法律主体资格，以企业的名义从事生产经营活动。②企业需要拥有独立的财产权。企业的投资者将其财产投入企业后，一般不得撤回。在企业存续期间，该财产用于企业的生产经营，由企业自主进行支配。③企业实行独立核算，自负盈亏。根据企业生产经营活动的结果，企业独立地进行全面系统的会计核算，独立地计算盈亏。对于不实行独立核算的企业内部组织，例如，分公司或分厂等，无论其规模大小，都不能将其视为独立的企业组织。

二、企业的发展历程

企业的发展历程与工业革命紧密相联。18 世纪 60 年代，工业革命（The Industrial Revolution）开始于英格兰中部地区。以机器取代人力，以大规模工厂化生产取代个体工场手工生产，工业革命是一场生产与科技革命。在工业革命时期，资本主义生产完成了从工场手工业向机器大工业过渡的阶段，是资本主义工业化的早期阶段。主要包括三个时期：

（一）工场手工业时期

工场手工业时期是指从封建社会的家庭手工业到资本主义发展的早期。16—17 世纪，一些西方国家的封建社会制度向资本主义制度转变。随着资本主义原始积累规模的扩大，很多农民的土地被资本家占有。无土地的农民向城市转移，家庭手工业逐渐解体，向资本主义工场制转变。工场手工业是企业发展的雏形。

资本雇佣劳动者是工场手工业的生产形式。但雇佣多少人才开始具有资本主义性质，则根据各地区的历史条件和生产力发展不同水平存在差异，一般认为，雇佣劳动者超过 10 人以上的厂坊就是工场手工业。手工工场有分散和集中两种形式。在工场手工业时期初期，以分散的手工工场为主要形式，生产者仍分散在各自家庭中劳动，但是他们在企业家的组织下形成一个生产集体，存在一定的劳动分工。商人作为商品的所有者和组织者，将统一购买的原材料交给雇佣工人进行加工，支付一定的报酬，商品完成后进行统一销售。随着分散手工工场的发展，逐步形成了集中的手工工场。在集中的手工工场中，工人在工厂主提供的厂房内使用工厂主提供的劳动工具，在工厂主的指挥下，集中进行生产劳动。劳动者从工厂主处获得工资，成为出卖劳动力的被雇佣者。工厂主与劳动者的关系是完全的雇佣关系。在集中的手工工场，分工越来越细，产品的制造过程需要经过很多道工序。资本主义发展的早期包括简单协作的手工工场、分散的手工工场和集中的手工工场。这三种形式虽然在时间上具有一定的承袭关系，但并存在同一时期。

在工业革命开始之前，工业生产组织的基本形式主要是手工工场。它具有以下特点：第一，与后来的机器化大生产不同，工场手工业以手工劳动为基础；第二，与家庭手工业不同，工场手工业实现了大规模生产和分工协作，实现了资本雇佣劳动。分工细化，工人经常重复从事某一生产程序的操作，技巧更加娴熟，不仅提高了劳动生产率，也增加了改进技术的可能性，为以后机器的发明和使用创造了条件。

（二）工厂制时期

很多研究认为，促成工业革命技术加速发展的主要因素包括蒸汽机、煤炭和钢铁。在瓦特改进蒸汽机之前，生产的动力主要依靠人力和畜力。随着蒸汽机的发明和改进，以及煤炭的广泛使用，工厂不再需要依河而建。机械化生产逐步代替过去许多依靠畜力和人力完成的工作。18 世纪，西方各国相继进行了工业革命。工厂制的建立离不开大型机器的广泛使用。1771 年，英国人理查德·阿克莱特（Richard Arkwright，1732—1792）在曼彻斯特创立了第一家机器纺纱厂。工业革命从轻工业的纺织业开始逐步向其他产业部门发展。工业革命是一场伟大的变革，它的影响涉及人类社会生活的方方面面。随着蒸汽船和蒸汽火车的使用，人类进入了崭新的“蒸汽时代”。产品的生产和运输过程越来越便利，原材料和产品被运往不同的地方。工业革命使人类社会发生了巨大的变革，推动了人类社会的现代化进程。

19 世纪三四十年代，英国、德国等国家工厂制工场广泛建立起来。工厂制工场的主要特点包括：使用机器设备提高劳动生产率；实行雇佣工人制度；实行大规模集中劳动；深化劳动分工和社会分工。

（三）现代企业时期

19 世纪末 20 世纪初，工业生产受到科学技术的重要影响，大量生产技术得到了改进和应用。人类社会开始进入电气时代、信息时代和网络时代，互联网技术的运用使沟通变得越来越便利。随着自由资本主义向垄断资本主义过渡，工厂的组织与规模也发生了很大的变化。新技术和新设备的发展创新，使生产规模迅速扩大。生产规模的不断扩大和竞争的加剧，导致了跨地区的大型企业（跨国公司）的出现。企业逐步走向成熟，成为现代企业。在现代市场经济社会中，现代企业代表企业组织的先进形式。在现代企业中，企业所有者不直接参与企业的经营管理，所有权与经营权分离，形成了职业化的管理阶层。为更好地对企业进行经营管理，需要建立科学的管理制度，形成科学的管理理论体系。企业规模呈扩张化趋势、所有者与经营者相分离、拥有现代技术、实施现代化的管理是现代化企业四个最显著的特点。

三、企业制度与企业类型

企业制度包括企业的产权制度、组织结构和经营管理制度。企业制度的核心是产权制度。以产权制度为基础，企业组织形式和管理体制构成了不同层次的企业制度。随着商品经济的发展，企业制度不断创新和演进，处于发展变化之中。

根据企业发展的历史和过程及产权结构，具有代表性的企业制度有三种：

（1）业主制。业主制企业一般都是小规模的企业组织。在业主制企业中，出资人不仅是企业财产的唯一出资者，还是企业的经营者。由企业主组织企业的经营与管理，并获得全部经营收益。业主制企业的优点是：企业规模一般较小，经营灵活，所有者与经营者合二为一。正是由于这些优点，业主制这一古老的企业制度延续至今。但是业主制企业也存在缺陷，由于企业的资金来源有限，企业发展受到限制；企业主需要对企业的全部债务承担无限责任，经营风险高；企业主决定企业的存在与解散，企业存续期限短等。在现代社会商品经济中，随着企业规模的不断扩大，单一业主制企业需要引入新的投资以适应企业发展的需要。

（2）合伙制。合伙制是两个或两个以上合伙人共同出资，分享盈余、共同监督和管理的企业制度。合伙企业的资本一般由合伙人共同筹集，扩大了资金来源；合伙人共同对企业承担无限责任，可以分散部分投资风险；合伙人共同管理企业，有助于提高决策能力。然而，合伙人容易在商业决策上出现意见分歧，合伙人之间可能存在偷懒的道德风险。因此，合伙制企业一般局限于较小范围的合伙，合伙人数量一般不太多，以小型企业居多。合伙制企业主要集中在需要专业知识的领域，如会计师事务所、律师事务所或建筑师事务所等。

（3）公司制。现代公司制企业的主要形式包括有限责任公司和股份有限公司。公司制企业的特点包括：公司资金来源广泛，使规模化大生产成为可能；出资人对公司的负债承担有限责任，即以投资额为上限，所以出资人的投资风险相对降低；相比业主制企业和无限责任的合伙企业，公司制企业拥有独立的法人财产权，承担民事责任。出资者与企业是相互独立的法律主体，企业所有权与经营权分离，保证了企业经营管理的独立性、连续性和完整性。

对不同类型的企业，我国相关法律制度都有具体的规定，需要按照设立的条件和程序、内部组织结构等组建企业。企业主要分类有：国有、民营、合资、独资等。

四、现代公司制度

现代公司制度产权清晰、权责明确、管理科学。现代公司制度的主要内容包括：公司法人制度、出资者有限责任制度、公司自负盈亏制度、科学的领导体制与组织管理制度。从较为具体的层面进行分析，现代公司制度主要包括以下内容：

（1）企业资产有明确的实物边界和价值边界。投资者具有明确的定义，并切实承担相应的出资者责任，承担有限责任。

（2）企业通常实行公司制，包括有限责任公司和股份有限公司。根据我国《公司法》的规定，形成由股东大会、董事会、监事会和高级经理人员组成的公司治理结构，相互依存，相互制衡，并运转有效。

（3）企业生产经营具有明确的营利目标。企业管理层与员工，依据企业的业绩和个体的劳动贡献获取收入与报酬。市场和社会承担企业员工的住房、养老、医疗及其他福利等。

（4）企业具有相对合理的组织结构。在生产、采购、销售、财务、研究开发、质量控制和劳动人事管理等方面，形成了有效的内部管理体系和机制。

（5）企业具有一定的预算约束和合理的财务结构。通过收购、兼并和联合等方式寻求企业的扩张。当经营不善难以维持时，通过破产或被兼并等方式寻求资产和其他生产要素的重新配置。

身边的案例

案例 1：同仁堂（中药企业）

北京同仁堂是我国中药行业著名的老字号。始建于 1669 年（康熙八年），1723 年开始供奉御药，历经 8 代皇帝，长达 188 年。在 300 多年的发展过程中，同仁堂历代传人始终恪守“炮制虽繁必不敢省人工，品味虽贵必不敢减物力”的古训，树立“修合无人见，存心有天知”的自律意识，形成了制药过程中兢兢小心、精益求精的严细精神。同仁堂的产品以“配方独特、选料上乘、工艺精湛、疗效显著”享誉海内外，产品销往 40 多个国家和地区。1954 年，同仁堂率先实行公私合营。1997 年 6 月，由集团公司 6 家绩优企业组建成立北京同仁堂股份有限公司。同年 7 月，同仁堂股份在上海证券交易所挂牌上市，代码“600085”。这标志着同仁堂在现代化公司企业制度建设进程中迈出了重要步伐。

案例 2：卡耐基钢铁公司

1835 年 11 月 25 日，安德鲁·卡耐基出生于苏格兰丹弗姆林。1848 年，由于生活太过艰难，卡耐基一家来到美国东海岸的纽约港，然后又前往匹兹堡。移民生活的开始，也是卡耐基赚钱经历的开始。刚刚移居美国的卡耐基一家，生活十分清苦，父母收入很少。卡耐基也不得已开始了社会工作，白天做童工，晚上读夜校。1862 年，卡内基与几个朋友创立了启斯东桥梁公司，承建横跨俄亥俄河上第一座铁桥。1865 年 4 月，南北战争结束，战争带来了大量的机会，卡耐基向宾州铁路公司提交了辞呈。1881 年，卡耐基实现了童年的梦想，与弟弟汤姆一起成立了卡耐基兄弟公司，其钢铁产量占美国的 1/37。1886 年 10 月，卡耐基弟弟汤姆去世，几天后，卡耐基的母亲也因肺炎离世。1888 年，卡耐基买进了跟自己工厂差不多一样大的一家钢厂和匹兹堡附近另外几家钢厂的大部分股权。他把这些公司联合起来成立卡耐基有限公司。1890 年，卡耐基将公司名称改为卡耐基钢铁公司，资金增长到 2500 万美元，他持公司半数以上股份。1892 年，卡耐基把卡耐基兄弟公司与另两家公司合并，组成了以自己的名字命名的卡耐基钢铁公司。1901 年 2 月，卡耐基以 5 亿美元的价格将卡耐基钢铁公司卖给摩根。1901 年，卡耐基钢铁公司生产的钢铁已经占全美钢铁销售总量的 25%。

2－2：现代公司的组织结构

第二节 现代公司的组织结构

根据中国法律的规定，公司具有企业的所有属性，包括有限责任公司和股份有限责任公司。所以公司都是企业，但并非所有的企业都是公司。公司只是企业的一种组织形态。

一、公司的定义

《现代汉语词典》对“公司”的解释是：从事产品的生产、商品的流转或提供服务等的工商业组织。

《中华人民共和国公司法》第2条规定："本法所称公司，是指依照本法在中国境内设立的有限责任公司和股份有限公司。"

公司是一种企业组织形式。严格意义上的公司是指股东依法设立的以营利为目的的社会组织。换句话说，公司是按照一定组织形式成立的经济实体，从事商业经营活动，以营利为目的。公司的使命是通过提供产品或服务换取收入，以实现投资人利益最大化。它是社会发展的产物，随着社会分工的发展而发展。公司一般独立承担民事责任，是法人。

在公司的概念中，通常包括三个基本特征：

(1) 依法设立。公司必须是从事经营活动的法人。根据法律规定的条件，履行法律规定的程序，公司取得法人资格与经营资格，取得国家有关主管部门核发的营业执照等证件，得到国家的承认。

(2) 以营利为目的。营利性是公司的重要要素，股东出资组建公司的目的在于通过公司的经营活动获取利润。不同于以行政管理为目的的国家机关以及其他非营利组织，它们不以营利为目的。

(3) 独立的法人。我国《公司法》规定："有限责任公司和股份有限公司是企业法人。"公司具有独立的财产权，这是其从事经营活动的基础和承担民事责任的前提。

二、公司的分类

(1) 根据投资者的出资方式和责任不同划分，可以分为个人独资企业、合伙企业、公司制企业。公司制企业又分为有限责任公司和股份有限公司。

(2) 根据投资者的不同区域划分，可以分为内资企业、外资企业和港澳台投资企业。

(3) 根据所有制结构划分，可以分为全民所有制企业、集体所有制、民营企业和外资企业。

(4) 根据股东对公司责任的不同划分，可以分为无限责任公司、有限责任公司和股份有限公司。

(5) 根据公司地位的类型划分，可分为母公司和子公司。

(6) 根据公司规模划分，可以分为特大型企业、大型企业、中型企业、小型企业和微型企业。

(7) 根据公司所处行业划分，可以分为农业企业、工业企业和服务企业等。

三、公司制企业的组织形式

公司（或称公司制企业）是指由两个或两个以上投资人（自然人或企业法人）依法出资建立，具有独立的法人财产，自主经营、自负盈亏的法人企业。出资人（投资者）按出资额对公司的负债承担有限责任。公司主要包括有限责任公司和股份有限公司。

有限责任公司和股份有限公司的主要区别是：

(1) 公司设立时对股东人数要求不同。设立有限责任公司必须有2个以上股东，最多不得超过 50 个；设立股份有限公司应有 3 个或 3 个以上的发起股东，多者不限。

（2）公司股东股权表现的形式不同。有限责任公司的权益总额不进行等额划分，股东的股权通过股东（投资者）所持有的比例表示；股份有限公司的权益总额平均划分为相等的股份，股东（投资者）的股权用持有多少股份表示。

（3）股份转让限制不同。有限责任公司不发行股票，对股东（投资者）只发放一张出资证明书，股东转让出资需要由股东大会或董事会讨论通过，其他股东有优先购买权；股份有限公司可以发行股票，股东（投资者）持有的股票可以自由转让，进行交易。

公司制企业的优点在于：①股东可以比较容易地转让企业的所有权。②股东（投资者）对公司债务承担有限责任。③公司制企业可以无限存续。在最初的所有者和经营者退出之后，公司仍然可以继续存在。④公司制企业融资渠道较多。可以采用公开或非公开的方式进行资金募集，更容易筹集所需资金。

公司制企业的缺点有：①需要根据法律的规定组建公司，组建成本比较高。②公司存在委托代理问题。股东（投资者）成为委托人，管理层成为代理人，股东与管理层的目标不一致，代理人（管理层）可能为了自身利益而损害委托人（股东）的利益。③双重课税。公司作为独立的法人，其利润需缴纳企业所得税，企业利润分配给股东后，股东还需缴纳个人所得税。现在各国的税法已经对此进行了相应的调整，以鼓励企业投资。

在市场经济竞争中，企业为了在竞争中处于优势，就需要不断创新，改进生产技术，使用先进的科学技术，这在客观上必将推动整个社会经济技术的进步。加快企业创新和技术进步，加速科技成果产业化，培育发展创新型企业，是企业发展和社会进步的重要途径。

图 2－1 所示为某上市公司组织架构图。

四、股权结构

股权是指股东在公司中的权利。股东（投资者）根据其股票比例，拥有相应的权益并承担相应责任。股权是基于股东地位而对公司主张的权利。股权结构是指不同性质的股份（不同类型的股东）占股份公司总股本的比例及其相互关系。不同的股权结构决定了不同的企业组织结构，从而决定了不同的公司治理结构，最终决定企业的行为和绩效。

企业的股权结构决定企业的类型。资本、自然资源、技术和知识、市场和管理经验等在股权结构中所占的比例，受到科学技术发展和经济全球化的影响。企业的股权结构直接影响企业的类型、发展和组织的结构。随着社会环境的发展和科学技术的变化，企业的股权结构也随之发生变化。企业是动态且具有灵活性的管理组织。作为动态的可塑性结构，企业股权的动态变化将导致企业组织结构和经营管理模式的变化。股权结构有不同的类型。通常股权结构具有两层含义：

第一层含义是股权集中度，即控股股东或前十大股东持股比例。根据股权集中度，股权结构分为三种类型：一是高度集中的股权结构，绝对控股股东一般持有公司 50% 以上的股份，对公司具有绝对控制权；二是公司拥有相对控股股东，同时有其他大股东，持

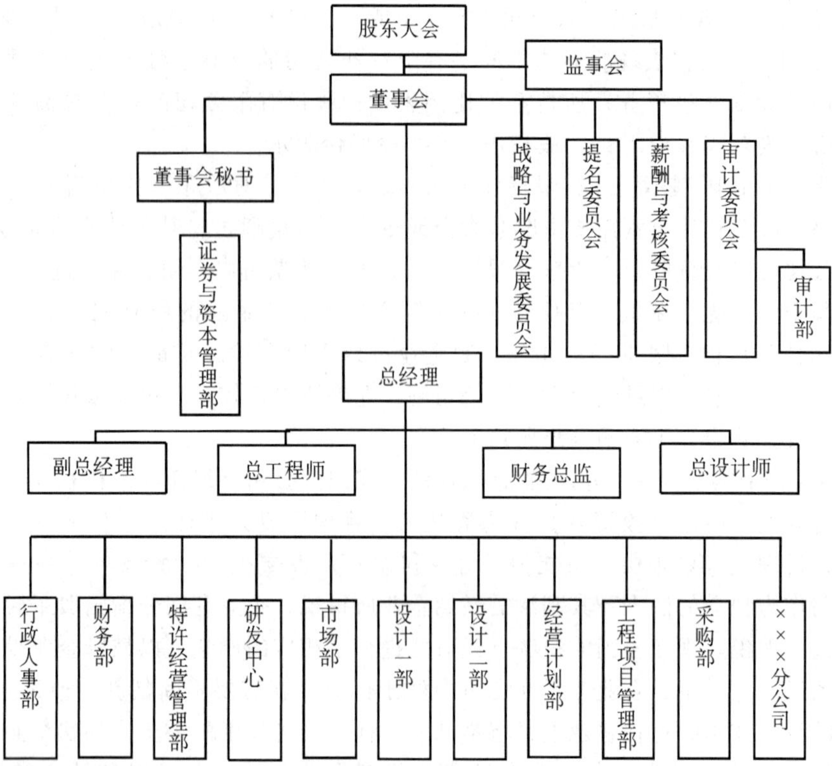

图 2－1　某上市公司组织架构图

股比例在 10%—50%；三是高度分散的股权结构，公司没有大股东，所有权与经营权基本分离，单个股东持股比例低于 10%。

第二层含义是股权的构成，即不同类型的股东群体持有股份的数量。在我国，其是指国有股东、法人股东及社会公众股东的持股比例。

不同的股权集中度会影响企业控制权与所有权的分布与匹配关系，以及股东与管理层的代理问题。公司控制权是指企业资产的经营管理权。剩余收益索取权是指企业的分配权，即对企业收益分享的权利。

1. 均衡股权结构

所谓均衡股权结构，是指公司大股东之间的持股比例相当接近，不存在其他小股东或者其他小股东的持股比例极低。该结构可能产生的问题包括大股东意见不一致时易产生股东僵局。

2. 分散股权结构和内部人控制

在公司股权非常分散的情况下，由于每个出资人所持股份很小，他们都不愿意对经理人员的行为进行关注和监督，而是希望别的股东去监督经理人员的行为，自己则坐享其成，这就是所谓的“搭便车”心理。由于持股量有限，股东监督经营者行为将花费很高成本，但得到的收益却有限，必然导致他们这种“搭便车”行为。大多数中小股东都存在这样的心理，当他们不关心公司的经营状况时，对经理人员的监督就会变得薄弱。事实上，证券市场上广大中小投资者没有兴趣也没有能力去了解及研究上市公司的内部经营状况。他们的兴趣在于从股票价格波动的价差中获取收益。这样，出资人无法控制管理人员的行为，由此产生“内部人控制”问题。内部人控制是指出资人不能有效地对经理人员的行为进行监督。内部人控制产生的原因与企业的股权结构有很大关系。

3. 控股股东与实际控制人

我国《公司法》第216条规定：“控股股东是指其出资额占有限责任公司资本总额50%以上或者其持有的股份占股份有限公司股本总额50%以上的股东；出资额或者持有股份的比例虽然不足50%，但依其出资额或者持有的股份所享有的表决权已足以对股东会、股东大会的决议产生重大影响的股东。”控股股东（实际控制人）不一定是公司的股东，也可以是通过投资关系、协议或者其他安排（金字塔的控股结构间接持股），能够实际控制企业行为的人或组织。控股股东（实际控制人）就是实际控制上市公司的自然人、法人或者其他组织。

根据证券交易所的要求，在信息披露时，上市公司的实际控制人最终要追溯到自然人、国有资产管理部门或其他最终控制人。在大多数情况下，社会公众投资者可以根据上市公司的年报获得上市公司最终控股股东的信息。但是，在某些情况下，上市公司的实际控制人很难辨别。实际控制人可以是控股股东，也可以是控股股东的股东，甚至是除此之外的其他自然人、法人或其他组织。例如，“复星系”上市公司的控股股东可以为复星集团或其旗下控股子公司，但其实际控制人可以追溯至郭广昌等自然人。

当股权过于集中时，控股股东会丧失由于股权分散而降低风险的好处，企业经营好坏对控股股东影响很大。所以控股股东有动机也有能力对企业管理者的行为进行监督，从而防止内部人控制问题的发生。但是，当控股股东与管理者合谋，或合二为一时，可能会影响公司和其他股东的利益，使中小投资者承担损失，形成控股股东与中小股东的代理问题。

五、股东

股东是有限责任公司或股份有限公司的出资人或投资者。作为出资者，股东持有股份公司或有限责任公司的股份，按其出资数额（股东另有约定的除外）享有所有者的分享收益、重大决策和选择管理者等权利。股东有权出席股东大会，并有投票表决权。持同一类股票的股东地位平等、同股同权、同股同利，但公司章程可作其他约定。

依据不同的标准，公司的股东可以分为：

（1）显名股东和隐名股东。根据出资的实际情况与登记记载是否一致，可以把公司股东分为显名股东和隐名股东。显名股东是指正常状态下，出资情况与登记状态一致的股东。隐名股东是指虽然实际出资认缴或认购公司股份，但在公司章程、工商登记和股东名册等材料中却记载为他人的投资者。隐名股东又称为隐名投资人，目前很多国家的法律不认可股权代持，即隐名股东。

（2）机构股东和个人股东。根据股东主体身份划分，可分为机构股东和个人股东。机构股东是指享有股东权利的法人和其他组织。机构股东包括各类公司和企业，或非营利法人和基金等机构和组织。企业的类型包括国有、集体或民营企业。个人股东是指一般的自然人股东。

（3）创始股东与普通股东。根据获得股东资格时间和条件等划分，可分为创始股东与普通股东。创始股东也被称为原始股东。创始股东是指在公司成立之初，签署设立协议或者在公司章程上签字盖章，认缴出资，并对公司设立承担相应责任的个人或组织。普通股东是指通过出资、购买、继承、接受赠与而取得公司出资或者股权，因而享有股东权利，并承担股东义务的个人、企业或组织。

（4）控股股东与非控股股东。根据股东持股的数量与影响力划分，可分为控股股东与非控股股东。控股股东又分为绝对控股股东与相对控股股东。绝对控股股东是指其出资额占公司股本总额50%或依其出资额所享有的表决权已足以对股东和股东大会的决议产生重大影响的股东。对相对控股股东出资额的限制一般在公司资本总额的20%或30%以上。

1. 股东的权益

（1）知情权和质询权。有限责任公司的股东有权查阅公司章程、股东大会会议记录、董事会会议决议、监事会会议决议和财务会计报告。股份有限公司股东有权查阅公司章程、股东名册、公司债券存根簿、股东大会会议记录、董事会会议决议、监事会会议决议和财务会计报告。当股东对公司的经营提出建议或者进行质询时，公司董事和管理人员应当向股东如实提供有关的资料和报告。股东有权了解董事、监事和高级管理人员从公司获得报酬的情况。股东（大）会有权要求董事、监事、高级管理人员列席股东会议，并接受股东的质询。

在向工商部门行使上述知情权并调取相关资料时，股东应当向工商部门提供自己的身份证件。工商部门需要其他证明股东身份的材料，如股东证明书等，股东可以向公司申请协助制作并且出具证明。考虑到股东与公司之间存在利益关系，在查询工商档案资料时，如果股东不希望被公司知晓，也可以请律师代理查询。

（2）决策表决权。股东有权出席（或委托代表出席）股东（大）会，按照出资比例或其他约定行使表决权和议事权。目前上市公司较多地采用网络会议和网络投票方式为股东参会和投票提供便利。我国《公司法》还赋予股东对于违规决议的请求撤销权。如果股东（大）会或者董事会的会议召集程序、表决方式违反法律、行政法规或者公司章程，或者决议内容违反公司的章程，股东可以自决议做出之日起60日内，请求人民法院给予撤销。

（3）选举权。公司股东有权选举和被选举成为董事会成员和监事会成员。在选举过程中，投票可以采用累积投票方式。累计投票制是指股东大会选举两名以上的董事时，股东所持的每一股份拥有与待选董事总人数相等的投票权，股东既可用所有的投票权集中投票选举一人，也可分散投票选举数人，按得票多少依次决定董事入选的表决权制度。累计投票制可以矫正“一股一票”表决制度存在的弊端，保护中小投资者的利益。

（4）收益权。依照法律、法规和公司章程规定，股东有权获得企业发放的现金股利。股东按其股权的比例，享受企业价值的增值部分。在公司终止进行清算时，股东获得剩余的资产。

（5）解散公司请求权。当公司经营管理发生严重困难，继续存续会使股东利益受到重大损失时，股东可以要求公司进行清算。如果公司不认可股东行为，持有公司全部股东表决权 10% 以上的股东，可以请求人民法院解散公司。

（6）股东代表诉讼权。公司的董事、监事或者高级管理人员履行职务时违反法律、行政法规或者公司章程的规定，给公司造成损失。如果公司没有对这些人员提出损害赔偿要求和诉讼，股东代表可以行使诉讼权，由符合条件的股东以个人名义向法院提起损害赔偿诉讼。

（7）直接索赔权。其是指股东对公司董事、监事或者高级管理人员的直接索赔权。当董事、监事或者高级管理人员的个人行为对股东个人造成直接的利益损害，股东有权直接向董事、监事或者高级管理人员进行索赔。

（8）优先权。在公司新增资本或发行新股时，在相同的条件下现有股东有优先认股权。有限责任公司股东在转让股份时，现有股东对其股权有优先受让权。

（9）提议召集权。其是指临时股东大会的提议召集权。在非股东大会的正常召集时间，如果存在某些特殊情况和条件，为了能够更大程度地保护公司利益和实现股东利益，在符合一定条件的情况下，股东可以提议召集临时股东（大）会。

（10）其他权利。在有限责任公司层面主要体现为“单独股东权”；在股份有限公司层面主要体现为“少数股东权”，目的在于维护中小股东权益。

2. 股东的义务

股东的义务主要包括：遵守法律、行政法规和公司章程；按时足额缴纳出资，不得抽回出资；不能滥用股东权利损害公司或者其他股东的利益，造成损失应当依法承担赔偿责任；不得滥用公司法人独立地位和股东有限责任，损害公司债权人的利益。如果公司股东滥用公司独立法人地位和股东的有限责任，损害公司债权人利益，逃避企业债务，严重时股东需要对公司的债务承担连带责任。

3. 股东大会

股东大会（Shareholders Meeting）是公司的最高权力机构，由全体股东组成。在股东大会上，股东对公司重大事项做出决策，有权选任和罢免董事，对公司的经营管理具有广泛的决策权。作为公司制企业的最高权力机构，股东大会是全体股东参加的定期或临时会议。股东作为企业财产的所有者，通过参加股东大会对企业行使财产管理权。企业的一切重大人事任免和重大经营决策，一般都需要得到股东大会的认可和批准。

股东大会分为法定大会、年度大会、临时大会。

（1）法定大会。一般而言，公开招股的股份公司，应该从开始营业之日起 1 个月以上 3 个月以内召开一次公司全体股东大会。会议主要任务是审查公司的各类法律报告，使全体股东能够了解和掌握公司的整体情况。

（2）年度大会。股东大会例会又称为年度股东大会，通常每年召开一次，一般是在每个会计年度结束后 6 个月内召开。由于年度股东大会的定期召开通常具有法律的强制性，所以世界各国一般不对该会议的召开条件做出具体的规定。年度会议的内容一般包括：修改公司章程、选举董事、宣布股利（股息）、讨论公司资本的增减、审议董事会提交的经营报告等。

（3）临时大会。股东大会临时会议一般是由于发生了涉及公司及股东利益的重大事项，无法等到股东大会年会召开而临时召集的股东会议。临时大会讨论临时性的紧迫问题。关于临时股东大会的召开条件，世界主要国家大致有三种立法体例：列举式、抽象式和结合式。我国采取的是列举式。我国《公司法》第100条规定："如果存在以下情形之一的，公司应当在2个月内召开临时股东大会：①董事人数不足《公司法》规定人数或者公司章程所定人数的2/3时；②公司未弥补的亏损达到实收股本总额1/3时；③单独或者合计持有公司10%以上股份的股东请求时；④董事会认为必要时；⑤监事会提议召开时；⑥公司章程规定的其他情形。"

六、董事会和董事

根据规定，股份有限公司的董事由股东大会选举产生，可以由股东或非股东担任。董事的任期一般由公司章程规定，包括定期和不定期两种。定期是指董事任期以一定期限为限，但每届任期不得超过3年。不定期是指从任期那天算起，满3年改选，但可连选连任。

公司董事是自然人。我国《公司法》对董事的任职资格进行了相应的限制。我国《公司法》第146条规定："自然人存在以下情形之一的，不能担任股份有限公司的董事：①无民事行为能力或限制民事行为能力者；②因贪污、贿赂、侵占财产、挪用财产或者破坏社会主义市场经济秩序，被判处刑罚，执行期满未逾5年，或者因犯罪被剥夺政治权利，执行期满未逾5年；③担任破产清算的公司、企业的董事或者厂长、经理，对该公司、企业的破产负有个人责任的，自该公司、企业破产清算完结之日起未逾3年；④担任因违法被吊销营业执照、责令关闭的公司、企业的法定代表人，并负有个人责任的，自该公司、企业被吊销执照之日起未逾3年；⑤个人所负数额较大的债务到期未清偿。"

公司违反有关法律的规定对董事和监事进行选举或委派，或进行高级管理人员的聘任，该选举、委派或者聘任无效。

董事被罢免的原因主要包括：任期届满而未能连任；违反股东大会决议；股份转让；本人辞职；其他原因如董事死亡，公司破产或清算，董事丧失行为能力等。

股份有限公司的董事会成员为5—19人，一般为奇数，以方便投票表决。董事任期从股东大会决议通过之日起开始计算，至本届董事会任期届满时止。在任期届满时，董事可以连选连任。根据董事与公司的关系，董事可以分为内部董事和外部董事。

（1）内部董事。内部董事也称为执行董事，主要是指担任董事的本公司高级管理人员，如总经理、常务副总经理等。

（2）外部董事。外部董事指不是本公司职工的董事，包括不参与管理和生产经营活动的企业股东代表或个人股东；股东大会决议聘任的独立非执行董事，如非股东的专家或学者等。

根据我国《公司法》的规定，董事的权利包括：①出席董事会，并行使表决权；②获取董事报酬的权利；③签名权。这项权利也是董事的义务，要求董事在以公司名义颁发的有关文件上签名，例如，公司设立登记文件、募股文件、会议决议等；④公司章程规定的其他职权。

董事的义务主要包括：

（1）忠实义务。董事应当遵守法律、法规和公司章程的规定，忠实地履行其职责，维护公司的利益。董事不得从事损害本公司利益的活动，不能在本公司有竞争关系的企业任职，不得经营与本公司业务存在竞争关系的企业。具体来说，主要包括以下内容：①不侵占公司财产；②不挪用公司资金；③不利用职权收受贿赂或取得其他非法收入；④不得违反公司章程的规定，未经股东大会或者董事会同意，与本公司订立合同或者进行交易；⑤不得违反公司章程的规定，未经股东大会或者董事会允许，将本公司资金借贷给他人，或者以本公司财产为他人提供担保；⑥未经股东大会或者董事会允许，不得利用职务便利为自己或者他人谋取属于公司的商业机会；⑦不以本人名义或者他人名义，将公司资金私自开立账户存储；⑧不得接受他人佣金，为其与本公司交易提供便利；⑨不得擅自泄露公司秘密；⑩违反对公司忠实义务的其他行为。例如，董事（监事、高级管理人员）不得直接向本公司或者下属子公司借款。

（2）勤勉义务。勤勉义务是指董事、监事和高级管理人员在处理和安排公司事务时，应该保持普通正常人的合理审慎态度，恪尽职守，维护公司的利益。①如果董事行为对公司造成损失时，该董事对公司负有连带赔偿损失的责任；②关心公司的经营管理活动；③不得担任其他同类型或同行业公司的董事或经理；④公司章程规定的其他义务。

股份有限公司设有董事会，其是负责执行股东大会决议的常设机构。董事会由全体董事组成，设董事长 1 人，副董事长 1 人。董事长和副董事长由董事会选举产生，董事由全体股东选举产生。董事任期 3 年，任期届满，可以连选连任。董事在任期届满前，股东大会不得无故解除其职务。

股份有限公司董事会由股东大会选举产生，向股东大会负责，是在股东大会闭会期间行使股东大会职权的常设机构，负责处理公司重大经营管理事项。董事会所作的决议必须符合股东大会决议，如有冲突，应该以股东大会决议为准；股东大会可以否决董事会决议，直至改组、解散董事会。

根据传统的“委托代理理论”，股东大会与董事会之间存在监督和被监督的关系。依据这种理论，董事会是股东大会的代理人，通过股东大会选举产生，并接受股东大会的委托，监督公司管理层。股东大会有权选任和解任董事，并对公司的经营管理享有最终的决定权，董事会则居于股东大会之下，受股东大会支配，对股东大会负责。由于股东不直接参与企业经营管理，而企业高级管理人员的个人目标未必与企业目标一致，所以董事会代表股东对企业管理层进行监督与激励。

七、企业管理层

高级管理人员是指董事会依照法律或者公司章程的规定，聘任对内执行公司业务，对外代表公司的人员。根据传统的“委托代理理论”，董事会与高级管理人员之间是委托和代理关系。高级管理人员由董事会聘任或者解聘，董事会决定高级管理人员的报酬。高级管理人员受董事会的监督与激励，在委托范围内负责公司日常的经营与管理。董事会根据公司的具体经营情况，确定公司高级管理人员的设置及其职权范围，并与高级管理人员签订合同。CEO 通常指公司的总经理，主要负责公司日常的经营与管理，对全体股东和董事会负责。

身边的案例

深圳华侨城股份有限公司（简称“华侨城 A”，股票代码 000069）成立于 1997 年 9 月 2 日，总部设在深圳市南山区，是华侨城集团有限公司旗下从事旅游及房地产行业的上市公司。该公司以“主题公园领导者、旅游产业领军者、城镇化价值实现者”为战略定位，以文化旅游、房地产为主营业务，在文化旅游发展领域，房地产业务差异化构造，以及旅游与互联网融合等方面进行探索与实践。

根据 2018 年年报的信息，该公司控股股东是华侨城集团有限公司，持有上市公司股份 46.99%。

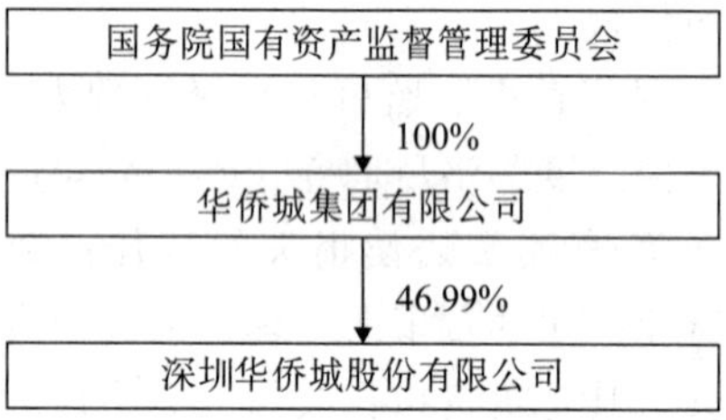

该公司 2018 年董事、监事和高级管理人员专业背景和主要工作经历以及目前在公司的主要职责如下：

1. 董事

段先念，男，1958 年出生，硕士研究生学历，高级经济师。曾任西安高新区电子工业园管理办公室主任，西安高新区长安科技产业园管理办公室主任，西安高科（集团）公司副总经理、总经理，西安高新区党工委副书记、常务副主任，西安曲江新区管委会主任、党工委副书记、书记，西安曲江文化产业投资（集团）有限公司董事长、总经理，西安市人民政府党组成员、市长助理、副市长，同时任西安曲江新区党工委书记、管委会主任。西安曲江文化产业投资（集团）有限公司董事长、总经理，西安市大明宫遗址区保护改造办公室主任，陕西文化产业投资（集团）控股有限公司党委书记、董事长。现任华侨城集团有限公司董事长、党委书记，深圳华侨城股份有限公司董事长、党委书记，兼任中华文化促进会常务副主席，中国旅游协会第六届理事会副会长，第十二届广东省政协常委。

姚军，男，1960 年出生，硕士研究生学历，高级经济师。曾任华侨城经济发展总公司旅游发展部副总经理，华侨城中国旅行社总经理，华侨城控股公司副总裁、董事、总裁、党委书记，香港华侨城董事、董事长，华侨城（亚洲）控股公司董事、董事局主席，华侨城股份公司副总裁。现任华侨城集团有限公司董事、总经理、党委副书记、总法律顾问，深圳华侨城股份有限公司副董事长、党委副书记，同时兼任中国旅游景区协会会长。

王晓雯，女，1969 年出生，本科学历。曾任国务院侨办人事司干部，华侨城经济发展总公司审计部副总经理，华侨城实业发展股份有限公司财务总监、董事，华侨城集团财务金融部副总经理、总裁办公室行政总监、财务部总监、总裁助理，华侨城房地产董事，公司监事，康佳集团监事。现任华侨城集团有限公司党委常委、副总经理，深圳华侨城股份有限公司总裁、党委副书记、董事，华联发展集团有限公司董事，中国上市公司协会副会长。

王久玲，男，1957 年出生，本科学历。曾任黑龙江省鸡西电业局副总工程师，黑龙江省黑河电业局副局长，黑龙江省黑河电业局局长，黑龙江省电力工业局副总工程师，黑龙江省电力工业局副总经理，青海电力公司总经理、党组书记，贵州电力公司总经理、党组副书记，中国南方电网有限责任公司党组成员、董事、副总经理。现任公司董事。

2. 独立董事

许刚，男，1956 年出生，本科学历。曾任中国银行信贷二部副总经理、信贷业务部总经理，中国国际控股有限公司董事、副执行总裁，中银集团投资有限公司执行总裁，中国东方资产管理公司副总裁，南洋商业银行有限公司副董事长、行政总裁，中银国际证券有限责任公司董事长。现任公司独立董事、东风汽车公司外部董事。

吴安迪，女，1954 年出生，硕士研究生学历。曾任邮电部财务司副司长、司长，信息产业部经济调节与通信清算司司长，中国电信集团公司副总经理、党组成员，中国电信集团公司副总经理、总会计师、党组成员。现任公司独立董事、招商局集团有限公司外部董事，兼任中国总会计师协会电信系统分会名誉会长、中国会计学会党务理事、财政部内控标准委员会委员。

余海龙，男，1950 年出生，工程管理硕士，教授级高级工程师。曾任国家经委人事局副处长，外经贸部中国康富国际租赁公司办公室主任兼项目审查部主任，国家机电轻纺投资公司办公厅副主任（主持工作），国家开发投资公司党组秘书兼办公厅主任、国投电子公司总经理、国投高科技创业公司总经理，中国新时代控股（集团）公司总经理、党委副书记，中国节能环保集团公司总经理、党委常委、董事。现任公司独立董事、中国建筑股份有限公司独立董事、中国冶金科工股份有限公司独立董事，兼任中国保健协会副理事长。

周纪昌，男，1950 年出生，硕士研究生学历。曾任国家经委人事局副处长，外经贸部中国康富国际租赁公司办公室主任兼项目审查部主任，国家机电轻纺投资公司办公厅副主任（主持工作），国家开发投资公司党组秘书兼办公厅主任、国投电子公司总经理、国投高科技创业公司总经理，中国新时代控股（集团）公司总经理、党委副书记，中国节能环保集团公司总经理、党委常委、董事。现任公司独立董事，中国公路建设业协会名誉理事长，中国人民政治协商会议第十一届、十二届全国委员会委员，中国冶金科工股份有限公司独立董事。

3. 监事

陈跃华，男，1963 年 9 月出生，1985 年 7 月参加工作，工商管理硕士。曾任康佳集团股份有限公司总裁办公室总经理，东莞康佳电子有限公司总经理，康佳集团股份有限公司多媒体事业部副总经理，康佳集团股份有限公司副总裁，康佳集团股份有限公司总裁、党委副书记，深圳华侨城股份有限公司总裁助理、董事会秘书，康佳集团股份有限公司董事局主席。现任公司监事长。

叶向阳，男，1968 年出生，会计硕士、管理学硕士。曾任康佳集团股份有限公司企管部总监、审计部总监、职工监事，深圳华侨城股份有限公司监事、审计部总监、督察审计部副总监，泰州华侨城有限公司总经理、董事、监事长。现任公司监事。

刘轲，男，1981 年 12 月出生，本科学历。曾任深圳市桑达实业股份有限公司证券部科员、主任科员，深圳华侨城股份有限公司董事会秘书处业务经理、高级经理。现任公司职工监事、董事会秘书处副总监。

4. 高级管理人员

王晓雯，参见董事简历。

杨杰，男，1961 年 6 月出生，1986 年 6 月入党，1982 年 8 月参加工作，大学，学士。历任华侨城集团公司规划建设部副总经理，深圳华侨城房地产开发公司副总经理，北京世纪华侨城实业有限公司副总经理，上海天祥华侨城投资有限公司董事、总经理，北京世纪华侨城实业有限公司总经理，天津华侨城实业有限公司总经理，2017 年 3 月至今任深圳华侨城股份有限公司北方事业部总经理。现任公司副总裁。

张大帆，男，1966 年 10 月出生，1988 年 3 月入党，1988 年 7 月参加工作，大学，硕士。历任华夏艺术中心副总经理，华侨城集团公司进出口部副总经理，香港华侨城有限公司副总经理，成都天府华侨城实业发展有限公司副总经理，成都天府华侨城实业发展有限公司董事、总经理，2017 年 3 月至今任深圳华侨城股份有限公司西部事业部总经理。现任公司副总裁。

袁静平，男，1964 年 11 月出生，1989 年 4 月参加工作，硕士研究生学历。历任深圳华侨城房地产有限公司营销中心总监、策划部总监，深圳招商华侨城投资有限公司董事、总经理，上海天祥华侨城投资有限公司董事、总经理，华侨城（上海）置地有限公司董事、总经理，2016 年 10 月至今任深圳华侨城股份有限公司华东事业部总经理。现任公司副总裁。

关山，男，1971 年 3 月出生，硕士研究生学历，经济师。曾任河南谷村（集团）实业有限公司总经理助理，建业住宅集团有限公司集团管理中心总经理，建业教育产业有限公司总经理，华侨城集团人力资源部业务经理、总裁办高级经理，华侨城集团公司总裁办行政副总监，深圳华侨城股份有限公司总裁办公室总监、党委办公室主任、人力资源部总监、总裁助理。现任公司董事会秘书。

第三节 企业信息披露

2－3：企业信息披露

上市公司的信息披露制度也称为公开披露制度，是为了保护外部投资者的权益，接受社会公众的监督，上市公司需要依照法律的规定，披露其自身财务状况的制度。为了使投资者了解企业的状况，上市公司需要向证券管理部门和证券交易所报告其经营状况等资料和信息，并向社会公开或公告。信息披露的内容包括公司上市发行时的招股说明书和上市公告、定期报告和临时报告。

上市公司信息披露制度起源于英国和美国。英国的“南海泡沫事件”（South Sea Bubble）导致了 1720 年“防止欺诈法案”（Bubble Act of 1720）的出台。1844 年英国《合股公司法》(The Joint Stock Companies Act 1844) 中关于“招股说明书”(Prospectus) 的规定，首次明确了强制性信息披露原则 (The Principle of Compulsory Disclosure)。

美国是当今世界信息披露制度相对完善和立法相对成熟的国家。美国关于信息披露的要求最初源于1911年堪萨斯州的《蓝天法》(Blue Sky Law)。1929年华尔街股市崩盘，由于崩盘前的证券欺诈、非法投机和股价操纵等行为，促使了美国联邦政府通过并颁布了1933年的《证券法》和1934年的《证券交易法》。在1933年的《证券法》中，美国首次规定上市公司需要实行财务信息公开制度，这被认为是世界上最早的信息披露制度。

现在世界各国都将上市公司的各种信息披露作为证券法律法规的重要内容。上市公司信息披露制度是证券市场发展到一定阶段的产物，信息披露制度是证券法律制度的组成部分。

一、信息披露的主体与内容

上市公司信息披露制度是由多方主体共同参加的制度。根据各个主体披露信息的内容和在信息披露过程中的作用，主要分为四类：第一类是证券市场的监管机构和政府有关部门。它们所发布的信息主要是对证券市场进行监管的法律、法规与政策。证券市场的监管机构既是证券法律、法规与政策披露的重要主体，也是有关信息披露的法律和政策得以实施的执行机构，因此，它们在披露制度中处于极为重要的地位。第二类是证券的发行人，即上市公司。他们依法承担披露义务，主要披露的是关于自己的及与自己有关的信息。上市公司是证券市场信息的主要披露人。第三类是证券市场的投资者。他们一般没有信息披露的义务。投资者是披露信息的使用者，他们依据上市公司信息进行投资交易。第四类是其他机构，包括股票交易场所等自律组织或各类证券中介机构。证券交易所制定一些市场交易规则，有时也发布极为重要的信息，如交易制度的改革等，因此，其也应该按照有关规定履行相应的披露职责。

二、信息披露的过程

证券市场为企业融资和投资者投资提供场所。企业在证券市场发行股票，吸引更多的投资者参与，拓宽企业股权的融资渠道，可以降低融资成本。股份持有人可以随时在证券市场变现其股份，将股票转让给其他投资者。信息披露制度在一定程度上缓解了企业与投资者之间信息的不对称。在信息公开的时间上，上市公司的信息披露是一个持续的过程，包括定期与不定期两类。

(一) 信息披露的强制性

在证券市场，证券发行人(上市公司) 披露信息是一项法定的义务，具有强制性。从证券发行的角度来看，证券发行人(上市公司) 通过发行证券的融资行为与投资者购买证券的行为之间存在契约关系。因此，证券发行人(上市公司) 应当按照招股说明书中的承诺，在公司持续经营时期依法履行披露义务。根据法律的规定，证券发行人(上市公司) 具有及时披露重要信息的强制义务。在证券发行阶段，法律对证券发行人(上市公司）的披露义务做出了详尽的规定，证券发行人（上市公司）需要严格按照法律规定的格式和内容编制招股说明书。证券发行人（上市公司）的自主权相对有限，只有在提供所有法律要求披露的信息之后，发行人才有少量自由发挥的空间。强制披露信息的内容是根据考虑到各利益相关者的权益，为切实保护投资者权益而做出的强制性规定。证券发行人（如上市公司）必须对其所有披露信息的真实性、准确性和完整性承担责任。

（二）信息披露的单向性

权利义务的单向性是信息披露制度的特征之一。证券发行人（上市公司）或其他披露主体的责任和义务是进行相关信息的披露，投资者享有的权利是获得影响投资行为的相关信息。真实投资者和潜在投资者都可以依法要求相关信息披露主体提供必须披露的信息资料。无论在证券发行或者交易阶段，发行人或其他披露主体通常只需要承担披露信息的义务，投资者不得要求对价，即要求发行人对价格进行承诺。投资者依据企业信息进行投资决策，需要对自己的投资行为负责。

三、信息披露的内容

在证券发行上市后，证券发行人（上市公司）应按要求持续地进行信息披露，需要承担信息披露义务。信息披露的内容主要包括中期报告、年度报告和临时公告。证券信息必须在证券发行人（上市公司）或者发行中介机构的网站、证券交易所和证监会指定的专门网站上发布。当然，发布的证券信息也可以同时在其他媒介（公众号等）上同步发布。

（一）招股说明书和上市公告书

在公司公开上市过程中，最主要的披露信息是招股说明书和上市公告书。在采用注册制的发行审核制度下，发行和上市是两个独立的过程，也就是说公开发行招股的股票不一定会在证券交易所上市。根据证券市场的实际操作程序，证券发行人（拟上市公司）拟向社会公开发行股票，各证券交易所通常要求发行公司在披露招股说明书之前，必须征得证券交易所的同意。在公司发行上市过程中，招股说明书是核心，内容应该完整并进行及时的信息披露。在大多数相对完善的证券市场中，招股说明书实际上就是上市公告书。

目前我国证券招股说明书采用网络披露的形式。电子招股说明书以网络为披露媒介，也应该遵守信息披露的一般原则。电子招股说明书的内容与传统的招股说明书的内容基本相同，主要包含重要资料（即招股说明书的摘要）、释义和序言、风险因素及对策、募集资金使用情况、发行人情况介绍、股本情况、发行人最新财务状况、发行人是否存在未决法律诉讼、是否签订重要的合同等。需要注意的是，公司全体发起人、董事和主承销商（证券公司投行部的保荐人）需要在招股说明书上签名，保证招股说明书不存在虚假、严重误导性陈述或者重大遗漏，并承担连带责任。为适用于网络发布，证券发行人（拟上市公司）通过其他媒体披露招股说明书时，必须同时在网上（交易所规定的网站）公告完整的招股说明书。

（二）年度报告

上市公司在会计年度结束时，需要向中国证监会和证券交易所提交反映公司在过去一年内的基本情况、经营成果、财务状况等与证券交易相关的年度报告。上市公司年度报告的内容包括：公司概况，公司经营情况，公司股权结构和股东情况，已发行的股票和债券变动情况，董事、监事及高级管理人员的简介、持股情况和报酬，公司治理、内部控制、财务报表（资产负债表、利润表和现金流量表等）及附注说明，审计报告，以及国务院证券监管机构规定的其他事项。

（三）中期报告

在会计年度期间，上市公司还需要向中国证监会和证券交易所提交公司的季度报告和半年度报告。与年度报告相比较，季度报告和半年度报告不需要注册会计师事务所进行报表审计，内容相对简单一些，主要包括：公司财务会计报告和经营状况、涉及公司的重大法律诉讼、已发行的股票或者债券变动情况、提交股东大会审议的重要事项、中国证监会规定的其他事项。

（四）临时公告

在发生重大事件后，上市公司需要采用临时公告的形式，立即将该信息向社会公众披露，说明事件的内容及其对上市公司的影响，并报告证券监管机构和证券交易所规定的所有相关信息。临时公告包括以下三种：

（1）重大事件。“重大性原则”是上市公司决定是否披露临时公告的主要原则。什么是重大事件？如何确定其标准？如果假设所有的投资者都是理性的经济人，那么信息披露越充分对其投资决策越有利。证券发行人（上市公司）承担披露信息的义务，其所披露的信息越多，其信息披露的成本也就越高。信息使用者（投资者）则希望获得尽可能多且详细的信息。当这两者之间存在矛盾时，“重大性”标准便起到了平衡两者利益的作用。在合理的“重大性”标准条件下，投资者获得了必要的信息，发行人只承担合理的披露义务，不至于因披露信息的成本过高而影响其发展。只有这样才能实现“三赢”效应，即有利于投资者，有利于发行人，也有利于证券市场。

（2）收购报告。上市公司在收购过程中，需要对其收购行为进行临时公告。如果收购标的是上市公司，那么收购者为了控制上市公司的股权，需要通过证券交易所集中大规模收购股票，这将对上市公司的股票交易和价格产生重大影响。为了使广大中小投资者能够及时了解此类大规模股权收购的信息，防止虚假陈述、操纵市场等违法行为，必须建立上市公司收购过程中的信息披露制度。如果上市公司对其他公司进行收购，不仅会对公司经营和财务状况产生影响，而且也会对上市公司的股票交易和价格产生重大影响。上市公司在收购过程中需要披露的文件主要包括：上市公司收购报告书、要约收购报告书和被收购公司董事会报告书。收购报告书是投资者公开要约收购、协议收购或者在证券交易所集中竞价收购上市公司的过程中依法披露收购信息的文件。

（3）其他临时公告。上市公司需要对外进行临时公告的情形主要包括：公司重大合同、公司合并事项、证券交易所处罚等。披露的原则是依法披露原则和重要性原则。

四、外部审计

审计作为一种监督机制，有着悠久的历史，但人们对审计的定义却众说纷纭。1972

年，美国会计学会颁布的《基本审计概念公告》对审计的定义是："审计是指为了查明有关经济活动和经济现象的认定与所制定标准之间的一致程度，而客观地收集和评估证据，并将结果传递给有利害关系使用者的系统过程。"这一定义比较有代表性且被广泛引用。

根据审计活动执行主体的性质进行分类，审计可分为政府审计、独立审计和内部审计三种。

独立审计，即由注册会计师接受公司委托有偿进行的审计活动，也称为民间审计。我国注册会计师协会（CICPA）发布的《独立审计基本准则》指出："独立审计是指注册会计师依法接受委托，对被审计单位的会计报表及其相关资料进行独立审查并发表审计意见。"由于独立审计的风险高、责任重，审计理论的产生和发展以及审计方法的变革基本上都是以独立审计为基础。

在证券市场，独立审计是维护会计报表满足公允价值与公允列报要求的重要手段。上市公司独立审计由中国证监会认可的会计师事务所进行。独立审计是公共会计服务市场的主营业务，接受证监会及注册会计师协会的行政监督，也接受社会公众的舆论监督。

（一）独立审计的意义

在财务报表审计的委托代理关系中，理论上是公司的出资人（财产所有者）委托注册会计师进行独立审计，由董事会中的审计委员会决定注册会计师的选择，但实际上企业管理层影响注册会计师的选择。当委托注册会计师进行审计时，企业管理层影响注册会计师独立客观的发表意见。在这一委托代理关系的制度安排中，问题的核心是注册会计师必须独立于被审计对象及其利益相关者。

"独立性"是指注册会计师在从事审计或其他鉴证服务业务时，在形式上和实质上应当保持其独立。"形式上的独立性"是指注册会计师与被审计企业或个人不存在特殊的利益关系，不拥有被审计企业的股权或担任被审计企业的高级职务，不是企业的主要贷款人、资产托管人或与管理当局存在亲属关系等。上述关系的存在会影响注册会计师公正地执行审计业务。"实质上的独立性"也称为精神上的独立或事实上的独立，是指注册会计师在从事审计或其他鉴证业务时，应保持客观且无私的精神态度，不受个人或外界因素的制约、影响和干扰。在实质上和形式上，注册会计师都应该保持其独立性、客观性和公正性。注册会计师希望通过审计的独立性，可以实现审计报告的真实与可靠。但是，审计的独立性与审计结果的真实性和可靠性是否可以画上等号存在很多的疑问。

（二）审计的独立性

审计效果不仅取决于审计人员形式上和实质上的独立性，还涉及审计人员的客观、公正、专业知识和职业道德等。换句话说，可靠性包括了独立性、正直和职业胜任能力等。

不可否认，独立性是注册会计师进行审计的重要因素。但是，注册会计师在执行独立审计时，应该诚实守信，按照《独立审计基本准则》的要求认真执行，要注重实质，而不能流于形式。要充分理解《独立审计基本准则》所规定的程序和要求的本质含义。为了实现审计的效用，即审计结论的可靠性，只依靠独立性远远不够，还应该保持应有的职业谨慎、具有相应的专业胜任能力和严格合理的专业判断等。所以独立性只是保证审计质量的必要条件，而不是充分条件。

另外，注册会计师应该按照《独立审计基本准则》的要求，不能对缺乏可靠性的信息发表审计意见。例如，注册会计师不得对未来事项的可实现程度做出保证。注册会计师对前景信息（如下一年度的盈利预测或资本预算等）进行审核的目的，只是为了确定前景资料所依据的假设没有不合理的地方，前景信息是根据这种假设适当编制完成的，前景数据与历史会计报表的基础应保持一致。如果注册会计师对未来事项的可实现程度做出保证，既有违专业的科学性，又会让外界对注册会计师行业的作用产生误解。一旦实际实现程度偏离预测，将会对注册会计师行业造成负面影响。

五、证券市场中信息披露存在的问题

我国证券市场从建立到发展经过了几十年的时间。现阶段我国证券市场（主要指股票市场）已经具备了现代证券市场的基本功能，在资本市场融资方面发挥着重要的作用。但是我国证券市场仍然存在一些问题，例如，证券市场法律体系不健全；证券市场信息披露不完善；存在一定的行政干预等。这些缺陷制约了我国证券市场的发展和完善，致使内幕交易、操纵市场、欺诈行为等时有发生。随着证券市场风险的增加，给证券市场信息披露的监管带来了各种障碍。主要体现在以下两个方面：

（1）证券监管执法不力。由于相关法律法规并不完善，执法的深度和广度不够。法律法规缺乏深入的理论分析，引用简单，判词说服力不强。执法方式不当，处罚决定主要依靠行政手段。经常是违法事件发生之后，且后果严重时，有关监管部门才出面干预并进行处罚。法律制度不能起到威慑作用。

（2）各级监管部门之间职能层次不清晰。职责权限缺乏严格的规定，不规范。没有形成严密有效的措施来确保监管部门履行职能，可能形成暗箱操作，产生腐败。监管部门对违规行为的查处多采用“集中严打”的方法，但经常以“限制”和“救市”而告终，不能把违规行为消灭在萌芽状态。

身边的案例

案例1：2015年山水文化（股票代码：600235）因信息披露违规受罚

2015年前4个月，A股共有72家上市公司违规受罚，总的来看，信披违规是这些上市公司的通病。而山水文化等7家公司在这100多天里收到多张罚单。

从2015年1月31日到4月22日，山水文化共收到3张罚单，内容主要涉及2014年底重组预案和2014年6月在交通银行的借款纠纷。诸多细节显示，上市公司在财务管控方面存在重大缺陷，上市公司资金流向存在很大的疑问。

2014年12月，山水文化刊登重大资产重组预案，而证监会发现这次重组的收购资金来源、标的公司控制权归属、未来经营状况等均存在较大不确定性，这些不确定性因素将对重组结果产生实质性影响，并直接影响投资者决策。但相关信息披露文件并未能准确、完整、充分提示相关风险及不确定性因素。

而当山西证监局对该起重组案进行专项核查时，山水文化总经理丁某面对山西证监局的两次约谈通知视而不见，不配合山西证监局工作。

此外，山水文化与交通银行的纠纷更凸显了公司内控的缺陷和正在被掏空的重大风险。

据山西证监局披露，2014 年 6 月 27 日，山水文化曾以广告费为由向交通银行贷款 2000 万元，期限不超过 3 个月，但 2015 年 2 月 28 日，山水文化却发布因未按期偿还贷款而引发诉讼的公告。经山西证监局调查，山水文化未在 2014 年半年报、三季报中披露该笔贷款情况，也未按借款用途使用这笔贷款。

山西证监局在调查时还发现，山水文化在财务审核和流程方面存在重大问题——公司公章、财务专用章、法人代表人名章等竟未存放在上市公司，而且公司在使用公章从银行贷款时，也没有进行印鉴登记审批和登记记录。

2014 年 7 月，山水文化曾支付广西岑开商贸有限公司 670 万元、上海兆羽资产管理有限公司 400 万元，杭州鑫瀚实业投资有限公司 260 万元，但上述资金支付未按照公司管理制度的规定履行审批程序，亦未签署相关合同。山水文化还存在使用个人账户的情形。

案例 2：2018 年大华会计师事务所被证监会罚没 600 万元

2018 年，国内八大会计师事务所之一的大华会计师事务所（以下简称“大华所”）被证监会处罚。证监会官网上的一则处罚决定书显示：在佳电股份 2013—2015 年财务报表年度审计过程中，大华所未勤勉尽责，出具虚假的审计报告。没收大华所业务收入 150 万元，并处以 450 万元罚款。同时，对 3 名责任人给予警告和罚款处分。

此次大华所被证监会处罚主要是由于 2013—2015 年其所审计的上市公司佳电股份（股票代码：000922）存在财务报表虚假记载情况。

据披露，2013 年，佳电股份财务报表披露利润总额 1.92 亿元，虚增金额 1.58 亿元；2014 年，佳电股份财务报表披露利润总额 895 万元，虚增金额 0.40 亿元；2015 年，佳电股份财务报表披露利润总额 -4.61 亿元，虚减金额 1.98 亿元。

在 3 年的财务审计中，大华所未执行对佳电股份的多项审计程序，涉及营业成本结转数据的真实性和准确性、自行开发的成本核算信息系统的测试、销售费用的异常、存货跌价准备的会计估计发生变更等情况。

然而这 3 年大华所均为佳电股份出具了标准无保留意见的审计报告。

证监会表示，这些事实有审计报告、审计工作底稿、相关人员询问笔录、佳电股份和大华所提供的情况说明、大华所提供的审计收费发票等证据证明，认定大华所未勤勉尽责，出具的审计报告存在虚假记载，对大华所及相关责任人进行处罚。

2-4：我国企业的治理问题

第四节 我国企业的治理问题

一、公司产权、代理理论与公司治理

公司产权是指公司对公司资产所享有的权利。公司产权的具体形成过程如下：首先股东出资形成公司资本，股东资产转换为公司资产后，股东与公司形成新的权利关系，股东对公司出资的所有权（财物所有权）转变为股东权（股权），股权可以认为是股东把原先的财产权通过出资转移给公司的结果。由股东出资所形成的公司资产，其所有权属于公司。作为独立的法人，公司依法独立享有公司法人产权。

公司资产的所有权主要包含以下四层含义：一是由股东出资形成的公司全部财产属于公司所有。二是股东的出资在投入公司之后就成为公司的财产，由公司自主支配并使用，财产权不再属于股东。三是公司可以自主处置其财产，并以其全部财产承担债务责任。股东不能再直接支配其出资财产。四是公司经营获利属于股东权益。但是，是否进行收益分配，并如何进行分配，需要依照法律、公司章程和股东大会等决定。

委托代理理论是过去几十年里契约理论最重要的发展之一。20 世纪 60 年代末 70 年代初一些经济学家深入研究企业内部信息不对称和激励问题，提出了委托代理理论。委托代理理论的核心是研究在委托人与代理人利益不一致且信息不对称条件下，委托人如何设计最优契约激励代理人来实现委托人的目标。

代理理论（agency Theory）最初是由简森（Jensen）和梅克林（Meckling）于 1976 年提出。代理理论后来逐渐发展成为契约成本理论（contracting cost theory）。根据契约成本理论，企业由一系列契约所组成，包括资本的提供者（股东和债权人等）和资本的经营者（管理当局）、企业与供应商、企业与顾客、企业与员工等各类契约关系。

公司治理研究包括股东、董事会、经理层、供应商、客户和员工等诸多利益相关者的关系。利益相关者的行为和相互之间的关系影响企业的发展方向和绩效。公司治理分析的核心问题之一是如何使企业的管理者（内部人）在利用资本供给者如股东和债权人（外部人）提供资产的同时，承担起对资本供给者如股东和债权人（外部人）的责任，解决他们之间的委托代理问题。建立完善公司的治理结构和机制，明确不同公司利益相关者的权利、责任和影响，解决不同利益相关者之间目标不一致问题，并通过完善委托人与代理人之间监督、激励与约束相结合的制度，提高企业战略决策能力，降低代理成本，为投资者（股东）创造价值。

现代企业理论和产业组织理论已经证明，企业业绩受多种因素的综合影响。其一，产权结构决定企业的治理结构。如果产权不明晰，由于所有者的目标与管理层的目标不一致，会出现所有者与管理层之间的权责利不统一。其二，不同的产权契约决定了不同的公司治理结构。公司治理结构和激励机制影响管理层的努力程度。其三，管理层的能力和努力水平决定企业的经营战略和管理水平，而这两者又同时影响企业的经营。其四，市场环境与竞争对企业绩效也有着重要的影响。最终，企业绩效由企业经营和市场环境共同决定。

法人治理结构是企业从产权结构出发，通过章程等内部程序明确所有者、董事会和高级经理人员等利益相关者之间权力分配和制衡的制度体系，旨在维护股东、公司债权人以及其他利益相关者的权利，保证公司正常生产经营。法人治理结构是指股东会、董事会、监事会和管理层的权力分配和监督模式。其内容包括：如何配置和行使企业的控制权和经营权，如何监督和评价董事会、管理层和员工等，如何设计和实施有效的激励和约束机制。

根据公司治理机制的功能进行划分，公司治理机制主要存在四种方式：一是激励机制，即如何激励管理层为企业和股东的利益而努力工作，增加企业价值，减少道德风险。二是监督与制衡机制，即如何对管理层的经营管理行为进行监督和评价，并建立有效的相互制衡的内部组织结构。在这一机制中，董事代表股东对管理层进行监督和约束。三是外部收购机制，即当公司管理层经营不善导致公司股价下跌，被其他公司（或利益相关方）收购，造成公司控制权发生变化的外部产权市场治理机制。四是代理权竞争机制，即不同的公司股东组成不同的利益集团，通过争夺股东的委托表决权来获得对董事会的控制权，进而替换或控制公司管理层的机制。

二、不同产权结构下的公司治理

公司治理具有不同的模式，重要的原因在于公司股权结构不同，由不同类型的股东构成、股权集中程度以及大股东或控股股东身份不同，导致股东行使权力的方式和效果存在较大的区别，进而对公司治理模式的形成、运作及绩效有较大影响。同时，股权结构在很大程度上受国家或地区政治环境、资本市场发展和监管模式，对中小投资者的法律保护程度等影响，是由所处社会和市场环境所影响的内生变量，要改变股权结构，就必须改变其所依赖的外部环境。

（一）分散股权下的公司治理

在美国和英国等部分普通法系西方国家，股权结构具有分散股权的特征。在美国和英国，公司的股权结构以高度分散的机构和个人产权为基础，呈现出极为分散的股权结构。社会公众通过证券市场持有上市公司的股票，这些股东通常只持有某家上市公司很小份额的股份，一些上市公司往往有几十万甚至上百万的股东。以通用汽车为例，20 世纪 50 年代末，通用汽车的股东有几十万人；70 年代末则达到 200 万人，通用汽车的股票总数为 4 亿股，平均每个股东只持有 200 股。以美国电话电报公司为例，在 20 世纪 50 年代末股东达到 50 万人，70 年代末股东达到 300 万人。在 20 世纪 80 年代，美国上市公司的股票有 51.3% 掌握在个人手中，机构持有的比例为 43.4%。虽然第二次世界大战以后，美国机构投资者取得了长足的发展，但仍没有改变这种股权高度分散的结构。到了 20 世纪 90 年代，在美国的股权结构中，个人股东仍占 9%。机构投资者持有美国上市公司股份超过了 40%。但是，对于单个上市公司，单个机构投资者拥有的股份比例相对有限。机构投资者基于“谨慎性原则”实现投资多元化，通过一定的投资组合降低投资风险，避免因投资过度集中于某些企业或行业而使自身遭受系统性风险。在信息披露上，对机构投资者的股票大额买卖行为也有披露的要求。

在分散式股权结构（Berle & Means，1932）范式下，由于股权分散，公司治理主要职能是抑制内部管理层侵占外部投资者的权益（Jensen & Meckling，1976）。在股权结构高度分散的条件下，中小股东由于持股数有限，缺乏动力对公司管理层进行监督和约束。一方面，这些中小股东由于有限的投票权，没有能力影响或者控制董事会；另一方面，出于个人利益的考虑，个人或机构股东也不愿意投入精力对公司的管理层进行监督。另外，股权的过度分散也会使中小股东之间的联合比较困难，因而难以形成股东合力（一致行为）。罗伯特（Robert，1986）对此进行了总结：①理性的冷漠。当股东在投票决定对公司决策是否同意之前，需要衡量投入的成本与收益。当中小股东为做出理性的判断而获取信息的成本大于通过投票而获得的收益时，他们不会“用手进行投票”。②“搭便车”问题。即在股权分散和股东各自独立的情况下，每位股东都希望其他股东积极行使监督权，自己通过“搭便车”在不付出成本的情况下谋取利益。如果所有股东都采取“搭便车”策略，那么结果是无人行使监督权，管理层没有被有效监督。③公平问题。如果某些股东，尤其是大股东为自己的利益积极行使了股东权，但获利的将是全体股东。积极行使股东权对管理层进行监督，大股东为此耗费自己的成本，而使另外一些股东不劳而获，这种不公平妨碍了股东积极行使投票权进行监督。

在高度分散的股权情况下，单个中小股东的利益对于控制公司的管理层来说微不足道。对于这些中小股东来说，只依靠单个个体的微弱力量很难对公司的管理层行为产生影响。同时，这些中小股东也不具备对公司管理层进行有效监督应有的知识、精力、能力和时间。这就产生了通常所说的股东大会的“空壳化”，股东大会成为“无法实施监督职能的组织结构”。在这种情况下，外部股东与公司内部的管理层之间产生很高的委托代理成本。公司的经理层处于信息优势地位，实际管理公司的生产经营，了解公司的生产、销售和利润等。外部的中小股东处于信息劣势地位，无法了解公司实际的运营情况。外部中小股东和公司内部的管理层之间存在着严重的“信息不对称”。这种情况必然导致“弱势外部中小股东、强势内部管理层”，公司的管理层实际拥有公司的控制权，由此带来的内部人控制现象无法避免。在股权高度分散的条件下，中小股东要求完善证券监管的法律与法规，要求证券管理者（如证券交易委员会、证券交易所）制定规章与制度，要求上市公司管理层提供真实可靠的公司资料（财务与非财务信息），以便投资者进行投资决策，并确保交易的公平性。

当然，股权的高度分散也有其积极的正面作用。一方面，股权的分散化增加了投资者数量，可以降低企业的融资成本。随着中小投资者的个人权利理念的建立，他们会注重自身股权权利的运用，通过在股东大会上行使投票表决权对公司管理层进行监督。当“用手投票”这种权利行使存在障碍或行使成本过高时，他们通常会采取“用脚投票”的办法，卖出股票，通过市场机制和股票价格反映他们对公司管理层的意见。在证券市场，如果存在大量的投资者卖出股票，根据供求关系，股票价格会下跌，在市场形成合力，对公司管理层形成外部的约束力量。另一方面，其也促进了证券市场和经理人员市场外部治理机制的建立与健全。股东通过有效的证券市场和经理人员市场机制，可以从公司外部来监督公司的经营管理。具体来说，主要通过以下四个方面引导经理人员为实现股东价值最大化而努力工作：一是股东通过证券市场出售股票，导致股价下跌，管理人员可能会因为企业不良的业绩失去工作；二是股东通过经理人员市场可以聘用到优秀的管理人员；三是股东根据证券市场和经理人员市场对管理者的评价确定其报酬，即使用与股价相关的报酬机制；四是经营不善的公司可能成为被收购的对象，这是对公司管理层的惩戒。如果公司被收购，管理层很可能被替换。在公司控制权市场中，上市公司收购方在公开市场从现有股东处收购公司股票，不像非上市公司合并需征得目标公司董事会和管理层的认可。

（二）股权集中下的公司治理

除英国和美国外，世界上其他国家普遍存在股权集中现象，控股股东往往是家族或国家。在集中的股权结构下，大股东的出现解决了投资者监督过程中的“搭便车”问题，有效缓解了管理层和投资者之间的代理问题，但也带来了控股股东与外部中小投资者之间的代理问题，即控股股东利用控制权与管理层合谋，掏空公司资源，损害外部中小投资者的利益。在股权集中的结构下，公司治理的主要职能转变为如何保护外部中小投资者的利益不受控股股东的侵占，公司治理机制也随之发生变化。公司治理主要解决控权股东与中小股东之间的股权制衡问题。

在集中的股权结构下，控股股东任命管理层或者其本身就是管理者，公司的投融资决策事实上由控股股东决定，控股股东完全掌握了公司控制权。但中小股东也持有公司股份，其分享公司成功所带来的收益权。在这一条件下，控股股东虽然能够独享控制权，但必须让渡一部分现金收益权给外部的中小股东，会造成控股股东与中小股东之间存在利益偏差。集中股权下的代理问题主要存在于控股股东与中小股东之间，即如何保证控股股东控制下的公司投融资决策的有效运行、保护中小股东利益免受控股股东侵占成为公司金融领域学者关注的重点问题。

在大部分上市公司中都有股权结构集中的特征，并且这一普遍现象会保持相对稳定。在股权集中的情况下，大股东（控股股东）通过控制公司管理层，实际控制上市公司，利用手中控制权损害上市公司和中小股东的权益。大股东（控股股东）侵害行为主要表现在四个方面：①直接占用资金。在我国上市公司中，大股东（控股股东）会直接占用上市公司的巨额资金，并拖延归还或不归还；②违规担保。在我国的上市公司中，大股东（控股股东）会要求上市公司为其贷款提供担保，间接利用上市公司为其谋利。③关联交易。关联交易是有相互关联的企业之间发生的交易，在交易价格上可能存在不公平的现象。大股东（控股股东）可以通过关联交易将上市公司的利润或资产转移给自身，例如，大股东（控股股东）通过以低于市场的价格购入上市公司产品或高价将原材料卖给上市公司等方式获得私利。由于外部监督的不严格与交易信息的不对称，外部中小股东难以得到有用信息觉察到这种情况，也很难了解交易的真实性，大股东（控股股东）就可以利用关联交易这一手段来侵占上市公司的利益。④内幕消息与利润操纵。大股东（控股股东）可以与公司管理层进行合谋，获得公司的内部信息，了解公司经营状况和财务情况。与此同时，大股东利用持股优势，可以参与并影响上市公司的经营决策。而与之相比较，外部中小股东只能获得公司发布的公开信息，也不能参与公司的经营决策，不能获得内部信息。在自身利益的驱使下，大股东（控股股东）利用信息优势，操纵上市公司股价，误导中小投资者，利用内幕消息获利。上市公司也可以制定对大股东有利的政策或分配方案来侵占中小股东利益，如定向增发等。对于外部的中小投资者来说，大股东（控股股东）结合内幕消息与利润操纵的做法更加隐蔽，难于被发现，也更容易被误导。

三、国有企业的治理问题

国有企业存在于不同的国家或地区。国有企业通常指国家的中央政府或联邦政府投资或控制的企业。在中国，国有企业还包括由中央政府和地方政府投资控股的企业。作为出资者，政府的意志和利益决定着国有企业的行为。作为生产经营的组织形式，国有企业通常同时具有营利法人和公益法人的行为特征。从其营利性出发，国有企业需要实现国有资产的保值和增值。从其公益性出发，国有企业的建立通常是为了实现国民经济发展的目标，协调经济的发展。

改革开放以前，我国实行社会主义计划经济。国家对国有企业统一下达生产计划，物资统一调配，产品统购统销。国有企业的资金全部来自国家投资，贷款全部来自国有银行，实行统一的还贷政策。劳动者实行统一包干就业，劳动报酬实行“大锅饭”的分配机制。国有企业没有经营自主权，盈亏都由国家负责。改革开放以后，党的十一届三中全会提出，建立社会主义市场经济，企业需要有更多的经营管理自主权。根据党的十一届三中全会提出的改革方向，先后在国有企业开展了扩大企业经营自主权和承包经营责任制的试点，企业实现自主经营和自负盈亏。通过社会主义市场经济的建立，调整国家与企业的责权利关系，明确了企业的市场主体地位。党的十四届三中全会明确提出，国有企业改革的方向是建立“产权清晰、权责明确、政企分开、管理科学”的现代企业制度。通过企业产权制度的建立，调动企业和职工生产经营的积极性，增强企业活力。党的十六大报告明确提出，国家需要制定法律法规，建立中央政府和地方政府国有资产管理部门，代表各级政府履行出资人职责，享有所有者权益，实现权利、义务和责任相统一，建立有效的国有资产管理体制。党的十七大报告进一步提出，深化国有企业公司制和股份制改革，健全现代企业制度。通过优化国有经济布局和结构，增强国有经济的活力、控制力和影响力。通过深化垄断行业改革，引入竞争机制，加强政府的监管和社会的监督。通过建设完善各类国有资产管理体制和制度，以及国有资本经营预算制度，规范国有资产与资本在社会主义市场经济的作用。

（一）要始终坚持社会主义市场经济发展的改革方向

社会主义市场经济建设是我国经济体制改革应该始终坚持的方向。从本质上讲，国有企业改革就是要适应社会化大生产和社会主义市场经济的要求，寻找一条社会主义与市场经济相结合的有效途径。自 1978 年改革开放至今，我国国有企业逐步发展成为自主经营、自负盈亏、自我发展、自我约束的市场经济主体。在国内和国际市场竞争环境中，我国国有企业不断发展壮大，呈现出较强活力和竞争力，始终坚持社会主义市场经济的改革方向。在社会主义市场经济改革和发展的过程中，国有企业通过建立现代企业制度和完善治理结构，增强了国有企业市场化经营的适应性和竞争性。在市场经济中，通过从体制和机制上强化国有企业的市场主体地位，按照市场经济规律进行自主经营，国有企业逐步发展成为具有独立法人地位的市场主体。

（二）国有企业“所有者虚置”与“内部人控制现象”

国有企业的最终所有者是全体人民，但其很难直接对企业进行监督。所以国有资产管理部门的相关人员代表人民对国有企业进行监督。“所有者虚置”不是说没有法律上和形式上的所有者，而是指如“全体人民”这样的所有者不能切实负起应有的责任。国有资产管理部门的相关负责人虽对企业没有所有权，但可以代表人民对这一资产进行监督与管理，这就可能出现“寻租行为”，即追求个人而不是全体人民的利益。这一点经常被用来解释国有企业经营不善、持续亏损等现象。

另外，国有企业经营管理者的行为呈现出复杂状态。在国有企业中，高层管理者虽然不是企业的所有者，但实际上掌握了企业的控制权。这些人已不同于改革前的企业管理人员，也不同于西方国家的职业经理人，他们控制企业的经营与管理，形成了具有中国特色的“内部人控制现象”。

四、民营企业治理

与国有企业相对应，民营企业是指所有非国有的企业。改革开放以来，我国的民营经济获得了迅速发展，民营企业的规模不断扩大。我国先后颁布了《个人独资企业法》《合伙企业法》《中外合资企业法》《公司法》等来规范民营企业的发展，保障民营企业的合法权益。在《公司法》颁布之后，很多民营企业按照公司制的要求建立了有限责任公司和股份有限公司。在公司制的民营企业中，企业所有者与经营者、债权人与债务人、管理者与被管理者等不同利益相关者存在不同的权责利关系。在现代企业制度的建立过程中，我国民营企业在企业治理方面还存在不少问题，如委托代理问题。

（一）股权结构不合理，股权过于集中

公司股权结构决定公司控制权的分布，决定所有者与经营者之间的委托代理关系，进而影响公司治理机制的有效发挥。公司股权过度集中或过度分散，存在不同类型的委托代理问题，会影响公司的发展。在我国民营企业中，股权结构主要表现为股权过度集中，存在控股股东。首先，企业家往往是公司的控股股东，在公司的出资中占绝对大的比例，存在“一股独大”现象。其次，公司的控股股东又担任公司的董事长或总经理，控股股东和管理层合二为一，实际控制公司。控股股东或企业家族决定公司的经营管理，导致企业内部人控制现象严重。在民营企业中，“内部人控制”主要是由股权集中引起的。由于出资人“一股独大”，结果造成公司控股股东和管理层掌握公司实际控制权。如果缺乏强有力的法律监督与投资者保护措施，民营企业会出现控股股东和管理层侵害外部中小股东利益的现象。

（二）公司组织机构分权制衡机制失衡

根据我国《公司法》和相关法规的规定，上市公司组织结构包括股东（大）会、董事会和监事会。股东（大）会、董事会、监事会和经理层构成了公司治理的主体。但在部分民营企业中，实控人实际控制上市公司，股会（大）会和董事会的权力被架空，形同虚设。虽设有监事会，但监事通常是由企业家的家庭成员或者朋友担任，监事的独立性不强，无法充分发挥其职责。

(1) 股东（大）会形式化。作为公司的最高权力机关，股东（大）会是公司的核心机构，是股东表达各自意愿并形成集体意愿的组织机构。在股东（大）会上，公司的重大决策都需要全体股东投票表决。但是在民营企业中，股东（大）会被形式化。一方面，由于股权结构的不合理，控股股东持有大量的股份，导致“一股独大”，控股股东决定公司的管理与经营决策。股东（大）会的召集和会议决议的产生，通常也只是控股股东意见的表达，无法反映中小股东的意见，也无法保护中小股东的利益。另一方面，民营企业的中小股东存在“理性的冷漠”和“搭便车”心理，参与意识不强，加剧股东（大）会

形式化。所谓“理性的冷漠”是指持有小额股份的股东进行理性投票的成本会高于因投票所得的收益，即理性投票的收益由全体股东享受，但付出的成本却由投票股东自己承担。中小股东的做法是不参与投票。“理性的冷漠”导致以股东大会为核心的公司治理机制无法发挥应起的监督职能。中小股东的“搭便车”行为是指中小股东都希望其他股东积极行使监督权，为自己谋取利益，但其结果是无人行使监督权。

（2）董事会的权利与责任不明确。董事会在公司机构设置中处于股东大会与管理层之间，代表股东对管理层进行监督，并监督公司的重大决策。作为公司治理结构的组成部分，董事会需要保证公司治理结构的有效运行，平衡公司各利益相关者的关系，确保公司经营行为合法、有效和透明。但在大多数民营上市公司中，董事会成员大多来自家族内部或朋友、同学，内部人占绝大多数，独立董事很难保持独立性。同时，在部分民营上市公司中，董事长通常又是控股股东，独自做出公司的重大决策，而不经过董事会成员的讨论。即使经过董事会研讨的决议，董事会的投票表决过程基本也会服从董事长的提议。因此，在民营上市公司中，公司的经营管理依旧掌控在控股股东、企业家或其家族手里，无法严格规范控股股东和管理层的权限，董事会形同虚设，权责不清。

（3）监事会如同虚设，无法履行职责。监事会是我国上市公司治理结构的重要组成部分，是负有监督职能的专门机构。目前我国民营企业中的监事大多缺乏独立性。一方面，我国民营企业中监事往往由企业内部职工或受内部控制的人担任，无法独立履行监督职责。另一方面，他们的经济利益受制于公司管理层。因而，在民营上市公司中，监事会成员很难有效发挥其监督作用及其在公司治理中的作用。

（4）管理层的非职业化。在公司治理结构中，管理层负责企业日常的经营与管理，受董事会监督。民营企业中管理层往往由企业家或其家族成员担任，影响公司治理结构发挥作用。另外，以家族为核心的管理模式可能无法满足市场竞争的要求，管理层的非职业化制约民营企业的发展。

（三）公司管理者和员工的激励机制和约束机制不健全

民营企业的管理层由控股股东任命，来自控股股东家族，或者是大股东控制下的职业经理人。由于企业高管的聘任程序简单，约束机制缺失，经理人缺乏独立性，很可能利用职权为大股东谋取利益，或者利用其职权为自己谋取利益，损害公司外部中小股东的合法权益。与国有企业相比较，民营企业的公司治理制度建设比较薄弱，约束机制不健全，公司治理的规范程度较低，代之的是“人情治理”。此外，不少民营上市公司的信息披露存在问题，由于民营企业治理结构方面的缺陷使企业的信息不公开、不透明和不真实等。

我国民营企业的激励机制不够完善，企业主要采用薪资的形式对高层管理人员和员工进行激励。如果在民营企业中采取传统的工资和年薪激励机制对经理人和员工进行激励，并不能有效加强员工和企业之间的凝聚力，调动其积极性。首先，一般根据公司年度业绩来确定工资和年薪，容易导致管理层过分关注企业的短期利益而忽视或牺牲企业的长期效益。其次，实行年薪制能较大程度地提高高管和员工的收入，但与其控制的企业经营权能够给企业带来的利润和高管对企业的付出相比，其心理预期之间会存在很大的差异。最后，由于没有股份，企业的利益同员工没有直接的联系，缺乏对高层管理人员和员工的激励。当公司股东的目标与管理层的目标不一致时，或两者关于公司的发展所关注的侧重点不同时，公司的经理人员和大股东之间的矛盾也就出现了。因此，现在越来越多的民营上市公司采用股权激励的方式，将高管的个人利益与企业利益捆绑在一起。

身边的案例

康美药业股份有限公司（600518）成立于1997年，2001年在上交所上市。公司以中药饮片生产、销售为核心，公司主要生产和经营产品为中药材、中成药、中药饮片、西药、医疗器械、保健食品及食品等。根据2018年年报披露，公司控股股东如下：

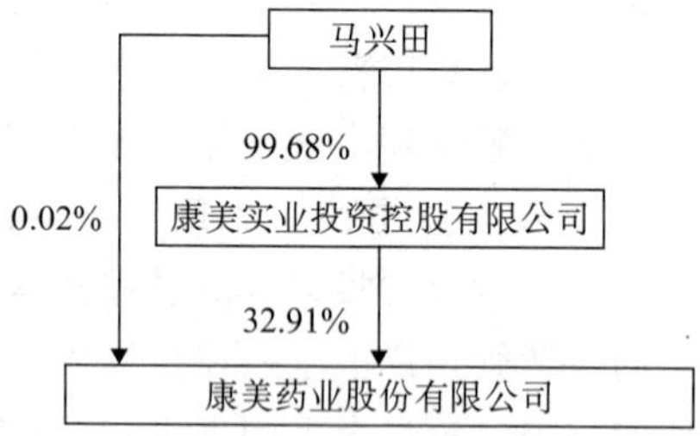

公司董事高管情况（部分）如下：

单位：股

姓名	职务（注）	性别	年龄	任期起始日期	任期终止日期	年初持股数	年末持股数	年度内股份增减变动量	增减变动原因	报告期内从公司获得的税前报酬总额（万元）	是否在公司关联方获取报酬
马兴田	董事长、总经理	男	50	2018/5/17	2021/5/16	1000000	1000000	0	—	81.01	否
许冬瑾	副董事长、常务副总经理	女	49	2018/5/17	2021/5/16	97803700	97803700	0	—	71.40	否
邱锡伟	原董事、副总经理、原董事会秘书	男	48	2018/5/17	2021/5/16	727200	727200	0	—	71.38	否
马汉耀	董事	男	52	2018/5/17	2021/5/16	90000	90000	0	—	33.05	否
林大浩	董事	男	60	2018/5/17	2021/5/16	90000	90000	0	—	35.91	否
李石	董事	男	52	2018/5/17	2021/5/16	120000	120000	0	—	32.53	否
江镇平	独立董事	男	62	2018/5/17	2021/5/16	0	0	0	—	10.08	否
郭崇慧	独立董事	男	45	2018/5/17	2021/5/16	0	0	0	—	7.00	否
张平	独立董事	男	43	2018/5/17	2021/5/16	0	0	0	—	7.00	否
张弘	原独立董事	男	49	2015/6/2	2018/5/17	0	0	0	—	3.70	否
罗家谦	监事会主席	男	82	2018/5/17	2021/5/16	0	0	0	—	18.29	否
李定安	监事	男	72	2018/5/17	2021/5/16	0	0	0	—	14.84	否
马焕洲	监事	男	53	2018/5/17	2021/5/16	0	0	0	—	17.20	否

续表

姓名	主要工作经历
马兴田	1997 年 6 月至今，任公司董事长、总经理；2010 年 8 月至今，任普宁市金信典当行有限公司执行董事。
许冬瑾	1997 年 6 月至今，任康美实业投资控股有限公司监事；2010 年 8 月至今，任普宁市国际信息咨询服务有限公司执行董事；1997 年 6 月至今，任公司副董事长、常务副总经理。
邱锡伟	1997 年 6 月至 2019 年 4 月，任公司董事、副总经理、董事会秘书。
马汉耀	2010 年 8 月至今，任普宁市国际信息咨询服务有限公司经理；2006 年 4 月至今，任公司董事。
林大浩	2010 年 8 月至今，任普宁市国际信息咨询服务有限公司监事；2006 年至 2019 年 3 月，任采购管理部总经理；2006 年 4 月至今，任公司董事。
李石	2010 年 8 月至今，任普宁市金信典当行有限公司经理；1997 年至今，任公司董事。
江镇平	2001 年 10 月至今，任汕头市中瑞会计师事务所所长；2015 年 6 月至今，任公司独立董事。
郭崇慧	现任大连理工大学管理科学与工程学院教授；2018 年 5 月至今，任公司独立董事。
张平	现任华南理工大学工商管理学院副教授；2018 年 5 月至今，任公司独立董事。
罗家谦	2009 年 4 月至 2010 年 6 月，任公司监事；2010 年 6 月至今，任公司监事主席。
李定安	2007 年 1 月至 2015 年，任华南理工大学工商管理学院教授；2012 年 5 月至 2018 年 5 月，任公司独立董事；2018 年 5 月至今，任公司监事。
马焕洲	2000 年 11 月至今，任公司财务中心总监助理；2009 年 4 月至今，任公司监事。
林国雄	2001 年 4 月至 2008 年 1 月，任公司总经理助理；2008 年 1 月至今，任公司副总经理。
李建华	1997 年 6 月至今，任公司广州分公司总经理；2008 年 1 月至 2014 月 1 月，任公司总经理助理；2014 年 1 月至今，任公司副总经理。

2018 年末，证监会发现康美药业涉嫌财务造假，涉案金额巨大。立案后，证监会集中力量调查发现：2016—2018 年，康美药业涉嫌通过仿造或变造增值税发票等方式虚增营业收入；通过伪造或变造大额定期存单等方式虚增货币资金；将不满足会计确认和计量条件工程项目纳入报表，虚增固定资产等。与此同时，康美药业涉嫌未在相关年度报告中披露控股股东及关联方非经营性占用资金情况。由于上述行为，康美药业在相关年度披露的报告中存在虚假记载和重大遗漏等问题。

由于康美药业长期并系统实施财务造假行为，存在恶意欺骗投资者，影响极为恶劣，后果特别严重。2020 年 5 月，证监会依法对康美药业违法违规案做出行政处罚及市场禁入决定。对康美药业给予警告并处以 60 万元罚款，对主要责任人罚款并市场禁入。证监会已经向涉案当事人送达事先告知书，依法拟对康美药业及高层管理人员和员工马兴田等 22 名当事人予以行政处罚，并对 6 名当事人采取证券市场禁入措施。2021 年 11 月，马兴田因操纵证券市场罪、违规披露、不披露重要信息罪以及单位行贿罪数罪并罚，被判处有期徒刑 12 年，并处罚金人民币 120 万元，其余责任人也均获罪判刑。

本章思考题

1. 比较分散股权与集中股权公司制的优缺点。
2. 股东、董事、管理层三者之间的关系。
3. 上市公司为什么需要进行公开信息披露？
4. 我国国有企业具有什么特征？
5. 独立审计的作用分析。

第二章练习题

第三章 *Project 3* 政府与经济生活

在市场经济条件下，是否需要政府的干预和宏观调控，经济学领域一直存在两种对立的观点：第一种观点是基于亚当·斯密的“自由放任论”的市场自由主义论；第二种观点是凯恩斯主义的政府干预理论。两种观点都是针对当时社会所面临的经济问题，并在一定历史条件下发挥了积极的作用。

在建立和完善市场经济条件下，我国社会主义市场经济需要政府的干预与管理。政府从宏观经济的角度出发，对国民经济进行全局性规划、协调、服务和监督。政府对经济的管理包括政府为实现特定经济目标而采取的管理和组织社会经济活动的政策、措施和方法的总和。

3－1：市场与政府

第一节 市场与政府

一、政府与市场的关系

在市场中，价格、竞争和供求等市场要素相互联系并相互制约。市场机制的作用是通过价格机制和竞争机制等途径实现的。在完全竞争的市场条件下，市场机制可以充分发挥作用，促使经济均衡发展和实现资源有效配置。现代经济学之父亚当·斯密指出：“每个人通过使用他的资本，使其提供产品或服务能实现最大的价值。一般来说，他并不企图增进公共福利，也不知道他所增进的公共福利为多少。他所追求的仅仅是他个人的安乐，仅仅是他个人的利益。在这样做时，有一只看不见的手引导他去促进一种目标，而这一目标绝不是他所追求的东西。由于追逐他自己的利益，他经常促进了社会利益，其效果要比他真正想促进社会利益时所得到的效果为大。”“看不见的手”实际上意味着通过市场机制自动调节，不存在人为的干预。在理想条件下，经济的基础结构完善，市场存在完全竞争，通过市场竞争，商业或工业能够健康发展，最终为社会共同的利益服务。在完全竞争的市场机制条件下，国家就不应该对经济活动进行任何干预。这种思想被称为“自由放任”的市场经济。也就是说，无论是社会主义市场还是资本主义市场，市场经济的核心是竞争。

但是在现实生活中，完全竞争的市场几乎不存在。现代经济学之父亚当·斯密不仅论述了市场这只“看不见的手”的调节作用，而且肯定了政府在维持市场正常运行中不可或缺的干预作用。而在不完全竞争市场条件下，市场机制的作用受到限制，如果使用其他手段进行调节，会出现市场机制运行的缺陷、经济发展不平衡等现象。在市场发展的过程中，政府干预和市场调节都不可缺少。政府干预的目的是提高市场效率，减少外部化问题。过度的市场化或所谓“坏的市场”，无节制的资本会毁掉社会秩序和道德水平，它过度强调竞争和个人利益，会激发人们的贪婪之心，腐蚀人们的心灵。“好的市场”则更可能考虑社会平等，可以最大限度地实现所有人的共同利益，人人都有参与感和获得感，自发地推动市场健康发展。市场制度的演进不能完全依靠市场本身。政府受人民信任和委托，通过干预市场减少各种阻碍市场化的不利因素，为各类市场主体提供一个公平竞争的经营环境和市场环境。

然而 20 世纪 70 年代末以来新自由主义的蓬勃发展让人们忽略了政府在市场经济中的作用。2008 年爆发的国际金融危机让人们意识到自由放任的市场可能带来的问题。政府监管能力滞后或者不足是导致危机的重要原因之一，市场不可能完全解决所有问题。政府改革和市场化进程需要同步，政府需要积极面对各种社会与经济问题，对市场进行调节。

根据过去和现在市场经济发展的过程，市场机制的完善是不断进步的过程。如果仅依靠市场，没有政府的配合，资源配置过程会出现很多问题。这就需要政府制定并执行市场规则，完善市场的建立，保证市场竞争的公平性，减少市场交易过程的信息不对称。外部制度环境影响市场的调控效果，好的制度设计能更好地促进市场机制发挥积极调控作用。以碳交易市场为例，如果没有政府制定强制的碳排放指标，很难依靠企业自觉主动进行交易，即使有也难以持久。

政府应该做好以下几项工作：

（1）政府应该确保市场经济的竞争公平和公正。

（2）政府应该建立相对完善的法律体系和制度来处理涉及公平竞争规则的任何争端。为更好地保护消费者的利益，应该完善各类保护消费者的法律和法规，建立保护消费者权益的组织。

（3）政府应该提供社会公共服务。社会公共服务包括国防、外交、公共安全等，还包括义务教育和社会保险等。社会公共服务涉及几乎社会所有个体，需要保证社会公众的公共利益。社会公共服务可以由政府直接提供，也可以由市场提供政府购买，或采用其他公私合作方式。

（4）为了稳定经济发展，在经济周期的某些阶段需要中央银行进行货币政策的调控。

（5）政府需要通过税收提供政府运作的资金。同样重要的是，运用税收手段鼓励投资、储蓄和对市场的分配体系进行调整。

政府干预市场的原因在于“市场失灵”，即不能通过市场提供有效的产品或服务。“市场失灵”产生的原因比较复杂，包括垄断、外部性、信息不对称和公共产品等。但是，政府干预就一定能够解决这些问题吗？如果政府倾向于替代市场机制，可能会事与愿违，出现“政府失灵”。另外，随着经济发展和专业化分工的深化，市场变得日益复杂，政府采用何种方式对市场进行干预就显得极为重要。政府应该尽可能不直接干预市场主体的经营活动，而应充分利用法律、税收、财政和货币政策等手段对经济进行间接调控。政府还应该主动减少各类阻碍市场机制发挥作用的信息不对称现象，例如，及时向社会公开法律、法规、政策以及政府预算等。政府可以利用现代信息技术和网络技术，使用大数据等新技术手段提高政府治理效率和公共服务质量，提高政务透明度，让各类市场主体能够在公平与完善的市场环境下进行有效竞争。

二、政府调控市场的目的：公平与效率

当社会资源和产品没有充足到能满足所有人的欲望时，如何在人们之间合理地分配这些有限的资源就成了突出并且关键的问题。在现代市场经济国家，存在着两种有代表性的分配方式。一种方式是主要利用市场机制进行分配，市场的运行需要遵守由国家立法机关所制定的各种法律。市场自由且自发地对参与者（生产者和消费者）进行分配。另一种方式是主要通过政府行政手段进行分配。政府制定有关社会分配的法律、法规和政策。这种分配活动存在预定的目标。市场运行所追求的目标主要是个人利益最大化，而政府的目标主要是公众利益最大化。这两者之间存在某些不一致性，有的时候还存在冲突。绝大多数国家的分配方式通常兼顾以上两种方式。

实行市场经济就要以市场为基础，通过竞争性的价格机制实现资源的优化配置。对生产所需要的生产要素而言，它们应该进入市场，成为商品，通过它们的价格波动从而实现生产要素的有效配置。生产要素主要是指投入生产的各类资源，包括劳动力、资本、技术、土地。以劳动力为例，当某地某种生产要素（劳动者）供不应求时，该要素的价格（工资）就会上涨，其所有者（劳动者）可以获得比较高的报酬。在逐利行为驱使下，这种要素（劳动者）会大量流向该地，直至供过于求，引起该生产要素（劳动者）价格的下降，直到各地价格大致相同，最后该生产要素（劳动者）的流动减少甚至停止。只有在这种不断流动的过程中，生产要素（劳动者）才能按照市场要求实现有效配置。由于要素价格（工资）就是给予其所有者（劳动者）的报酬，因此，要素价格（工资）的实现过程也就是按生产要素（劳动者）进行分配的过程。

按生产要素进行分配是市场经济的内在客观要求。按生产要素分配是指按照进行物质资料生产时所投入的生产要素的多少进行收益分配的一种方式。在生产前，投入生产的“资源”（如劳动力、资本、技术、土地等）越多，生产后获利也就越多。简单地说，就是多投入多得，少投入少得。这跟“按劳分配”中的“多劳多得，少劳少得”具有同样的道理。但与其相比较，按生产要素进行分配内容更丰富，范围也更广泛。这表明用于生产的“资源”不同，“获利”也就不同。例如，投入土地“获利”是地租收益；投入劳动带来的“收益”就是工资；如果投入货币资本，那么“收益”便是企业的利润。

但是完全依靠自由市场的竞争与分配机制会产生贫富差距，造成人与人之间经济上的不平等，进而造成社会上的不平等。什么是平等？比如，“把蛋糕分为平等的两份”。但是“人生而平等”这句话却给人们带来很多的困惑：究竟怎样可以实现人们之间的平等呢？在现实生活中，从最直观的角度来看，我们会发现人们在很多方面并不平等。无论是在身高、体重和外貌，或智商水平和教育程度，还是财富、地位、权力、声望和家庭背景等各个方面，几乎没有人是相同或平等的。现代社会的核心价值包括“人的自由和平等”。尽管并非所有的人与人之间的不平等都会导致某些人“贫困和剥夺”，但不平等可能是引发后者的重要原因之一。而“贫困和剥夺”会损害人们很重视的某些特征：生命、健康、自由、安全、快乐、尊严、认知、审美和创造等。在导致“贫困与剥夺”的各类不平等中，经济不平等的影响作用很大，它可能造成的后果不容忽视。

“平等”并不要求人们在结果上实现平等，即各种所得如收入或财富完全平等，而是为了保证在机会平等的条件下，人们都有获得相同工作和收入机会的可能性。现在很多国家都有明确的立法，禁止各种妨碍机会平等的歧视行为。但是很多国家并没有因此都实现了真正意义上的机会平等，只是某种形式上的机会平等，即每个人都有平等的权利去获取各种社会利益，每个人的这种权利都不能被他人侵犯。但是做到这一点还只是实现机会平等的第一步，离实现真正的机会平等还有相当的距离。在这些国家，造成机会不平等的主要因素不是法律或制度上的歧视行为，而是不可控的环境，主要包括人们出生的家庭背景、天赋和不可抗拒的意外事件等。

在这个社会存在“先天不幸者”，他们的处境并非由于他们个人的选择或错误，而是由于某些不可控的因素导致，较差者可能先天存在精神上或生理上的残障。这就需要国家采取行动帮助这些“先天不幸者”，让他们在社会中尽可能实现“公平与平等”。现实世界中的各种社会福利、医疗保障和失业救济方案等，都是为了给那些身处自然劣势的“先天不幸者”提供相应的保护。在收入分配过程中，市场在初次分配中起主导作用。在二次分配中，政府需要运用税收、补助或其他转移支付等手段，尽量减少分配中的不平等现象，这是政府维护社会公平的重要职责。由于各种原因，社会中总有一些人处于贫困的境地，贫困者除了依靠自救以外，政府提供适当的救助也是政府应承担的责任。社会公平还体现在众多政策的普惠性上，政府可以消除各种歧视和准入壁垒，让不同经济个体和社会人员进行公平竞争，从而激发市场活力。现在我国已经采取多种措施助力脱贫攻坚，努力阻止因病、因学致贫问题。所有这些政策都有利于维护社会的公平，让所有人都能享受到改革的成果，充分体现了社会的公平。

身边的案例

案例1：地震中的政府救灾行为

在某个国家中的某个地方发生了一场强烈地震，当地的生产和生活基本上陷入困境，造成了巨大的人员伤亡和财产损失。面对这种情况，如果只依靠市场，会面临物价飞涨的情况。灾民们的灾后生活水平会大大下降，而且恢复的速度也将极其缓慢。假如政府积极组织人力与物力开展救援，灾民们很多可以避免的伤害和损失都可能得到挽回。政府帮助灾民进行灾后重建，让他们的生活尽快恢复正轨。最终将有利于这一地区社会的稳定和经济的发展。

案例2："教育平等"可以减少社会的不平等

小强和小刚同一年出生。小强出生在一个非常富有的家庭，从小就接受良好的教育，在某著名大学商学院毕生之后便进入"世界500强"企业从事管理人员。小刚则出生在一个贫苦的农民家庭，由于家庭经济困难，高中没有读完就辍学了，为了减轻父母的负担，他便去一个沿海城市打工。尽管小强和小刚的命运可谓天壤之别，但需要对他们进行调查研究。

小强能受到很好的教育并有很好的工作，在很大程度上是由于他优越的家庭背景或许还包括从他父母那里遗传下来的优秀天赋。小刚生活困难是由于他的家庭背景而非他的过错或选择造成的。尽管人们无法控制自己的出身或其他命运，但至少可以通过某些制度安排，改善其可能造成的不良后果，在某种程度上还可以预防或者影响这一结果的发生。

假如小强和小刚所处的国家有一套免费且高质量的公共教育体系。小强和小刚都进入这一教育体系接受教育。因此小刚从小也能得到比较良好的教育，或许小刚的命运要比原来的情况要好。如果小刚努力学习，他与小强之间在各方面（尤其是经济上）的不平等可能不会那么大。"教育平等"对小刚未来的家庭和后代都有影响。假如小刚命运有所改善，经济条件相对较好的话，也就意味着小刚在贫困家庭成长起来的命运不会在他未来的儿女身上重演。"教育平等"可以改变人们的命运，能使厄运发生的几率有效降低，最大限度地避免人们以及他们的后代一直处于没有希望的厄运中。

案例3：就业市场的"劳动歧视"

小强和小刚是同学，大学毕业后进入同一家企业干着相同的工作，拿着相同的薪水，他们之间的区别只在于小强是通过该企业公开而严格的招聘程序才被录用的，而小刚则是通过家庭关系进入该企业工作的。大多数人都不会认为小刚和小强从事同样的工作和获得相同的薪水是合理的或公平的。原因在于，在就业市场上小强和小刚获得的工作机会并不平等。

三、国家的宏观调控

国家宏观调控的手段主要有：

1. 法律手段

法律手段是指国家通过制定和运用经济法规来调节经济活动的手段。其主要通过经济立法和经济司法调节经济，具有权威性和强制性。

2. 经济手段

经济手段是国家运用经济政策和计划，通过对经济利益进行调整来影响和调节经济活动的措施。经济手段主要包括财政手段、信贷手段、价格手段及汇率手段等。

（1）财政手段。其是指使用财政政策对经济与市场进行调控。具体而言，就是利用扩张性财政政策或者紧缩性财政政策对经济进行调控，当然也可以采用中性财政政策，即稳健的财政政策。

（2）信贷手段。其是指中央银行作为管理货币金融的部门，利用货币政策调节经济活动。中央银行通过影响商业银行的信贷活动，进而影响企业和个人的经济行为。一般来说，当企业紧缩投资，可能降低经济增长速度时，中央银行应该采取放宽贷款的措施；而当企业投资过热，增长速度过快时，即当供给过多时，中央银行则应当压缩投资信贷额，对投资进行抑制。

（3）价格手段。在社会主义市场经济条件下，要以健全合理的价格管理体制和价格指导机制为前提，运用价值规律进行调节。价格手段并不能代替市场的价格发现职能。

（4）汇率政策。其是指通过调节汇率来影响本币与外币的兑换关系，进一步影响国际经济关系和国内经济关系。我国多年来一直通过汇率政策维护人民币汇率的稳定。

3. 行政手段

行政手段是国家通过行政机关与部门，例如，利用工商、商检、卫生检疫和海关等部门，采取带有强制性的行政命令、指示和规定等措施，禁止或限制某些商品的生产与流通，进而调节和管理经济。行政手段具有直接性、权威性、无偿性和速效性等特点。这一方式可以弥补市场调节的不足，保障市场经济的健康运行。行政手段也可以用来调节收入差距，促进社会公平。

此外，还可以利用以下政策或工具：

（1）政府规划和产业战略。政府通过制定各种规划实现经济社会的长远发展，例如，我国的五年规划涉及不同的产业投资与战略。

（2）补贴或优惠政策。政府通过提供财政补助以及税收优惠政策等方式鼓励某些产业的发展。

（3）采购工具。政府采购主要采用招投标的方式，有利于实现政府和市场、政府与社会的优势互补，有利于政府节约行政成本，更好地为社会公众提供服务，同时带动经济的繁荣和相关产业的发展。

（4）产业基金工具。不同于市场化的投资选择，政府参与产业投资的目的是鼓励弱势产业发展，例如，对基础设施的投入、对基础学科研发的支持、对农业的支持等。使用产业基金工具需要有科学和合理的退出机制。在发挥一定的引导、示范和培育带动作用之后，政府产业基金投资应及时撤出，让市场自主发展。

第二节
税收——社会财富再分配

3－2：税收——社会财富再分配

根据法律的规定，国家（政府）采用税收的方式参与社会产品的分配，强制且无偿取得财政收入。作为公共财政最主要的收入形式和来源，税收是国家（政府）非常重要的政策工具之一。依据法律所规定的标准和程序，国家凭借公共权力，参与国民收入分配，以税收为工具，强制取得财政收入，最终满足向公民提供社会公共产品的需要。在特定社会制度下，税收体现了国家与纳税人在征税和纳税的利益再分配上的某种特定分配关系。马克思提出：“①赋税是政府机关的经济基础。②国家存在的经济体现就是捐税。”

恩格斯提出："为了维持社会公共的权力，就需要公民缴纳费用——捐税。"19世纪美国法官霍尔姆斯指出："税收是我们为文明社会付出的代价。"这些都反映出税收对国家经济生活和社会文明的重要作用。

在人类社会发展的过程中，随着国家的产生，也出现了保证国家实现其职能的税收。根据记载，在我国古代第一个奴隶制王朝夏朝，最早出现的税收征收方式是"贡"，即臣属将物品进献给君王。虽然夏朝的臣属必须向君王交纳"贡"，但"贡"交纳的数量和时间并不确定，可以认为"贡"只是税的雏形。随着历史的演进，在我国的西周王朝，君王向臣属征收的军事物资称"赋"，征收土产物资称"税"。

一、为什么要交税

英国思想家霍布斯（Thomas Hobbes）认为，国家的出现伴随着税收的征收。国家是"人们相互订立契约，按约建立的政治国家的所有行为"。国家征税来源于人民的授权和约定。人民通过交纳税金，使国家可以建立军队等武装力量，在需要时能够"御敌制胜"，保护家园和人民。卢梭（Rousseau）是"社会契约观念"的支持者，他进一步对"国家起源于契约的理论"进行了系统的阐述。他认为："社会契约"所要解决的根本问题是"确定特定的合作方式，能以集体的力量来维护和保障单个个体的人身和财富安全。"

经济分析法学派的代表人物波斯纳（R. A. Posner）认为："税收……主要是用于为公共服务（public services）支付费用。"为了使用政府提供的公共产品如国防、教育等，社会公民就需要支付其使用的成本，也就是税收。公共产品由于存在非排他性的特征，会导致免费搭便车者（free－rider）等问题，无法通过市场以有偿商品的形式进行提供。以国防和军队为例，不交税的公民也可能享受军队的保护。由于免费搭便车者（free－rider）的存在，完全采用市场方式提供如国防、军队等这样的公共服务，也无法达到（公共）服务的最佳量，即社会最优。由于公共服务的消费所具有的非竞争性和非排他性的特征，决定其无法像私人物品一样由"企业"进行生产，并通过"市场机制"来调节其供求关系。国家和政府提供公共产品或服务，需要承担相关的费用支出，因此，只能通过税收的方式采用强制形式来筹措满足公共服务需要的资金。

作为国家宏观调控的经济手段之一的税收和法律手段之一的税法，其经济调节职能越来越被各国政府所重视，并在经济中逐渐得到充分运用。19世纪末至20世纪中期，随着资本主义从自由走向垄断，西方资本主义国家也逐步从经济自由主义转向凯恩斯主义，认可国家对经济的干预。在现代市场经济中，随着经济国际化和全球化的发展，世界各国在加强竞争立法，减少市场障碍，维持市场有效竞争的同时，越来越注重使用包括税收在内的经济杠杆对整个国民经济进行宏观调控，以保证社会经济协调、稳定和发展，满足人们对经济持续发展、社会保持稳定的需要。

二、税收的特征

税收作为政府筹集财政收入的一种规范形式，具有区别于其他财政收入形式的特点。

税收的基本特征可以概括为强制性、无偿性和固定性，通常被称为税收的“三性”。税收的三个特征是统一的整体，相互联系，缺一不可。无偿性是税收这种特殊分配手段本质的体现，强制性是实现税收无偿征收的保证，固定性是无偿性和强制性的必然要求。三者相互配合，保证了政府财政收入的稳定。

（一）强制性

税收的强制性是指国家凭借其政治权力，通过颁布法律或法令，对税收征纳双方的权利（权力）与义务进行规范，依据法律进行征税。在国家税法规定的范围内，我国公民有依照法律纳税的义务。纳税人必须依法纳税，必须遵守国家强制性的税收法令，否则就会受到法律的制裁。税收的强制性主要反映在两个方面：一方面，税收分配关系的建立具有强制性，即税收征收完全是凭借国家拥有的政治权力；另一方面，税收的征收过程具有强制性，即如果出现了税务违法行为，国家可以依法进行处罚。

（二）无偿性

税收的无偿性是指国家征税后，社会组织和社会成员的部分收入以税金的形式归国家所有，税款一律纳入国家财政预算，统一分配，而不直接向具体纳税人返还或支付报酬。税收无偿性是税收的本质体现，反映了社会产品所有权和支配权的单方面转移关系，而不是等价交换关系。税收的无偿性从个体纳税人角度而言，其享有的公共利益与其缴纳的税款并非一一对等。但就纳税人的整体而言则是对等的，政府使用税款的目的是向社会全体成员包括具体纳税人提供社会公共产品和公共服务。税收的无偿性是区分税收收入和其他财政收入的重要特征。

（三）固定性

税收的固定性是指国家征税之前预先规定了统一的征税标准，包括纳税人、课税对象、税率、纳税期限、纳税地点等。这些标准一经确定，在一定时间内相对稳定。对于税收预先规定的标准，征税和纳税双方都必须共同遵守，非经国家法令修订或调整，征纳双方都不得违反或改变征收的范围、征收比例或数额等。当然，税收的固定性是相对于某一个时期而言的。国家可以根据经济和社会发展需要适时地修订税法，但这与税收整体的相对固定性并不矛盾。

三、税收的作用

税收的作用主要有：体现公平的税负，促进平等竞争；调节经济总量，保持经济稳定；体现产业政策，促进结构调整；合理调节分配，促进共同富裕；维护国家权益，促进对外开放等。

1. 组织财政

税收是国家财政收入的主要来源。组织财政收入是税收的基本职能。税收是政府凭借国家强制力参与社会分配、集中部分剩余产品（无论货币形式或者实物形式）的一种分配形式。税收具有强制性、无偿性、固定性的特点，筹集财政收入稳定可靠。税收的这种特点使其成为世界各国政府组织财政收入的基本形式。目前，我国税收收入占国家财政收入的 90% 以上。

2. 调节经济

税收是调控经济运行的重要手段。经济决定税收，税收反作用于经济。这既反映了经济是税收的来源，也体现了税收对经济的调控作用。政府凭借国家强制力参与社会分配，必然会改变社会各集团及其成员在国民收入分配中所占有的份额，减少某些社会组织或个人的可支配收入。政府可以利用这种影响对社会经济活动进行有目的的引导，从而对经济结构进行调整。税收作为经济杠杆，通过增税与减免税等手段来影响社会成员的经济利益，引导企业、个人的经济行为，对资源配置和社会经济发展产生影响，从而达到调控经济运行的目的。政府运用税收手段，既可以调节宏观经济总量，也可以调节经济结构。

3. 调节收入分配

税收是调节收入分配的重要工具。从总体来说，税收作为国家参与国民收入分配最主要、最规范的形式，能够规范政府、企业和个人之间的分配关系。不同的税种在分配领域发挥着不同的作用。如个人所得税实行超额累进税率，具有高收入者适用高税率、低收入者适用低税率或不征税的特点，有助于调节个人收入分配，促进社会公平。消费税对特定的消费品征税，能达到调节收入分配和引导消费的目的。

4. 监督经济

税收具有监督经济活动的作用。在征税的过程中，国家需要建立税务管理和检查系统，具体掌握税源，监督纳税人依法纳税，处罚违反税收法令的行为。税收涉及社会生产、流通、分配、消费各个领域，能够综合反映国家经济运行的质量和效率。既可以通过税收收入的增减及税源的变化及时掌握宏观经济的发展变化趋势，也可以在税收征管活动中了解微观经济状况，发现并纠正纳税人在生产经营及财务管理中存在的问题，从而促进国民经济持续健康发展。此外，税收管辖权是国家主权的组成部分，是国家权益的重要体现。在对外交往中，税收具有维护国家权益的重要作用。

四、税收的类型

课税对象的分类主要包含五类，分别为对流转额的征税、对所得额的征税、对资源的征税、对财产的征税、对行为的征税等。按课税对象分类，我国的税收主要包括：

（1）流转税。流转税是以商品生产流转额和非生产流转额为课税对象征收的税种。流转税是我国税制结构中的主体税类和税种，主要是增值税。

（2）所得税。所得税也称为收益税，是对纳税人的收益额征税。所得税也是我国税制结构中的主体税类，包括企业所得税、个人所得税等税种。我国目前内外资企业所得税率统一为25%（《企业所得税法》2008年1月1日起施行）。

（3）财产税。财产税是指对纳税人的法定财产征税，包括房产税、城市房地产税、契税。

（4）行为税。行为税是指对纳税人的某种法定行为实施征税，包括车辆购置税、车船使用税等。

（5）资源税。资源税是指对资源产品（原油、天然气、盐等）征税。我国目前资源税的征税范围主要有矿产品和盐两大类。

五、税法

作为税收的法律制度，税法是调整税收关系的法律规范总称，是国家法律的重要组成部分。以宪法为依据，税法通过调整国家与社会成员在征纳税上的权利与义务关系，维护社会经济秩序和税收秩序，保障国家利益和纳税人合法权益。税法是国家税务机关及一切纳税单位和个人依法征税的行为规则。税收法律关系体现为国家征税与纳税人的利益分配关系。按各税法的立法目的、征税对象、权益划分、适用范围和职能作用的不同，可以进行不同的分类。在总体上，税收法律关系与其他法律关系一样也是由主体、客体和内容三个方面构成。税收法律关系的主体一方只能是国家或国家授权的征税机关。税收法律关系实质上是纳税人与国家之间的法律关系，但由于税务机关代表国家行使税收征收管理权，税收法律关系便表现为征税机关和纳税人之间的权利义务关系。

作为税收课征制度构成的基本因素，税法构成要素主要包括纳税人、课税对象、税目、税率、减税免税、纳税环节、纳税期限、违法处理等。其中纳税人、课税对象、税率三项是税收课征制度或税收构成的基本因素。《中华人民共和国税收征收管理法》规定，纳税人必须在规定的申报期限内到税务机关办理纳税申报。税务机关凭借国家政权赋予的权力，以国家政权的名义向纳税人征收税款。如果纳税人偷税、欠税、骗税、抗税，税务机关要追缴税款、滞纳金，依法处以罚款，触犯刑法的还要由司法机关予以刑事处罚。

偷税是纳税人或扣缴义务人违反税收法规，用欺骗或隐瞒等方式（如伪造、变造、隐匿、擅自销毁账簿和记账凭证，进行虚假的纳税申报等）在账簿上多列支出或者不列、少列收入，不缴或少缴应纳税款的行为。

欠税是指纳税人或扣缴义务人超过征收法律、法规规定或税务机关依照税收法律、法规规定的纳税期限，未缴或少缴税款的行为。

骗税是指纳税人用假报出口等虚构事实或隐瞒真相的方法，经过公开的合法程序，利用国家税收优惠政策，骗取减免税或出口退税的行为。在我国，出口退税是对纳税人出口的货物退还或免征在国内各生产和流通环节已纳或应纳的增值税、消费税。从本质上来说，骗税与漏税一样都是欺骗行为。

抗税是指行为人以暴力、威胁的方法拒不缴纳税款的行为。抗税罪的特征包括行为主体必须是自然人，其主观上必须出于故意，行为方式是采取暴力、威胁的方法，如果是非纳税人采取的行为则构成妨害公务罪，如果暴力抗税的行为造成一定的损害后果则构成故意伤害罪或者故意杀人罪。聚众闹事，威胁或围攻税务机关和殴打税务干部，拒不缴纳税款的，就属于抗税行为。

身边的案例

中国的赋与税

从严格意义上来讲，古代的赋税与我们今天所讲的并不是一个概念，《说文解字》云："赋，敛也，税，租也"，可见在古代，赋专指敛财，而税即田税。曾经记载，"神农之时，民为赋，二十而一"，这是关于中国征收税收最早的传说。

中国封建社会的赋税制度含义很广泛，一般包括：以人丁为依据的人头税，即丁税；以户为依据的财产税，即调；以田亩为依据的土地税，即田租；以成年男子为依据的徭役和兵役；其他苛捐杂税。

“赋”原指军赋，即君主向臣属征收的军役和军用品。但事实上，国家征集的收入不仅包括军赋，还有用于国家其他方面支出的产品。此外，国家对关口、集市、山地或水面等征集的收入也称“赋”。所以，“赋”已不仅指国家征集的军用品，而且具有了“税”的含义。清末，租税成为多种捐税的统称。农民向地主交纳的实物被称为“租”，向国家交纳货币被称为“税”。

根据历史典籍的记录，我国对土地产物直接征税出现在春秋时期的鲁国。鲁宣公十五年，鲁国实行了“初税亩”，按每单位土地的平均产量进行征税。后来，“赋”和“税”渐渐合并，统称为“赋税”。自战国以来，中国封建社会的赋役制度主要包括以下四种：战国秦汉时期的租赋制（征收土地税和人头税）、魏晋至隋唐的租调制（征收土地税、人头税和劳役税）、中唐至明中期的两税法（征收资产税和土地税）、明中期至鸦片战争前的一条鞭法和地丁合一（征收土地税）。

第三节
财政政策——宏观经济调控的手段

3－3：财政政策——宏观经济调控的手段

财政政策主要是指国家制定的各类政策，这些政策指导财政收支活动，并处理各种财政关系。在现代市场经济条件下，国家可以使用财政政策对经济活动进行干预，实现宏观的经济目标。作为国家干预经济的主要政策之一，财政政策是国家整个经济政策的组成部分，同其他经济政策存在密切的联系。国家财政政策的目标通常包括：提升就业水平、减轻经济波动、防止通货膨胀、实现稳定增长等。财政政策的制定和执行，需要金融政策、产业政策和收入分配政策等其他经济政策的协调配合。财政政策是对政府财政收入和支出水平所作的决策，包括对政府财政收入（税收）、财政支出以及借债水平等的选择。

一、构成工具

（1）政府支出。政府开支是政府财政支出的全部，包括政府购买支出和转移支付。它包括整个国家中各级政府支出的总和。政府购买是指政府对商品和劳务的购买，得到了相应的商品和劳务，包括国防支出（购买军需品）、政府部门用品、政府雇员报酬、公共项目工程等。政府购买支出会影响国民收入的大小，其规模直接关系到社会总需求的增减变化。购买支出对整个社会总支出水平具有十分重要的调节作用。政府转移支付是指政府在社会福利保险、贫困救济和补助等方面的支出。转移支付不是国民收入的组成部分，它是通过政府将收入在不同社会成员之间进行转移和重新分配。在转移支付之后，没有获得相应的商品和劳务，相当于以政府为中介，把一部分人的钱转移到了另一部分人手里。比如，对穷人的补助性支出。转移支付不能马上影响总需求，但是所有的转移支付最终会变为消费者或者生产者的消费和投资，当后者购买商品或者服务的时候，总需求就增加。

（2）政府收入。我国一般预算收入有多种分类，但最主要的是税收。税收是政府收入中最主要的组成部分，它是国家为了实现其职能按照法律预先规定的标准，强制且无偿取得财政收入的手段。政府性基金收入是国家依照法律、行政法规向特定对象征收的资金，主要用于公共事业的发展，其中包括车辆通行费、城市基础设施配套费和彩票收入等。社会保险收入来自强制为某一群体缴纳的社会保险形成的社会保险基金。随着近些年生育率的降低，我国人口老龄化问题变得越来越严重，社会保险的盈利变得越来越少。国有资本经营收入是经营和使用国有财产所获得的收入。国有资本经营收入是国企（央企或地方国企）在得到利润之后，依据相关规定将一部分利润纳入国家收入当中。

预算赤字是政府财政支出大于收入的差额。实行扩张性财政政策，即减税和扩大政府支出就会造成预算赤字。预算盈余是政府收入超过支出的余额。实行紧缩性财政政策，即增加税收和减少政府支出，会产生预算盈余。当政府收入不足以弥补政府支出时，就会发行国债或地方债。国债或地方债是政府财政收入的另一个组成部分。国债或地方债是政府对公众的债务或公众对政府的债权。它不同于税收，是政府运用信用形式筹集财政资金的特殊形式，包括中央政府的债务和地方政府的债务。

二、政策分类

（一）自动稳定的财政政策和相机抉择的财政政策

根据财政政策调节经济周期的作用进行划分，财政政策可以分为自动稳定的财政政策和相机抉择的财政政策。

（1）自动稳定的财政政策。其是指财政制度本身能够根据经济波动情况，不需要政府采取其他干预行为，就能自动发挥稳定作用的财政政策，又称为自动稳定器。其内嵌于经济运行机制中，无须借助外力就可以直接对经济产生调控效果，例如，累进的个人所得税、失业救济金、福利计划、济贫支出等。以个人所得税和企业所得税为例，在经济萧条时，个人报酬和企业利润降低，符合纳税条件的个人和企业数量减少，因而税基相对缩小，税收自动减少。如果使用累进税率，税收的减少幅度大于个人收入的下降幅度。这样，通过少征税收可以防止个人消费和企业投资的过度下降，从而起到弱化经济衰退的作用。在经济过热时期，其作用机理正好相反。以政府福利支出为例，在经济出现衰退的时期，符合领取失业救济和各种福利标准的人增加，失业救济和各种福利的发放趋于自动增加，从而有利于抑制消费支出的持续下降，防止经济的进一步衰退。在经济繁荣时期，政府福利支出的作用机理正好相反。

（2）相机抉择的财政政策。相机抉择是指政府可以根据宏观经济运行情况进行判断分析，最终利用外力采取财政政策的手段进行调控。政府根据不同时期的经济社会状况，主动灵活地选择不同类型反经济周期的财政政策工具，对经济运行行为进行干预，实现财政政策目标。例如，为应对2008年金融危机，美国实施的金融救援计划，为应对新冠肺炎疫情各国实施的经济救助政策等，都是相机抉择的财政政策范例。政府应根据市场情况和各项调节措施的特点，机动灵活地采取一种或几种措施，使财政政策和货币政策相互搭配。根据宏观财政政策和宏观货币政策在决策速度、作用速度、预测的可靠程度和中立程度这四个方面的差异，相机抉择一般具有四种搭配方式：松的财政政策与松的货币政策相搭配；紧的财政政策与紧的货币政策搭配；松的财政政策与紧的货币政策搭配；紧的财政政策与松的货币政策搭配。实行相机抉择的目的在于既保持总需求，又不引起较高的通货膨胀率。

相机抉择的财政政策具体包括补偿政策和汲水政策。补偿政策是指政府根据一定时期的经济社会状况，机动地决定和选择不同类型反经济周期的财政政策工具，干预经济运行，实现财政目标。在经济萧条时期，采用积极的财政政策，包括发行长期建设国债、扩大政府投资、加强基础设施和基础产业建设等，调整收入分配政策，促进消费需求的扩大。在经济繁荣时期，采用适度从紧的财政政策，如加强收支管理、整顿财税秩序、努力增收节支、控制财政赤字等。汲水政策是指在经济萧条时依靠付出一定数额的公共投资使经济自动恢复其活力的政策。它作为临时应急的短期财政政策，汲水政策时滞较短，效应呈现比较快。汲水政策具有以下特点：第一，以市场经济所具有的自发机制为前提，是一种诱导经济恢复的政策；第二，以扩大公共投资规模为手段，目的在于激发和刺激社会的投资；第三，财政投资规模具有限额，即只要社会投资恢复活力，经济实现自主增长，政府就不再投资或缩小投资规模；第四，如果经济萧条的状况不再存在，这种政策就不再实行，因而它是一种短期财政政策。

（二）扩张性财政政策、紧缩性财政政策和中性财政政策

根据财政政策在调节国民经济总量和结构中的功能进行划分，财政政策可以划分为扩张性财政政策、紧缩性财政政策和中性财政政策。

（1）扩张性财政政策。其又称为积极的财政政策，是指通过财政支出和分配活动来增加和刺激社会的总需求。国家在财政分配上采取一定的措施，使社会总需求大于总供给。但是这在一定程度上增加了财政赤字出现的可能。其主要措施包括：提高政府购买和转移、支付，降低税率，增加国债等。

（2）紧缩性财政政策。其又称为适度从紧的财政政策，通过增加财政收入或减少财政支出以抑制社会总需求增长的政策。由于增收减支的结果集中表现为财政结余，因此，紧缩性财政政策也称为盈余性财政政策。其主要措施有：通过增加税收直接增加财政收入；国家发行债券增加财政货币收入；减少政府购买和转移支付等。

（3）中性财政政策。其又称为稳健的财政政策，是指财政的分配活动对社会总需求的影响保持中性。中性财政政策包含着适当减轻赋税的措施，同时也会减少政府的开销，尽力促成收支平衡。

三、实现平衡

政府通常同时使用财政政策和货币政策对经济进行调控。货币政策将在第四章进行介绍。反对赤字财政政策的学者认为：首先，当政府发生的亏空是用增加货币发行量去弥补时，就会造成通货膨胀。预算赤字的增加会造成金融市场的“挤出效应”，减少私营企业

所需要的资本。如果税收和政府开支等量增加，会对私营企业的积极性产生负面影响，可能造成经济的进一步衰退。

四、政策的协调与配合

为了实现某种经济目标，政府通常会将各种财政政策工具配合使用，以实现最优的政策效应。各项政策协调配合包括各种财政政策工具的配合使用，也包括国内外政策的协调。只有政策的协调与配合得当，才能获得最理想的政策效应。这种协调与配合虽然存在某种规律可以遵循，但更多的时候却是要根据具体情况随机应变。

在经济实践过程中，如何运用各种政策达到理想的财政政策，这是各国政府都想解决的难题。财政政策实施中的这些问题，正是运用政策的困难所在，具有很大的难度，也没有标准答案，远非经济理论所能描述。

3－4：证券市场监管

第四节 证券市场监管

证券市场监管是指证券管理机关运用法律的、经济的以及必要的行政手段，对证券的募集、发行和交易等行为以及证券投资中介机构的行为进行监督与管理。作为国家宏观经济监督体系中重要的组成部分，证券市场监管关系到证券市场的健康发展。证券市场监管的目标是创造公平、公开、公正和透明的市场环境，维持证券市场的正常秩序，保障合法的证券交易活动，保护投资者利益，监督证券中介机构依法经营。证券监管主要包括三个目标：一是保护投资者；二是实现信息的公开和透明；三是降低证券市场整体的系统风险。我国证券市场的监管，根据国家宏观经济管理的需要，运用灵活多样的方式，调控证券市场与证券交易规模，引导投资方向，使之与我国经济发展与产业政策相适应。在证券监管中，需要运用和发挥证券市场机制的积极作用，保护投资者利益，防止侵犯投资者等不法行为。

一、证券市场监管的原则

1. 依法管理原则

“有法可依”“有法必依”，即证券市场管理必须有充分的法律依据和法律保障。通过加强法制建设，完善相关法律、法规，加强执法力度，证券市场监管部门需要明确划分各市场参与者的权利与义务，保护市场参与者的合法权益。

2. 保护投资者利益原则

保护投资者利益原则是证券监管机构的首要任务和宗旨。为了吸引外部投资者，在证券市场管理中需要采取有关措施，使所有投资者被公平的对待，维护其合法权益，才有可能吸引投资者参与证券市场的各项交易。

3. “三公”原则

（1）公开原则。其又称为信息公开原则。公开原则的核心是实现市场信息的公开化，即要求市场具有充分的透明度。信息披露的主体包括证券监管者、证券发行人和证券交易者等。信息公开原则要求信息披露应及时、完整、真实、准确。在证券信息披露的过程中，证券发行人需要披露有可能影响投资者做出是否购买证券决策的所有信息，包括企业财务及经营状况报告，以及影响公司经营活动的重大事项等。为了保障市场的公开和透明，监管者还应当公开有关监管法律、法规和证券市场的违规处罚等。

（2）公平原则。这一原则要求证券发行和交易活动中的所有参与者都有平等的法律地位，各自的合法权益能够得到公平的保护，市场中不存在各种歧视行为。“公平”是指机会均等，平等竞争，建立所有市场参与者进行公平竞争的证券市场环境。按照公平原则，发行人有公平的筹资机会，证券经营机构在证券市场有公平的权利和责任，投资者享有公平的交易机会。具体来说，对证券市场的所有参与者而言，不能因为其在市场中的职能差异、身份不同、经济实力大小而受到不公平的待遇。只要是市场主体，则在进入与退出市场、投资机会、享受服务、获取信息等方面就享有完全平等的权利，按照公平统一的市场规则进行各种活动。

（3）公正原则。这一原则要求证券监管部门对所有被监管对象，应在公开、公平原则基础上，对其给予公正的待遇。公正原则是实现公开、公平原则的保障。根据公正原则，证券立法机构应当制定体现公平精神的法律、法规和政策；证券监管部门应当根据法律授予的权限履行监管职责，依据法律对所有证券市场的参与者给予公正的待遇；对证券违法行为的处罚和对证券纠纷事件和争议的处理，都应当遵循公平的原则。

4. 监督与自律相结合的原则

根据这一原则，在加强政府和证券管理机构对市场监管的同时，也需要加强证券从业人员的自我约束、自我教育和自我管理。国家监督与行业自律相结合的原则是世界各国共同遵循的证券监管原则。为了实现证券市场的发展与完善，需要加强证券管理机构的监管，也需要加强证券从业者的自我管理。

二、证券市场监管的意义

证券市场是集投资主体的广泛性、投资客体的多样性、投资活动的风险性等特性于一体的金融市场。证券市场既有促进国民经济发展的积极作用，又具有高风险、高收益和高投机的特征。证券市场由于市场不完善或信息不对称，可能会出现“市场失灵”，出现欺诈、操纵、过度投机等不良行为，一旦证券市场出现这些不良行为，就容易使其陷于混乱，对社会经济影响极大。为减少“市场失灵”的负面影响，或多或少需要政府进行干预，需要对证券市场实施监管，规范市场参与个体的行为，尽可能地消除或避免证券市场失灵所带来的资金配置的不经济和竞争的不公平。证券市场的特殊性决定了必须加强对证券市场的严格管理，以保障证券市场的健康发展。证券市场监管是国家宏观经济监督体系中不可缺少的组成部分，对证券市场的健康发展有着重大的意义。

1. 加强证券市场监管是为了保障广大投资者的权益

投资者是证券市场的重要参与者，他们参与证券交易、承担投资风险，以获取收益为前提。作为证券市场的参与者，投资者影响证券市场的发展和繁荣，是证券市场的支撑者。证券发行人、经纪公司和其他投资者的违规行为，可能会使投资者在交易中处于“劣势”，造成投资损失，影响投资者参与市场交易的程度和积极性。如果投资者不愿意参与市场交易，可能会造成证券市场的萎缩。为保护投资者的合法权益，必须坚持“公开、公平、公正”的原则，加强对证券市场的监管。只有这样投资者才能充分了解证券发行人的资信、证券投资产品的价值和风险状况，从而使投资者能够比较正确地选择投资对象。

2. 加强证券市场监管可以保障筹资者的权益

良好的市场秩序对证券市场监管至关重要。欺诈等行为会损害投资者利益，引起证券市场的混乱，影响投资者购买上市公司股票或债券的积极性，进而影响合法筹资者的正常筹资行为。为保证证券（股票或债券等）发行和交易的顺利进行，国家通过完善相关法律、法规，要求证券发行人或金融中介机构等在国家法律、法规许可的范围内买卖证券并取得合法收益。在我国目前的经济环境和市场条件下，证券市场还存在着蓄意欺诈、垄断行市、操纵交易和哄抬股价等问题。因此，证券监管部门需要对证券市场活动进行监督检查，对非法证券交易活动进行处罚，对正当交易进行保护，维护证券市场的正常秩序。

3. 加强证券市场监管是发展和完善证券市场体系的需要

完善的证券市场体系，通过保护投资者和筹资者的权益，促进证券市场筹资和融资功能的发挥。加强证券市场监管有利于稳定证券市场，增强社会投资信心，促进资本合理流动，推动金融行业以及相关行业的发展和完善。

4. 加强证券市场监管是提高证券市场效率的需要

在证券市场中，交易双方（证券发行者和投资者）存在着严重的信息不对称问题。证券发行者发行股票与债券，证券投资者买卖股票或债券。证券投资者进行交易决策的重要依据是能否及时获得有关上市公司的信息，以及信息准确、真实和全面。证券市场的有效程度完全取决于证券发行者能否实现充分的信息披露。证券产品的交易价格受到交易双方（投资者之间）对各种信息的掌握程度以及在此基础上进行的价值判断。任何新信息的出现都有可能改变投资者原来对企业价值的判断，形成新的价值评估，可能导致证券交易价格的调整。建立健全信息披露制度，监督证券市场参与者的信息披露行为，是保障证券市场健康和有效发展的基本前提。

发达完善的证券市场需要建立收集、分析、预测和交换信息的制度。通过现代化的信息通信设备系统，组织严密科学的信息网络机构，高质量的信息管理人员，建立信息沟通灵敏的证券市场。

三、证券市场监管的手段

1. 法律手段

法律手段是指通过制定一系列的证券法规来管理证券市场。其是证券市场监管的主要手段，约束力强。

2. 经济手段

其是指通过运用税收政策、保证金比例、公开市场业务等经济手段，对证券市场进行干预。这种手段相对比较灵活，但调节过程存在时滞，可能较慢。

3. 行政手段

其是指通过制定计划或政策等对证券市场进行行政性干预。这种手段比较直接，但使用不当可能会违背市场规律，无法发挥作用，甚至可能起相反的作用。在证券市场发展初期，法制尚不健全、市场机制尚未理顺、或遇突发性事件时，可能较多地借助行政手段。

四、证券市场监管的模式

各国对证券市场的监管模式主要有以下三种：一是政府集中管理型。其是指国家通过立法，由政府专门设立主管部门对证券发行、交易的整个过程进行监督与管理的一种证券监管模式。通过立法，国家积极参与和干预证券市场活动，国家设置有一个或多个专门的政府机关作为证券主管机构，由其代表国家对证券市场依法行使全面的管理职权。我国证券市场监管属于政府集中管理型。证券集中监管模式以行政监管为主，自律监管为辅，强调全国统一的立法，建立全国统一的行政监管机制；二是自律性管理型。其是指国家不设置独立的政府主管部门，而由非政府监管机构和证券业自律组织主要依照自我监管规则，对证券市场予以监督管理的一种证券监管机制。自律性管理型监管模式政府较少干预，英国证券市场监管属于自律性管理型；三是中间性管理型。它既强调立法管理，又注重自律性管理，德国证券市场监管属于中间性管理型。

五、我国证券监管的法律体系

证券监管的法律体系包括国家颁布的法律、法规和行政部门的规章等。证券市场法律、法规分为三个层次；第一层次，法律；第二层次，行政法规；第三层次，部门规章。涉及证券市场的法律主要包括《中华人民共和国证券法》《中华人民共和国证券投资基金法》《中华人民共和国公司法》《中华人民共和国刑法》等相关法律。

我国逐步形成了“五位一体”的监管体系，即证监会及派出机构、交易所、行业协会和投资者保护基金公司的监管及自律体系。“五位一体”的监管体系按照“统一领导、共享资源、各司其职、各负其责、密切协作、合力监管”的原则开展工作。中国证监会成立于 1992 年，在上海、深圳等地设立 9 个稽查局，在各省、自治区、直辖市、计划单列市共设立 36 个证监局。

六、证券市场监管的内容

（一）信息披露

信息披露是有关行为主体从维护投资者权益和证券市场运行秩序出发，根据有关法律、法规的要求，在证券的发行、上市、交易等一系列环节中，以一定的方式向社会公众公开披露与证券有关信息的行为。证券市场的信息披露要求利益相关者披露全面、及时和真实的信息，减少信息不对称。各国证券监管机构都以强制方式要求进行信息披露。信息披露的意义在于：

(1) 有利于投资者进行价值判断。在种类繁多的有价证券中，投资者通过对证券发行人的价值进行评估，选择最有利的投资产品，获得收益。投资者首先获得证券发行人真实、完整和准确的信息，然后投资者对发行者（上市公司）的营运状况、财务情况和信用水平进行评估，分析投资对象未来的盈利情况，合理地选择投资决策。在公平的证券市场中，投资者都有均等获得信息的权利以及投资获益的机会。

(2) 防止虚假陈述和信息误导。虚假陈述和信息误导是指行为人对证券发行、交易及其相关活动的事实、性质、前景、法律等事项做出不实、严重误导或者有重大遗漏的陈述或者诱导，致使投资者在不了解事实真相的情况下，做出证券投资决定的欺诈行为。证券的发行是公司股权或债权出售的过程，也是风险转移的过程。如果没有信息公开制度，发行人可能隐匿真实信息、散布虚假信息、滥用信息对市场进行操纵，或以其他方式欺骗投资者而转嫁风险，从而使证券价格与证券的真实价值相背离。

(3) 有利于监督经营管理。信息公开包括公司披露其财务报告。根据企业会计准则，证券发行人进行企业会计核算，可以提高财务报表的规范性和可比较性。实施信息公开制度，社会公众可以了解企业的情况，可以扩大证券发行人（上市公司）的社会影响，提高其知名度。

(4) 提高证券市场效率。证券市场的主要功能是实现资源的有效配置，在资金供给方（投资者）和资金的需求方（企业）之间建立桥梁。证券发行与证券投资是实现社会资源配置的过程，这一过程主要依靠证券市场机制进行调节。证券的发行（包括发行时间、发行品种、发行数量等）主要取决于证券发行人和投资者之间需求与供给的匹配。在证券投资过程中，如果企业资信良好、实力雄厚、管理甚佳、盈利丰厚，其发行的证券可以给投资者带来收益，投资者的需求量就会增加。信息公开，减少信息不对称，可以提高证券市场的效率。因此，建立完备的信息公开系统，投资者可以根据公开信息，科学地选择投资决策，最终也有利于社会资源的合理配置。

（二）操纵证券市场

操纵证券市场是指行为人以法律所禁止的手段获取不正当利益或者转嫁风险。在证券交易过程中，某一组织或个人为了获取利益或者减少损失，利用资金和信息等优势，制造证券交易的假象，操纵证券交易的价格，诱导或者致使投资者在不了解事实真相的情况下做出证券投资的决定，扰乱证券市场的秩序。

(1) 虚买虚卖。其是指为了影响证券市场股票的价格或交易量，人为创造虚假交易行为，事实上股票的所有权并没有真实转移。虚买虚卖主要体现在以下两个方面：一是行为人为了实现影响市场行情的目的，人为地创造市场的虚假繁荣、诱导公众投资者盲目跟进；二是行为人虽然客观上达成交易，但证券实际上并没有进行交割、财产所有权也没有实际转移。

在证券市场上，虚买虚卖的手法主要有以下几种：第一种是交易双方委托同一经纪商在证券交易所同时申报买进卖出相同数量的股票，由于相互同时买进卖出，且数量相同，其间并无证券或款项的交割行为，交易双方持股数保持不变；第二种是交易者分别下达委托给两家经纪商，对于相同数量的同一股票，由一经纪商买进，另一经纪商卖出，交易者对这一股票的所有权并未发生实质性的变化；第三种是采用交易组的形式。交易者控制多个股票账户，在控制的账户组之间进行交易，先卖出一定数额的股票，由预先安排的交易伙伴买进。交易组对这一股票的所有权并未发生实质性的变化。

（2）合谋。合谋是指交易者为了影响市场中股票的行情，与他人同谋，由一方做出交易委托，另一方按对方委托的内容，在同一时间，以同等数量和价格反向委托，并达成交易的行为。合谋操纵的核心是交易双方有通谋行为，双方的委托在时间、价格、数量上具有相似性。

（3）连续交易操纵。连续交易操纵也称为连续买卖，是指行为人为了抬高或压低集中交易的有价证券的交易价格，自行或以他人名义，对该证券实行连续高价买入或低价卖出的行为。构成连续交易操纵的要素主要包括三个：一个是连续的交易；二是伪造该证券交易活跃的表象或抬高或压低证券的价格；三是诱使他人买进或卖出的意图。

（三）欺诈客户

欺诈客户是指证券经营机构或其工作人员在履行职责义务时实施的故意诱骗投资者买卖证券的行为。其主要包括证券发行者或金融机构违反证券管理法律、法规和规章，在证券发行、上市、交易及相关活动中的虚假陈述、欺诈客户等行为。

（四）内幕交易

内幕交易是指内幕人员或其他获取内幕信息的人员以获取利益或减少损失为目的，自己或建议他人或泄露内幕信息使他人利用该信息进行证券交易的活动。公司的主要股东、董事、监事、经理、职员、证券市场内部人员或市场管理人员，利用地位或职务等便利，获取未公开可以影响证券价格的重要信息，进行有价证券交易，或泄露该信息帮助他人进行证券交易，目的在于获取利益或减少经济损失。在证券交易活动中，凡涉及公司经营、财务或者对公司证券市场价格有重大影响的尚未公开的信息均为内幕信息。

七、我国证券市场监管存在的问题

随着证券市场的发展，我国证券法律制度也逐步建立并完善。《公司法》《会计法》《证券法》《基金法》等法律确立了我国证券市场法律规范的框架。另外还包括《股票发行与交易管理暂行条例》《禁止证券欺诈行为暂行办法》《证券交易所管理办法》《公开发行股票公司信息披露制度》《证券市场禁入制度》等。以沪深证券交易所的设立为标志，我国证券市场从无到有，发展到现在的规模，成绩斐然。在过去几十年里，我国证券市场走过了国外证券市场上百年的发展过程。

然而我国证券市场在快速成长的过程中也存在不少问题，监管制度也存在很多问题。中国证监会是我国证券监管的主管机关。由于市场发展迅猛，政府监管部门需要面对大量繁杂的日常事务性工作。为了尽快解决一些短期凸显的问题，监管部门通常以行政命令的方式对市场进行调控。采取行政手段对证券市场进行监管，虽然可以较快地应对突发事件，但是不利于市场的发展与完善及监管的制度化。近年来，我国证券监管部门加大了对内幕交易和证券欺诈等行为的打击力度，但行政监管一般是事后监管，监管存在明显的滞后性和弱效性。

1. 滞后性

我国证券监管存在明显的滞后性。从上市公司违规行为的发生，到监管机构调查，最终进行处罚，往往历时数年。“琼民源”事件的查处过程长达两年，“中科创业”和“亿安科技”操纵股价的行为也是在数年后才被发现。由于监管力量相对有限，调查过程复杂，违法者市场欺诈和违规行为未被及时发现，会导致违法者产生侥幸心理，铤而走险。随着大数据系统的使用，采用后台计算机系统对交易进行自动比对及程序化处理，可以提高监管机构发现违规行为的及时性。

2. 弱效性

对违规行为处罚过轻，处罚并不严格。很多违规事件的处罚，除了没收非法所得以外，对违法者仅处以经济和行政处罚，如警告、市场禁入或罚款。对应承担直接责任的违法者（上市公司股东或高管等）处罚过轻会弱化证券监管的效果。近年来，我国加大了对相关责任人的处罚力度。

证券市场在国民经济中的地位和作用越来越重要，随着证券市场的发展，需要根据我国证券市场的实际情况，建立与之相适应的、有效的证券监管机制，保障我国证券市场健康发展。作为证券市场的监管机构，中国证监会除了承担监管职责以外，还担负着培育和完善证券市场的职责。成熟的证券市场对投资者的保护主要体现在以下几个方面：①投资者教育机制。在证券市场基础知识、证券法律法规等方面加强对投资者的教育，尤其需要加强市场风险教育，这有利于投资者熟悉市场、认识市场运行的客观规律，从而增强自我保护能力。②投资者诉讼机制。投资者可以通过集体诉讼等方式，降低维权成本，让投资者以较低代价提起和参加诉讼。投资者对做出虚假信息披露和从事证券欺诈的公司提起诉讼，能获得相应的赔偿。③投资者赔偿机制。健全中小投资者赔偿机制，督促违规者主动赔偿投资者，建立上市公司退市风险应对机制，完善风险救助机制。在现有政策框架下，利用计提的风险准备金完善自主救济机制，依法赔偿投资者损失。研究实行证券发行保荐质保金制度和上市公司违规风险准备金制度。研究扩大证券投资者保护基金和期货投资者保障基金使用范围和来源。

身边的案例

案例1：国开证券经纪人朱某某操纵市场受到处罚

2010 年 8 月 20 日至 2014 年 8 月 26 日，朱某某担任国开证券上海龙华西路营业部经纪人。朱某某持有证券经纪人证书，从事股票经纪业务。其父朱某荣、其母孙某英和祖母张某英都在这个营业部开立了上海股东账户和深圳股东账户。在作为证券从业人员期间，朱某某实际控制朱氏账户组，利用朱氏账户组买卖“海螺型材”“神剑股份”“襄阳轴承”等共计 132 只股票，盈利 452.67 万元。

据中国证监会调查，2013 年 3 月 1 日至 2014 年 8 月 25 日，朱某某在上海电视台第一财经频道“谈股论金”栏目中通过明示股票名称或描述股票特征的方法，公开评价和推荐“利源精制”“万马股份”“博晖创新”等 10 只股票，并在公开荐股前先行建仓买入，公开荐股后的3个交易日内卖出，获利43.93万元。“处罚决定书”指出，根据朱氏账户组相关资料、资金转账记录和相关交易数据，上海电视台财经频道提供的相关资料，相关当事人询问笔录等证据，足以证明认定以上事实。

作为证券从业人员，朱某某买卖股票和先行建仓买入后公开荐股的两项行为均违反中国《证券法》的有关规定。“处罚决定书”责令朱某某依法处理非法持有的股票，没收朱某某违法所得约452万元，并处以约1358万元罚款，同时对其采取终身证券市场禁入措施。

案例2：欣泰电气欺诈发行遭退市

2016年7月，欣泰电气因欺诈上市，成为创业板退市第一股，并成为中国证券市场第一家因欺诈发行被退市的上市公司。7月8日晚间，保荐机构兴业证券发布公告：中国证监会决定，对公司给予警告，没收保荐业务收入1200万元，并处以2400万元罚款；没收承销股票违法所得2078万元，并处以60万元罚款；对保荐人兰某、伍某给予警告，并分别处以30万元罚款，撤销证券从业资格，并对兰某、伍某分别采取10年证券市场禁入措施。

案例3：蓝色光标董事长近亲属因内幕交易遭到证监会处罚

中国证监会2016年3月18日披露了4宗案件处罚结果，其中包括2宗内幕交易案，1宗操纵股票价格案和1宗信息披露违法及在限制期限内买卖股票案。其中，蓝色光标董事长的一名近亲属因内幕交易受罚。

具体案情如下：蓝色光标董事长赵某某和原证券事务代表徐某是蓝色光标境外参股公司重大亏损这一内幕信息的知情人。赵某源为赵某某的近亲属，并且关系密切。在内幕信息敏感期内，赵某源与徐某保持联系。在内幕信息敏感期内，赵某源于2015年4月3日使用其本人证券账户卖出所持有“蓝色光标”9万股股票，避免损失金额为391130.2元，构成内幕交易。根据我国《证券法》第202条的规定，天津证监局决定没收赵某源违法所得391130.2元，并处以违法所得1倍的罚款。

本章思考题

1. 分析比较“看得见的手”和“看不见的手”。
2. 政府调控市场的目的是什么？宏观调控有什么手段？
3. 为什么要交税？税收有什么作用？
4. 什么是政府的财政政策？财政政策有哪些？它们分别具有什么特征？
5. 为什么要进行证券市场监管？
6. 简述我国证券市场监管的主要问题。

第三章练习题

第四章 *Project 4*

货币和金融机构

第一节 货币、利率和货币政策

4－1：货币、利率和货币政策

一、货币

货币（Currency）作为购买货物、财富存储的媒介，是财产的所有者与市场关于交换权的契约。“吾以吾之所有予市场，换吾之所需”，货币本质上是所有者之间的约定，是个体与个体在市场上进行交换的手段。货币的契约本质决定了它可以具有多种多样的表现形式，如贵金属货币、纸币、电子货币等。作为一般等价物，货币可以用作交易媒介、贮藏价值、延期支付手段和记账单位。在购买商品或者服务的过程中，货币是专门充当交换等价物的特殊商品，人们利用货币对商品价值进行计量和交易。除了作为交易媒介或流通手段，货币也可以存储，如各种储蓄存款。在现代市场经济中，以实体货币方式（纸币或硬币等）进行交易越来越少，现在大部分交易都使用支票、转账或电子货币。在现代经济中，货币起着根本性和基础性的作用。在不同的国家或地区（货币区）使用不同的货币，如人民币或美元。不同的货币区之间在互相兑换货币时，需要引入汇率的概念。

（一）货币的历史

1. 物物交换

在物物交换的时代，人类开始使用货币。在原始社会，人们通过以物易物的方式交换得到自己所需要的物资，如一头羊换一把石斧。但是有时候会受到人们需求与交换物资种类的限制。当交易涉及三个以上的交易者和物资种类时，就需要有一种为所有交换方都能够接受的物品。这种物品逐渐成为最原始的货币。牲畜、盐、贝壳或鸟类羽毛、稀有石头

（宝石或金沙）等不容易大量获得的物品，在原始社会都曾经作为货币用于物品的交换。

2. 金属货币

随着社会的发展，通过自然淘汰，金属逐渐成为货币。使用金属货币的优点在于无法从自然界大量获取，需要通过人工的冶炼和制造，同时还易于储存。冶炼困难且数量稀少的金、银和铜逐渐成为主要的金属货币。有部分国家和地区曾使用过铁质的货币。

3. 金银

马克思说过："货币天生不是金银，但金银天生是货币"。西方国家的主要货币是金币和银币，辅币包括铜或铜合金。随着欧洲社会经济的发展，商品交易量逐渐增大，到了15世纪，经济发达的意大利和部分欧洲国家由于流通中的货币不足，出现了通货紧缩的问题。由于矿产储备和开采问题，金银货币的供应量小于商品流量中货币的需求量。从16世纪开始，大量来自美洲的黄金和白银通过西班牙流入欧洲，增加了流通中的金属货币量，解决了货币危机，并为之后欧洲的资本主义经济发展创造了条件。

4. 纸币

随着经济的进一步发展，在大额交易中需要使用大量的金属货币，其重量和体积都增加了运输过程中的成本和风险。金属货币在使用中十分不便，此外金属货币在使用中还会出现磨损的问题。根据过去不完全的统计，自从人类使用黄金作为货币以来，已经有超过两万吨的黄金在生产或流通环节（铸币厂或者使用者手中）被磨损。于是代替金属货币作为交换手段的纸币出现了。世界上最早的纸币是中国宋朝时期在四川地区出现的"交子"。

5. 电子货币（无纸化交易）

电子货币（无纸化交易）有多种形式，可以用一定金额的现金或存款从发行者或持有者处兑换并获得代表相同金额的电子货币；或者通过银行及第三方推出的快捷支付服务，使用某些电子化途径将银行中的余额转移，从而进行交易。消费者可以使用网络银行服务进行储值和快捷支付，通过媒介（二维码或硬件设备）以电子形式进行交易。比特币是最具有代表性的电子货币。储值卡是指某一行业或公司发行的可代替现金使用的IC卡或磁卡，如地铁充值卡等。信用卡是银行或专门的发行公司发给消费者使用的一种信用凭证，是一种把支付与信贷两项银行基本功能融为一体的业务。电子支票是一种电子货币支付方法，其主要特点是，通过计算机通信网络安全移动存款以完成结算。电子钱包（包括支付宝和微信钱包等）是我国消费者最常用的无纸化电子交易方式。在电子商务活动中，电子钱包是顾客在网上购物时常用的一种支付工具。使用电子钱包的顾客通常将银行账户与电子钱包相关联，将有关的应用软件安装到手机或计算机中，利用电子钱包服务系统就可以使用自己银行账户或信用卡中的资金。在进行付款时，如果顾客使用电子信用卡付款，例如，用银联等收付款时，顾客只要单击一下相应项目或对应的图标即可完成。我国目前也推出了人民币电子货币。

（二）货币的职能

与所有商品一样，货币也属于商品，所以货币也具有使用价值和交换价值。货币是固定的充当一般等价物的特殊商品。货币的职能由货币的本质决定，又是货币本质的具体体现。货币的五种职能包括：价值尺度职能、流通手段职能、贮藏手段职能、支付手段职能，以及世界货币职能。

1. 价值尺度

价值尺度是货币最基本、最重要的职能，即货币是以自身的价值来衡量其他商品价值，如一辆自行车的价格或价值是多少钱。又如这件衣服200元，那么这里的200元执行的就是货币价值尺度的职能，是将商品的价值货币化，通过货币的方式让大家知道商品的价值。通过货币数量的多少反映出来的商品价值就是商品的价格。换言之，价格是商品或服务价值的货币表现。货币之所以能够充当价值尺度，主要由货币发行者的信用决定，并受到社会公众认知的影响。

作为价值尺度，货币通过价格标准进行实现。为了计量各种商品价格的高低，货币首先需要确定自身的计量单位，即明确多少质量（重量）的金或银为货币的计量单位，如斤、两、钱、分等。这种包含金属质量（重量）的货币单位就是货币的价格标准。不同国家和地区一般有着不同类型的货币和计量单位，从而有不同的价格标准。如在我国历史上，“两”“铢”“文”是主要的货币单位，即价格标准。现在我国人民币的货币单位是“元”，英国货币单位主要是“镑”，美国货币单位主要是“美元”。

2. 流通手段

在商品流通中，货币作为流通手段，充当交换的媒介。在货币出现之前，商品交换采用物物之间直接的交换，即商品↔商品。在货币出现之后，商品交换可以通过货币作为媒介进行，即商品↔货币↔商品。货币执行着流通手段的职能，在两种商品交换关系中起着媒介物的作用。

作为价值尺度和流通手段，货币可以是现实货币或货币符号，也可以是电子货币和电子支付。原因在于，货币在执行流通手段职能时，在交易者之间流转，通常转瞬即逝，人们主要关心它是否能起到交换媒介的作用，而并不关心它的真实价值。只要社会公众都认可货币能代表一定的价值，它就可以作为流通手段，哪怕货币本身不具有价值或不具有很高的价值。于是纸币可以代替金属铸币成为流通手段。事实上，纸币的真实价值很低或者没有价值，它代表金属货币，反映的是所代表的金或银的价值，执行流通手段的职能。

以货币为流通手段进行商品交换，可以把交换分成买和卖两个独立的行为。这一方面克服了物物交换中搜寻和匹配的困难，增加了交换的可能性和方便性；但另一方面也由于买卖在时间、空间上的脱节和分离，有可能会带来新的危机。

3. 贮藏手段

作为贮藏手段，货币用于贮藏财富，即货币退出流通领域被人们当成财富加以贮藏。例如，用5000元买了一根金条存起来，那么这5000元就退出了流通领域，而执行了贮藏手段职能。货币作为贮藏手段，必须是足值的金属货币或金属条块。只有金银货币或金属条块才具有货币的贮藏手段职能。

作为贮藏手段，货币可以对流通中的货币量进行调节。当流通中需要的货币量减少时，多余的货币就退出流通；当流通中需要的货币量增加时，部分被贮藏的货币就进入流通。各国中央银行通过调整黄金贮备，对流通中的货币量进行调整。纸币可以存储在银行，但不具备货币的贮藏手段。只有当纸币币值长期保持稳定的条件下，人们才可能贮藏纸币。

4. 支付手段

货币的支付手段是指在发生赊购赊销的情况下，用货币清偿债务所执行的职能。货币除了用于清偿债务外，支付赋税、租金、工资等体现的都是货币的支付手段。在商品交换中，商品买卖可以采用赊账的方式，而不是现金结算的方式。在交易过程中，买方先获得货物，在约定期限后再支付货款，卖者成为债权人，买者成为债务人。采用赊账的方式进行交易，可以增加销售量。到了约定期限后，买者（债务人）以货币清偿卖者（债权人）的债务。在这种情况下，货币就起着支付手段的职能。作为支付手段，货币首先使用于商品交换的流通环节，然后扩展到商品流通领域之外。

事实上，赊账的商品交易包含两项行为：买卖行为和借贷行为。随着赊购赊销的发展，产生了各种信用货币，如个人或企业支票、银行期票和汇票等。各种银行期票和商业票据也可以作为支付手段，并延迟货币的支付期限。另外，银行期票和商业票据所代表的债务可以相互抵销，这可以在一定程度上减少流通中所需要的货币量。

5. 世界货币

世界货币是在国际商品流通中发挥一般等价物作用的货币。世界通用货币有美元、欧元、日元、英镑、人民币等，例如，某人去美国旅游，没有美元，于是从银行兑换了200美元，这就是货币的世界货币职能。

（三）货币的发行

一般来说，每个国家通常只发行和使用一种货币。各国的中央银行发行货币，并控制货币的发行量。我国人民币的发行由中国人民银行管理。但也存在例外的情况，多个国家可以使用同一种货币，如在欧盟国家使用的欧元，在西非经济货币联盟使用的法郎等。有些国家选择他国的货币作为法定流通货币，例如，巴拿马选择美元作为法定货币。不同国家的货币可能使用相同的名字，例如，在法国和比利时使用欧元之前，它们和瑞士的货币都叫法郎。

一个国家货币的发行量由很多因素决定，但主要由整个国家的生产力来决定。国家在确定货币发行量之前必须要对国家的生产总产值进行预估。如果市场需要更多资金，而资金投放比较少，就会出现资金紧缺现象。根据最基本的原则，应该根据以下公式进行计算：

$$M=\frac{PQ}{V}$$

其中，M——一定时期流通中所需要的货币量（通货量）；P——商品的平均价格；Q——所有商品数量；V——货币流通速度（以货币的周转次数计算）。

如果实际发行的货币量超过了所需的通货量时，则货币贬值，物价上涨，形成通货膨胀。如果实际发行的货币量少于所需的通货量时，则货币升值，形成通货紧缩。

二、利率

货币的借贷有成本，通常用利息或利率表示。利息是指一定时期内占用他人资金所需要付出的成本，也就是钱的成本，可以具体量化。贷款人从借款人获得资金，利息是贷款人需要向借款人支付的所借货币应该付出的成本。利息也是借款人将资金出借，延迟其消费应该获得的回报。利率是指一定时期内利息与本金的比率，反映单位货币在单位时间内的利息水平。根据计量的期限标准不同，利率可以是年利率、月利率或日利率，以百分比表示。年利率是一年期利息与本金的百分比，其计算公式如下：

$$年利率=\frac{年利息额}{本金}\times 100\%$$

借出或借入金额的总利息取决于本金总额、利率、复利频率、借出或存入的期间长度。在现代经济生活中，利率反映资金的使用成本或价格，其高低变动受到社会经济中多个因素的影响，同时利率的变动又会对整个经济产生重大的影响。对经济与金融市场的研究必须注意利率现状及其变动趋势，利率反映企业资金使用成本的高低，同时也影响企业筹资和投资决策。

在中国，利率通常是指银行利率，即指中国人民银行规定的存贷款基准利率。在美国，利率主要指的是债券市场利率，即美联储调整的基准利率是通过公开市场操作后确定的银行间隔夜拆借利率。

（一）利率杠杆和政策

利率通常由国家的中央银行控制，在我国由中国人民银行管理，在美国则由美国联邦储备委员会管理。运用利率杠杆实施宏观经济调控，利率政策在中央银行货币政策中的地位越来越重要。利率政策已成为各国中央银行调控货币供求，进而调控经济的主要手段。利率杠杆是通过调整利率影响货币资金供求流向，控制如投资、通货膨胀及失业率等，从而对国民经济进行调节，进而影响经济增长。

作为调节货币政策的重要工具，利率杠杆具有资源配置诱导、政策信号显示、主体行为约束、经济运行杠杆等功能，对调节国民经济运行有一定的作用。根据经济发展状况和市场情况确定合理的利率，对社会经济稳定与发展有着重要的意义。在经济过热和通货膨胀上升时期，提高利率，减少货币供应，增加资金借贷成本，可以减少投资，抑制经济过热发展。当过热的经济和通货膨胀得到控制时，逐步调低利率水平。在经济萧条和发展停滞的时期，适度降低利率，扩大货币供应，降低资金借贷成本，促进投资，刺激经济发展。但是在现实生活中，央行调整利率的时机和幅度很难把握。

（二）影响利率的因素

作为重要的金融指标，利率与几乎所有的金融现象和金融资产存在或多或少的联系。利率水平高低将影响资本的供求关系。利率水平直接影响企业资金成本的高低。当利率高于企业收益率时，企业将无法承担借贷成本。在通常情况下，企业投资收益需要超过借贷成本。影响利率水平的因素包括：

1. 社会平均利润率

利率的高低取决于社会平均利润率的高低。社会平均利润率成为决定和影响利率水平的基本因素。利息是借款人将借入资金所创造利润的一部分支付给贷款人的报酬。在借款人借入资金后进行的生产过程中，由于社会竞争的结果只能得到社会平均利润率水平的利润。当资本量确定的情况下，平均利润率的高低决定着利润总量。若平均利润率较高，借款人得到的利润总量就大，能够支付给贷款人的利息也就较多；反之，若平均利润率较低，借款人得到的利润总量较少，能够支付给贷款人的利息相应也就较少。

2. 资金供求状况

资金的供求状况影响利率水平的高低。在金融市场上，资金的“价格”——利率与其他商品的价格一样受供求规律的影响。借贷资本供求双方的供给与需求量直接影响利率水平。一般来说，当借贷资金供不应求时，资金的需求量超过供给量，将提高借贷成本，利率上升；当借贷资金供过于求时，资金的需求量小于供给量，必然导致借贷成本降低，利率下降。在市场经济条件下，商品市场和资本市场的发展情况影响金融市场中资金需求量的变化。

3. 通货膨胀率和物价的变动幅度

消费者将资金存入银行或进行投资，将放弃短期的消费。因而怎样使持有的货币不贬值，或遭受贬值后如何取得补偿，是人们普遍关心的问题。在预期通货膨胀率上升时，物价上涨，对于资金的贷出者来说，不仅会造成利息的实际价值下降，而且还可能造成借贷资金本金贬值，所以利率水平有很强的上升趋势。在预期通货膨胀率下降时，物价下跌时，利率水平也趋于下降。

4. 政策性因素（财政政策或货币政策）

在市场经济中，利率除受到信贷资金的供求状况影响外，还取决于国家调节经济的需要，并受国家的控制和调节。由于利率变动对经济有很大的影响，各国都通过制定法律、法规、政策等对利率实施不同程度的管理。国家通常根据其经济政策来干预利率水平，通过调节利率水平来影响经济状况。

利用所掌握的货币政策工具，中央银行通过变动信用规模和货币供给，或直接干预各种存贷款利率，通过不同途径对借贷资金的利率水平产生影响。一般来说，在实施扩张性货币政策时，预期利率下降；在实施紧缩性货币政策时，预期利率上升。

财政政策主要是通过财政开支的增减和税收变动影响利率。当政府支出增加时，直接提高投资水平，因此引起收入水平和利率水平的上升；在既定收入水平下，增加税收直接使人们的实际收入下降，从而减少储蓄和投资，导致国民收入下降，同时减少货币需求，货币供给量不变时利率下降。因此税收增减往往与国民收入和利率水平呈相反方向的变化。

5. 国际经济环境和国际利率水平

由于世界经济的全球化，世界各国的经济联系日益密切。在这种情况下，利率也不可避免地受到国际经济因素的影响。国际资本的流动会对各国的利率变化产生直接的影响。在资本自由流动的条件下，无论国内利率水平高于或低于国际利率水平，国际货币市场上资金供求状况的变化都会引起国内利率的变动。以我国为例，受到国际间资本的流动，国际间商品的买卖，国家的外汇储备量，都会改变中国的资金需求量，影响汇率，进而影响人民币的利率水平。

（三）存款和贷款利率

中国人民银行管理并公布我国的基准利率，即商业银行存款、贷款或贴现等业务的指导性利率。自 2013 年 7 月 20 日起，我国央行全面放开金融机构贷款利率管制。2015 年 2 月 28 日，我国央行将存款利率浮动上限调整为基准利率的 1.3 倍。在金融市场中，基准利率是具有普遍参照作用的利率，是其他利率的参考标准。基准利率是在利率体系中起核心作用并能制约其他利率的基础利率。在利率市场化的市场经济中，融资者衡量融资成本，投资者计算金融资产价格或投资收益，可以根据基准利率进行确定。基准利率通常具备以下几个基本特征：

（1）利率市场化。利率不仅反映当前市场上的资金供求状况和经济情况，还反映市场参与者对未来的预期。

（2）基础利率。在金融市场中，基准利率处于基础性地位，影响其他借贷资金的利率或金融资产的价格。

（3）传导利率。中央银行所发出的金融调控信号，通过基准利率传递到其他金融市场和金融产品价格上。

例如，2015 年 10 月 24 日调整后的人民币贷款和存款基准利率如下：贷款基准利率（年）：1 年以内（含 1 年）利率为 4.35%，1 年至 5 年（含 5 年）利率为 4.75%；5 年以上利率为 4.9%；存款基准利率（年）：活期存款利率为 0.35%，定期存款（整存整取）利率为：三个月利率为 1.10%，半年利率为 1.30%，一年利率为 1.50%；二年利率为 2.10%，三年利率为 2.75%。

以上利率是央行的基准利率，在实际的贷款或者存款过程中，各大商业银行往往会在央行基准利率的基础上进行浮动。具体的利率应以当地银行的挂牌利率为准。

（四）利息的计算

无论在银行的日常结账环节还是老百姓的日常生活中，都需要进行银行存款利息、贷款利息等的计算。利息计算比较简单，其计算公式如下：

应计利息 = 本金 × 利率 × 存期

如果收利息税，则：利息税 = 应计利息 ×（1 − 税费%）

本息合计 = 本金 + 利息

注意：我国目前取消了利息税。存期要与利率相对应，不一定是年利率，也可能是日利率或月利率。

储蓄存款基准利率由中国人民银行挂牌公告，各银行可以进行一定的调整。利率（利息率）是在一定日期内利息与本金的比率，一般分为年利率、月利率、日利率三种。年利率以百分比表示，月利率以千分比表示，日利率以万分比表示。为了计息方便，三种利率之间可以换算，其换算公式为：年利率 ÷ 12 = 月利率；月利率 ÷ 30 = 日利率；年利率 ÷ 360 = 日利率。

在利息计算公式中，对于存期采用以下方式：无论大月、小月、平月、闰月，每月均按 30 天计算，全年按 360 天计算；各种存款的到期日，都按照对年对月对日计算，如遇开户日为到期月份所缺日期，到期日是到期月的最后一日；计算存期采取算头不算尾的办法。

在利息计算公式中，计息的起点采用以下方式：储蓄存款的计息起点为元，元以下的角分不计息支付利息；利息金额计算至厘位，实际支付时将厘位四舍五入至分位；除活期储蓄年度结算可将利息转入本金产生利息以外，其他各种储蓄存款无论存期如何，一律于支取时利随本清，不计算复利利息。

外币储蓄存款利率遵照中国人民银行公布的外币基准利率执行，商业银行可以对利率进行调整。外币储蓄存款实行原币储蓄，按实际外币金额计算利息。外币储蓄存款的计息规定和计算办法参照人民币储蓄的计算方法。

三、货币政策

货币政策是金融政策的重要组成部分。货币政策是指中央银行为实现其特定的经济目标，而采用的各种控制和调节货币供应量或信用量的方针、政策和措施的总称，包括信贷政策、利率政策和外汇政策。中央银行运用各种工具，对货币供应量和利率进行调节，影响社会资本投资总量和方向，影响社会经济的运行。根据不同时期的经济发展情况，国家对货币的供应采取“紧”“松”或“适度”等不同的政策趋向，以实现其发展的目标。

（一）货币政策的长期目标

1. 稳定物价

物价的稳定是我国中央银行货币政策的重要目标之一。稳定物价就是要控制通货膨胀（Inflation），使物价水平基本保持稳定，在短期内不会发生急剧的波动。物价稳定也有利于人民币汇率的稳定。从各国的情况看，衡量物价稳定与否，通常使用以下三个经济指标：

一是国内生产总值（Gross Domestic Product，GDP）。国内生产总值是指按照市场价格计算的一个国家（或地区）在一定时期内所有常驻企业或组织生产活动的最终成果，是综合性的统计指标。它反映了一国（或地区）的经济实力和市场规模，是衡量国家经济状况的重要指标。

二是消费物价指数（consumer price index，CPI）。消费物价指数通过对消费者日常生活支出的计量与比较，反映某一时期消费领域价格变动趋势和变动程度。

三是生产价格指数（Producer Price Index，PPI）。生产价格指数以工业企业产品出厂价格为对象，反映某一时期生产领域价格变动趋势和变动程度。

与消费物价指数（CPI）不同，生产价格指数（PPI）的主要目的是衡量企业原材料与劳动力购买的总费用。企业最终会把生产中产生的成本以更高的消费价格的形式转移给消费者。一般认为，生产价格指数（PPI）的变动可以用来预测消费物价指数（CPI）的变动。

2. 充分就业

在充分就业的市场条件下，凡是有能力并自愿参加工作的劳动者，都能在较合理的要求下找到适当的工作。充分就业并不是指完全就业，而是针对劳动力人口而言保持一个较高的且稳定的就业水平。

失业率指标可以用来反映社会中劳动力的就业程度。失业率是指社会中失业人数与愿意就业的劳动力人数的比率关系，以百分比表示。失业率的大小反映了社会的充分就业程度。从理论上讲，失业代表劳动力这一生产资源的浪费。失业率越高，对社会经济增长通常越不利。所以各国为了实现其经济增长的目标，都努力降低失业率水平。造成失业的原因有很多，也比较复杂，主要包括：

（1）周期性失业。周期性失业受商品供求关系影响，与经济周期相关。在复苏和繁荣阶段，当社会总供给小于总需求时，各厂商争先扩充生产，就业人数普遍增加，失业率降低。在衰退和谷底阶段，消费需求的不足与投资需求的不足造成了总需求的不足。而由于社会需求不足，前景暗淡，各厂商又纷纷压缩生产，大量裁减雇员，从而引起了非自愿失业，即周期性失业。长期的经济周期或一系列的周期所导致的劳动力需求长期不足，可能会造成持续的普遍性失业。

（2）摩擦性失业。劳动者找工作需要时间，存在成本，这时的失业属于摩擦性失业。劳动者存在迁移成本，当某个国家（地区）某种职业的劳动者找不到工作，而在其他国家（地区）却又缺乏这种类型的劳动者时，就出现了摩擦性失业。

（3）季节性失业。有些行业的工作季节性很强，如滑雪教练在雪季或游泳教练在夏季可以找到合适的工作。然而，各种季节性工作所需要的技术不能相互替代，季节性失业可以设法减少，但无法完全避免。

（4）结构性失业。在经济社会的发展过程中，劳动者可能会变更工作单位，变换他们的工作地点，或者更换职业类型。在工作合同到期时，用人单位和员工可能会重新进行选择。在这些情况中，如果劳动者还没有找到新的工作岗位，常常会出现短暂的失业期。

除普遍性失业或周期性失业以外，其他各类原因造成的失业在社会经济生活中通常是无法避免的现象。从经济效率的视角看，充分就业并不意味着失业率等于零，保持一定的失业水平是适当的。部分经济学者认为如果全社会的失业率在4%以下就可以认为实现了充分就业，而一些更为保守的学者则认为应当努力将失业率降至2%或3%以下。

3. 经济增长

经济增长是大多数国家的发展目标，即国内生产总值（GDP）的增长必须保持合理的、较高的速度。通常政府预计未来目标的GDP增长幅度，用百分比表示。实现经济的合理增长需要多种因素之间进行配合和协调，其中最为重要的是要增加各种经济资源的投入量和使用效率，如人力、财力和物力，并且要求各类经济资源之间实现合理配置。

在接受经济增长目标的前提下，中央银行以此作为货币政策的目标之一，使用货币和金融工具对社会资源进行协调和控制。中央银行影响经济生活中货币的投入量与价格，进而影响财力的投入、资本的供给与配置。一般来说，中央银行可以用增加货币供给或降低实际利率水平促进投资增加；或者通过减少货币供给或提高实际利率水平，控制通货膨胀率，抑制经济过热。

世界上大多数国家的中央银行普遍将经济增长作为货币政策目标之一。对于不同的国家，不同的历史时期和发展阶段，经济增长的要求不完全相同，其在各国货币政策目标中所处的地位也不同。

4. 国际收支的平衡

国际收支是一种统计报表，一般分为一定时期的国际收支和一定时刻的国际收支。其系统地记载了在一定时期内某一经济主体（国家或地区）与世界其他主体（国家或地区）之间货币交易的总额。这一类国际收支定期由各国政府编制成表予以公布，称为国际收支平衡表。其主要包括以下内容：

(1) 某一经济体（国家或地区）同世界其他国家（地区）之间的经济交易，包括商品、劳务和收入方面的交易。

(2) 该经济体（国家或地区）对世界其他地方的债权、债务的所有权等的变化，金融资产之间的双向和单向交易。

(3) 为平衡不能相互抵销的上述交易和变化，而进行的调节性交易与转让，以及会计账目所进行的处理等。

根据经济交易的性质，国际收支平衡表上的交易主要可分为两种：一种是自主性交易，是指基于自身的利益或其他的考虑而独立发生的交易，包括经常项目和资本与金融项目中的交易，如贸易和劳务收支、直接投资或长期资本流入与流出、援助和赠予、汇兑等。自主性交易又被称为事前交易。另一种是调节性交易或叫事后交易，它实际上是对国际收支不平衡所采取的平衡措施。它是为了弥补自主性交易的差额而进行的，如获得国际金融机构的短期资金融通、动用本国黄金储备、外汇储备以弥补差额等。对国际收支不平衡的事后交易有自动性调节和政策性调节两种。政策性调节是指政府采取各项财政、金融、外贸、外汇等政策来平衡本国的国际收支。

国际收支均衡是指国内经济处于均衡状态下，即国内经济处于充分就业和物价稳定状态下的自主性国际收支平衡。判断一个国家国际收支是否平衡，主要根据是其自主性交易是否平衡。如果国际收支中的自主性交易收入自动等于支出，说明该国国际收支平衡；如果自主性交易收入大于支出，说明国际收支顺差；如果自主性交易支出大于收入，说明国际收支逆差。如果自主性交易不平衡（顺差或逆差），就需要利用调节性交易进行弥补。如果某国的国际收支不需要使用调节性交易进行弥补，则该国国际收支平衡。如果某国的国际收支需要使用调节性交易进行弥补，则该国国际收支失衡（不平衡）。

一般来说，各国国际收支的目标是实现国际收支的平衡。也就是说，各国采用多种措施和方法努力纠正国际收支的差额，使之趋于平衡。当某国的国际收支出现失衡，无论是顺差或逆差，都会对本国经济造成不利的影响。如果国际收支长期存在巨额逆差，会造成本国外汇储备量急剧下降，国家如果使用外汇贷款的方式实现收支平衡，将承受沉重的外汇债务和利息负担。如果国际收支长期存在巨额顺差，会使本国外汇储备量上升，可能造成外汇闲置，国家需要采用外汇投资或购买的方式平衡国际收支，如果大量换汇，则可能引起本国货币的汇率上升。比较而言，国际收支逆差的危害比较严重，因此各国在调节国际收支失衡时，通常会采取相关措施努力减少或消除国际收支逆差。

5. 四个目标之间的权衡关系

要同时实现以上四个货币政策的目标，在现实经济生活中十分困难。在具体实施过程中，当采用某种货币政策工具来实现某一货币政策目标时，有时会影响其他货币政策目标的实现。所以，除了需要了解国家的货币政策目标外，还需要了解不同货币政策目标之间的相关性以及矛盾性，了解如何协调它们之间的关系。

（二）货币政策的中介目标（中间目标）

货币政策的中间目标是指处于货币政策长期目标和操作目标之间，介于货币政策工具变量和货币政策目标变量之间的变量指标。实际上，中央银行不太可能通过实施具体的货币政策直接实现其最终的目标（长期目标）。中央银行通过观测和控制所能控制的某些具体的指标，影响实际的经济活动，用来检验政策的实施效果。我国货币政策的中介目标主要涉及三个金融指标，即长期利率、货币供应量和贷款量。

1. 长期利率

我国货币政策的中介目标包括长期利率，原因在于：

（1）中央银行通过使用政策工具设法提高或降低利率，影响长期利率的高低。

（2）长期利率的变化可以反映货币与信用供给与需求的变化。当长期利率水平升高时，说明银根紧缩，资金需求旺盛；当长期利率水平降低时，说明银根松弛，资金供给充足。

（3）长期利率数据资料是市场的公开信息，实时数据与历史数据都比较容易获得。

2. 货币供应量

货币供应量及其变动率是我国国家货币政策的主要中介目标，原因在于：

（1）中央银行可以直接影响货币供应量及其增减的变动。

（2）货币供应量可以反映国家的货币政策。当货币供应量增加时，说明货币政策趋于松弛；当货币供应量减少时，说明货币政策趋于紧缩。

（3）货币供应量的变化可以直接影响社会经济活动。当货币供应量增加时，会刺激投资与消费；当货币供应量减少时，会制约投资与消费。

但是以货币供应量作为货币政策的中介指标存在以下几个问题：

（1）中央银行对货币供应量的调节能力具有一定的限制。影响货币供应量的因素包括政策性因素如基础货币的变化，受中央银行控制；但同时还要受其他非政策性因素的影响，中央银行并不能完全控制，如现金漏损率、商业银行超额准备比率、定期存款比率等。

（2）货币供应量传导具有时滞性问题。中央银行通过改变存款准备金，希望实现货币量的某个变动率，这其中影响因素有很多，中间存在较长的时滞性。

（3）作为中介目标，货币供应量能否有利于最终目标的实现，在学术界和实务界存在疑问。但是，从目前我国货币政策实际操作的情况来看，货币供应量应该是比较好的调节指标。

3. 贷款量

贷款量可以成为我国国家货币政策的主要中介目标，原因在于：

（1）贷款量影响货币供应量。贷款量影响流通中的现金量，并受存款量的影响。中央银行可以通过控制贷款量，进而控制货币的供应量。

（2）作为内生变量，贷款规模受经济环境中需求量的影响。反过来，贷款规模影响投资规模，进而影响社会供给。

（3）社会贷款量比较容易获得，且准确性较强，比较容易观测。

（三）货币政策的操作目标

操作目标就是货币政策的近期目标，介于政策工具和中介目标之间。从货币政策作用的全过程来看，操作目标是货币政策工具影响中介目标的传送点，是中央银行货币政策工具的直接调控对象。通常来说，各国中央银行的操作目标主要包括基础货币、货币市场利率和商业银行的存款准备金等。

1. 基础货币

基础货币也称为货币基数、始初货币，是由央行创造，它是银行进行信用创造的基础和源泉。从基础货币的计量范围来看，它指流通于银行体系之外被社会公众持有的现金与商业银行体系持有的存款准备金的总和，包括商业银行在中央银行的存款、银行库存现金、向中央银行借款、社会公众持有的现金等。基础货币是央行的负债，央行可以通过调节基础货币来影响货币供应量，进而对社会经济起到宏观调控的作用。

基础货币是央行比较理想的操作目标。因为基础货币是中央银行的负债，中央银行对已发行的现金和它持有的存款准备金掌握着相对及时和准确的信息，所以中央银行可以对基础货币进行直接控制。中央银行可以通过调整法定存款准备金对基础货币进行调整。即使中央银行没有降低准备比率，若存款从准备比率高的存款机构转到准备比率较低的存款机构，平均准备比率也会有某种程度的降低，这就需要对基础货币进行调整。

2. 货币市场利率（短期利率）

货币市场利率通常是指短期利率，是影响社会的货币需求、货币供给和银行信贷量的重要指标，也是实现货币政策目标的重要政策性指标。中央银行通过控制短期利率，对货币供应量进行控制，从而影响市场资金的供求关系。作为操作目标，中央银行一般选择某一种利率。美联储主要采用短期国债利率或银行同业拆借利率。我国央行主要采用银行贷款的基准利率。

作为操作目标，短期利率也存在缺陷。作为内生变量，利率受到很多其他因素的影响，货币的利率与资金的需求存在负相关的关系。

3. 商业银行的存款准备金

商业银行的存款准备金是指存放在中央银行的存款，是为了保证储户提取存款和资金清算需要而准备的资金。当商业银行准备金减少时，可以提供的贷款量增加，企业借款增加，投入资金也就越大，因此派生存款和货币供应量也增加。当商业银行准备金增加时，可以提供的贷款量减少，企业借款减少，投资的规模也就减少，因此派生存款和货币供应量也减少。因此，银行准备金（存放在中央银行的存款）减少被认为是货币市场银根放松，银行准备金增多则意味着货币市场银根紧缩。

无论采取何种货币政策工具，中央银行一般都会以存款准备金作为操作目标，然后对中介目标和长期目标产生影响。但是存款准备金作为操作目标也存在缺点。作为金融指标，存款准备金可能会误导中央银行。作为内生变量，存款准备金与资金需求存在负相关性。当借贷需求上升时，央行通过减少存款准备金来增加信贷量，满足资金需求；而当借贷需求下降时，央行通过增加准备金来减少信贷量。作为操作工具的政策变量，存款准备金与资金需求正相关。当中央银行需要抑制资金需求，降低经济过热时，通常会增加商业银行的存款准备金；当中央银行需要鼓励投资，增加资金供应时，通常会减少商业银行的存款准备金。

身边的案例

案例1：我国货币发展简史

中国使用货币已有四千年历史，是世界上最早使用货币的国家之一。

（1）最早的货币：天然海贝。

（2）金属货币：铜仿贝与钱镈（布）。金属货币早在黄帝后期黄河中下游就开始充当“等价物”。

（3）商周时期的货币：在商周时期，天然海贝仍是重要货币。但金属货币的使用更为广泛，主要是铜贝与铜块。在我国关洛三晋地区（现在的河南）已经基本完成向金属货币的转化。

（4）春秋时期的货币：①“空首布”是春秋战国时期周、晋、郑、卫等国铸行的一种金属货币，流通于关洛三晋地区（现在的河南），主要为“平尖空首布”。②“刀化（货）”是齐国（现在的山东）的流通货币，样子像某种生产工具。③“蚁鼻钱”是流通于南方楚国（位于长江流域）的铜仿贝。④“圆钱”分为两种：圆形圆孔或圆形方孔。其中秦圆钱是以两为单位，一两钱圆形圆孔无廓，半两钱圆形方孔。

（5）战国时期的黄金：战国时期，黄金流通以斤或益为单位，以南斤为主。

（6）秦朝时期的货币：在秦朝时期，黄金与铜钱已经是主要货币，而其他曾经做过货币的物品不再作为货币。黄金价值高，是“上币”；铜钱价值低，是“下币”；而珠、玉、龟、贝、银、锡是器饰或宝藏，不再作为货币。

（7）西汉时期的货币：①在西汉时期，货币单位主要是三铢钱、四铢钱、五铢钱、皮币、白金币。②汉武帝时期模仿麒麟马蹄有麟趾金（圆）和马蹄金（椭圆）。

（8）东汉时期的货币：①在西汉时期，公孙述在四川铸造铁钱，历史上第一次用铁作币材，称为“铁钱”。②东汉以后黄金减少，赏赐用丝绸、布帛、铜钱。

（9）王莽时期的货币：王莽时期使用很多种货币，但使用时间都不长。如居摄二年（公元7年）的错刀、契刀、大泉等；后来废错刀、契刀、五铢钱等。作为流通货币，主要包括金、银、铜、龟、贝五种币材，分别是：金贷、银贷、泉贷、布贷、龟贷、贝贷。

（10）两晋的货币：两晋十六国，国家和朝代更替很快，货币种类也很多。西晋主要沿用汉魏之五铢及各种古钱，东晋元帝渡江后主要沿用孙吴地区流通的旧钱。河西凉州刺史张轨恢复五铢钱，汉兴钱为我国最早的年号钱。

（11）南北朝时期的货币：南北朝时期，不同的国家使用不同的货币。如刘宋的四铢钱；南齐和萧梁大量使用铸铁钱，货币主要是铜钱、五铢钱、短百；陈的货币主要是大贷六珠；北魏使用太和五铢、永安五铢；东魏沿用永安五铢；北齐使用常平五铢；北周则主要使用布泉、五行大布，永通万国等。在南北朝末期，长期的战争使原有的货币体系崩溃。冀州北面，民间以绢布交易；五岭以南，则以盐米布交易。

（12）隋唐时期的货币：隋唐时期，随着国家的统一，隋文帝铸造统一的标准五铢钱。唐朝高祖武德四年（公元621年），高祖李渊下旨废五铢钱，全国改铸开元通宝钱，开始以重量作为钱币的名称。

（13）唐末五代的货币：唐末五代时期，由于国家的分裂，货币在五代十国总体比较混乱。开元通宝钱背面印有文字，各州都将州名铸在钱的背面，如会昌开元钱。周世宗铸的周元天宝当时的铸钱量相对较多。在这个时期，白银开始进入流通，原因在于铜钱的减少，绢帛不易流通。在唐代，白银主要作为器饰或财富收藏（银饼、银铤）、用于贿赂、谢礼、军费供应和地方进献等。在五代十国之后，大家蓄积白银的风气逐渐形成，其中岭南道、江西道产银最多。

（14）两宋时期的货币：宋代采用年号钱的方式，发行货币。在通宝钱规定之外，加上皇帝的年号。北宋初期，发行的货币是宋元通宝与开元通宝，之后还有太平通宝、淳化通宝。历代皇帝每次改元都会重铸新的年号钱。文字均为通宝、重宝、元宝等，但是字体有所变化，真、草、隶、篆、行书都有。

在四川使用的“交子”，可以认为是由钱庄发行的银票或纸币，是完全可兑现的信用凭证。

（15）元代的货币：在元朝时期，不铸铜钱，使用由官方正式印刷发行的纸币实物。“中统元宝交钞”是中国现存的最早由官方正式印刷发行的纸币实物。刻版印制时间为元代中统元年（公元1260年）的忽必烈时代。这种纸币已与现代的钞票别无二致。“中统元宝交钞”为树皮纸印造，钞纸长16.4厘米，宽9.4厘米，正面上下方及背面上方均盖有红色官印。元代虽严禁白银流通，但在民间也有不少使用，并且纸币与白银相联系。

（16）明清时期的货币：明清时期的货币主要采用银铸币，银铸币产生于春秋战国时期，形态有银锭、银元宝等。鸦片战争后清政府为对付西方银元的流入，自铸银元。光绪十三年（公元1887年），铸造光绪元宝，又称“龙洋”，分单龙和双龙，另外还有光绪帝半身像银币。

案例2：信用卡

信用卡又叫贷记卡，是由商业银行或信用卡公司对信用合格的消费者发行的信用证明，在我国只有商业银行能发行信用卡。持有信用卡的消费者可以到特约商业服务部门或在网上购物或消费，或在银行存取现金。持卡人可以在规定额度内透支，先由银行同商户进行结算，之后银行再与持卡人进行结算。信用卡一般是长85.60毫米、宽53.98毫米、厚1毫米的特制载体塑料卡片，正面印有发卡机构名称、有效期、号码、持卡人姓名等内容，背面有芯片、磁条、签名条。

信用卡消费使用非现金交易付款的方式，消费时持卡人无须支付现金，持卡人先行透支使用，然后再还款或分期付款给银行或发卡机构，也就是允许持卡人在信用卡账户上“先消费，后存款”。

相比普通银行储蓄卡来说，信用卡最方便的使用方式就是可以在卡里没有现金的情况下进行消费，并可享有20—56天的免息期，持卡人按时还款，则利息分文不收。无论是在线上或是线下购物，刷卡都比较安全和方便，一般银行还有积分礼品赠送。如果在境外，在有银联、VISA等标识的ATM和POS机上均可使用信用卡取款或刷卡消费，境外消费也可以在境内使用人民币还款。

信用卡最好只用于消费刷卡，而不要取现。信用卡虽然有免息期，但只针对刷卡消费。取现手续费用很高，也没有免息期，利息也很高，例如，有些银行取现当天就会收取0.05%的利息，还有2%的手续费。

信用卡像一把双刃剑，可以解决持卡人经济上的暂时危机，但商业银行发行信用卡的目的是盈利，而不是提供免费信用贷款。虽然提供了免息期，一旦超过无息还款的时间，就会收取高额的利息，计息日是从消费日开始计算，一般是每天0.05%的利息。使用信用卡一定要十分谨慎，要充分考虑自身的还款能力，否则“利滚利”，持卡人会陷入困境。

信用卡的使用需要注意以下几点：①盲目消费：刷卡或网上消费，不像付现金那样，“一刷”并没什么感觉，导致盲目消费，花钱如流水。②过度消费：笔记本分期、智能手机分期，在提前享用自己心仪物品的同时，持卡人还要考虑是否有能力偿还，以及可能的利息支出。③利息高：如果持卡人最后还款日仍然无法如期还款，银行会向持卡人收取高额利息。另外贷记卡的首月最低还款不得低于其当月透支金额的10%。④需交年费：虽然信用卡基本上都有免年费的政策，如建行一年只要刷三次就可以免年费；但是持卡人一年刷卡没达到银行指定的次数，需要收取年费。⑤盗刷：信用卡基本上默认免密码刷卡消费，在丢失或被盗时易被别人盗刷，造成不必要的麻烦或损失；其实信用卡也可以申请凭密码刷卡消费，持卡人需要对信用卡进行安全管理。⑥影响个人信用记录：长期恶意欠款，会影响持卡人的信用记录，人民银行会对持卡人的信用卡违约情况进行记录。如果持卡人信用存在问题，其向银行贷款时，就有可能会被银行拒绝。⑦注销麻烦：相比开卡来说，持卡人注销信用卡时手续烦琐。

第二节 中央银行、商业银行和政策性银行

4-2：中央银行、商业银行和政策性银行

一、中央银行

中国人民银行（The People's Bank Of China，PBOC，简称央行）是中华人民共和国的中央银行。在国务院领导下，中国人民银行通过制定和执行货币政策，防范和化解金融风险，维护我国的金融稳定。

1948年12月，在华北银行、北海银行、西北农民银行的基础上通过合并组成了中国人民银行。1983年9月，国务院决定由中国人民银行专门行使中央银行职能。1995年3月通过了《中华人民共和国中国人民银行法》。根据《中华人民共和国中国人民银行法》的规定，中国人民银行是我国的中央银行。在国务院的领导下，中国人民银行依法独立执行我国的货币政策，履行管理职责，开展金融业务。

（一）主要职能

依照相关法律和法规的规定，中国人民银行的主要职责包括：

1. 国家金融立法和金融货币政策

首先，通过牵头建立宏观审慎管理框架，拟订金融业重大法律法规和其他有关法律法规草案，制定审慎监管基本制度，建立健全金融消费者保护基本制度。其次，拟订金融业

改革、开放和发展规划，承担综合研究并协调解决金融运行中的重大问题、促进金融业协调健康发展的责任。通过牵头国家金融安全工作协调机制，维护国家金融安全。通过制定和执行货币政策、信贷政策，完善货币政策调控体系，负责宏观审慎管理。

2. 人民币的发行和汇率政策

中国人民银行负责发行人民币，对人民币流通进行管理，并管理我国的国库。统筹我国的支付体系建设，对支付体系实施监督管理。中国人民银行与相关部门一起制定我国的支付结算业务规则，负责全国支付和清算系统的安全稳定高效运行。

中国人民银行同时负责制定和实施人民币汇率政策，推动人民币跨境使用和国际使用，维护国际收支平衡。中国人民银行管理国家外汇管理局。通过实施外汇管理，中国人民银行会同国家外汇管理局，负责国际国内金融市场跟踪监测和风险预警，监测和管理跨境资本流动，持有、管理和经营国家的外汇储备和黄金储备。中国人民银行通过参与全球经济金融治理，开展国际金融合作。

3. 监督管理金融机构和市场，防范化解金融风险

中国人民银行牵头负责我国系统性金融风险防范和应急处置，负责金融控股公司等金融集团和系统重要金融机构基本规则的制定、监测分析和并表监管。根据实际情况，中国人民银行可以责成有关监管部门采取相应监管措施，并在必要时经国务院批准对金融机构进行检查监督，牵头组织制定实施系统重要性金融机构恢复和处置计划。

中国人民银行监督管理银行间债券市场、货币市场、外汇市场、票据市场、黄金市场及上述市场有关场外衍生产品；牵头负责跨市场跨业态跨区域金融风险识别、预警和处置，负责交叉性金融业务的监测评估。中国人民银行与有关部门一起，制定统一的资产管理产品和公司信用类债券市场及其衍生产品市场基本规则。中国人民银行承担最后贷款人的责任，负责对因化解金融风险而使用中央银行资金机构的行为进行检查监督。

4. 牵头负责重要金融基础设施和金融信息化建设规划和发展，统筹金融业综合统计

中国人民银行牵头负责我国重要金融基础设施建设规划并统筹实施监管，推进金融基础设施改革与互联互通，统筹互联网金融监管工作。中国人民银行还组织制定金融业信息化发展规划，负责金融标准化组织管理协调和金融科技相关工作，指导金融业网络安全和信息化工作。

同时中国人民银行统筹我国金融业综合统计，牵头制定统一的金融业综合统计基础标准和工作机制，建设国家金融基础数据库，履行金融统计调查相关工作职责。

此外，围绕国家金融工作的指导方针和任务，中国人民银行还需要完善宏观调控体系，创新调控方式，构建发展规划、财政、金融等政策协调和工作协同机制，强化经济监测预测预警能力，增强宏观调控的前瞻性、针对性和协同性。

（二）主要业务

1. 货币政策

中国人民银行货币政策委员会是中国人民银行制定货币政策的咨询议事机构。货币政策也就是金融政策，是指中央银行为实现其特定的经济目标而采用的各种控制和调节货币供应量和信用量的方针、政策和措施的总称。货币政策的实质是国家对货币的供应根据不同时期的经济发展情况而采取“紧”“松”或“适度”等不同的政策趋向。货币政策主

要包括信贷政策、利率政策和外汇政策。货币政策的主要工具有：公开市场业务、存款准备金、中央银行贷款、利率政策、常备借贷便利。

2. 监督稽核

银行监管是指央行会同相关部门对银行的监督与管理，即政府或权力机构为保证银行遵守各项规章、避免不谨慎的经营行为而通过法律和行政措施对银行进行的监督与指导。银行监管的目的在于确保银行体系的活力，通过监视各银行机构的信用和流动性，保护存款人利益。通过分析定期报告和现场稽核，中国人民银行和中国银保监会对我国银行业金融机构进行监管。

3. 支付体系

中央银行负责和维护我国国家支付、清算和结算系统的正常运行。中国人民银行一直致力于开发人民币支付系统，并跟其他银行机构密切合作，促使国际间和国内金融机构间支付系统的运行更加高效和更加安全可靠。

作为我国支付体系建设的组织者、推动者和监督者，中国人民银行肩负“维护支付、清算系统正常运行”等法定职责，建设运行了支付系统、中央银行会计核算数据集中系统、全国支票影像交换系统、境内外币支付系统等重要业务系统（见图4－1），为金融机构和金融市场提供低成本、高效率的公共清算平台，加速了社会资金周转，推动了经济金融较快发展。

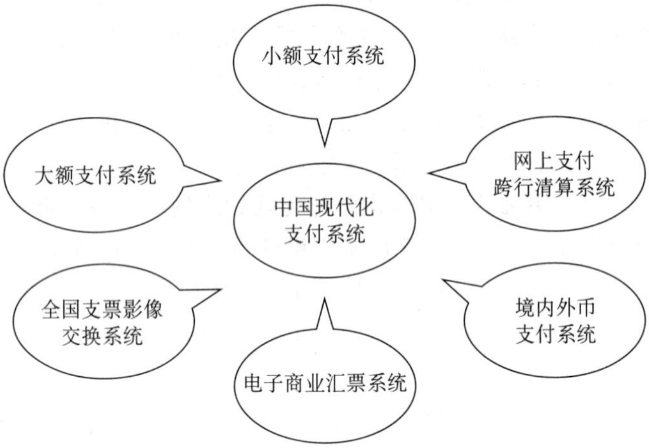

图4－1　中国现代化支付系统

中国人民银行为了维护支付、清算和结算系统的正常运行，还为国内银行机构提供资金转账网络，包括全国支票影像交换系统、大额与小额支付系统、网上支付跨行清算系统、境内外币支付系统和电子产业汇票系统。这些支付系统对银行机构之间的竞争起着中立作用。此外，中国人民银行对各商业银行提供的支付服务通过业务条款、处理程序、借记和贷记条款以及收费政策施加一定影响。

4. 信贷政策

信贷政策是宏观经济政策的重要组成部分，制定和实施信贷政策是中国人民银行的重要职责。信贷政策是国家一定时期经济政策在信贷资金供应方面的体现。它由贷款供应政策和贷款利率政策两部分组成。贷款供应政策规定贷款的投向、规模、支持重点、限制对象，以及促进国民经济发展的总目标；贷款利率政策规定贷款利率的总水平和差别利率的原则。两者互相联系、互相补充，共同发挥作用。根据国家宏观调控和产业政策要求，中国人民银行对金融机构信贷总量和投向实施引导、调控和监督，促使信贷投向不断优化，实现信贷资金优化配置并促进经济结构调整。

5. 经理国库

中央银行经理国库体制始于 1985 年。国库，通常是指国家金库，是一个存放具体实物、货币和黄金的库房。但现代意义上的国库，已经不单单是国家金库，每个国家的国库往往都担负着保管、管理该国财政的资产和负债，以及反映该国预算执行情况的一系列国家财政职能。国库的职能已由传统的“库藏”管理发展成为控制政府预算内外资金，管理政府现金和债务等全面财政管理。

6. 征信管理

2006 年 3 月，中国人民银行设立中国人民银行征信中心，作为直属事业单位专门负责企业和个人征信系统（即金融信用信息基础数据库，又称为企业和个人信用信息基础数据库）的建设、运行和维护。征信系统依法采集、保存、整理企业和个人的信用信息，为企业和个人建立信用档案，记录企业和个人过去的信用行为，为商业银行、个人、相关政府部门和其他市场主体依法提供信用信息服务。随着社会的发展，市场主体的流动性不断提高，越来越多的企业和个人在不同时期，可能会在不同的城市生活、工作或开展经营活动，跨地区甚至跨越国界从事经济活动也已经是比较普遍的现象。征信作为验证企业或个人信用状况的工具，对企业和个人信用信息的记录需要具有连续性和全面性。中国人民银行征信中心形成了以企业和个人信用报告为核心的征信产品体系，征信中心出具的信用报告已经成为国内企业和个人的“经济身份证”。

二、商业银行

商业银行（Commercial Bank，CB）是经济体系中最为重要的金融机构之一。商业银行是以追求最大利润为目标，向客户提供多种金融服务的特殊金融企业。商业银行的传统业务主要集中在吸收公众存款和发放贷款，通过存款、贷款、汇兑、储蓄等业务成为金融信用的中介。一般的商业银行没有货币的发行权，在经营性质和经营目标上，商业银行与中央银行和政策性金融机构不同。商业银行以营利为目的，在经营过程中讲求效益性、安全性和流动性等原则。

（一）商业银行的特性

1. 企业特征

商业银行是企业，具有现代企业的基本特征。与一般的工商企业相同，商业银行也从事生产或经营，需要自主经营、独立核算、自负盈亏、自担风险，把追求利润最大化作为自己的经营目标。

2. 金融企业

与一般工商企业相比较，商业银行的经营对象和内容具有特殊性。商业银行的经营对象不是普通商品或服务，而是货币和资金，以金融资产和负债为经营对象，业务活动的范围是货币信用领域。商业银行不直接从事商品生产和流通，而是为从事商品生产和流通的企业提供金融服务。商业银行主要的业务活动包括吸收存款、发放贷款以及各种与货币和资金有关的或者与之联系的金融服务。

3. 特许制的企业法人

商业银行的法律性质是特许成立的企业法人。商业银行具有企业性质，拥有法人地位。商业银行由国家特许成立，发放银行经营许可证的部门是国务院银行业监督管理机构。特许审批过程主要是：首先由申请人提出申请，然后由中国银保监会予以审查，由中国保银监会特许批准并颁发经营许可证。需要注意的是，特许批准的权力完全属于国家，符合成立商业银行的各项条件，也并不一定能取得相应的经营许可证。

（二）经营模式

商业银行的经营模式主要有以下两种：

一是分业经营模式。分业经营模式下的商业银行只能经营其本身业务范围内的业务，不能与其他金融领域进行交叉交易，是一种银行业、证券业、保险业、信托业分别设立机构独立经营业务的经营方式。其目的是使金融业务规范化，维持金融秩序，提高监管水平，保证安全性，降低金融风险。

二是混业经营模式。混业经营是指金融企业在货币和资本市场进行多业务、多品种、多方式的交叉经营和服务的总称。混业经营模式除了提供短期商业性贷款外，还提供长期贷款，直接投资于企业股票和债券，替公司包销证券，参与企业的决策与发展，并向企业提供合并与兼并所需要的财务支持和财务咨询等投资银行服务。混业经营模式有利于银行业务的扩大，但同时也加大了风险性。

我国商业银行实行的是分业经营模式。

（三）业务范围

根据我国《商业银行法》的规定，商业银行可以经营下列部分或全部业务：①吸收公众存款。②发放短期、中期、长期贷款。③办理国内外结算。④办理票据承兑与贴现。⑤发行金融债券。⑥代理发行、代理兑付、承销政府债券。⑦买卖政府债券、金融债券等业务。商业银行的经营范围主要包括人民币业务和外汇业务。

商业银行经营的业务主要包括负债业务、资产业务以及中间业务（表外业务）。随着金融发展的国际化，商业银行的这些业务还可以延伸为国际业务。

1. 负债业务

负债业务是形成商业银行的资金来源业务，是商业银行资产业务的前提和条件。负债是银行由于授信而承担的将以资产或资本偿付的能以货币计量的债务。商业银行的广义负债业务主要包括自有资本和吸收外来资金两大部分。

（1）自有资本。银行自有资本又称为银行资本金或所有者权益，是其开展各项业务活动的初始资金。银行自有资本按其组织形式，可以是个人资本、合伙资本或股份资本。其主要包括以下部分：成立时发行股票所筹集的股份资本、资本公积、盈余公积以及未分配利润。自有资本一般只占银行全部负债的很小一部分。银行的自有资本与吸收的外来资金之间应保持一定的比例。银行自有资本的大小体现银行的实力和信誉。一般是以较为雄厚的自有资本争取吸收较多的外来资金，自有资本的多少体现银行资本实力对债权人的保障程度。

（2）外来资金。银行负债业务有两大类：存款负债和非存款负债。存款负债是指商业银行所吸收的各种活期存款、定期存款和储蓄存款。存款负债是商业银行最主要的负债主体，但是存款负债具有极大的不稳定性。因为存款是存款人暂时存放在银行的资金，何时存取，存取多少，完全取决于存款人的意愿。在我国，商业银行非存款负债主要包括中央银行借款和银行同业拆借等，另外，联行存款、同业存款、借入或拆入款项或发行债券等也构成银行的负债。

2. 资产业务

资产业务是商业银行收入的主要来源。资产业务是商业银行将其吸收的资金贷放或投资出去赚取收益的活动。商业银行盈利状况如何、经营是否成功，很大程度上取决于资产业务运作的成果。商业银行的资产业务以贷款和投资最为重要。商业银行吸收的存款除了留存部分准备金以外，其余部分可以用来贷款和投资。

（1）贷款业务。贷款是商业银行最主要的资产业务。作为贷款人，商业银行按照一定的贷款原则和政策，将一定数量的货币资金提供给借款人使用，要求借款人到期偿还本金，支付利息。按照不同的分类标准，贷款业务有以下几种分类方法：

一是按贷款期限划分，可分为短期贷款（一年以内）和中长期贷款（一年以上）。

二是按贷款的保障条件划分，可分为信用贷款（不需要担保或提供抵押物）、担保贷款和抵押贷款。

三是按贷款者的类型划分，可分为个人贷款和企业贷款。根据企业所在行业的类型划分，可分为工业贷款、商业贷款、农业贷款和科技贷款等；按贷款的用途划分，可分为流动资金贷款（用于企业日常经营）和固定资产贷款（用于购买固定资产）。

四是按贷款的偿还方式划分，可分为分期偿还本金利息贷款、到期一次性偿还本金利息贷款、分期偿还利息一次性偿还本金贷款等。

五是按贷款质量划分，可分为正常贷款、关注贷款、次级贷款、可疑贷款和损失贷款等。

对于任何一笔贷款，商业银行都必须遵循以下基本程序：贷款的申请、对借款人的信用评估、贷款的调查、贷款的审批、借款合同的签订和担保、贷款发放、贷款检查、贷款收回。

（2）票据贴现。其是指商业银行根据客户的要求，买进未到付款日期票据的业务。

（3）证券投资业务。证券投资业务是商业银行将资金用于购买有价证券的活动。商业银行证券投资业务的主要对象是各种证券，包括国库券、中长期国债、政府机构债券、市政债券或地方政府债券以及公司债券。通过证券市场买卖股票和债券，商业银行可以分散风险、提高收益、保持流动性、合理避税等。

（4）金融租赁。融资性租赁又称为金融租赁，是指承租人选定机器设备后，出租人先购置，然后再出租给承租人使用，承租人按期交付租金的一种融资与融物相结合的经济活动。企业与银行之间订立金融租赁合同，实现融资性租赁。

3. 中间业务

中间业务又称为表外业务，是指商业银行从事的按会计准则不列入资产负债表内，不影响其资产负债总额，但能影响银行当期损益，改变银行资产报酬率的经营活动。商业银行的中间业务主要有本外币结算、银行卡、信用证、备用信用证、票据担保、贷款承诺、衍生金融工具、代理业务、咨询顾问业务等。在国外，商业银行的中间业务发展得相当成熟。

商业银行的中间业务主要包括：

（1）汇兑业务。汇兑也称为“汇款”，是指客户以现款交付银行，由银行把款项支付给异地受款人的业务。汇款结算分为电汇、信汇和票汇三种形式。

（2）信用证业务。信用证业务是指由银行保证付款的业务。以商品信用证业务为例，商品信用证是银行应客户和购货单位的要求，按其所指定的条件开给销货单位的一种保证付款的凭证。银行经办信用证业务，除可从中收取手续费外，还可以占用一部分客户资金。

（3）代收业务。代收业务是银行根据各种凭证以客户名义代替客户收取款项的业务，如代收水电费等。

（4）代客买卖业务。代客买卖业务是银行接受客户委托，代替客户买卖有价证券、贵金属和外汇的业务。

（5）承兑业务。承兑业务是银行为客户开出的汇票或票据签章承诺，保证到期一定付款的业务。它包括对商业汇票的承兑和银行汇票的承兑。

（6）信托业务。银行信托是经营金融性质的委托代理业务，即银行作为受托人按客户（委托人）的委托，代为管理、经营、处理有关钱财方面的事项。

（7）代理融通业务。代理融通业务是由银行代理顾客收取应收账款，并向顾客提供资金融通的一种业务形式。

（8）银行卡业务。银行卡是由银行发行、供客户办理存取款和转账支付的工具。它包括信用卡、支票卡、记账卡、智能卡等。

（四）组织形式

受国际或国内政治、经济、法律等多方面因素的影响，商业银行的组织结构从其外部组织形式和内部组织结构两个方面来看，可以分为以下几类。

1. 单一银行制

单一银行制是指只有一个独立的银行机构，不设立分行的银行组织形式。这一制度主要集中在美国。

其优点包括：首先，禁止设立分支机构可限制银行过度集中和垄断，有利于自由竞争。其次，单一银行制具有独立性和自主性，内部层次较少，业务经营灵活性较大，管理容易。最后，单一银行制受限于地区营业，利于加强银行与客户的关系，加强地区经济特色化发展。

其缺点包括：首先，单一制银行规模小，经营成本高，难以获得规模经济优势。其次，组织和运用资金能力有限，业务相对集中，风险较大。再次，单一银行制没有各地的分支机构，经济外向发展过程中的范围限制较大。最后，在信息化时代，随着计算机应用的普及，单一制限制银行业务发展和金融创新。

2. 分支银行制

分支银行制又称为总分行制。实行分支制的商业银行，在总行以外设立分支机构。分支银行的各项业务在总行的指导下进行。按管理方式不同，分支银行制又可以划分为总行制和总管理处制。总行制即总行除了领导和管理分支行以外，本身也对外营业。我国商业银行主要采用总行制。在总管理处制下，总行只负责管理和控制分支行，本身不对外营业，在总行所在地另设分支行或营业部开展业务活动。

其优点包括：实行这一制度的商业银行规模巨大，分支机构众多，遍布各地，有利于银行拓展业务范围，尤其跨区域业务。总行与分行之间实行专业化分工，能提高银行工作效率。由于银行业务范围广，分支行之间可以灵活调拨资金，分担风险。有利于信息技术与网络的使用，通过广泛开展金融服务能取得规模效益。

其缺点包括：容易产生超大型商业银行，造成金融垄断。实行这一制度的银行规模大，内部层次多且复杂，内部管理难度上升，从而增加了银行管理的难度。对总行依赖较大，对区域地方经济关注不够，且频繁大规模调动资金不利于区域经济的发展。但就总体而言，分支制更能适应现代化经济发展的需要，已成为当代商业银行的主要组织形式。

3. 集团银行制

集团制银行又称为银行控股公司制或持股公司制银行，是指由少数大企业或大财团设立控股公司，再通过控制和收购两家以上银行所组成的公司。集团银行制也称为多银行持股公司制。通过持股公司控制两家以上商业银行的银行组织形式。其主要是美国商业银行的组织形式之一。银行控股公司分为两种类型：①非银行性控股公司。它是通过企业集团控制某一银行的主要股份组织起来的，该种类型的控股公司在持有一家银行股票的同时，还可以持有多家非银行企业的股票。②银行性控股公司。其是指大银行直接控制一个控股公司，并持有若干小银行的股份。

其优点在于可以有效地扩大银行资本总量，提高银行抵御风险的能力，弥补单一银行制的不足。其缺点在于可能引起金融权力过度集中，并且一定程度上影响了银行的经营活力。集团制银行在美国发展最快，其根本原因是因为美国实行单一银行制，通过集团制能够避免法律不允许设立分支机构的限制。

4. 连锁银行制

连锁银行制又称为“联合银行制”，是指某一集团或某一个人购买若干独立银行的多数股票，从而达到控制这些银行的目的。在这种制度下，这些银行法律地位仍然是独立的，但实际上其业务和经营政策因控股而被某一个人或某一集团所控制，其业务和经营管理由这个人或这个集团决策控制。

（五）组织结构

商业银行的组织结构是指各部门内部及各部门之间相互联系、相互作用的组织管理系统。以股份制商业银行为例，商业银行内部组织结构可分为决策机构、执行机构和监督机构。

1. 决策机构

商业银行的决策机构主要由股东大会和董事会组成。股东大会是股份制商业银行的最高权力机构。股东主要指普通股股东，投资者通过购买银行发行的普通股票，成为普通股股东。股东大会主要的权责包括：修改公司章程；审议批准银行各项经营管理方针和对各种重大议案进行表决；选举和更换董事、监事并决定有关的报酬事项；分红计划等。

董事会是由股东大会选举产生的决策机构。董事会代表股东大会执行股东大会的决议，对股东大会负责。商业银行董事会主要的权责包括：对管理层进行监督；董事会有权任免银行管理层，选择熟悉银行业务的高级管理人员来具体管理银行；设立各种委员会，如审计委员会、风险管理委员会、考核委员会等，提供监督和咨询等服务。董事会一般不直接参与银行的日常工作，但银行经营的重大问题要与董事商议，由董事会做出决策。

2. 执行机构

商业银行的执行机构由总经理（行长）和副总经理（副行长）及其领导的各业务部门组成。总经理（行长）是商业银行的最高行政负责人。总经理（行长）的主要职权是执行股东大会与董事会的决议，组织领导银行的业务经营活动。在总经理（行长）的领导下，商业银行还要设置若干业务和职能部门及部门经理。

（1）全面管理：董事长、行长（总经理）负责，包括商业银行的目标、计划、制定政策、经营业务计划等。

（2）执行机构：行长（总经理）、行长领导下的各委员会、各业务部门和职能部门（业务部门职责是经办各项商业银行业务；职能部门实施内部管理）。

3. 监督机构

商业银行的监督机构由监事会和稽核部门组成。监事会由股东大会选举产生，代表股东大会对商业银行的业务经营和内部管理进行监督。商业银行的稽核部门是董事会或管理层领导下的一个部门，其职责是维护银行资产的完整和资金的有效运营，对银行的管理与经营服务质量进行独立的评估。稽核部门核查商业银行日常的账目，核查商业银行的会计、信贷及其他业务；其目的在于确保资金安全。

（六）相关职能

目前世界各国商业银行都向全能化方向发展，商业银行的职能由其性质决定。它具有以下几种职能：

1. 信用中介

信用中介是商业银行最基本、最能反映其经营活动特征的职能。商业银行通过吸收存款，动员和集中社会上一切闲置的货币资本，然后，又通过放款把这些资本贷放到国民经济的各个部门使用。这样，商业银行实际上成为货币资本的贷出者和借入者之间的中介人。作为货币借贷双方的“中介人”，商业银行通过负债业务（集中社会上各种闲散资金）和资产业务（将集中的闲散资金投放到需要资金的国民经济各部门）实现资本的融通，对经济结构和运行过程进行调节。这是商业银行最基本的职能，最能反映其基本特征。

2. 支付中介

商业银行除了作为信用中介、融通货币资本以外，还执行着货币经营的职能。商业银行作为企事业单位和个人的货币保管、出纳和支付的代理者，通过存款在账户上的转移，代理客户支付；基于储户存款，为储户兑付现款等，减少现金使用，节约流通费用，加速结算过程和货币资金周转，促进扩大再生产。支付中介和信用中介两种职能相互推进，构成商业银行借贷资本的整体运作。在执行支付中介职能的同时，往往伴随着银行存款结构的变化。因为支付中介职能是通过银行与存款单位信用关系的改变来实现的，它对银行的资金来源和运用可能带来一定的影响。但是，银行通过账户为客户办理货币结算，对节约流通费用、加速资本（或资金）的周转具有重要意义。

3. 信用创造

商业银行在信用中介职能和支付中介职能的基础上，产生了信用创造职能。商业银行利用其所吸收的各种存款发放贷款，把负债作为货币进行流通，在支票流通和转账结算的基础上，贷款又派生为存款。在这种存款不提取现金或不完全提现的基础上，就增加了商业银行的资金来源，最后在整个银行体系形成数倍于原始存款的派生存款。信用创造的实质是流通工具的创造，而不是资本的创造。

在信用基础上产生的代替现实货币流通的凭证称为信用流通工具。除了在国家信用基础上产生的信用流通工具以外，大量的是在银行信用基础上产生的信用流通工具。银行券、支票、银行本票、银行汇票、可转让定期存单以及其他各种转账结算凭证，都是在银行信用基础上发展起来的信用流通工具。通过信用流通工具的创造，银行扩大了信用业务。

4. 金融服务

随着经济的发展，工商企业的业务经营环境日益复杂化，银行间的业务竞争也日益剧烈化。在业务竞争环境下，各商业银行不断开拓服务领域，通过金融服务业务的发展，进一步促进资产负债业务的扩大，并把资产负债业务与金融服务结合起来，开拓新的业务领域。在现代经济生活中，金融服务已成为商业银行的重要职能。银行由于联系面广，信息比较灵通，特别是电子计算机在银行业务中的广泛应用，使其具备了为客户提供信息服务的条件，咨询服务、对企业“决策支援”等服务应运而生。工商企业生产和流通专业化的发展，又要求把许多原本属于企业自身的货币业务转交给银行代为办理，如发放工资、提供信用证服务、代理支付其他费用等。个人消费也由原来的单纯钱物交易，发展为转账结算、办理信用卡等。金融服务职能逐步成为商业银行的重要职能。

（七）银行风险

银行风险是在其经营过程中因为不确定的因素而造成自己的资产以及收益损失的问题。银行属于高负债管理，银行的经营对象是货币，具有特殊的信用创造功能。银行风险具有非常独特的特征，主要包括以下几种：

1. 信用风险

信用风险也称为违约风险，具体是指获得银行信用支持的债务人（贷款者）不能遵照合约按时足额偿还本金和利息的可能性。对于大多数银行来说，银行几乎所有的业务都存在信用风险。在商业银行业务多样化的今天，除了由于信贷产生的信用风险以外，贴现、透支、信用证和同业拆放等业务中也会产生信用风险。信用风险主要有以下几类：

（1）本金风险。其是指银行对某一客户的追索权不能得到落实的可能性，如贷款无法收回。

（2）信贷集中风险。其是指银行的贷款只发放给少数客户，或者给某一个客户的贷款超过其贷款总额的一定比例，从而使所发放的贷款遭受损失的可能性大大上升。

（3）第三者保证风险。如果债务人（贷款者）违约不能偿还债务，而担保方或承诺方又不能代债务人偿还债务，就出现了第三者担保风险。

2. 利率风险

利率风险是指在货币市场中，资本市场利率的波动对银行产生的影响。利率通过存款、贷款、拆借等业务影响商业银行负债成本和资产收益等，造成可能的经济损失。

3. 流动性风险

流动性风险是指在不增加成本或损失资产价值的情况下，银行本身掌握的流动资产无法及时满足客户的流动性需求，无法即时支付到期负债的需要，从而使银行丧失清偿能力和造成损失的可能性。流动性风险，一方面是由于银行流动性不足造成的；另一方面也可能是银行其他类型的风险长期隐藏和积聚，最后以流动性风险的形式爆发出来。从这个角度进行分析，流动性风险属于派生性风险，即流动性不足，可能是由于利率风险、信用风险、操作风险、国家风险和汇率风险等风险所造成的，银行最终陷入流动性风险之中。

4. 汇率风险

汇率风险是指本币或外币汇率升值或贬值，使商业银行的资产在持有或者运用过程中蒙受损失的可能性。

5. 市场风险

市场风险是指商业银行在金融市场进行投资或操作，由于市场价值的波动而蒙受损失的可能性。其主要取决于商品市场、货币市场、资本市场、不动产市场、期货市场和期权市场等多种市场行情的变动。

6. 操作风险

操作风险是指商业银行在日常经营中，由于股东、董事或者高级管理人员不称职，或者不诚实，或者控制失效，工作人员失误及欺诈，使银行面临的风险。操作风险包括操作失误、业务规则及业务流程设计不合理、服务缺失或保护客户利益不力等。

例如，由于法律人员对法律条文的歧义、变迁、误解、执行不力、规定不细致等原因导致无法执行双边合约，造成银行面临损失的可能性。

7. 国家风险

国家风险是指借款国经济、政治、社会环境的潜在变化，使该国不能按照合约偿还债务本息，给贷款银行造成损失的可能性。国家风险通常超出了债权人的控制范围。国家风险可以分为三类：政治风险、社会风险和经济风险。

8. 声誉风险

声誉风险是指由于意外事件或信息披露失误、服务缺失或保护客户利益不力，银行违规或违法等产生的负面结果，导致银行正常经营受到影响的可能性，如客户流失、客户纠纷、挤兑等。

（八）经营原则

商业银行是金融市场上影响最大、数量最多、涉及面最广的金融机构。安全性、流动性、盈利性三性统一是各国商业银行普遍认同的经营与管理的一般原则。

1. 安全性原则

安全性是指商业银行应努力避免各种不确定因素对其的影响，保证自身的稳健经营和发展。因为银行业是涉及公众利益最多的金融行业，与社会的稳定、政治的安定和经济的发展有密切的关系，所以，商业银行经营一定要稳健和安全。影响银行经营安全的因素包括信用风险、利率风险、汇率风险、流动性风险、政策风险。

在银行经营中确保安全性的措施包括：对于风险太大并很可能会给银行带来损失的业务，银行要拒绝给其贷款，这样才能避免风险；在业务经营中，银行要合理安排贷款和投资的规模及期限结构，要加强对企业客户的资信调查和经营预测以减少或控制风险；银行资产要在种类和企业客户两个方面适当分散，避免过于集中而产生大的信用风险；银行可通过转让、保险及套期交易和互换交易等方式转移风险。

存款是商业银行的主要资金来源，存款人是商业银行的基本客户。商业银行作为债务人，是否充分尊重存款人的利益，严格履行自己的债务，切实承担保护存款人利益的责任，直接关系到银行自身的经营。

2. 流动性原则

流动性是指商业银行能够随时满足客户提现和必要贷款需求的支付能力，包括资产的流动性和负债的流动性。其中，资产的流动性是指资产在不受损失的情况下迅速变现的能力，负债的流动性是指银行能以较低的成本随时获得所需资金的能力。流动性原则要求商业银行的资金要保持较高程度的经常流动状态，但这通常又与效益性原则存在矛盾。流动性越强的资产，其安全性越强，安全性是在流动性良好的前提下实现的。短期来看，银行的流动性越充足，银行对抗意外的能力就越强，但如果流动性过高，银行可用于创造效益的资产就会减少，从而影响银行的盈利性。

银行保持流动性的主要方法是建立分层次的准备资产制度。准备资产主要包括银行持有的现金资产和短期有价证券。商业银行的库存现金、在中央银行的存款及同业存款等被称为一级准备，又称为现金准备。它们是货币性最强的部分，是商业银行为满足流动性需要的第一道防线，属于非营利性资产。商业银行拥有的短期证券、短期票据被称为二级准备金，这些资产既能保持一定的盈利，又能随时或在短期内变现。如果商业银行流动性差，就要以增加负债的形式从市场上借入资金来满足流动性需要，包括向中央银行借款、发行大额可转让存单、同业拆借、利用国际货币市场融资等形式，但通过这些形式保持流动性需要考虑资金的成本及银行的信誉。

3. 盈利性原则

追求盈利、实现利润最大化是商业银行的经营目标，商业银行采取各种措施以获得更多的利润。商业银行要盈利，需要适度扩大资产规模，合理安排资产结构，在保持银行资产流动性的前提下，尽可能减少非盈利资产，增加盈利资产所占的比重。商业银行还应该在多种筹资方式和筹资渠道之间进行比较、选择，以尽可能低的成本吸收更多的资金；充分利用自身所拥有的各项资源，积极开展中间业务和表外业务，同时提高工作效率，降低管理费用和营业成本的支出。

银行经营要在安全性和盈利性这一对矛盾关系中获得最大利润，流动性起着重要的调节作用。安全性高的银行资产不能给银行带来巨额的利润，因为高风险，高收益；低风险，低收益。商业银行是不可能把风险和收益分开的，所以银行想要盈利，就必须处理好安全性和盈利性之间的关系。增加资产的流动性，提高银行的安全性，但可能会损失部分盈利性。总之，商业银行应该在安全性和流动性的基础之上，考虑盈利性。

（九）分类介绍

截至 2020 年，我国的商业银行主要包括：

（1）6 家大型国有商业银行：中国工商银行、中国农业银行、中国银行、中国建设银行、中国邮政储蓄银行和中国交通银行。

（2）12 家全国性股份制商业银行：招商银行、浦发银行、中信银行、中国光大银行、华夏银行、中国民生银行、广发银行、兴业银行、平安银行、恒丰银行、浙商银行和渤海银行。

此外，还有多家城市商业银行、农村商业银行和村镇银行。

目前很多商业银行都是上市公司。

三、政策性银行

政策性银行（policy lender/non－commercial bank）是指由政府创立或担保，以贯彻国家产业政策和区域发展政策为目的，在特定领域开展金融业务，不以营利为目的的专业性金融机构。我国政策性银行的金融业务受中国人民银行的指导和监督。

1994 年，中国政府设立了国家开发银行、中国进出口银行和中国农业发展银行三大政策性银行，均直属国务院领导。实行政策性金融与商业性金融相分离，通过组建政策性银行，承担严格界定的政策性业务，同时实现专业银行商业化，发展商业银行，大力发展商业金融服务以适应市场经济的需要。2015 年 3 月，国务院明确国家开发银行定位为开发性金融机构，不再属于政策性银行。

在经济发展过程中，常常存在一些商业银行从盈利角度考虑不愿意融资的领域，或者其资金实力难以达到的领域。这些领域通常包括那些对国民经济发展、社会稳定具有重要意义，投资规模大、周期长、经济效益见效慢、资金回收时间长的项目，如农业开发项目、重要基础设施建设项目等。为了扶持这些项目，政府往往实行各种鼓励措施，各国通常采用的办法是设立政策性银行，专门对这些项目融资。这样做不仅是从财务角度考虑，而且有利于集中资金，支持重大项目的建设。

与商业银行和其他非银行金融机构相比，政策性银行与它们有共性的一面，如要对贷款进行严格审查，贷款要还本付息、周转使用等。但作为政策性金融机构，其也有以下特征：一是政策性银行的资本金多由政府财政拨付；二是政策性银行经营时主要考虑国家的整体利益、社会效益，不以营利为目标，但政策性银行的资金并不是财政资金，政策性银行也必须考虑盈亏，坚持银行管理的基本原则，力争保本微利；三是政策性银行有其特定的资金来源，主要依靠发行金融债券或向中央银行举债，一般不面向公众吸收存款；四是政策性银行有特定的业务领域，不与商业银行竞争。

（一）政策性银行设立的目标

1. 补充和完善金融市场中的融资功能

政策性银行的融资对象一般限制在社会发展需要的投资项目，但商业性金融机构又不愿意提供资金，因此，政策性银行可以补充商业性金融机构的融资缺陷，完善金融体系的融资功能。

2. 对商业性资金的投向进行引导

首先，政策性银行通过自身的先行投资行为，向金融市场指示了国家经济政策的导向和产业结构调整的方向，消除了商业性金融机构的疑虑，带动商业性资金参与投资。其次，政策性银行通过提供低息或贴息贷款可以部分弥补项目投资利润低或无法保证盈利的风险，从而吸引商业性资金的参与。最后，政策性银行通过对基础行业或新兴行业的投入，可以开辟新的市场，促进商业性资金的后续跟进。

3. 提供专业性的金融服务

政策性银行一般为特定的行业或者领域提供金融服务，具有很强的专业性。在某一行业或产业，政策性银行积累了丰富的实践经验和专业技能，聚集了精通业务的专业人员，可以为这些领域提供专业化的金融服务。

（二）政策性银行的特征

与中央银行不同，也不同于商业银行，政策性银行的主要作用在于弥补商业银行在资金配置上的缺陷，完善金融体系和市场的融资功能。与其他银行相比，政策性银行具有如下特点：

第一，根据资本金的来源，政策性银行一般由政府财政拨款出资或政府参股设立，由政府控股，与政府保持着密切关系。以德国的政策性银行复兴开发银行为例，复兴开发银行为政府所有，其中联邦政府占 80% 的股份，各州政府占 20% 的股份。法国的政策性银行对外贸易银行是由法国的中央银行持股 24.5%，信托储蓄银行持股 24.5%，以及其他大商业银行投资组成。

第二，根据经营的宗旨，政策性银行不以营利为目标，其经营目标是为了贯彻和执行国家的社会经济政策和产业政策。政策性银行主要为国家重点建设，以及按照国家产业政策重点扶持的行业及区域的发展提供资金投资和融资服务。贷款一般包括：农业开发支持贷款、农副产品收购贷款、交通和能源等基础设施和基础产业贷款、进出口贸易贷款等。虽然政策性银行不以营利为目标，但并不意味着政策性银行都不盈利，或者不考虑投资项目的效益性。从经营的目标角度来讲，政策性银行不追求盈利或利润的最大化。

第三，根据业务范围，政策性银行不能吸收活期存款和公众存款，不会像商业银行那样具备存款和信用创造职能。其主要资金来源是政府提供的资本金、各种借入资金和发行政策性金融债券筹措的资金。其资金运用多为长期贷款和资本贷款。政策性银行有特定的服务领域，不会与商业银行产生竞争。政策性银行通常服务于对国民经济发展、社会稳定具有重要意义，且投资规模大、周期长、经济效益低、资金回收慢的项目领域，例如，农业开发、重要基础设施建设、进出口贸易、中小企业、经济技术开发等领域。

第四，根据投资和融资原则，政策性银行有其特殊的投资和融资原则。在融资条件或资格上，要求其融资对象（贷款对象）无法或很难从其他金融机构得到所需的融通资金，才有从政策性银行获得资金的资格。政策性银行提供的全部是中长期信贷资金，贷款利率明显低于商业银行同期同类贷款利率，有时甚至低于筹资成本，但要求融资对象（贷款对象）按期还本付息。

第五，根据信用的创造能力，政策性银行一般不参与信用的创造过程，资金的派生能力较弱。因为政策性银行的资金来源主要由政府提供，而且政策性银行的贷款主要是专款专用，在正常情况下不会增加货币的供给。

（三）政策性银行与商业银行的区别

（1）经营方式不同。政策性银行多由政府出资建立，业务上受政府经济政策和产业政策等影响。而商业银行多采取股份制的形式，业务上自主经营、独立核算。

（2）资金来源不同。政策性银行一般不接受存款，也不接受民间借款。而商业银行以存款作为其主要的资金来源。

（3）经营目的不同。政策性银行是为了贯彻国家产业政策和区域发展政策而专门成立的，不以营利为目的，与相应的产业部门密切相关。而商业银行则以利润最大化为经营目标，业务范围广泛。

四、中央银行与商业银行的区别和关系

（一）中央银行与商业银行的不同

1. 两者的实质不同

（1）中央银行的实质：通过制定和执行货币政策，防范和化解金融风险，维护国家的金融稳定。

（2）商业银行的实质：商业银行以追求最大利润为目标，能向客户提供多种金融服务的特殊金融企业，是通过存款、贷款、汇兑等业务，承担信用中介的金融机构。

2. 两者的职能不同

（1）中央银行的职能：拟订金融业重大法律法规和其他有关法律法规草案，制定审慎监管基本制度，建立健全金融消费者保护基本制度。负责货币的发行和流通管理，并管理国库。统筹支付体系建设并实施监督管理。监督管理金融机构和市场，对金融风险进行防范。

（2）商业银行的职能：商业银行通过其信用中介活动，调剂社会各部门的资金余缺。商业银行通过吸收存款，动员和集中社会上一切闲置的货币资本，然后又通过放款把这些资本贷放到国民经济的各个部门使用。商业银行除了作为信用中介、融通货币资本以外，还执行着货币经营的职能。商业银行在信用中介职能和支付中介职能的基础上，产生了信用创造职能。商业银行是能够吸收各种存款的银行，其用所吸收的各种存款发放贷款。在支票流通和转账结算的基础上，贷款又派生为存款，在这种存款不提取现金或不完全提现的基础上，就增加了商业银行的资金来源，最后在整个银行体系，形成数倍于原始存款的派生存款。

3. 两者的主要业务不同

（1）中央银行的主要业务：通过制定和执行货币政策，防范和化解金融风险，维护金融稳定。中央银行通常有货币的发行权。

（2）商业银行的主要业务：吸收公众存款、发放贷款以及办理票据贴现等。一般的商业银行没有货币的发行权，商业银行的传统业务主要集中在经营存款和贷款业务。

（二）中央银行与商业银行之间的关系

（1）两者是政企的关系。中国人民银行是国家的金融行政管理机关，商业银行是从事信贷业务的金融企业，因此商业银行需要执行中国人民银行制定的政策和制度，按照相关规定从事业务。

（2）两者是监督和管理的关系。中国人民银行需要对商业银行进行指导、协调、监督和检查。

（3）两者是存贷的关系。在我国，中国人民银行是银行的银行。商业银行可以向中国人民银行存款和申请贷款。商业银行的资金来源主要是吸收存款，也可以向中国人民银行申请贷款，即由中国人民银行通过贷款方式向商业银行提供资金。

身边的案例

商业银行发展简史

1. 国外银行业的发展

银行是商品货币经济发展的产物，由铸币兑换业务发展起来。西方银行业的原始状态最早可溯及公元前的古巴比伦时期。据大英百科全书记载，早在公元前6世纪，在巴比伦有一家“里吉比”银行。在阿拉伯大沙漠发现的石碑上，考古学家发现，在公元前2000年之前巴比伦的寺院已对外放款，放款时债务人开具类似本票的借款文书，交由债权人寺院持有，这项文书还可以进行转让。

公元前4世纪，希腊的寺院、公共团体和私人商号，也从事各种各样的金融活动，但是这些活动仅限于货币兑换性质的业务，并没有出现了类似贷款业务。在公元前2世纪，罗马也出现了类似希腊的银行机构，但较希腊的银行机构有所进步，不仅可以经营货币兑换业务，还经营类似贷款发放或信托等业务。同时，已出现明确的法律条文，对银行进行管理和监督。罗马银行业所经营的业务虽与现在的贷款业务存在一定的差异，但已具有近代银行业务的基本雏形。

大家普遍认为早期银行的萌芽起源于文艺复兴时期的意大利。“银行”英文翻译是“Bank”，由意大利语“Banca”演变而来。在意大利语中，Banca是“长凳”的意思。最初的银行家均为祖居在意大利北部伦巴第的犹太人。这些早期的银行家以兑换、保管贵重物品和汇兑等为业。在市场上，这些早期的银行家们各占一张长凳，并进行经营货币和兑换业务。如果有人遇到资金周转不灵、无力支付债务时，债主们就会一起将其长凳捣碎，银行家的信用也就宣告破碎。英文“破产”为“Bankruptcy”，即由此起源。

早期银行业的产生与国际贸易的发展存在密切的关联。中世纪的欧洲地中海沿岸各国，尤其是意大利的威尼斯和热那亚等城市是著名的国际贸易中心，商贾云集，市场繁荣。但由于当时货币制度比较混乱，各国商人所携带的铸币形状、成色和重量各不相同，为了适应贸易发展的需要，必须进行货币兑换。于是，单纯从事货币兑换业并从中收取手续费的专业货币商开始出现和发展。随着国际贸易和异地交易的快速发展，来自各地的商人们为了避免长途携带货币而出现的麻烦和风险，开始将自己的货币交于专业货币商处进行保存，并委托其办理汇兑与支付。在这个时候，专业的货币商已具有银行萌芽的最初职能，即货币的兑换与款项的划拨。随着接受存款的数量不断增加，专业货币商们发现多个存款人不会同时支取存款，于是他们开始把汇兑业务中暂时闲置的资金贷放给社会上的资金需求者。

现代商业银行的最初形式是资本主义商业银行，它是资本主义发展的产物。资本主义商业银行的产生基本上通过两种途径：一是随着社会经济的发展，旧时具有高利贷性质的银行逐渐演变为资本主义银行。二是新兴的资产阶级组织建立的股份制银行，这一途径是主要的方式。1694 年，在政府的帮助下，英国建立了历史上第一家资本主义股份制商业银行——英格兰银行。它的出现宣告了高利贷性质的银行业在社会信用领域垄断地位的结束，标志着资本主义现代银行制度开始形成以及现代商业银行的产生。继英格兰银行之后，欧洲各资本主义国家都相继成立了商业银行。从此，现代商业银行体系在世界范围内开始普及。

2. 我国银行业的发展

中国银行业起源可以追溯到战国时期，如司马迁《史记·货殖列传》中齐国孟尝君放债取息的故事和《东周列国志》中债台高筑的故事。中国关于银钱业的记载，较早的是南北朝时的寺庙典当业。到了唐代出现了类似汇票的“飞钱”，这是中国最早的汇兑业务。在唐宣宗时期（公元 847—858 年），苏州就有“金银行”出现。北宋嘉佑二年（公元 1057 年），蔡襄在福州时，作《教民十六事》，其中第六条为“银行轧造吹银出卖许多告提”，这是“银行”一词单独出现最早的时间。北宋真宗时，由四川富商发行的“交子”成为中国早期的纸币。到了明清以后，当铺是中国主要的信用机构。明末，一些较大的经营银钱兑换业的钱铺发展成为银庄。银庄产生初期，除兑换银钱外，还从事放贷，到了清代才逐渐开办存款、汇兑业务，但最终在清政府的限制和外国银行的压迫下走向衰落。

中国近代银行业是在 19 世纪中叶外国资本主义银行入侵之后逐渐兴起的。最早进入中国的外国银行是英商东方银行，之后各资本主义国家纷纷来华设立银行。在华的外国银行给中国的国民经济带来巨大的破坏，但在客观上也对中国银行业的发展起到了一定的刺激作用。为了摆脱外国银行的支配，清政府于 1897 年在上海成立了中国通商银行，这标志着中国现代银行的产生。此后，兴业银行和交通银行相继成立。

第三节 非银行金融机构

4－3：非银行金融机构

非银行金融机构（non－bank financial intermediaries）通常是指除商业银行和专业银行以外的其他金融机构，主要包括公募基金、私募基金、信托、证券、保险、融资租赁等机构以及财务公司等。非银行金融机构由一行两会（中国人民银行、证监会、银保监会）批准成立，并接受它们相应的管理。

一、种类

（1）公募基金：向公众募集资金，进行投资管理的基金管理公司。

（2）私募基金：向合格投资人募集资金，进行投资管理的基金管理公司。

（3）信托投资机构：专门（或主要）办理金融信托业务的金融机构。它是由个人受托或团体受托产生的组织机构。在商品经济条件下，社会分工越来越细，经济上的交往越来越多，人事与商务关系越来越复杂，为了有效地经营和处理自己力不能及的财产及经济事务，人们需要专门的信托机构为之服务。信托机构的主要种类有：信托投资公司、信托银行、信托商和银行信托部等。

（4）证券机构：专门（或主要）从事证券业务的金融机构。随着证券市场的发展，证券机构逐步发展，主要包括证券交易所、证券公司、证券投资公司、证券投资基金、证券金融公司、证券评级公司、证券投资咨询公司等。

（5）合作金融机构：合作金融机构有着悠久的历史，在金融体系中占有重要地位。合作金融机构主要包括农村信用合作社、城市信用合作社等。

（6）保险机构：主要有保险公司、相互保险公司、保险合作社及个人保险组织等。

（7）融资租赁机构：主要有商业银行投资和管理的租赁公司或租赁业务部，制造商或经销商附设的租赁公司。

（8）财务公司：又称为金融公司，可以是企业集团中的财务公司，也可以是商业银行的附属机构，两者业务内容存在差异。

二、公募基金

公募基金（Public Offering of Fund）是指以公开方式向社会公众投资者募集资金并以证券为主要投资对象的证券投资基金。这些基金在法律的严格监管下，遵守信息披露、利润分配、运行限制等行业规范。公募基金采用公开方式进行募集，发起人集合公众资金设立投资基金，进行证券投资。

中国基金业发展过程中，基金市场份额呈现阶梯式增长态势：第一阶段是 1998 年到 2000 年，由于市场品种仅限于封闭式基金，基金规模很小。第二阶段是 2001 年至今，由于引入了开放式基金，基金规模有所扩大，基金规模高速增长。目前，我国公募基金主要以开放式基金为主。除了股票基金以外，货币基金、混合基金、债券基金等各类型基金规模都获得增长。

中国公募证券投资基金，如大成、华夏、嘉实、交银施罗德等，这些公募基金受证监会严格监管，投资方向与投资比例有严格限制，它们大多管理数百亿元以上资金。证券投资基金只能投资股票或债券，不能投资非上市公司股权，不能投资房地产，不能投资风险过高的企业或项目。

三、私募基金

私募基金是指以非公开方式向特定投资者募集资金，以特定目标为投资对象的证券投资基金。私募基金以大众传播以外的方式进行招募，发起人集合非公众性多元主体的资金设立投资基金，进行证券投资。私募基金（Private Fund）是私下或直接向特定群体募集资金。与之对应的公募基金（Public Fund）是向社会大众公开募集资金。

在中国，私募基金受严格限制，只有合资格投资者才能进行购买。一些普通投资者不能进行投资。我国私募投资基金包括私募房地产投资基金、私募股权投资基金（即 PE，投资于非上市公司股权，以 IPO 为目的）、私募风险投资基金（即 VC）等。

私募股权投资基金的运作方式是股权投资，即通过增资扩股或股份转让的方式获得非上市公司股份，并通过股份增值转让获利。股权投资的特点包括：

（1）股权投资的收益十分丰厚。股权投资一般以较低的价格购入未上市公司的股份，一旦被投资公司成功上市，私募股权投资基金购入的股份可能以很高的价格变现，获利可能是几倍或几十倍。另外，与债权投资获得较低的利息收益不同，股权投资以出资比例获取公司收益的分红。

（2）股权投资伴随着高风险。因为投资于发展期或成长期的企业，股权投资通常需要经历若干年的投资周期，而被投资企业本身具有很大风险，如果被投资企业最终上市失败、破产或清算，私募股权基金将可能损失所有的投入资金。

（3）股权投资可以提供全方位的增值服务。在向目标企业注入资本的时候，私募股权投资也会参与企业的经营与管理，提供管理咨询和各种增值服务，这也是其吸引企业的关键因素之一。在满足企业融资需求的同时，私募股权投资基金能够帮助企业提升经营管理能力，拓展采购或销售渠道，协调企业与上下游企业的关系等。

公募基金与私募基金的区别如下：

（1）募集的对象不同。公募基金的募集对象是广大社会公众，即社会不特定的投资者。而私募基金的募集对象是少数特定的投资者，包括机构和个人。

（2）募集的方式不同。公募基金通过公开发售方式募集资金。而私募基金则是通过非公开发售方式募集资金。这是私募基金与公募基金最主要的区别。

（3）信息披露要求不同。公募基金对信息披露有非常严格的要求，其投资目标、投资组合等信息都要披露。而私募基金则对信息披露的要求很低，具有较强的保密性。

（4）投资限制不同。公募基金在投资品种、投资比例、投资与基金类型的匹配上有严格的限制。而私募基金的投资限制完全由协议约定。

（5）业绩报酬不同。公募基金不提取业绩报酬，只收取管理费。而私募基金则收取业绩报酬和较低的管理费。对公募基金来说，管理费主要由管理基金的规模决定，而对私募基金来说，业绩则是报酬的基础。

此外，私募基金和公募基金除了一些基本的制度差别以外，在投资理念、机制、风险承担上也有较大的差别。

四、信托投资机构

信托投资公司是以受托人的身份，代客户进行理财的金融机构。它与商业银行、保险并称为现代金融业的三大支柱。我国信托投资公司的业务主要包括：经营资金和财产委托、代理资产保管、金融租赁、经济咨询、证券发行以及投资等。信托业务一律采取委托人和受托人签订信托契约的方式进行，客户是委托人，信托投资公司受托管理和运用信托资金和财产，并收取一定的手续费。

信托投资公司的业务主要有以下几类：

（1）受托经营资金信托业务，即委托人（客户）将自己的资金委托信托投资公司按照约定的条件和目的，进行管理、运用和处分。

（2）受托经营动产、不动产及其他财产的信托业务，即委托人（客户）将自己的动产、不动产以及知识产权等财产、财产权委托信托投资公司按照约定的条件和目的，进行管理、运用和处分。

（3）受托经营投资基金业务，信托投资公司作为投资基金或者基金管理公司的发起人从事投资基金业务。

（4）经营企业资产的重组、购并及项目融资、公司理财、财务顾问等中介业务。

（5）受托经营国务院有关部门批准的国债、政策性银行债券、企业债券等债券的承销业务。

（6）以固有财产为他人提供担保、代保管业务、资信调查及经济咨询业务等。

信托投资公司的投资对象可以是公开或非公开发行的证券。信托投资公司可以利用自有资金进行投资或受托进行投资，但两种不同的方式风险不同。以投资者身份直接参与企业投资是目前中国信托投资公司的一项主要业务。在信托投资过程中，信托投资公司直接参与投资企业经营成果的分配，并承担相应的风险。信托投资公司以受托人的身份，用委托资金参与投资业务。对委托投资，信托投资公司不参与投资企业的收益分配，只收取手续费，对投资效益也不承担经济责任。

五、证券机构

在中国，证券机构主要包括证券交易所、证券公司、证券登记结算机构、证券业协会和证券监督管理机构。这些机构是我国证券市场的主要组成部分。

（一）证券交易所

证券交易所是为证券集中交易提供场所和设施、组织和监督证券交易、实行自律管理的法人。证券交易所分公司制和会员制。中国的证券交易所不以营利为目的，受中国证监会监督和管理，是为证券集中交易提供场所和设施、组织和监督证券交易、实行自律管理的会员制法人。

截至2022年12月，我国境内有三家证券交易所，其中，上海证券交易所成立于1990年11月26日，主要服务于比较传统的大型企业。深圳证券交易所成立于1990年12月1

日，主要服务于中小企业。北京证券交易所成立于2021年9月3日，经营范围为依法为证券集中交易提供场所和设施、组织和监督证券交易以及证券市场管理服务等业务。另外香港证券交易所、台湾证券交易所等都属于中国的证券交易所。

根据我国《证券法》的相关规定，证券交易所的主要职能包括：提供证券集中交易的场所、设施和服务；制定和修改上交所业务规则；按照国务院及中国证监会规定，审核证券公开发行上市申请；审核、安排证券上市交易，决定证券终止上市和重新上市等；提供非公开发行证券转让服务；组织和监督证券交易；组织实施交易品种和交易方式创新；对会员进行监管；对证券上市交易公司及相关信息披露义务人进行监管，提供网站供信息披露义务人发布依法披露的信息；对证券服务机构为证券发行上市、交易等提供服务的行为进行监管；设立或者参与设立证券登记结算机构；管理和公布市场信息；开展投资者教育和保护；法律、行政法规规定的及中国证监会许可、授权或者委托的其他职能。

（二）证券公司

证券公司是指依照我国《公司法》和《证券法》的规定设立并经国务院证券监督管理机构审查批准而成立的专门经营证券业务，具有独立法人地位的有限责任公司或者股份有限公司。在我国，证券公司的监管机构是中国证券监督管理委员会（以下简称“中国证监会”）。

证券公司的设立必须经中国证监会依照法定的程序审查批准，未经中国证监会批准，不得经营证券业务。而且，如果证券公司需要设立或撤销分支机构、变更业务范围或者注册资本、变更公司章程、合并、分立、变更公司形式或解散，也必须经中国证监会批准。

证券公司业务主要分为五大类：经纪业务、信用交易业务、自营业务、资产管理业务、投资银行业务。

1. 经纪业务

代理买卖境内交易的证券业务。投资者必须在证券公司开户，利用证券公司提供的交易通道交易席位，才能与交易所进行证券交易。证券公司代理登记开户、代理证券买卖、代理证券还本付息、分红派息。通过收取客户交易佣金获取收入，以及获得保证金存款利差。

2. 信用交易业务

信用交易业务主要包括融资融券和质押式回购（逆回购），按照国家法律规定，证券公司不像银行那样有发放贷款的权限，但融资融券和质押回购业务，有些类似于“贷款”业务的变种，从本质上来说，都是借钱给客户买证券或者是借证券给客户卖，从中收取服务费。

3. 自营业务

利用证券公司的人才优势、信息优势和市场经验等，以自有资金或者依法筹集的资金买卖证券获取利润的业务。买卖的证券产品不限于股票，还包括在证券交易所挂牌交易的基金、国债、企业债券等。

4. 资产管理业务

凭借证券公司在投资方面的众多优势，为客户提供投资服务，即帮客户理财，从中赚取理财服务费，亏盈客户自负。证券公司作为资产管理人，与客户签订资产管理合同，根据资产管理合同约定的方式、条件、要求及限制，对客户资产进行经营运作，为客户提供证券及其他金融产品的投资管理服务。收入来源包括为客户提供服务收取的管理费用和资产管理收益超过预期收益而获得的超额收益部分。

5. 投资银行业务

其主要包括上市公司保荐、债券承销、担任并购重组财务顾问等。企业如果想要在证券交易所上市或者发行债券，需要准备很多专业资料，经过很多法律流程，证券公司能提供专业的法律、财务和金融等服务。股份公司股票上市必须要有证券公司的辅导和推荐，这其中需要证券公司的专业金融服务。上市之后，证券公司还需要帮助股份公司在一二级市场进行股票的销售。

（三）证券登记结算机构

证券登记结算机构是指为证券的发行和交易活动办理证券登记、存管、结算业务的中介服务机构。证券登记结算机构为证券交易提供集中的登记、托管与结算服务，是不以营利为目的的法人。中国的证券登记结算机构是中国证券登记结算有限责任公司，总部设在北京，下设上海、深圳两个分公司。中国证监会是其主管部门。

证券登记结算机构的主要服务职能包括：①证券账户、结算账户的设立；②证券的托管和过户；③证券持有人名册登记；④证券交易所上市证券交易的清算和交收；⑤受发行人的委托派发证券权益等。

设立证券登记结算机构的根本目的在于提高证券交易效率，消除证券市场风险。证券交易风险来自多种因素，它可能来自证券市场的正常价格波动，也可能来自国家政治和经济政策的变动以及金融市场环境的变化，证券交易结算规则对证券市场风险同样具有重大影响。证券交易的直接后果是实现证券与货币的互换或交割，即货币持有人改持证券，证券持有人改持货币。保证货币持有人安全、快捷地改持证券，保证证券持有人快捷退出证券市场，是证券交易制度必须实现的重要目标。

（四）证券业协会

中国证券业协会成立于1991年8月28日，是依据《中华人民共和国证券法》和《社会团体登记管理条例》的有关规定设立的证券业自律性组织，属于非营利性社会团体法人，接受中国证监会和国家民政部的业务指导和监督管理。证券公司应当加入证券业协会。

证券业协会的权力机构是全体会员组成的会员大会。证券业协会设理事会，理事会成员依章程的规定由选举产生。证券业协会的章程由会员大会制定，并报国务院证券监督管理机构备案。

证券业协会的职责主要包括以下几部分：

（1）教育和组织会员遵守证券法律、行政法规；依法维护会员的合法权益，向中国证监会反映会员的建议和要求；收集整理证券信息，为会员提供服务；制定会员应遵守的规则，组织会员单位的从业人员的业务培训，开展会员间的业务交流；对会员之间、会员与客户之间发生的证券业务纠纷进行调解；组织会员就证券业的发展、运作及有关内容进行研究；监督、检查会员行为，对违反法律、行政法规或者协会章程的，按照规定给予纪律处分。

（2）制定证券业执业标准和业务规范，对会员及其从业人员进行自律管理；负责证券业从业人员资格考试、执业注册；负责组织证券公司高级管理人员、保荐代表人及其他特定岗位专业人员的资质测试或胜任能力考试；负责对首次公开发行股票网下投资者进行注册和自律管理；负责非公开发行公司债券事后备案和自律管理；负责场外证券业务事后备案和自律管理；行政法规、中国证监会规范性文件规定的其他职责。

（3）推动行业诚信建设，督促会员履行社会责任；组织证券从业人员水平考试；推动会员开展投资者教育和保护工作，维护投资者合法权益；推动会员信息化建设和信息安全保障能力的提高，经政府有关部门批准，开展行业科学技术奖励，组织制定行业技术标准和指引；组织开展证券业国际交流与合作，代表中国证券业加入相关国际组织，推动相关资质互认；对会员及会员间开展与证券发行和交易相关业务活动的自律管理；其他涉及自律、服务、传导的职责。

（五）监督管理机构

中国证券监督管理委员会（以下简称“中国证监会”）根据国务院的授权履行其行政监管职能。中国证监会在各省、自治区、直辖市和计划单列市设立36个证券监管局，以及上海、深圳证券监管专员办事处。

中国证监会是全国证券期货市场的主管部门，依照法律、法规对全国证券、期货业进行集中统一监管，维护证券市场（包括股票市场、基金市场、债券市场等）秩序，保障其合法运行。中国证监会的职责主要是为了强化对证券期货交易所、上市公司、证券期货经营机构、证券投资基金管理公司等机构的监管，提高信息披露质量。研究并制定证券期货市场的方针政策、发展规划。起草证券期货市场的有关法律、法规，制定证券期货市场的相关规章。如果证券期货市场上出现操纵市场、非法经营、违法减持等违法违规行为，中国证监会将依法对其进行调查、处罚。此外，面对证券期货市场出现的金融风险，中国证监会需要进行防范和化解。

六、保险公司

保险公司（insurance company）是指依据我国《保险法》和《公司法》，经中国保险监督管理机构批准设立，并依法登记注册的商业保险公司，是企业法人，包括直接保险公司和再保险公司。保险公司是销售保险合约、提供风险保障的公司。保险公司采用公司组织形式经营保险业务。作为保险关系中的保险人，保险公司享有收取保险费、建立保险费基金的权利。同时，当保险事故发生时，保险公司有义务赔偿被保险人的经济损失。

保险公司的业务分为两类：

（1）人身保险业务，包括人寿保险、健康保险、意外伤害保险等。

（2）财产保险业务，包括财产损失保险、责任保险、信用保险、保证保险等。

我国的保险公司一般不得兼营人身保险业务和财产保险业务。

七、融资租赁公司

融资租赁公司作为租赁资产的购置、投资和管理机构，是指为承租人提供资金融通的租赁公司。融资租赁也叫金融租赁，是一种金融业务。融资租赁一般用于大型设备的购买，涉及三方参与：设备使用方（承租人）、设备出售方、融资租赁方（出租人）。设备使用方提出设备要求、采购对象，融资租赁方向设备出售方购买，然后交给设备使用方使用，约定一定期限，设备使用方按约定返还融资租赁方设备本金和约定的利息。融资租赁的设备一般价格较高，包括用于生产、文教、医疗、卫生、旅游和交通运输的设备，工厂和资本货物的租赁、转租赁等。例如，航空公司购买飞机通常会采用融资租赁的方式。

八、财务公司

财务公司一般可分为企业附属财务公司和非企业附属财务公司。企业附属财务公司（“企业集团财务公司”）由企业集团设立，为本企业集团服务，但服务范围可能不完全局限于本企业集团。非企业附属财务公司包括银行附属财务公司、银企合资财务公司和独立财务公司。银行附属财务公司是由银行控股，因规避监管、实现金融创新和弥补银行的不足而设立的，同时也为企业和个人提供金融服务。银企合资财务公司是银行和企业出于金融创新，规避监管或促进产融合作的考虑而设立的，为企业和个人提供金融服务。独立财务公司一般是没有母公司的财务公司，规模较小，比较灵活，在某一方面提供融资服务。

企业集团财务公司是以加强企业集团资金集中管理和提高企业集团资金使用效率为目的，为企业集团成员单位提供财务管理服务的非银行金融机构。其业务一类是基础类业务，涵盖了商业银行可以办理的全部资产、负债、中间业务；另一类是满足一定条件的财务公司可以办理的业务，包括发行财务公司债券，承销成员单位企业债，对金融机构的股权投资，有价证券投资，成员单位产品的消费信贷、买方信贷及融资租赁等业务。

身边的案例

保险的起源

人类社会总是面临着自然灾害和意外事故的侵扰，在与大自然抗争的过程中，古代人们就萌生了对付灾害事故的保险思想和原始形态的保险方法。大约在公元前 1792 年，古巴比伦王国第六代国王汉谟拉比时代，商业繁荣，为了援助商业及保护商队的骡马和货物损失补偿，在《汉谟拉比法典》中规定了共同分摊补偿损失之条款。

公元前 916 年，在地中海的罗德岛上，国王为了保证海上贸易的正常进行，制定了《罗地安海商法》，规定某位货主遭受损失，由包括船主、所有该船货物的货主在内的受益人共同分担，这就是海上保险最初的形式。

在公元前260—公元前146年，布匿战争期间，古罗马人为了解决军事运输问题，收取商人24%—36%的费用作为后备基金，以补偿船货损失，这就是海上保险的起源。

第四节 金融市场

4-4：金融市场

金融市场是指以金融资产为交易对象，以金融资产的供给方和需求方为交易主体形成的交易机制及其关系的总和。在经济生活中，金融市场是与商品市场、劳务市场和技术市场等并列的一类市场。金融市场是经营货币资金借款、外汇买卖、有价证券交易、债券和股票的发行、黄金等贵金属买卖场所的总称，直接金融市场与间接金融市场的结合共同构成金融市场整体。金融市场的构成十分复杂，它是由许多不同的市场组成的一个庞大体系。

根据金融市场上交易工具的期限划分，金融市场分为短期金融市场和长期金融市场。短期金融市场也称为货币市场，货币市场是融通短期（一年以内）资金的市场，货币市场包括金融同业拆借市场、回购协议市场、商业票据市场、银行承兑汇票市场、短期政府债券市场、大面额可转让存单市场等。长期金融市场也称为资本市场，是融通长期（一年以上）资金的市场。资本市场包括中长期信贷市场和证券市场。中长期信贷市场是金融机构与工商企业之间的借贷市场；证券市场是通过证券的发行与交易进行融资的市场，包括债券市场、股票市场、基金市场、保险市场、融资租赁市场等。

和其他市场相比，金融市场具有自己独特的特征：

第一，交易主体及其关系的特殊性。金融市场交易之间不是单纯的买卖关系，更主要的是借贷关系，体现了在信用前提下资金的所有权和使用权的暂时分离。

第二，交易方式的特殊性。广义的金融市场包括直接金融和间接金融两个方面，指所有社会资金的借贷、买卖。

第三，交易对象的特殊性。金融市场的交易对象不是一般的商品，而是货币资金这一特殊商品。

第四，交易场所的特殊性。金融市场与商品市场不同，它可以不受时空限制；金融市场可以是有形市场，也可以是无形市场。

一、金融市场的形成条件

远在金融市场形成以前，信用工具便已产生。它是商业信用发展的产物。但是由于商业信用的局限性，这些信用工具只能存在于商品买卖双方，并不具有广泛的流动性。随着商品经济的进一步发展，在商业信用的基础上，又产生了银行信用和金融市场。银行信用和金融市场的产生和发展反过来又促进了商业信用的发展，使信用工具成为金融市场上的交易工具，激发了信用工具潜在的重要性。在现代金融市场上，信用工具虽然仍是主要的交易工具，但具有广泛流动性的反映股权或所有权关系的股票以及其他金融衍生商品，它们都是金融市场交易的工具。金融市场的形成条件包括：

（1）商品经济高度发达，社会上存在着庞大的资金需求与供给。资金供应者和资金需求者包括政府、金融机构、企事业单位、居民、外商等，即能向金融市场提供资金，也能从金融市场筹措资金。

（2）金融交易的工具丰富，交易形式多样化。金融交易是金融市场上交易的对象。如各种债券、股票、票据、可转让存单、借款合同、抵押契约等，是金融市场上实现投资、融资活动必须依赖的标的。

（3）拥有完善和健全的金融机构体系。这是指一些充当资金供求双方的中介人，起着联系、媒介和代客买卖作用的机构，如银行、投资公司、证券交易所、证券商和经纪人等。

（4）有健全的金融立法，政府能对金融市场进行合理有效的管理。

二、金融市场的类型

金融市场按照不同的标准划分有不同的类型。

（1）按金融交易的期限划分，金融市场可分为货币市场和资本市场。货币市场是短期金融工具交易市场，其功能在于满足交易者对短期资金需求和流动性需求，以便筹措流动性资金和随时可以把金融工具变换成现实货币。资本市场是长期金融工具交易市场，主要满足工商企业的中长期投资需求和政府弥补财政赤字的资金需要。

（2）按交易中介存在与否划分，金融市场可分为直接金融市场和间接金融市场。直接金融市场是指资金需求者直接从资金供给者那里融通资金，一般以通过发行债券和股票的方式进行。间接金融市场是指通过银行等信用中介机构来融资的市场，此时融资双方不直接产生债权债务关系，而是与银行等信用中介机构直接交易，以实现最终的融资。

（3）按交易方式划分，金融市场可分为现货市场、期货市场和期权市场。现货市场是买卖成交后，当场或几天之内即办理交割清算、钱货两清的市场。期货市场是买卖成交后按合同规定的价格、数量和期限进行交割清算的市场。期权是指在未来特定时期内按约定价格买进或卖出一定数量证券的权利，期权市场是指对这种权利进行买卖的市场。

（4）按地理范围划分，金融市场可分为国内金融市场和国际金融市场。国内金融市场由国内金融机构组成，办理各种货币、证券等业务活动，交易工具都由国内发行。它又分为全国性、地方性的金融市场。国际金融市场由经营国际间货币业务的金融机构组成，其经营内容包括资金借贷、外汇买卖、证券买卖、资金交易等。区域性市场和国际市场相似，市场交易主体来自许多国家和地区，交易工具具有国际性，区别在于区域性市场的活动范围是某一地区，而国际市场的范围则可扩展至整个世界。

（5）按交易程序划分，金融市场可分为有形金融市场和无形金融市场。有形市场，即交易者集中在有固定地点和交易设施的场所内进行交易的市场，在证券交易电子化之前的证券交易所就是典型的有形市场。但现在世界上所有的证券交易所都采用了数字化交易系统，因此有形市场渐渐被无形市场所替代。无形市场，即交易者分散在不同地点（机构）或采用电信手段进行交易的市场，如场外交易市场、全球外汇市场和证券交易所市场都属于无形市场。

（6）按照证券是否初次发行划分，金融市场可分为一级市场和二级市场。发行市场也称为一级市场，是新证券发行的市场，是资本需求者将证券首次出售给公众时形成的市场。流通市场也称为二级市场，是各种证券发行后，在不同投资者之间买卖流通所形成的市场，也称为次级市场。

（7）根据具体的交易工具类型划分，金融市场可分为债券市场、票据市场、外汇市场、股票市场、黄金市场、保险市场等。

三、金融市场的作用

金融市场是交易金融资产并确定金融资产价格的一种机制。金融市场的作用可以归纳为融资、调节、避险和信号。具体来看，主要有以下几点：

1．金融市场能够迅速有效地引导资金合理流动，提高资金配置效率

金融市场把社会中的分散资金汇聚起来投入社会再生产，调剂经济生活中不同行业和组织间的资金，提高资金使用效率。金融市场为筹资人和投资人开辟了更广阔的融资途径。资金供求双方通过金融市场这一交易平台，增加了交流机会，有利于促成金融交易，降低融资成本，提高资金使用效率。金融市场为各种期限、内容不同的金融工具提供了交易平台。金融市场有利于促进国际间不同国家与地区之间的资金协作，提高资金使用效率。

金融市场提供流动性是指它为投资者提供一种出售金融资产的机制。投资者以货币资金换取相应的金融资产之后，可能因为种种原因需要将金融资产变现，金融市场的一个重要功能就是提供流动性，即金融资产交易变现或赎回的渠道和机制。

2．金融市场具有定价功能，为资本决定价格

金融市场中供求双方的相互作用决定了交易资产的价格，价格反过来又为潜在的市场参与者提供了信号，引导资金在不同的金融资产之间进行配置，达成供需平衡，这也称之为价格发现过程。金融资产的内在价值——包括企业债务的价值和股东权益的价值——是多少，只有通过金融市场交易中买卖双方相互作用的过程才能“发现”。即必须以该企业的金融资产由市场交易所形成的价格作为依据来估价，而不是简单地以会计报表的账面数字作为依据进行计算。金融市场的定价功能受市场的完善程度和市场效率的影响。金融市场的定价功能有助于市场资源配置功能的实现。

3．金融市场为金融管理部门进行金融间接调控提供了条件

金融调控体系需要借助金融市场传导中央银行的政策信号，通过金融市场的价格变化引导各微观经济主体的行为，实现货币政策的调整目标。在发达的金融市场体系内部，各个子市场之间存在高度相关性，金融机构更加广泛地介入金融市场运行之中，中央银行间接调控的范围和力度将会伴随金融市场的发展而不断得到加强。政府相关部门通过收集、分析金融市场信息作为决策依据，为政府宏观调控经济提供条件。

4. 金融市场帮助实现风险分散和风险转移

金融市场的一个重要功能就是通过保险、对冲交易等方式对实体经济或金融行为中蕴含的风险进行管理、防范和化解。金融市场优化资源配置，分散风险，主要通过调整利率、调整各种证券组合方式以及市场竞争来实现。金融市场的发展促使居民金融资产多样化和金融风险分散化。发展金融市场可以为居民投资多样化、金融资产多样化和银行风险分散化创造条件，促进经济持续和稳定发展。居民通过选择多种金融资产增强了投资意识和风险意识。

5. 金融市场可以降低交易的搜寻成本和信息成本

金融市场能够降低搜寻成本和信息成本两种交易成本。搜寻成本是指为寻找合适的交易对象和投资产品所产生的成本。搜寻成本有显性成本与隐性成本。信息成本包括了解和评价金融资产和交易对象等产生的成本。外汇、股票、债券、基金市场等每天交易的行情变化，能够为投资者判断投资机会提供信息。经济政策对金融市场产生影响，金融交易会直接和间接地反映经济政策和货币政策等的调整变化。通过对金融市场的金融信息进行分析，研究者和投资者可以了解世界各国的经济发展情况。

6. 金融市场的发展可以促进金融工具的创新

金融工具包括多种预期收益和风险相结合的标准化和非标准化的契约。多样化金融工具可以对经济中的各种投资所固有的风险进行更精细的划分，使对风险和收益具有不同偏好的投资者能够寻求到最符合其需要的投资。金融市场的发展可以增加投资者的参与度，多样化的金融工具也可以使投资者的多样化需求得到尽可能满足。

四、金融市场与其他市场

1. 金融市场是生产要素市场

金融市场是市场体系的重要组成部分，属于要素市场。市场体系分为产品市场（如消费品市场、生产资料市场、旅游服务市场等）和为这些产品提供生产条件的要素市场（如劳动力市场、土地市场、资金市场等）。在市场经济条件下，这些市场共同组合成一个完整、统一且互相联系的有机体系。在整个市场体系中，金融市场是最基本的组成部分之一，是联系其他市场的纽带。因为在现代市场经济中，无论是消费资料、生产资料的买卖，还是技术和劳动力的流动等，各种市场的交易活动都需要通过货币的流通和资金的运动来实现，都离不开金融市场的密切配合。从这个意义上说，金融市场的发展对整个市场体系的发展起着举足轻重的制约作用，市场体系中其他各市场的发展则为金融市场的发展提供了条件和可能。

2. 金融市场同其他市场的关系

金融市场是货币资金或金融商品交易的场所，也是资金融通的场所。通过金融市场的交易活动，沟通资金供求双方的关系，实现资金融通。金融市场同其他市场既有联系又有区别。

（1）金融市场同其他市场之间的联系具体表现在：一是金融市场为商品市场提供交易的媒介和工具，通过增加流动性，促使商品交换能得以顺利进行；二是通过金融市场的投融资行为，促使资金在不同行业之间进行流动和组合，从而可对资源进行重新配置，根据顾客需求对商品生产进行调整。

（2）金融市场同其他市场的区别表现在：一是交易对象的区别。一般商品的交易是普通商品或劳务，其本身含有一定的价值和使用价值，经过交易就进入消费领域。金融市场的交易对象是金融产品，其价值和使用价值有着不同的决定方式，具有很强的投资属性。二是交易方式的区别。一般商品的交易遵循等价交换的原则，通过议价、成交付款、交货而使交易结束。金融市场的交易是信用和投资关系的建立和转移过程。交易完成之后，信用双方、投融资双方的关系并未结束，还存在本息的偿付和收益分配等行为。三是交易动机的区别。一般商品交易的卖者为实现价值取得货币，买者则为取得使用价值满足消费的需求。金融市场上买卖双方交易的目的都是为了获利或避险。在一级市场，证券的发行者可以取得筹集发展所需要的资金，证券的购买者则是为了投资获利，取得分红、利息等。四是交易场所的区别。一般商品交易有其固定的场所，可以是有形市场，也可以是无形市场。金融市场虽有有形市场，但主要通过网络或电话等无形市场进行交易，可以将投资双方最大限度地结合起来。

本章思考题

1. 简述货币产生的原因。哪些因素影响货币的发行量？
2. 什么是利率？决定利率高低的因素有哪些？
3. 货币政策与财政政策比较分析。
4. 中央银行、商业银行、政策性银行比较分析。
5. 非金融机构有哪些？各有什么作用？
6. 简述金融市场在社会中的作用。

第四章练习题

第五章 Project 5
理财学基础知识

公司理财是对公司的财务活动进行管理，核心是创造和保持价格，其目标是实现公司所有者（股东）价值的最大化。公司理财主要是根据资金的运动规律，对公司生产经营活动中资金的筹集、使用和分配，进行预测、决策、计划、控制、核算和分析，提高资金运用效果，实现资本（资金）的保值增值。

现代市场经济中，商品生产和交换均需要以资金作为载体，资金运动促进各种经济活动的进行。公司理财主要围绕资金运动而展开，公司理财的对象也可以说是现金及其流转。现金是企业资金运动的起点和终点，其他资产都是现金在流转中的转化形式，现金和其他资产在企业生产经营过程中相互转换，实现企业的生产目标。如图 5 - 1 所示。

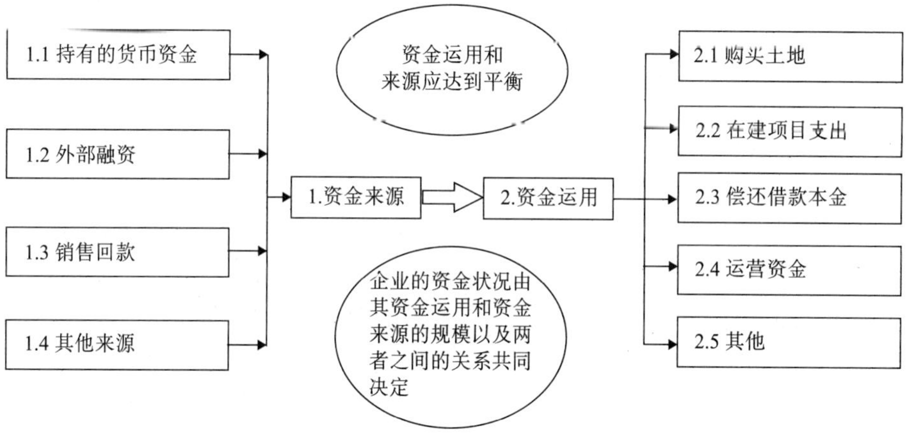

图 5 - 1　企业资金来源和资金运用

企业资金运动有三种类型：

（1）经营活动现金流动：指企业在销售产品或提供服务的过程中，出现的现金流入与流出，这些现金与产品生产与销售等直接相关。

（2）投资活动现金流动：指与企业长期投资活动相关的现金流，如企业购入固定资产或进行长期证券的购进与出售过程中现金的流入与流出。

（3）筹（融）资活动现金流动：指企业进行长短期债务筹资产生的现金流入和流出，

现金流入包括借款，现金流出包括还款和利息支出。企业发行新的股票也会产生筹资活动现金流入，支付股息则产生筹资活动现金流出。

公司理财具有以下几个特点：

（1）在现代市场经济中，金融市场是企业资金融通的重要场所。在金融市场中企业资金的供求双方进行交易，对企业财务行为产生重要影响。金融市场体系的开放性决定了公司理财行为的开放性。

（2）公司理财围绕资金运动展开，资金运动在企业生产经营主要过程中起重要作用，具有综合性。掌握了资金运动也就掌握了企业生产经营中的核心环节，综合性是理财的重要特征。

（3）公司理财以资金运动为对象，资金运动与企业经营过程紧密相关，贯穿企业生产运营的全过程。公司经营管理需要适应社会发展，进行动态调整。以资金管理为中心的公司理财活动也是一个动态调整的管理系统。

第一节 货币的时间价值

5－1：货币的时间价值

货币的时间价值是指在没有风险和没有通货膨胀的情况下，货币经历一定时间的投资和再投资所增加的价值，也称为资金时间价值。从经济学的角度而言，当前的一单位货币与未来的一单位货币的购买力不同，原因在于消费者要节省现在的一单位货币不消费，而改在未来进行消费。为对消费者延迟消费进行补偿，则在未来消费时必须有大于一单位的货币可供消费，作为弥补延迟消费的贴水。

在商品经济中有这样一种现象：即现在的 1 元钱和 1 年后的 1 元钱其经济价值不相等，或者说其经济效用不同。现在的 1 元钱比 1 年后的 1 元钱的经济价值要大一些，即使不存在通货膨胀也是如此。为什么会这样呢？例如，将现在的 1 元钱存入银行，1 年后可得到 1.1 元（假设存款利率为 10%）。这 1 元钱经过 1 年时间的投资增加了 0.1 元，这就是货币的时间价值。在金融理财中，人们习惯使用相对数字表示货币的时间价值，即用增加价值占投入货币的百分数来表示。例如，前述货币的时间价值为 10%。

货币的时间价值（Time value of money）认为，当前拥有的货币比未来收到的同样金额的货币具有更大的价值，因当前拥有的货币可以进行投资，存在复利。即使存在通货膨胀的影响，只要具有投资机会，货币的现值就一定大于它的未来价值。

货币投入生产经营过程后，其金额随时间的持续不断增长。这是一种客观的经济现象。企业资金循环的起点是投入货币资金，企业用它来购买所需的资源，然后生产出新的产品，产品出售时得到的货币量大于最初投入的货币量。资金的循环以及因此实现的货币增值，需要或多或少的时间，每完成一次循环，货币就增加一定金额，周转的次数越多，增值额也越大。因此，随着时间的延续，货币总量在循环中按几何级数增长，形成了货币的时间价值。

由于货币随时间的延续而增值，现在的 1 元钱与将来的 1 元多钱甚至是几元钱在经济上是等效的。换言之，就是现在的 1 元钱和将来的 1 元钱经济价值不相等。由于不同时间单位货币的价值不相等，所以，不同时间的货币不能直接进行比较，需要把它们折算到同一个时点上，才能计算价值并进行比较。理论上，货币的时间价值率是没有风险和没有通货膨胀下的社会平均利润率。货币的时间价值额是货币在生产经营过程中带来的真实增值额，即一定数额的货币与时间价值率的乘积。在金融理财中，通常以利率、报酬率等来替代货币的时间价值率。

一、终值

终值（Future Value）是指现在一定量的资金在未来某一时点上的价值，即现在一定量现金折算到未来的价值。

单利终值的计算公式如下：

$$F = P \times (1 + n \times i)$$

其中，F——终值；P——现值；i——利率（折现率）；n——计算利息的期数；$(1 + n \times i)$——单利终值系数。

复利终值的计算公式如下：

$$F = P \times (1 + i)^n$$

或：

$$F = P \times (F/P, i, n)$$

上式是计算复利终值的一般公式，其中，$(1 + i)^n$称为复利终值系数或 1 元的复利终值，用符号 $(F/P, i, n)$ 表示。如图 5－2 所示。

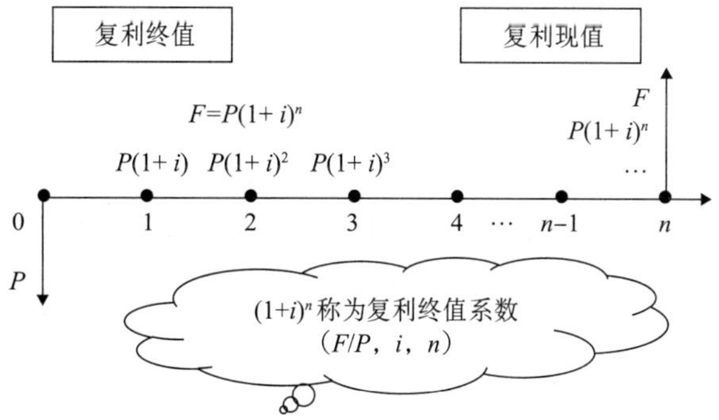

图 5－2

二、现值

现值（Present Value）是指未来某一时点上的现金折合到现在的价值，俗称“本金”，通常记作 P。现值是在给定的利率水平下，未来的资金折现到现在时刻的价值，是资金时间价值的逆过程，可以根据终值进行现值的计算。

复利现值的计算公式如下：

$$P = F \times (1 + i)^{-n}$$

或：

$$P = F \times (P/F, i, n)$$

当预期的现金流入需要经过一段时间才能收到时，或预期的现金流出需要经过一段时间才会支出时，这些收入或支出的现值要比收取或支付的实际数额少。等待的时间越长，其现值也就越小。例如，在3年后将要收到1000元（终值），若折现率为6%，则该项资产的现值为839.62元［$1000/(1+6\%)^3$］。

三、现值与终值的关系

现值就是开始的资金，终值就是最终的资金。利率不分现值利率还是终值利率，只有一个，无论计算现值还是终值都只用它一个。根据利率的定义可以知道：在单位时间内所得利息额与本金的比值通常用百分数表示。所以说它与现值、终值没有关系。

资金是以单利方式或复利方式运作，相应的就按单利或复利来计算。在金融理财实务中，基本都是按复利进行计算。

四、年金

年金（Annuity）是指一定时期内每次等额收入和支出的一系列款项，通常用A来表示。年金具有等额性和连续性特点，但年金的间隔期可以是年度，也可以是季度和月度。年金的形式包括保险费的支出、养老金的收入、企业按直线法下计提的折旧、等额分期收款、等额分期付款等。按照收付时点和方式的不同，可以将年金分为普通年金、即付年金、递延年金和永续年金等。

普通年金（Ordinary Annuity）又称为“后付年金”，是指每期期末有等额的收付款项的年金。这种年金形式在现实经济生活中最为常见。普通年金现值是指一定时期内每期期末收付款项的复利现值之和。简单地说，普通年金现值就是现在向银行借钱，以后每年（每月）以年金方式等额归还。普通年金终值是指一定时期内每期期末收付款项的复利终值之和。简单地说，普通年金终值就是现在每年（每月）向银行缴纳等额年金，在一定期限后一次全部取出的金额。

普通年金现值的计算公式如下：

$$P = \frac{A}{(1+i)} + \frac{A}{(1+i)^2} + \cdots + \frac{A}{(1+i)^n} = A \times \frac{1-(1+i)^{-n}}{i}$$

若期限为 n，则可表示为：

$$P = A \times \sum_{t=1}^{n} (1+i)^{-n}$$

若以 A 代表年金，上式为等比数列的和，经推导可表示为：

$$P = A \times \frac{1-(1+i)^{-n}}{i}$$

同理，$\frac{1-(1+i)^{-n}}{i}$称为年金现值系数，或称一元年金现值、年金现值因子，简记为（P/A，i，n）。如图 5－3 所示。

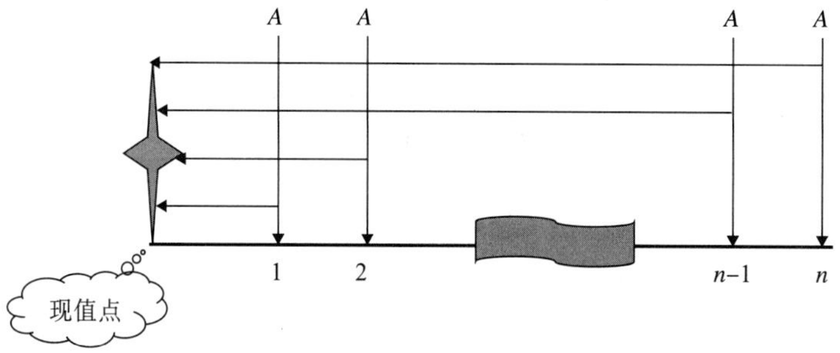

图 5－3

普通年金终值的计算公式如下（如图 5－4 所示）。

$$P=A\frac{1}{(1+i)^{n-1}}+A\frac{1}{(1+i)^{n-2}}+\cdots+A\frac{1}{(1+i)}+A$$
$$=A\times\frac{(1+i)^n-1}{i}$$

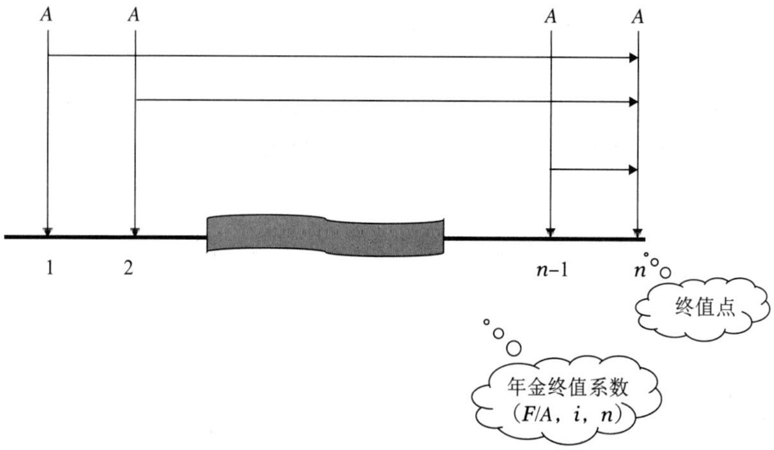

图 5－4

即付年金（Prepaid Annuity）也称为先付年金，每期期初收入或支出的年金。

递延年金（Deferred Annuity）也称为延期年金，是指第一次收付款项发生的时间不在第一期末，而是隔若干期后才开始发生的系列等额收付款项。它是普通年金的特殊形式。

永续年金（Perpetual Annuity）也称为永久年金或无限期年金，是指无限期等额收付的年金，可视为普通年金的特殊形式。例如，存本取息的利息或无限期附息债券的利息。

例：5 年中每年年底存入银行 1000 元，存款利率为 10%，求第 5 年末年金终值为多少？

$$F=1000\times(1+10\%)^{4}+1000\times(1+10\%)^{3}+1000\times(1+10\%)^{2}+1000\times(1+10\%)^{1}+1000$$
$$=1000\times\frac{(1+10\%)^{5}-1}{10\%}=6105(\text{元})$$

例：现在存入一笔钱，准备在以后5年中每年末得到1000元，如果利息率为10%，现在应存入多少钱？

$$P=1000\times(1+10\%)^{-5}+1000\times(1+10\%)^{-4}+1000\times(1+10\%)^{-3}+1000\times(1+10\%)^{-2}+$$
$$1000\times(1+10\%)^{-1}=1000\times\frac{1-(1+10\%)^{-5}}{10\%}=3809(\text{元})$$

五、企业年金

企业年金是企业及其职工在依法参加基本养老保险的基础上，通过集体协商自主建立的补充养老保险制度，是我国多层次养老保险制度体系中的重要组成部分。其是企业在国家政策的指导下，根据自身经济实力和经济状况建立的，为本企业职工提供一定程度退休收入保障的补充性养老金制度。企业年金是一种补充性养老保险。

我国正在完善的城镇职工养老保险体系是由基本养老保险、企业年金和个人储蓄性养老保险三个部分组成。因此，企业年金是城镇职工养老保险体系“三个支柱”的重要组成部分之一。企业建立企业年金，有利于完善职工薪酬体系，展现企业良好文化、增强人才吸引力、稳定职工队伍。职工参加企业年金，有利于在基本养老保险的基础上，另外增加一份养老积累，进一步提高退休后的收入水平和生活质量。

保险年金的例子：假设某人现在30岁，每年交2万元保险年金，共交了5年，每年投资收益率8%。如果从60岁开始领取养老金，领到85岁，则每年可以领多少？

到60岁的时候：

$$F_{35}=A\times\frac{(1+i)^{n}-1}{i}=20000\times\frac{(1+8\%)^{5}-1}{8\%}=117332(\text{元})$$

$$F_{60}=F_{35}(1+i)^{25}=117332\times(1+8\%)^{25}=803545(\text{元})$$

60—85岁的时候：

$$P=A\times\frac{(1+i)^{n}-1}{i}$$

$$A=P\times\frac{i}{(1+i)^{n}-1}=803545\times\frac{8\%}{(1+8\%)^{25}-1}=10991(\text{元})$$

第二节 投资项目评价

5-2：投资项目评价

投资项目是指在规定期限内为完成某项开发目标（或一组开发目标）而规划和实施的行为主体，包括组织、活动以及其他各方面所构成的独立整体。在投资项目中，各项目在管理上、技术上、经济上有必要作为一个组织单位进行规划决策、筹集资金和组织实施。投资项目还需要与其他的投资保持一定的独立性，即在投资目标、项目的管理和技术等方面区别于其他投资。按照不同的划分标准，项目投资可以划分为不同的类型。按其性质不同，可分为基本建设项目和更新改造项目；按其用途不同，可分为生产性项目和非生产性项目；按其规模不同，可分为农业、重工、交通等大型项目，医院、游乐园、学校等中型项目，奶茶店、修车行等小型项目。

项目周期又称为项目发展周期，是指项目从设想、立项、筹资、建设、投产运营直至项目结束的整个过程。项目周期一般可以划分为三个时期：投资前期、投资期和运营期，每个时期又细分为若干个阶段。

一、选择投资项目

在选择投资项目的时候，对于没有太多投资经验的个人来说，应该尽量选择与自己的专业、经验、兴趣和特长有一定关联的投资项目。对项目进行考察应重点关注以下六个方面：项目的正当性、项目的可信性、项目的风险性、项目的持续性、项目的扩张性、项目的延伸性。好的投资项目通常具有以下几个特点：①创新：项目必须新颖，市场还没有饱和，仍拥有可开拓的领域。②创意：有新意、有特点。③专业：好的项目一定应具有一定的“专业知识”含量，才可以在众多的项目中脱颖而出。

选择投资项目关键在于观察、分析与思考。在我们的日常生活中，人们无时无刻都需要解决许许多多的实际困难，只要时时留意细心观察，总会对某些困难或需求有所了解和认识，继而产生兴趣，然后可能找到一些解决方法，投资机会也就出现了。看好某个项目时也需要从实际出发，先适量介入，以较少的投资来了解认识市场，循序渐入，等到有把握时，再增加投入。

二、投资项目的影响因素

1. 市场调查和发展预测

市场调查主要包括宏观经济环境分析、目标市场分析和竞争对手分析。项目投资能否成功与整个经济社会的宏观状况密切相关。在市场调查过程中，需要对社会环境进行全面的了解，掌握社会政治、经济、文化、技术的变化趋势。过去成功的经验表明，大多数成功的投资项目在投资前都做了大量的调查研究，充分掌握了第一手资料。因此，只有对投资前景有比较准确的预测，才能保证投资项目取得预期的效果。

创业的宏观环境包括政治环境、社会意识形态、法律环境、经济环境等，这些外部环境对投资活动有很大的影响。在目标市场分析中找到产品的目标市场并针对目标市场中特定客户群体确定产品的定位，进行产品的研发和生产。对竞争对手的分析有助于创业者了解行业特点，学习竞争对手的长处，提高投资项目的竞争力。

2. 技术趋势和自身实力

在现代社会，技术进步日新月异。由于项目技术本身的不足及可替代的新技术出现等会给投资带来巨大的风险。创业者可以从技术的成熟性、替代技术、技术生命周期、技术的适用性等维度进行判断。在技术方面造成投资失误的原因主要有自身的技术力量不足、缺乏技术开发人才和必备条件、企业不能掌握新设备和新技术。

3. 资本金规模和资金实力

虽然一些投资项目选择得比较准确，技术也比较成熟，但是由于资金问题，也可能会导致失败。一些重大产品开发和技术改造项目的投资往往需要巨额资金。在进行评估时，应主要考量项目方的财务状况、融资能力、资金流动情况等。但是，一些企业在进行投资决策时只注重收益而忽略了经营过程中的风险。在投资过程中，大量使用借款投资，增加了财务风险。在投资过程中，只考虑固定资产投资所需要的资金，而忽视了流动资金的需要，在项目建成投产后，项目无法有效地发挥效能。

三、投资项目财务可行性评价（考虑项目的整个寿命期）

财务可行性评价指标是指用于衡量投资项目财务效益大小和评价投入产出关系是否合理，以及评价其是否具有财务可行性所依据的一系列量化指标的统称。由于这些指标不仅可用于评价投资方案的财务可行性，而且还可以与不同的决策方法相结合，作为多方案比较与选择决策的量化标准与尺度，因此，在实践中其又称为财务投资决策评价指标，简称为评价指标。

评价指标按是否考虑资金时间价值可以划分为：

（1）静态评价指标：在计算过程中不考虑资金时间价值因素的指标，简称为静态指标，包括：静态投资回收期。

（2）动态评价指标：在计算过程中充分考虑和利用资金时间价值因素的指标，包括：净现值、内部收益率。

评价指标按指标性质不同可以划分为：

（1）正指标：在一定范围内越大越好的正指标，除了静态投资回收期以外的其他指标。

（2）反指标：越小越好，静态投资回收期属于反指标。

评价指标按在决策中的重要性可以划分为：

（1）主要指标：如净现值等。

（2）次要指标：如静态投资回收期。

（一）投资回收期法

投资回收期（Payback Period）就是使累计的投资收益总额达到该项目投资总额所需要的时间（年限），也称为“投资回收年限”。投资回收期的计算有多种方法，常用的是静态投资回收期。

静态投资回收期是在不考虑资金时间价值的条件下，以项目的净收益收回其全部投资所需要的时间。投资回收期可以从项目建设开始年进行计算，也可以自项目投产年开始计算。

1. 计算公式

静态投资回收期可根据投资项目的现金流入与流出情况计算，其具体计算又分以下两种情况：

（1）项目建成投产后各年的净收益（即净现金流量）均相同，则静态投资回收期的计算公式如下：

$$投资回收期 = 原始投资额/年净现金流量$$

$$P_t = K/A$$

（2）项目建成投产后各年的净收益不相同，则静态投资回收期可根据累计净现金流量进行计算，也就是在现金流量表中累计净现金流量由负值转向正值之间的年份。其计算公式如下：

投资回收期 = n + 至第 n 期尚未回收的额度/第（$n+1$）期的现金净流量

P_t = 累计净现金流量开始出现正值的年份数 − 1 + 上一年累计净现金流量的绝对值/出现正值年份的净现金流量

2. 投资回收期法的评价准则

将计算出的静态投资回收期（P_t）与所确定的基准投资回收期（P_c）进行比较：

（l）若 $P_t \leq P_c$，表明项目投资能在规定的时间内收回，则可以考虑进行项目投资。

（2）若 $P_t > P_c$，则项目不可行。

3. 投资回收期法的优缺点

投资回收期法的优点在于计算简单，易于理解，且在一定程度上考虑了投资的风险状况（投资回收期越长，投资风险越高；反之，投资风险越低）。

投资回收期法也存在明显的缺点：①没有考虑货币的时间价值，认为各期的现金流一样；②只考虑了投资回收期之前的现金流量对投资收益的贡献，没有考虑回收期之后的现金流量；③投资回收期的标准期确定具有比较强的主观性。

（二）净现值法

净现值法是评价投资方案中最常用的方法之一，是一种比较科学也比较简便的投资方案评价方法。该方法是利用未来净现金流入量的总现值与投资净现金流出量的现值，计算出投资项目的净现值，然后根据净现值的大小来评价投资项目。如果项目的净现值为正值，投资项目可以接受；如果项目的净现值是负值，投资方案不可接受。在通常情况下，净现值越大，投资方案越好。

1. 计算方式

（1）计算每年经营产生的净现金流量（NCF）。

（2）计算未来收益的现值。

①将每年的营业净现金流量折算成现值。如果每年的 NCF 相等，则按年金法折成现值；如果每年的 NCF 不相等，则先对每年的 NCF 进行折现，然后加以合计。

②将项目结束期的现金流量折算成现值。

③计算所有未来现金流的总现值。

（3）计算净现值，将未来的总现值减去项目投资的所有现金流出。

其计算公式如下：

$$净现值 = 未来现金流的总现值 - 项目投资投入现金流的总现值$$

$$NPV = \sum_{t=1}^{n} \frac{NFC(t)}{(1+K)^{t}} - I$$

其中，NPV 表示净现值；$NFC(t)$ 表示第 t 年的现金净流量；K 表示折现率；I 表示初始投资额；n 表示项目预计使用年限。

2. 净现值的判断标准

在只有一个投资方案可供选择时，采纳与否的决策标准是：净现值为正值则采纳，净现值为负值则不采纳。

在多个投资方案可供选择时，即有多个备选方案的互斥选择中，应选择净现值是正值，且净现值最大的投资项目。在现实生活中，多个投资项目的选择还需要考虑很多其他因素，如投资的大小与限制条件。

决策标准如下：

净现值≥0 时，项目可行。

净现值 <0 时，项目不可行。

净现值均 >0 时，净现值最大的投资项目为最优方案。

3. 净现值法的优点

（1）使用现金流量进行计算。现金流与会计中的利润不同。相比而言，利润包含了许多人为因素，容易被操纵。

（2）包括了项目整个周期所有的现金流量。有些财务可行性评价指标可能忽略某特定时期之后的现金流量，如回收期法。净现值法考虑了项目在整个寿命周期内的经济效益状况。

（3）考虑了货币的时间价值，对现金流量进行了合理折现。有些财务可行性评价指标在处理现金流量时往往忽略货币的时间价值，如回收期法或会计收益率法。净现值法考虑了资金时间价值，考虑了投资风险，风险大则采用高折现率，风险小则采用低折现率。

4. 净现值法的缺点

（1）净现值法需要对项目未来的情况进行预测，但在经济环境发生变化的时期，很难对未来的现金流进行准确的估计。在资本市场的利率经常变化的情况下，折现率的选择存在很大的难度。

（2）净现值法虽然反映了投资项目整体的投资和收益情况，但没有分析单位投资的效益情况，即投资项目本身的实际投资报酬率。只考虑净现值可能会造成在投资规划中着重选择投资大和收益大的项目，而忽视投资小收益小但投资报酬率高的更佳投资项目。

（3）净现值法不能从动态角度直接反映投资项目的实际收益水平。在投资的过程中，如果情况发生变化，净现值法无法将新的情况纳入考虑的范围。

（三）内含报酬率法

内含报酬率（internal rate of return，IRR）又称为内部收益率，是指项目投资期望达到的收益率。从计算角度进行分析，内含报酬率是使投资项目净现值为 0 时的折现率。

内含报酬率的计算步骤如下：

（1）获得在整个项目周期中每年的净现金流量，包括投资与收益。

（2）计算令净现值为 0 时的折现率，即内含报酬率。

（3）比较内含报酬率与企业的资本成本，确定要求达到的最低报酬率，决定各投资项目的取舍。

其计算公式如下：

$$\sum_{t=1}^{n} \frac{NFC_t}{(1+IRR)^t} - NFC_0 = 0$$

内含报酬率的计算需要分情况来讨论，具体如下：

（1）当每期净现金流（NCF）相等，则直接计算出年金现值系数，然后查年金现值系数表，再运用内插法计算出折现率。利用年金现值系数表，通过逐步测试找到使净现值一个大于0的，一个小于0的，并且最接近的两个折现率，然后通过内插法求出内含报酬率。

（2）当每期净现金流（NCF）不相等，则需先采用逐步测试法，再运用内插法计算出折现率。也就是说，首先估计一个折现率来计算净现值；如果净现值为正数，应提高折现率进一步测试，通过逐步测试找到使净现值一个大于0的，一个小于0的，并且最接近的两个折现率，然后通过内插法求出内含报酬率。

（3）Excel中的IRR函数法，语法是IRR（values，guess），values为数组或单元格的引用，包含用来计算返回的内部收益率的数字。guess为对函数IRR计算结果的估计值。在使用时，先将项目周期中的现金流量在Excel中列出，然后在选中存放计算结果的单元格内插入IRR，根据系统给出IRR函数的提示对话框，在“values”栏将表示现金流量的数值所在的单元格全部选入，点击确定即可得出计算结果。

1. 决策原则

对于单一项目，内含报酬率大于基准收益率时，投资项目具有财务可行性；内含报酬率小于基准收益率时，则投资项目不可行。

在多个投资项目方案比较中，应选择内含报酬率最大且大于基准收益率的投资方案。

2. 优点

内含报酬率反映了投资项目可能达到的报酬率，易于被使用者所理解。在多投资项目比较中，对于独立投资方案的比较决策，如果各方案原始投资额现值不同，可以通过计算各方案的内含报酬率，然后对各独立投资方案进行排序比较。

3. 缺点

内含报酬率计算比较复杂，如果不使用专用金融计算器或计算机，需要进行反复试算。在多个投资方案选择中，互斥投资方案决策时，如果各方案的原始投资额现值不相等，有时无法做出正确的决策。另外，内含报酬率不易直接考虑投资风险的大小。在某些特定情况下，可能会出现多个内含收益率或无法得到内含收益率的情况。

例：每个月底定期定额投入1万元基金，6个月后该基金净值63200元，该投资的年化报酬率为多少？

采用Excel中的IRR函数法计算结果如图5-5所示。

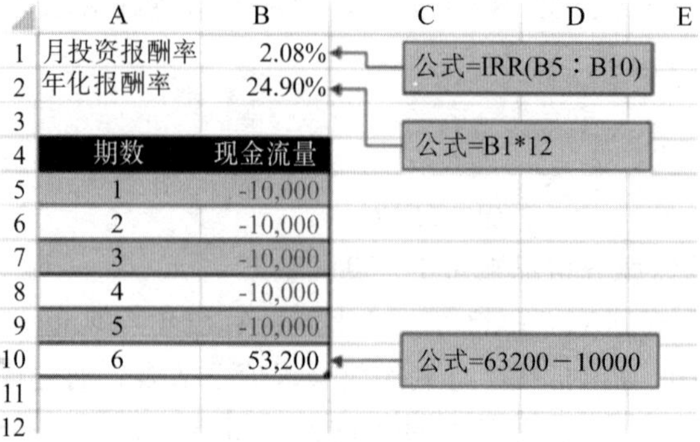

图 5－5　计算结果

四、投资项目的年度财务分析（正常经营年度）

（一）投资收益率

投资收益率（Return on Investment，ROI）又称为投资利润率，是指投资项目在达到正常生产能力后，正常年度的年净收益总额与方案投资总额的比率。它是用来评价投资项目盈利能力的重要指标，表明投资方案在正常生产年度中，单位投入每年所创造的年净收益额。

投资收益率在实际应用过程中，根据分析目的的不同，可以选择不同的投资额作为分母，投资收益率又可分为：总资产收益率（ROA）和净资产收益率（ROE）。

其计算公式如下：

投资利润率 = 年平均利润/投资额 × 100%

年平均利润 = 年均产品收入 − 年均总成本 − 年均销售税金及附加

投资收益率反映投资的收益能力。可以将项目（企业）的投资收益率与同行业的企业或项目进行比较，当该比率明显低于其他企业（项目）投资收益率时，说明其对外投资是失败的。

投资收益率的优点在于：这一指标的经济意义明确、直观，并且计算简便，可以用于评价投资效果的优劣，也适用于各种投资规模。另外，这一指标的计算可以直接使用企业（项目）会计报表中的数据，计算方便。

投资收益率的缺点在于：没有考虑资金时间价值因素，忽视了资金具有时间价值的重要性；指标计算的主观随意性太强，例如，如何确定正常的生产年度具有不确定性和人为因素；只考虑正常生产年度的情况，不能全面反映建设期的长短及投资方式的不同；在计算过程中，会计利润来自会计报表，相比现金流量信息可能存在会计操纵。对投资额的选择具有一定的主观性，可能导致计算口径的不一致，降低指标的可比性。投资收益率指标没有考虑投资的风险，以投资收益率指标作为主要的决策依据不太可靠。这一指标只有当投资收益率为正时进行比较才有意义。

例：某公司有 A 和 B 两个部门，有关数据如表 5－1 所示。

表 5－1　　某公司 A、B 两个部门的相关数据　　单位：元

项目	A 部门	B 部门
部门税前经营利润	108000	90000
所得税（税率 25%）	27000	22500
部门税后经营净利润	81000	67500
部门平均经营资产	900000	600000
部门平均经营负债	50000	40000
部门平均净经营资产（部门平均净投资资本）	850000	560000

公司要求的税前投资报酬率为 11%。

要求：

（1）计算 A、B 两个部门的投资报酬率。

（2）B 部门经理面临一个税前投资报酬率为 13% 的投资机会，投资额为 100000 元，每年 B 部门平均营业利润 13000 元。若利用投资报酬率评价部门业绩，B 部门是否接受投资？

（3）假设 B 部门现有一项资产价值 50000 元，每年税前获利 6500 元，投资税前报酬率为 13%，若利用投资报酬率评价部门业绩，B 部门是否会放弃该投资？

【答案】

（1）A 部门投资报酬率＝部门营业利润（部门税前经营利润）÷部门平均净经营资产

＝108000÷850000＝12.71%

B 部门投资报酬率＝90000÷560000＝16.07%

（2）接受投资后 B 部门的投资报酬率＝（90000＋13000）÷（560000＋100000）×100%＝15.61%

该投资税前报酬率为 13%，超过了公司要求的报酬率，对公司有利，但是它却使 B 部门的投资报酬率由过去的 16.07% 下降到 15.61%，若利用投资报酬率评价部门业绩，B 部门经理不愿接受投资。

（3）放弃投资后的投资报酬率＝（90000－6500）÷（560000－50000）×100%

＝16.37%

该投资税前报酬率为 13%，超过了公司要求的报酬率，对公司有利，但 B 部门经理却愿意放弃该项资产，以提高部门的投资报酬率。

（二）盈亏平衡分析

盈亏平衡分析（Break－even analysis）是指在变动成本计算模式的基础上分析固定成本、变动成本、销售量、单价、销售额、利润等变量之间的内在规律性，为预测决策和规划提供必要财务信息的一种定量分析方法。不确定因素包括成本、销售量、产品价格等的变化，它们都会影响投资方案的经济效果。盈亏平衡分析又称为保本点分析，就是分析当这些因素的变化达到某一临界值时，即盈亏平衡点（BEP），判断企业的经营状况，为决策提供依据。

盈亏平衡分析是在完全竞争或垄断竞争的市场条件下，研究投资项目产品销售价格、

成本（固定成本和变动成本）、产销量与盈利之间平衡关系的方法。对于一个投资项目而言，随着产销量的变化，盈利与亏损之间一般至少有一个转折点，我们称这种转折点为盈亏平衡点（Break Even Point，BEP），在这一点上，销售收入和总成本费用相等，既不亏损也不盈利。盈亏平衡分析就是要找出项目方案的盈亏平衡点。

盈亏平衡分析的基本方法是建立成本与产量、销售收入与销量之间的函数关系，通过对这两个函数及其图形的分析，找出平衡点。盈亏平衡分析包括线性盈亏平衡分析和非线性盈亏平衡分析。当产量等于销售量且产销量的变化不影响市场销售价格和生产成本时，成本与产量、销售收入与销售量之间呈线性关系，此时的盈亏平衡分析属于线性盈亏平衡分析。当市场上存在垄断竞争因素的影响时，产销量的变化会导致市场销售价格和生产成本的变化，此时的成本与产量、销售收入与销售量之间呈非线性关系，所对应的盈亏平衡分析就属于非线性盈亏平衡分析。

1. 成本分类

根据产量（销售量）的变化，可以将产品成本分为固定成本和变动成本。

固定成本（Fixed Cost）是指在一定期间和一定业务量范围内，不随产量的增减而变动的成本。其主要是指固定资产折旧和管理费用。固定成本总额在一定期间内保持不变。

变动成本（Variable Cost）是指随产量的增减变动成正比例关系变化的成本。其主要包括原材料成本和计件工资。就单位成本（单件产品）来说，单位变动成本保持不变。

2. 盈亏平衡分析

一般来说，

企业利润 = 收入 - 总成本

收入 = 销售量 × 价格

总成本 = 固定成本 + 变动成本

变动成本 = 单位变动成本 × 销售量

用字母表示为：

$$I = S - (VC \times Q + F) = P \times Q - (VC \times Q + F) = (P - VC) \times Q - F$$

其中，I——销售利润；S——销售收入；P——产品销售价格；Q——销售数量；F——固定成本总额；VC——单位变动成本。

盈亏平衡点是利润为零时的销售量或销售收入。即：

$$0 = P \times Q - (F + VC \times Q)$$

盈亏平衡点：

$$Q = F \div (P - VC)$$

盈亏平衡分析以盈利为零作为盈亏平衡点，没有考虑资金的时间价值，是一种静态分析。

例： 已知某企业年固定成本额为20万元，单位产品变动成本为10元，产品销售价格为20元/台。

要求：

（1）要实现盈亏平衡，企业产品的产量应达到多少？

（2）若企业要赢利10万元，企业产品的产量应达到多少？

【答案】

盈亏平衡点产销量 = 200000 ÷ （20 - 10） = 20000（台）

根据：

目标利润 = 产量 × 单价 - 固定成本 - 产量 × 单位可变成本

可得：

盈利 10 万元的产销量 = （200000 + 100000） ÷ （20 - 10） = 30000（台）

（三）本量利分析法

本量利分析是成本—产量（或销售量）—利润依存关系分析的简称，也称为 CVP 分析（Cost—Volume—Profit Analysis）。在相关范围和线性假设的前提下，本量利分析法通过数学化的线性模型和图表来揭示固定成本、变动成本、销量、销售收入和利润之间的关系，从而为预测决策和规划提供财务支持。简单来理解就是成本、销量和利润三者之间关系的分析，为后面制定的决策提供依据。企业利润是销售收入扣除成本后的余额；销售收入是产品销售量与销售单价的乘积；产品成本则包括固定成本和变动成本在内的总成本。如图 5 - 6 所示。

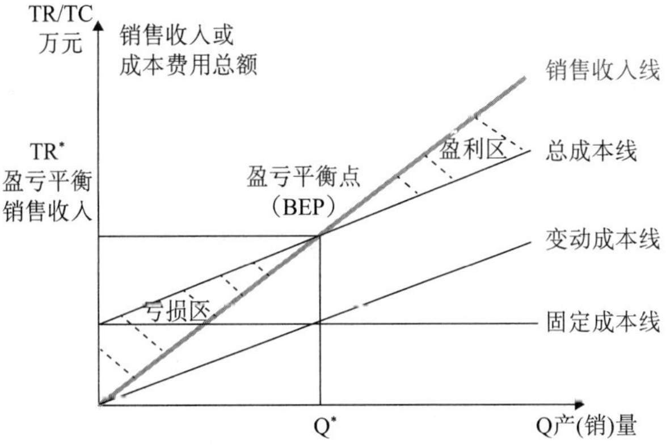

图 5 - 6 本量利分析法

例：某公司 2014 年财务数据如下：销售收入（1000 件）600000 元，销售成本 400000 元，销售毛利 200000 元，销售及管理费用 220000 元，利润 - 20000 元。财务部门对相关成本进行了成本特性分析，销售成本中 70% 为变动成本，30% 为固定成本；销售及管理费用中 60% 为变动成本，40% 为固定成本。

要求：

（1）计算该公司损益平衡点的销售量和销售额。

（2）财务经理提出一个改进盈利能力的方案：改进原材料质量，投入的费用为每件 0.6 元，销售价格每件增加 0.6 元，销售量估计可增加 32%，该方案对公司盈利能力的影响如何？该公司新的盈亏平衡点是多少？

（3）公司销售经理认为，增加销售量的有效途径是加大广告费用的投入，他建议销售佣金每件增加 0.2 元，广告费用增加 18000 元。这些措施到位后，估计销售量可增加 25%。销售经理的方案对公司的影响如何？新的损益平衡点是多少？

（4）根据你的分析，应该采用哪个方案？

【答案】

（1）单位售价：600000 ÷ 1000 = 600（元）

单位变动成本：（400000 × 70% + 220000 × 60%）/1000 = 412（元）

固定成本：400000 × 30% + 220000 × 40% = 208000（元）

盈亏平衡点销售量：208000 ÷（600 − 412）= 1106.38 件 ≈ 1107（件）

销售额：1107 × 600 = 664200（元）

（2）[（600 + 0.6）−（412 + 0.6）] × 1000 ×（1 + 32%）− 208000 = 40160（元）

利润：40160 −（−20000）= 60160（元）

因为固定成本和单位边际贡献不变，所以盈亏平衡点的销售量依然是 1107 件。

盈亏平衡点销售额：1107 ×（600 + 0.6）= 664834.2（元）

（3）[600 −（412 + 0.2）] × 1000 ×（1 + 25%）−（208000 + 18000）= 8750（元）

利润：8750 −（−20000）= 28750（元）

盈亏平衡点销售量：（208000 + 18000）÷ [600 −（412 + 0.2）] = 1203.41 ≈ 1204（件）

销售额：1204 × 600 = 722400（元）

（4）财务经理提出的方案净增利润大，所以他的方案好一些。

5－3：企业的资本结构和融资成本

第三节 企业的资本结构和融资成本

广义的资本结构是指企业全部资金的来源、构成及其比例关系。企业一定时期的资本（资金）来源可分为债务资本和股权资本，也可分为短期资本和长期资本。狭义的资本结构是指企业各种长期资本的来源、构成及其比例关系，主要是指长期债务资本和权益（股权）资本之间的构成及其比例关系。在通常情况下，企业的资本由长期债务资本和权益资本构成，资本结构就是长期债务资本和权益资本所占比例的大小。资本结构反映的是企业债务与股权的比例关系，也指所有者权益和债权人权益的比例关系。资本结构反映了不同投资主体在企业中的权益以及所承受的风险，即以资本和信用为纽带，通过投资与借贷构成的股东、债权人和企业之间相互制约的利益关系。最佳资本结构是指能使股东财富最大化或企业价值最大化的资本结构，也是使公司资金成本最小的资本结构。

资本结构是企业融资的结果，同时也能影响企业的财务状况。它在很大程度上决定着企业的偿债能力和再融资能力，影响企业未来的盈利能力。合理的资本结构能够降低融资成本，发挥财务杠杆的调节作用，使企业获得更大的净资产收益率。融资是指企业资金的筹集过程与行为。如图 5－7 所示。企业可以根据自身的生产经营状况、资金拥有的情况，以及企业未来经营发展的需要，来预测未来对资金的需要。然后，采用多种方式和渠道，向企业以外的投资者和债权人筹集资金。企业筹集资金主要有三大目的：企业需要扩张、企业需要还债以及混合的动机（扩张与还债混合的动机）。

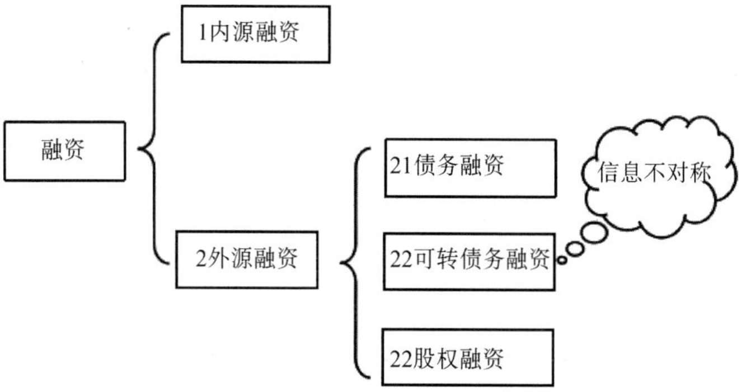

图 5－7　融资方式

按筹集资金的来源划分，企业的融资方式主要有两类：股权融资和债权融资。

一、股权融资

所谓股权融资是指通过企业发行股票，引入新股东，增加企业的实收资本（所有者权益）的融资方式。股权融资所获得的资金没有到期日，股东作为企业的所有者分享企业的收益。

股权包含的权利如图 5－8 所示。

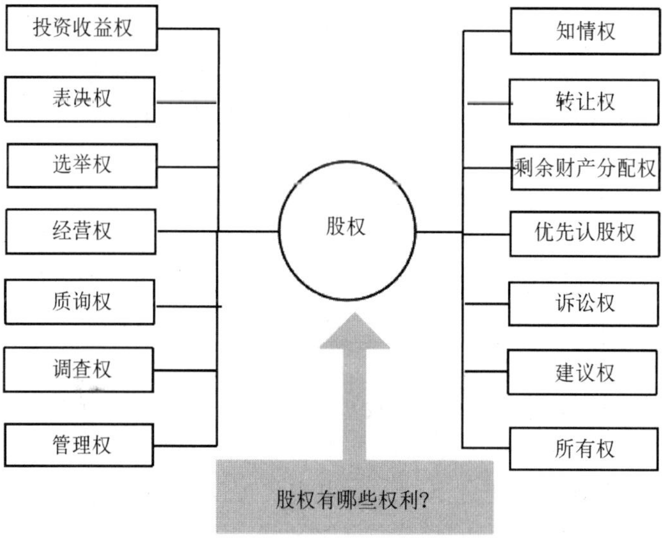

图 5－8　股权包含的权利

（一）股权融资的特点

（1）没有到期日：股权融资筹措的资金具有永久性，没有到期日，企业不需归还股东，除非企业进行清算。投资人如果想出让股份，需借助二级市场（流通市场）。

（2）无负担性：股权融资没有固定的股利负担，股利的支付与否和支付多少视公司的经营需要而定。股权融资没有定期偿付的财务压力，财务风险比较小。

（3）企业的所有者：股权反映投资者对企业的所有权与控制权。根据出资比例，股东享有企业的所有权，并参与企业的利润分配。

（二）融资渠道

按融资的渠道进行划分，股权融资的方式主要有以下两类：

第一，公开市场发售。公开市场发售是指股票发行者通过证券市场（如上交所或深交所）向公众投资者发行企业的股票进行资金募集，包括企业的首发上市（IPO）、上市企业的增发等都是在公开市场进行股权融资。在公开市场进行股票发售比较难。很多股票市场对于申请发行股票的企业都有一定的条件要求，例如，我国《首次公开发行股票并上市管理办法》要求公司上市前股本总额不少于人民币3000万元，因此对大多数中小企业来说，较难达到公开市场发售的要求。

第二，私募发售。私募发售是指针对特定的投资人，股票的发行者吸引其购买企业股票，通过增资方式入股企业的融资方式。私募发售对企业规模没有要求，是中小企业进行股权融资的主要方式。

对于企业来说，私募融资在获得资金的同时会引入新的合作伙伴。新的投资人能否成为企业理想的合作伙伴，有助于企业未来的发展，对企业来说有深远的影响。在私募领域，不同类型的投资者对企业的影响存在差异，主要包括风险投资机构、产业投资机构和个人投资者等。

（三）股权融资的优点

在企业投资与经营方面，股权融资有以下优势：

（1）股权融资，企业需要建立较为完善的公司法人治理结构。公司的法人治理结构一般由股东大会、董事会、监事会和管理层构成。它们相互监督，形成权力制衡，可以降低企业的风险。

（2）股权资本没有固定的到期日，无须偿还，是企业的永久性资本，除非企业清算时才有可能予以偿还。这对于确保企业资本的最低要求，促进企业长期持续稳定经营具有重要意义。企业可以根据其经营状况和业绩的好坏，决定向投资者支付多少报酬，资本成本负担比较灵活，财务风险较小，不存在到期还本付息的财务压力。

（四）股权融资的缺点

（1）股权融资容易分散企业的控制权。利用股权筹资，由于引进了新的投资者或出售了股票，必然会导致企业控制权结构的改变，分散了企业的控制权。在企业所有权（股东）与经营权（管理层）相分离时，会出现代理问题。当代理人（管理层）利用委托人（股东）的授权为增加自己的收益而损害和侵占委托人（股东）的利益时，就会产生道德风险和逆向选择。企业的经营管理者可能进行各种非生产性的消费，或采取有利于自己而不利于委托人（股东）的投资政策。委托人（股东）或者因为缺乏有关的知识和经验，以至于没有能力来监督代理人（管理层）；或者因为其精力有限或监督成本太高，以至于没有时间和精力来监督代理人（管理层）。

（2）股权融资的资本成本负担较重，尽管股权资本的资本成本负担比较灵活，但一般而言，股权筹资的资本成本要高于债权融资。

（3）股权融资信息沟通与披露成本较大。投资者或股东作为企业的所有者，有了解企业经营业务、财务状况、经营成果等的权利。上市企业需要通过各种渠道和方式加强信息披露，保障股东（投资者）的权益。

二、债权融资

债权融资是指企业通过举债的方式进行融资，是有偿使用企业外部资金的一种融资方式。债权融资所获得的资金，企业需要支付利息，在借款到期后要向债权人偿还资金的本金。债权融资方式主要包括：银行贷款、银行短期融资（票据、应收账款、信用证等）、企业短期融资券、企业债券、资产支持下的中长期债券融资、金融租赁、政府贴息贷款、政府间贷款、世界金融组织贷款和私募债权基金等。

（一）债权融资的特点

（1）企业使用债权进行融资，只获得资金的使用权而不是所有权。企业在债务到期时必须归还本金。负债资金的使用具有成本，企业必须支付利息。

（2）与股权融资相比，债权融资不会改变原有股东对企业的所有权和控制权。只有在借款合同约定的情况下，可能带来债权人对企业的控制和干预问题。

（3）债权融资具有财务杠杆作用，如果借款成本低于企业的投资回报率，债权融资能够提高企业所有权资金的投资回报率。

（二）债权融资的主要形式

（1）银行或其他金融机构贷款。其是指企业为了生产经营的需要，向银行或其他金融机构按照规定利率和期限的一种借款方式。企业采用这一方式能够比较容易而迅速地达到融资的目的，具具体方式有票据贴现、短期借款、中期借款和长期借款。贷款人（银行或其他金融机构）很重视资金的安全性，借款企业需要拥有良好的信用记录及良好的经营状况，最好能提供有效的抵押物。

（2）在资本市场中发行债券。企业通过在证券市场发行债券的方式进行融资，这主要用于筹集长期资金的需要。目前，我国债券市场还处于发展过程中，有待于进一步完善。

（3）融资租赁。融资租赁（Financing lease）又称为“金融租赁”“设备租赁”“完全支付租赁”，是指在企业需要设备时，不是以现汇或向金融机构借款去购买，而是由租赁公司融资，把租赁来的设备或购入的设备租给承租人使用，承租人按照合同的规定，定期向租赁公司支付租金，租赁期满后退租、续租或留购的一种融资方式。融资租赁是一种实质上转移与资产所有权有关的全部或绝大部分风险和报酬的租赁，资产的所有权最终可以转移，也可以不转移。

对企业来说，其负债的形式多种多样，是多种负债形式的组合。根据企业的经营状况、资金状况及所具备的条件，企业可以决定本企业的举债结构，并随时间及企业经营状况的变化随时进行调整。

（三）银行贷款

银行贷款是我国企业债权融资最常见的一种方式。作为债权融资主要渠道的银行贷款，一般有三种方式：信用贷款、抵押贷款和担保贷款。信用贷款在流程上相对来说比较简单，放款也较快，贷款额度不高。抵押贷款是企业将所拥有的房产或土地作为抵押，从银行获得贷款，抵押贷款相对信用贷款来说，贷款额度会相对高一些。抵押贷款是企业融资中最常见的一种方式，提供抵押物的企业比较容易获得贷款。担保贷款是指企业向银行贷款时，请第三方的担保机构为贷款提供担保，当企业不能归还贷款时，担保机构将会承担偿还的责任，从而避免银行信贷损失。

在贷款过程中，银行会对企业信息进行收集和分析。银行通过分析企业投资、经营、分配、收益等状况，对贷款企业进行考察和监督。银行要求企业能够到期清偿债务，支付利息。如果企业无法到期还本付息，银行可以采取法律途径对企业提起诉讼。

（四）债权融资的风险

企业债权融资的风险主要体现在以下两个方面：一是企业可能丧失偿还能力的风险；二是由于举债而可能导致企业股东的利益遭受损失的风险。

当企业使用债权方式进行融资时，利息费用的增加会给企业经营带来很大压力。如果企业的总资产收益率低于借款的利率，也就是说，企业的收益率低于负债融资的成本，企业的借款就会降低企业股东的收益率，给股东带来损失。财务杠杆对企业的影响是负面的。另外，债权融资能提高企业的资产负债率，从而降低企业再次进行债权融资的能力，如果企业不能通过经营的盈利降低资产负债率，并获得足够的现金流来偿还到期的债务，等待企业的后果可能是破产清算。

在债权融资方式下，负债不能偿还的损失是由企业自身承担，企业必须将所借资金到期全部偿还，并支付贷款利息，才能保证企业正常经营持续进行下去。如果企业无法按期偿还债务，将面临丧失信誉、负担赔偿，甚至变卖资产的风险。支付利息是债权融资的前提条件，而且利息的支付受企业是否盈利的影响。即使企业经营不善，现金流存在问题，也需要到期还本付息。在实际的融资过程中，作为融资主体的企业必须考虑到期能否还本付息，并保持资产的流动性，以防止财务风险的发生。

三、股权与债权比较

（1）股权融资和债权融资的含义不同。股权融资是所有权融资，公司向股东筹集资本金，是公司创办或增资扩股时采取的融资方式。债权融资是指企业通过借款的方式进行融资，债权融资所获得的资金，企业首先要承担资金的利息，在借款到期后需要向债权人偿还资金的本金。

（2）股权融资与债权融资的性质不同。股权融资是以企业自身的所有者权益，利用股权引入新投资伙伴的融资方式。债权投资不是为了获取被投资企业的所有者权益，债权投资自投资之日起即成为借款企业的债权人，并按约定的利率收取利息，到期收回本金。

股权与债权的比较如图 5 - 9 所示。

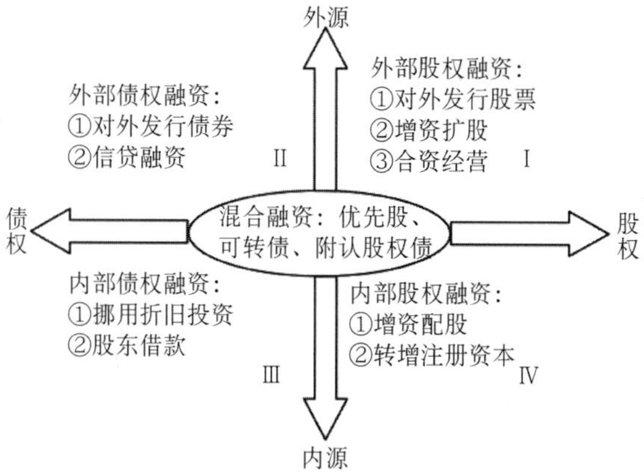

图 5－9　股权与债权的比较

（3）股权融资与债权融资的权利不同。股东根据其投入股权的比例，享有股东的资格，参与股东大会投票表决，享受公司利润的分配，从企业发展中获得经济利益。债权人只是将钱借给企业，并不能参与企业的经营管理，也无法从企业发展中获得额外的经济利益。

（4）股权融资与债权融资获得收益的方式不同。股权主要以分红的方式获得收益，股东通过股票价格的涨跌获利。债权主要以利息的方式获得收益，一般是固定的。债务资本的筹集费用和利息可以在企业所得税前扣除；而权益资本只能扣除筹集费用，股息不能作为费用列支，只能在企业税后利润中进行分配。

四、项目融资

项目融资主要是以项目的名义筹措一年期以上的资金，以项目经营收益承担偿债责任的一种融资形式。其有很多种形式，并且比较灵活。项目融资用来保证贷款偿还的依据是项目未来的现金流量和项目本身的资产价值，而非项目投资人自身的资信。该融资方式通常应用于现金流量稳定的发电、道路、铁路、机场、桥梁等大型基建项目。

项目融资（Project Financing）是一种与公司融资（Corporate Financing）方式相对应的融资方式，它以项目公司为融资主体，以项目未来收益和资产为融资基础，由项目参与各方共担风险。项目融资主要是依靠项目本身未来现金形成的资产，而不是依靠项目本身或项目投资人以外的资产。主体的排他性使债权人只关注项目的未来现金流量中用于还款的资金有多少，融资额、成本结构等与未来现金流量密切相关。在债权融资方式中，借款者（债务人）向金融机构的贷款尽管是用于项目，但是债务人是借款者而不是项目，整个借款者的资产都可能用于提供担保或偿还债务。也就是说，债权人对债务有完全的追索权，即使项目失败也必须由债务人还贷，因而贷款的风险对金融机构来讲相对较小。

项目融资的追索权并不像传统融资方式的追索权那样完全。项目融资的方式有两种：无追索权的项目融资和有限追索权的项目融资。无追索权的项目融资也称为纯粹的项目融资，项目融资完全取决于项目未来的经济实力，不能追求项目本身以外的其他资产。而有限追索权项目融资，贷款人除了依靠项目收益作为偿债来源，并在项目公司的资产上设定担保物权之外，还要求由项目公司以外的其他与项目有利害关系的第三方当事人提供的各种担保。因为项目融资金额大、期限长、涉及面广、法律文件多，相比传统融资程序复杂，融资利息比企业贷款高。

五、融资成本

融资成本的实质是资金使用者支付给资金所有者的报酬。企业融资成本由两部分组成：融资费用和资金使用费。其中，融资费用是指企业在筹集资本活动中为获得资本而付出的费用。通常是在筹资时一次全部支付，在获得资本后的用资过程中不再发生。资金使用费（资金成本）是指因使用资金而付出的代价，如向股东支付的股利或向债权人支付的利息等。

融资费用是企业在资金筹资过程中发生的各种费用。企业融资是一种市场交易行为，资金使用者为了能够获得资金使用权，就必须支付相关的费用。例如，委托金融机构代理发行股票、债券而支付的注册费和代理费，向银行借款支付的手续费等。

资金使用费（资金成本）是企业因使用资金而向其提供者支付的报酬，例如，股票融资向股东支付股息和红利、发行债券和借款支付的利息、借用资产支付的租金等。在一般情况下，融资成本只考虑财务成本，用资金成本率进行表示：

融资成本率＝资金使用费÷（融资总额－融资费用）

融资成本主要受无风险利率和投资风险溢价的影响。无风险利率是指投资者将其资本投向无风险项目所获得的收益，如国库券或银行存款利息率加保值率计算所得的收益。风险溢价是指投资者将资本投向风险项目所要求得到的高于无风险报酬的补偿。由于企业经营环境的不确定性，诸如经营风险和财务风险等各种风险的客观存在，使企业未来收益带有不确定性。因此，投资者的风险越大，要求的补偿率越高。

第四节 企业财务报表分析

5－4：企业财务报表分析

财务会计报告是反映企业财务状况、经营成果和现金流量等的书面文件，主要包括会计报表、会计报表附注和财务情况说明书。企业通过编制财务报告向企业现在和潜在的投资者、企业债权人、政府部门、供应商和客户及其他利益相关者提供企业的财务状况、经营成果和现金流量信息，以帮助信息使用者对企业进行评价，解决企业的受托责任问题。

会计报表是指企业以会计准则为规范编制的，以表格的形式反映企业财务状况、经营成果和现金流量的书面文件，是财务会计报告的主体和核心。会计报表的起点是由企业自行设计的财务记录和分类账簿，是会计人员根据日常会计核算资料归集、加工、汇总而形成的结果，反映了企业日常的经营活动情况，会计报表是会计核算的最终产品。企业会计报表包括资产负债表、利润表、现金流量表、所有者权益（股东权益）变动表。

会计报表附注是对会计报表的编制基础、编制原理和方法及主要项目等所作的解释和进一步说明，以便报表使用者能全面、正确地理解会计报表，是会计报表的重要组成部分。会计报表附注包括企业的基本情况、企业的会计政策、会计报表主要项目附注、分部资料以及重要事项的揭示。

按使用者划分，会计报表可分为外部报表和内部报表两大类。外部报表是企业按会计准则向外部的会计信息使用者报告企业经营活动成果和财务收支情况的会计报表，包括资产负债表、利润表、现金流量表和所有者权益变动表。外部报表一般具有统一的格式和编制要求。内部报表是指企业为内部管理者进行决策提供信息的会计报表，如各种成本和费用报表等。这类报表没有规定的格式和种类，一般不对外公开。

按编报的时间划分，会计报表可分为中期报表和年报。年报是按会计年度进行编制，全面反映整个会计年度的企业财务状况、经营成果及其分配、现金流量等方面的报表。中期报表是指短于一年的会计期间编制的会计报表，如半年报、季报、月报。半年报是指每个会计年度的前六个月末对外提供的财务会计报告。月度、季度报表是企业每月末、季末编制的报表。季报和月报主要包括一些主要的报表，如资产负债表和利润表等，内容相对简明扼要。

财务报表的构成如图 5－10 所示。

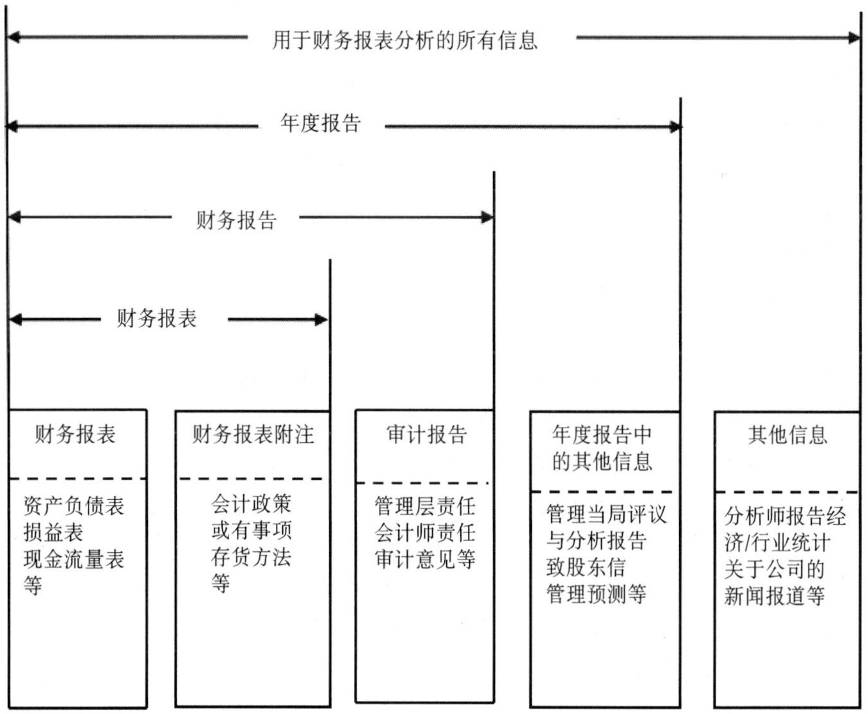

图 5－10 财务报表的构成

一、企业财务报表

随着社会经济的发展，企业的经营越来越复杂，商业社会对会计信息披露程度要求也越来越高。企业财务报告主要包括：资产负债表（Balance Sheet）、利润表（Income Statement）、现金流量表（Statement of Cash Flow）、所有者权益（股东权益）变动表以及财务报表附注。

（一）资产负债表

资产负债表是反映企业在某一特定日期（如月末、季末、年末）全部资产、负债和所有者权益情况的会计报表，是企业经营活动的静态体现。它表明企业在某一特定日期所拥有或控制的经济资源（资产）、经济资源的来源（负债与所有者权益）。负债反映企业所承担的债务，所有者权益反映出资者对净资产的要求权。资产负债表的编制原理是“资产=负债+所有者权益”会计恒等式。根据会计平衡原则，资产负债表将某一特定日期的资产、负债、股东权益等会计科目分为“资产”和“负债及股东权益”两大区块，依照一定的分类标准和一定的次序进行适当的排列编制。作为会计上相当重要的财务报表，资产负债表可以让报表使用者了解企业的财务与经营状况。

资产负债表一般包括表首和正表两个部分。表首概括地说明报表名称、编制单位、编制日期、报表编号、货币名称、计量单位等。正表是资产负债表的主体，列示了反映企业财务状况的资产、负债和所有者权益项目。资产负债表正表的格式一般有两种：报告式资产负债表和账户式资产负债表。报告式资产负债表是上下结构，上半部列示资产，下半部列示负债和所有者权益，即按“资产-负债=所有者权益”的原理排列。账户式资产负债表是左右结构，左边列示资产，右边列示负债和所有者权益，是按“资产=负债+所有者权益”的原理排列。不管采取什么格式，资产各项目的合计等于负债和所有者权益各项目的合计这一等式不变。通过在资产负债表上设立“年初数”和“期末数”栏，也能反映出一段期间内企业财务状况的变动情况。

1. 资产

资产负债表中的资产是指企业拥有和控制的能够用货币计量，并能够给企业带来经济利益的经济资源。企业在一定时期内对资产进行使用、持有或者处置，可以从中获得经济利益。资产通常分为流动资产和长期资产两大类别，并在资产负债表中列示。在流动资产和长期资产类别下，资产按其性质进行分项列示。

流动资产是指企业可以在一年或一个营业周期内变现或运用的资产。流动资产包括库存现金、银行存款、应收账款、应收票据、其他应收款、预付账款、存货、短期投资等。

长期资产（非流动资产）是企业拥有的变现周期在一年以上或者一个营业周期以上的资产。长期资产包括长期投资、固定资产、无形资产、递延资产和其他长期资产。长期投资是指企业持有不准备在一年内变现的资产，包括股票投资、债券投资和其他投资。固定资产是指使用期限在一年以上，单位价值在规定的标准以上，并在使用过程中保持原来物质形态的资产，包括房屋及建筑物、机器设备、运输设备、工具器具等。

2. 负债

资产负债表中的负债反映在某一特定时点企业所承担的、过去的交易或者事项形成的、预期会导致经济利益流出企业的现时义务。负债是由企业过去的交易或者事项形成的，预期会导致经济利益流出企业。负债必须是企业承担的现时义务，是企业在现行条件下已承担的义务；未来发生的交易或者事项形成的义务，不属于现时义务，不应当确认为负债。

负债应当按照流动负债和长期负债在资产负债表中进行列示，在流动负债和长期负债类别下再进一步按性质分项列示。流动负债是预计在一年或一个正常营业周期中清偿，或者主要为交易目的而持有，或者自资产负债表日起一年内（含一年）到期应予以清偿，或者企业无权自主地将清偿推迟至资产负债表日后一年以上的负债。资产负债表中列示的流动负债项目通常包括短期借款、应付票据、应付账款、预收款项、应付职工薪酬、应交税费、应付利息、应付股利、其他应付款、一年内到期的非流动负债等。长期负债（非流动性负债）是指偿还期在一年或一个正常营业周期以上的负债。长期负债（非流动性负债）项目通常包括长期借款、应付债券和长期应付款等。

3. 所有者权益

资产负债表中的所有者权益是企业资产扣除负债后的剩余权益，反映企业在某一特定时点股东（投资者）所拥有或可控制的具有未来经济利益资源的净额。所有者权益主要包括实收资本、资本公积、盈余公积和未分配利润。实收资本是投资者设立企业需要投入的资本。资本公积是企业收到投资者超出其在企业注册资本（或股本）中所占份额的投资，以及直接计入所有者权益的利得和损失等。盈余公积是企业按照规定从净利润中提取的法定盈余公积和任意盈余公积。未分配利润是企业留待以后年度进行分配的结存利润，也是企业所有者权益的构成部分。

资产负债表示例见表 5－2。

表 5－2　　资产负债表示例

编制单位：

××有限公司　　20××年 12 月 31 日　　单位：元

资产账户	余额	负债和所有者权益账户	余额
库存现金	1500	短期借款	250000
银行存款	800000	应付票据	25500
其他货币资金	90000	应付账款	71000
交易性金融资产	115000	——丙企业	51000
应收票据	20000	——丁企业	20000
应收账款	75000	预收账款	14700
——甲公司	72000	——C 公司	14700
——乙公司	5000	其他应付款	12000
坏账准备	2000	应交税费	28000
预付账款	36100	长期借款	506000
——A 公司	31000	应付债券	563700

续表

资产账户	余额	负债和所有者权益账户	余额
——B 公司	5100	其中一年内到期的应付债券	23000
其他应收款	100	实收资本	4040000
存货	1317400	盈余公积	158100
原材料	816600	利润分配	1900
生产成本	265400	——未分配利润	1900
库存商品	193200	本年利润	36700
材料成本差异	42200		
固定资产	2888000		
累计折旧	14900		
在建工程	379500		
资产合计	5707600	负债和所有者权益合计	5707600

4. 资产负债表分析

资产负债表分析是指基于资产负债表而进行的财务分析。资产负债表结构分析是指通过对报表各个组成部分占总资产的比率分析，来评价和衡量企业的财务状况，包括资产结构分析和资本结构分析等。

分析资产结构及其状况，了解企业在某一日期所拥有的经济资源及其分布情况。首先，了解资产总额及其分布结构，可以大致判断企业规模及其状况；其次，看固定资产及其组成，可以大致确定企业的行业特点、行业地位、经营能力以及未来发展前景等；再次，看流动资产及其结构，了解各类流动资产占比，关心企业的流动性；最后，看资产各项目占资产总额的比例，是否有大额的可疑项目如其他应收款、递延资产、待摊费用、预付账款等，初步分析上述金额与借款人经营特点是否有关，判断企业经营是否正常。

资本结构分析揭示企业的资产来源及其构成。负债和权益是企业资金的来源（与此对应的，资产是企业资金的使用或资金的去向）。负债筹资成本相对较低，弹性较大，是企业灵活调动资金余缺的重要手段。但负债需要偿还本金和利息，无论企业业绩如何，负债都会给企业带来财务风险。权益资本由企业的投资者（股东）提供，不需要偿还，可以在企业经营中永久使用，即使在企业遭遇困境时仍然不能收回，且投资者对投资回报（股利）也没有强制请求权，当企业发生破产清算时，投资者的索偿权还在债权人之后。资本结构影响企业的财务风险。企业债务利息的特点是强制性和固定性，不管企业是否盈利以及盈利多少，都要按约定的利率支付利息。尽管债务利息是税前支付，具有节税功能，但是如果企业债务负担过重，支付的利息过多，当债务成本率大于投资报酬率时，将可能给企业的生产经营带来不利影响。债务越多，企业净利润的稳定性越差，可以归还债务本息的现金流越不稳定，从而使偿债能力变弱，给企业带来财务风险。

偿债能力是指企业以其资产偿付债务的能力，短期偿债能力主要体现在企业资产和负债的流动性上。流动性是指资产转换成现金而不受损失的能力，也指企业资产接近现金的程度，或负债需要动用现金的期限。在资产项目中，除现金外，资产转换成现金的时间越短，速度越快，转换成本越低表明流动性越强。

（二）利润表

利润表是总括反映企业在一定会计期间（如年度、半年度、季度、月度）生产经营成果的会计报表。企业一定会计期间的经营成果既可能表现为盈利，也可能表现为亏损，因此，利润表也被称为收益表或损益表。利润全面揭示了企业在某一特定时期实现的各种收入、发生的各种费用、成本或支出，以及企业实现的利润或发生的亏损情况。利润表是动态报表，反映企业在一段时间内的经营成果。

利润表结构主要有单步式和多步式两种。我国利润表采用的基本上是多步式结构，即对当期的收入、费用、支出项目按性质加以归类，按利润形成的主要环节列示一些中间性利润指标，分步计算当期损益。

第一步，以营业收入为基础，减去营业成本、税金及附加、销售费用、管理费用、财务费用、资产减值损失，加上公允价值变动收益（减去公允价值变动损失）和投资收益（减去投资损失），计算出营业利润。

第二步，以营业利润为基础，加上营业外收入，减去营业外支出，计算出利润总额。

第三步，以利润总额为基础，减去所得税费用，计算出净利润（或亏损）。

利润表示例见表5－3。

表5－3　　　　利润表示例

编制单位：×××公司　　　　20××年3月　　　　单位：万元

项目	行次	本月数	本年累计数
一、主营业务收入	1	7500.00	21000.00
减：主营业务成本	2	5300.00	15000.00
二、主营业务毛利	3	2200.00	6000.00
加：其他业务利润	4	25.00	150.00
减：主营业务税金及附加	5	487.00	1200.00
减：营业费用	6	800.00	3000.00
管理费用	7	700.00	1600.00
财务费用	8	100.00	150.00
三、营业利润	9	138.00	200.00
加：投资收益	10	10.00	10.00
营业外收入	11	20.00	20.00
减：营业外支出	12	10.00	10.00
四、利润总额	13	158.00	220.00
减：所得税	14	17.00	34.00
五、净利润	15	141.00	186.00

利润表分析是分析企业如何组织收入、控制成本费用支出，实现盈利的能力，评价企业的经营成果和可持续发展能力。同时还可以通过收支结构和业务结构分析，分析与评价经营业绩对公司总体效益的贡献，以及不同分公司经营成果对公司总体盈利水平的贡献。

利润表分析包括：①总体分析，分析企业的盈利状况和变化趋势。可以考核生产经营计划的完成情况，进而评价企业管理当局的经营业绩和效率。②结构分析，通过利润的结构分析，分析企业持续产生盈利的能力，利润形成的合理性，可作为经营成果的分配依据。③财务比率分析，即利用财务比率指标分析。④项目分析，对企业经营成果产生较大影响的项目和变化幅度较大的项目进行具体分析。其主要分析营业收入、营业成本、销售费用、管理费用、财务费用、投资收益、所得税费用等项目。

（三）现金流量表

现金流量表是财务报表的三个基本报告之一，是反映企业在一定时期内（如月度、季度或年度）企业经营活动、投资活动和筹资活动对现金及现金等价物所产生影响的财务报表。从经营、投资与融资角度看，其显示资产负债表及利润表如何影响现金和现金等价物。以往企业经营强调资产负债表与利润表，但随着企业经营的扩展与复杂化，反映企业资金动向的现金流量越来越得到重视，已被列为必备的财务报表。

根据其用途，现金流量表将企业现金的流入与流出情况划分为经营、投资及融资三项活动分类。企业应当采用直接法列示经营活动产生的现金流量。直接法是指通过现金收入和现金支出的主要类别列示经营活动的现金流量。

1. 经营活动产生的现金流量

经营活动是指企业投资活动和筹资活动以外的所有交易和事项。它是企业现金的主要来源。经营活动产生的现金流量包括销售商品、提供劳务收到的现金，收到的税费返还，收到的其他与经营活动有关的现金，购买商品、接受劳务收到的现金、支付给职工以及为职工支付的现金，支付的各项税费，支付与其他经营活动有关的现金。

2. 投资活动产生的现金流量

投资活动现金流量是指企业长期资产（通常指一年以上）的购建及其处置产生的现金流量，包括购建固定资产、长期投资现金流量和处置长期资产现金流量，并按其性质分项列示。投资活动现金流量是指企业长期资产的购建和不包括现金等价物范围在内的投资及其处置活动产生的现金流量。

3. 筹资活动产生的现金流量

筹资活动产生的现金流量是指会导致企业资本以及债务规模构成发生变化的活动，如借款、发行债券、发行股票、支付利息、支付股息等。企业筹资活动产生的现金流量，有先流入后付出代价的特点，即先流入，企业筹集资金的目的就是有资金流入企业（企业缺钱，通过筹资获取资金流入）；后流出，企业不管是选择债务筹资还是权益筹资方式，都需要为占用的资金支付代价，比如，从银行借款，需要支付利息，到期需要归还本金；发行股票需要支付股息。

现金流量表示例见表5-4。

表5-4　现金流量表示例　　单位：元

项目	行次	金额	补充资料	行次	金额
一、经营活动产生的现金流量：			1. 将净利润调节为经营活动现金流量：		
销售商品、提供劳务收到的现金	1	310000.00	净利润	57	-6799.27
收到的税费返还	3	—	加：计提的资产减值准备	58	—

续表

项目	行次	金额	补充资料	行次	金额
收到的其他与经营活动有关的现金	8	-15824.51	固定资产折旧	59	—
现金流入小计	9	294175.49	无形资产摊销	60	—
购买商品、接受劳务支付的现金	10	60000.00	长期待摊费用摊销	61	—
支付给职工以及为职工支付的现金	12	—	待摊费用减少（减：增加）	64	—
支付的各项税费	13	34183.66	预提费用增加（减：减少）	65	—
支付的其他与经营活动有关的现金	18	12405.22	处置固定资产、无形资产和其他长期资产的损失（减：收益）	66	—
现金流出小计	20	106588.88	固定资产报废损失	67	—
经营活动产生的现金流量净额	21	187586.61	财务费用	68	—
二、投资活动产生的现金流量：			投资损失（减：收益）	69	-0.00
收回投资所收到的现金	22		递延税款贷项（减：借项）	70	—
取得投资收益所收到的现金	23	—	存货的减少（减：增加）	71	360657 63
处置固定资产、无形资产和其他长期资产所收回的现金净额	25	—	经营性应收项目的减少（减：增加）	72	-116154.95
收到的其他与投资活动有关的现金	28	—	经营性应付项目的增加（减：减少）	73	-50116.80
现金流入小计	29	—	其他	74	—
购建固定资产、无形资产和其他长期资产所支付的现金	30	—	经营活动产生的现金流量净额	75	187586.61
投资所支付的现金	31	—			
支付的其他与投资活动有关的现金	35	—			
现金流出小计	36	—			
投资活动产生的现金流量净额	37	—	2. 不涉及现金收支的投资和筹资活动：		
三、筹资活动产生的现金流量：			债务转为资本	76	
吸收投资所收到的现金	38	—	一年内到期的可转换公司债券	77	
借款所收到的现金	40	—	融资租入固定资产	78	
收到的其他与筹资活动有关的现金	43	—			
现金流入小计	44	—			
偿还债务所支付的现金	45	—			
分配股利、利润或偿付利息所支付的现金	46	—	3. 现金及现金等价物净增加情况：		
支付的其他与筹资活动有关的现金	52	—	现金的期末余额	79	274860.38
现金流出小计	53	—	减：现金的期初金额	80	87273.77
筹资活动产生的现金流量净额	54	—	加：现金等价物的期末余额	81	
四、汇率变动对现金的影响	55	—	减：现金等价物的期初余额	82	
五、现金及现金等价物净增加额	56	187586.61	现金及现金等价物净增加额	83	187586.61

编制现金流量表的主要目的是为财务报表使用者提供企业一定会计期间内现金和现金等价物流入和流出信息，以便于财务报表使用者了解和评价企业获取现金和现金等价物的能力，并据以预测企业未来现金流量。学会分析现金流量表，可以更深层次地了解企业经营状况，评价企业支付能力、偿债能力和周转能力，预测企业未来；分析企业收益质量及影响现金净流量的因素，掌握企业经营活动、投资活动和筹资活动的现金流量，可以从现金流量的角度了解净利润的质量，为分析和判断企业的财务前景提供信息。正常经营的企业，在创造利润的同时，还应创造现金收益，通过分析现金流入来源，就可以对创造现金能力做出评价，并可对企业未来获取现金能力做出预测。现金流量表所揭示的现金流量信息可以从现金角度对企业偿债能力和支付能力做出更可靠、更稳健的评价。

（四）所有者权益（股东权益）变动表

所有者权益（股东权益）变动表是反映构成所有者权益各组成部分在一定时期内（如月度、季度或年度）增减变动情况的报表。所有者权益（股东权益）变动表包括在年度会计报表中，是资产负债表的附表。所有者权益（股东权益）变动表反映了构成所有者权益的各组成部分当期的增减变动情况，反映在某一特定时间内股东权益如何因企业经营的盈亏，及现金股利的发放而发生的变化。所有者权益变动表包括表首、正表两部分。其中，表首说明报表名称、编制单位、编制日期、报表编号、货币名称、计量单位等；正表是所有者权益变动表的主体，具体说明所有者权益变动表的各项内容，包括股本（实收资本）、资本公积、法定和任意盈余公积、法定公益金、未分配利润等。

所有者权益变动表示例见表 5 – 5。

表 5 – 5　　所有者权益变动表示例

项目	实收资本	资本公积	盈余公积	未分配利润	总计
一、净利润					
加：直接计入所有者权益的利得项目					
减：直接计入所有者权益的损失项目					
二、本期确认的收益和费用总额					
加：会计政策变更会计差错更正累计影响					
加：所有者投入资本					
减：向所有者分配利润					
提取盈余公积					
三、本期所有者权益变动					
加：上期末所有者权益					
四、期末所有者权益					

（五）财务报表附注

财务报表附注是为了帮助财务报表使用者深入了解基本财务报表的内容，财务报表制作者对财务报表（资产负债表、损益表和现金流量表）的编制基础、编制依据、编制原则和方法，以及有关内容和项目所作的说明和解释。财务报表附注中的内容非常重要，主要包括：企业所采用的主要会计处理方法；会计处理方法的变更情况、变更的原因及对财务状况和经营业绩的影响；发生的非经常性项目；一些重要报表项目的明细情况；或有事项；期后事项；以及其他对理解和分析财务报表重要的信息。

财务报表附注大致分为三大部分，第一部分内容主要包括公司基本情况、财务报表编制基础、重要会计政策和会计估计等内容。第二部分内容是“主要财务报表项目注释”，该部分是针对财务报表主要项目列示的金额所作的一一对应的解释。第三部分内容主要包括关联方关系及其交易、资产负债表日后事项、或有事项、承诺事项等其他重要事项的披露。财务报表使用者要改变只看报表不看附注、重报表轻附注的财务观念，重视财务报表附注。在阅读财务报表时，同时使用财务报表附注，确保正确理解财务报表，合理分析判断公司财务状况和经营成果，获取决策所需有用的财务信息。

二、财务报表分析

财务报表分析是以企业基本活动为对象、以财务报表为主要信息来源，对企业财务报表所提供的数据进行加工、分析、比较、评价和解释。财务报表能够反映企业的财务状况、经营成果和现金流量情况。但是单纯从财务报表上的数据还不能直接或全面说明企业经营状况的好坏和经营成果的高低，只有将企业的财务指标与有关的数据进行比较才能说明企业财务状况所处的地位，因此要进行财务报表分析。通过财务报表分析可以判断企业财务状况是否良好，企业的经营管理机构是否健全，企业业务前景是否光明。以分析和综合为主要方法，系统认识企业，其目的是了解企业的过去、评价企业的现在和预测企业的未来。

（一）分析内容

由于会计报表使用者与企业的利害关系不同，因而在进行财务报表分析时有各自的侧重点。总结起来，财务报表分析的内容主要有以下几个方面：

1. 资本结构分析

企业从不同的渠道取得在生产经营过程中所需资金，资金来源从资产负债表上概括起来有三大部分：短期负债、长期负债和所有者（股东）权益。资本结构是指不同资金来源（短期负债、长期负债和所有者权益）各自所占比例为多少，这个比例影响企业的融资决策和融资政策等。根据资本结构理论，每个企业都有自身最佳的负债和所有者（股东）权益比例结构。在最佳资本结构下，企业的加权平均资本成本最小，企业的价值最大。

2. 营运能力分析

营运能力反映企业资产的使用效率，是运用企业资产进行生产经营的能力。企业的生产经营过程其实质是资产运用并实现创造收入的过程。资产的使用状况和效率直接关系到企业的创收能力，进而影响企业的偿债能力和资本增值的程度。企业能否充分有效地使用各种资产，需要分析企业资产的分布情况和周转使用情况。

3. 偿债能力分析

偿债能力是企业偿还到期债务的能力。在生产经营过程中，企业为了弥补自身资金不足需要对外借款或发行债券等。举债经营的前提是，企业必须能够按时偿还本金和利息，否则就会使企业陷入困境甚至危及企业的生存。

4. 盈利能力分析

盈利能力是企业利用各种经济资源赚取利润的能力。盈利是企业生产经营的根本目的，又是衡量企业经营成功与否的重要标志。企业所有者（股东）、企业经营管理者和债权人都非常关注企业的盈利能力。

5. 发展能力分析

企业的发展能力是企业在生存的基础上，扩大生产经营规模，壮大经济实力的潜在能力。企业的规模和实力是企业价值的核心内容，表明企业未来潜在的盈利能力。企业可持续发展的能力，不仅是现有投资者关心的重点，也是潜在投资者和企业员工关注的问题。通过对企业营业收入增长能力、资产增长能力和资本扩张能力的计算分析，可以衡量和评价企业持续稳步发展的能力。

6. 现金流量分析

现金流量分析主要是通过对企业现金的流入、流出及净流量的分析，了解企业在一定时期内现金流入的主要来源、现金流出的主要去向、现金净增减的变化和现金紧缺状况，评价企业的经营质量，预测企业未来现金流量的变动趋势，衡量企业未来时期的偿债能力，防范和化解由负债所产生的财务风险。

（二）财务报表分析的步骤

财务报表分析不是一种固定程序的工作，不存在唯一的通用分析程序，而是一个研究和探索的过程。但财务报表分析的基本步骤一般按照以下程序进行：

（1）明确分析目标，确定分析方案。财务报表分析始终围绕分析目标进行。分析目标确定之后，就应当确定分析的内容和范围，并明确分析的重点内容，分清主次和难易，并据此制定分析工作方案。

（2）收集数据资料。收集数据资料是保障分析质量和分析工作顺利进行的基础性程序。一般来说，收集资料是根据已经确定的范围收集分析所需要的资料，即在分析的技术性工作开始之前就需要收集完成主要的资料。

（3）核实并整理信息资料。核实资料是分析的一个重要环节，其目的是保证资料的真实、可靠和准确无误。整理资料就是分析人员根据分析目的进行选择和修正，使之变得易于理解和使用，以便提高报表分析工作的效率。

（4）选择适当的分析方法进行分析。搜集整理财务报表可分析的信息，整理企业一定时期的财务信息，对财务信息进行初步的研究。了解企业所处行业环境的经济特征，通过对财务状况的分析，确定财务报表与企业财务性质之间的关系。分析企业竞争策略，通过对企业竞争策略进行研究，准确地反映出企业的经济状况和经济环境，从而制定相对应的竞争性策略。完成财务报表分析，对财务报表中的数据、资料进行研究，搜集有研究价值的分析结果。

（三）财务报表分析的基本方法

财务报表分析的基本方法有五种：结构分析法、比率分析法、趋势分析法、对比分析法和因素分析法。

1. 结构分析法

结构分析法是在同一财务报表中对每个项目进行比较，以某个关键项目的金额为100%，将其他项目与之进行比较，以显示每个项目的相对地位，分析每个项目的比例是否合理。结构分析法可以帮助分析人员掌握公司内部报表项目的比例是否合理。结构百分比排除了规模的影响，使不同研究对象建立起可比性，可以用于本企业历史比较、与其他企业比较和与预算比较。

2. 比率分析法

比率分析法是在同一财务报表的不同项目或类别之间，或在不同财务报表的相关项目之间，以比率反映其关系，评估企业的财务状况和业务业绩，找出业务中存在的问题和解决方案。比率分析法可以通过比率简洁、直观地反映复杂的财务数据，揭示潜在问题。通过计算、比较各项经济指标的比率，可以把不同条件下的不可比较指标转变为可以比较的指标，从而使分析效果更为客观实际。

3. 趋势分析法

趋势分析法是通过观察连续几期的财务报表，比较各期的相关项目金额，分析某些指标的增减变化，并在此基础上判断其发展趋势，从而预测未来可能结果的分析方法。利用趋势分析法可以了解本期与过去时期的增减变化情况，判断这一趋势是否有利，并预测企业的未来发展。通过比较，研究其发展趋势，分析原因，找出改进工作的方向。

4. 对比分析法

对比分析法是将财务报表中的一些项目或比例与其他相关数据进行比较，以确定数量差异，从而解释和评估企业的财务状况和经营业绩。如将本企业与其他同行业企业的有关指标的完成情况进行对比。

5. 因素分析法

因素分析法是一种分析影响财务指标的因素及其对指标影响程度的分析方法，说明本期实际变化的主要原因及各变化因素对财务指标变化的影响程度。因素分析法是在几个相互联系的因素中，以数值来测定各因素的变动对总差异影响程度的一种方法，因此，其又称为连环替代法。因素分析法一般是将其中的一个因素定为可变量，而将其他因素暂时定为不变量，进行替换，以测定每个因素对该项指标影响的程度，然后根据构成指标诸因素的依存关系，再逐一测定各因素的影响程度。因素分析法的一般程序是：

（1）根据各个因素求得指标实际执行数。

（2）按照一定顺序将各因素排列，求得对指标实际执行的影响程度。

（3）将各因素变动对指标实际执行数的影响数值相加，即是实际数与计划数之间的总差额。

（四）财务指标分析

财务指标分析是指总结和评价企业财务状况与经营成果的分析指标，包括偿债能力指标、运营能力指标、盈利能力指标和发展能力指标。

1. 偿债能力分析

偿债能力是指企业偿还到期债务（包括本金和利息）的能力。偿债能力分析包括短期偿债能力分析和长期偿债能力分析。

短期偿债能力是指企业流动资产对流动负债及时足额偿还的保证程度，是衡量企业当前财务能力，特别是流动资产变现能力的重要标志。企业短期偿债能力分析主要采用比率分析法，衡量指标主要有流动比率、速动比率和现金流动负债率。

长期偿债能力是指企业偿还长期负债的能力。其是反映企业财务状况稳定与否及安全程度高低的重要标志。其分析指标主要有四项：资产负债率、产权比率、负债与净资产比率和利息保障倍数。

2. 营运能力分析

营运能力分析包括流动资产周转情况分析、固定资产周转情况分析和总资产周转情况分析。

(1) 流动资产周转情况分析。反映流动资产周转情况的指标主要有应收账款周转率、存货周转率和流动资产周转率。

(2) 固定资产周转情况分析。固定资产周转率是指企业年销售收入净额与固定资产平均净值的比率。它是反映企业固定资产周转情况，从而衡量固定资产利用效率的一项指标。

(3) 总资产周转情况分析。反映总资产周转情况的指标是总资产周转率，它是企业销售收入净额与资产总额的比率。这一比率可用来分析企业全部资产的使用效率。如果这个比率较低，则说明企业利用全部资产进行经营的效率较差，最终会影响企业的获利能力。这样企业就应该采取措施提高各项资产的利用程度，从而提高销售收入或处理多余资产。

3. 盈利能力分析

盈利能力就是企业资金增值的能力，它通常体现为企业收益数额的大小与水平的高低。盈利能力分析有四大指标：

(1) 销售毛利率：其是销售毛利与销售收入之比。即销售收入扣除销售成本后还有多少剩余可用于各期费用和形成利润。销售毛利率越高，表明产品的盈利能力越强。将销售毛利率与行业水平进行比较，可以反映企业产品的市场竞争地位。

(2) 销售净利率：其是净利润与销售收入之比。销售净利率用于反映产品最终的盈利能力。

(3) 总资产净利率：其是净利润与平均总资产的比率。总资产净利率衡量的是企业的盈利能力。总资产净利率越高，表明企业资产的利用效果越好。影响总资产净利率的因素是销售净利率和总资产周转率。

(4) 净资产收益率：其又称为权益净利率或权益报酬率，是净利润与平均所有者权益的比值，反映资本经营的盈利能力。

4. 发展能力分析

发展能力是企业在生存的基础上，扩大规模、壮大实力的潜在能力。在分析企业发展能力时，主要考察以下指标：

(1) 营业收入增长率。其是企业本年营业收入增长额与去年营业收入总额的比率，体现企业营业收入的调整变化状况。

(2) 资本保值增值率。其是企业扣减各种因素后的本年底所有者权益总额与年初所有者权益总额的比率，体现企业当初资产在企业自身努力下具体调整变化的状况。一般认为，资产保值增值率越高，表明企业的资本保全情况越好，所有者权益提高越快，债务人的负债越有保障。

（3）总资产增长率。其是企业本年总资产增长额同年初资产总额的比率，体现企业当期总资产的增长状况。总资产增长率越高，表明企业一定阶段内资产经营规模扩大的效率越快。但在分析时，必须了解总资产扩大的质和量的关系，以及企业的后续发展能力，防止盲目扩大。

（4）营业利润增长率。其是企业本年营业盈利增长额与去年营业盈利总额的比率，体现企业营业利润的调整变化状况。

上述四类指标不是相互独立的，它们相辅相成，相互联系。例如，企业周转能力好，获利能力就较强，则可以提高企业的偿债能力和发展能力。反之亦然。

（五）杜邦财务分析体系

杜邦分析法又称为杜邦财务分析体系，简称杜邦体系，是利用各主要财务比率指标间的内在联系，对企业财务状况及经济效益进行综合系统分析评价的方法。杜邦财务分析体系从一个核心指标权益净利率（ROE）出发，同时对企业产品的盈利能力、资产周转情况以及财务杠杆三个面进行分析。杜邦分析法综合体现了企业的经营效率和财务政策。如图 5－11 所示。

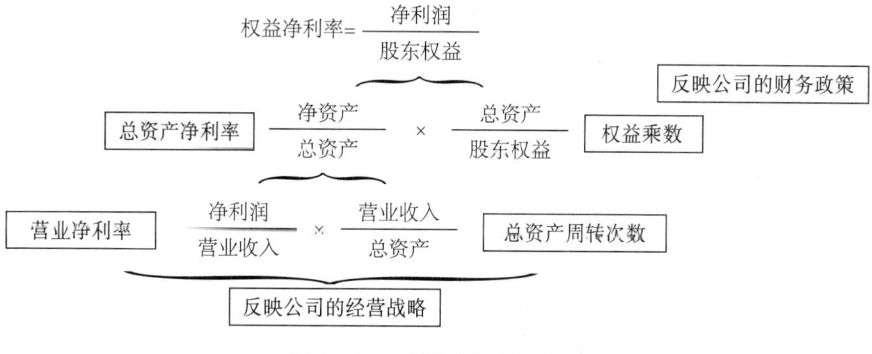

图 5－11 杜邦财务分析体系

杜邦财务分析体系的核心公式为：

①权益净利率 = 总资产净利率 × 权益乘数

②总资产净利率 = 营业净利率 × 总资产周转次数

③权益净利率 = 营业净利率 × 总资产周转次数 × 权益乘数

分析：

①营业净利率和总资产周转次数（两者反映了公司的经营战略）经常呈反方向变化。通常，营业净利率较高的制造业，其周转次数都较低；周转次数很高的零售业，营业净利率很低。因此形成了两种盈利模式："高盈利、低周转"或"低盈利、高周转"。

②总资产净利率可以反映管理者运用企业资产赚取盈利的业绩，是最重要的盈利能力。

③在总资产周转率不变的情况下，提高财务杠杆（以权益乘数表示，反映公司的财务政策），可以提高权益净利率，但同时也会增加财务风险。经营风险低的公司，财务杠

杆较高，经营风险高的公司，财务杠杆较低。

（六）财务报表分析的局限性

财务报表分析是为了帮助信息使用者更好地了解、掌握一个企业的生产经营成果和财务现状。但是，财务报表分析的局限性直接影响分析结果的有效性。财务报表分析的局限性包括报表分析本身的局限性、财务比率的局限性、分析人员的局限性。

1. 报表本身的局限性

（1）报表分析本身的滞后性。财务报告对外披露的财务信息的有用性在很大程度上取决于它的及时性。对于会计信息使用者来讲，会计信息的披露和传递是越快越好。就企业年度财务报表而言，所披露的会计信息间隔时间越长，就越缺乏有用性。

（2）会计方法本身的局限性。列入报表的仅仅是可以利用的、可以用货币计量的经济资源。我们对报表的分析仅仅是分析了那些报表中列示的经济资源。实际上，企业有许多经济资源或是受客观条件制约，或是受会计方法的制约而并未在报表中得到体现。

（3）会计计量方法的局限性。会计所提供的主要是企业经济活动可以用货币计量的数据和信息。用货币单位作为会计统一的计量尺度，实质上存在着货币是稳定的这一假设。然而由于通货膨胀，财务报表所提供的财务信息也就不能反映当时真实的成本费用和收益状况。

（4）财务报表的真实性问题。在很多情况下，企业出于各种目的，会出现人为操纵的结果，这极有可能使信息使用者得到的报表信息与企业实际状况相距甚远，从而误导信息使用者。

2. 财务比率的局限性

比率分析是针对单个指标进行分析，综合程度较低，在某些情况下无法得出令人满意的结论。财务比率分析数据一般都是来源于过去发生的，反映的是企业过去经济活动的结果，对于现在、未来来说，只能作为参考。比较指标的计算一般都是建立在以历史数据为基础的财务报表之上，这使比率指标提供的信息与决策之间的相关性大打折扣。不同的企业对于同一类经济业务中的会计数据存在着一些差异，因为存在不同会计核算程序、不同操作人员等，存在不同方法、不同解释，降低了信息之间的可比性。

3. 分析人员的局限性

不同的财务分析人员对财务报表的认识度、解读力与判断力以及掌握财务分析理论和方法的深度和广度等都存在差异，其理解财务分析计算指标的结果就有所不同。如果缺乏实践经验，就很可能出现理解偏差，这样必定会影响财务指标的分析结果。

本章思考题

1. 什么是货币的时间价值？终值、现值和年金有什么关系？
2. 投资项目财务分析有哪些方法？其各有什么优缺点？
3. 如何进行本量利分析？盈亏平衡点如何计算？
4. 什么是企业的资本成本？股权融资与债权融资各有什么特点？
5. 企业的财务报告有哪些？为什么要进行财务报表分析？

第五章练习题

第六章 Project 6 投资理财产品总汇（一）

投资理财是指投资者通过合理安排资金，运用诸如储蓄、债券、股票、基金、期货、商品现货、信托或理财产品、外汇、保险、黄金、房地产、文化及艺术品等投资理财工具对个人或家庭、社会组织（包括企业）的资产进行管理和分配，从而达到保值增值的目的。投资理财的目标是为了获取收益，实现资产的保值增值，但是投资时需要承担相应的风险。

收益和风险并存，一般成正比，即风险减少的同时，预期的回报收益也将减少；同样，要想取得较高的收益，就不得不承受较大的风险。投资者只能在收益和风险之间加以权衡，即在风险相同的证券中选择收益较高的，或在收益相同的投资产品中选择风险较小的进行投资。投资要力争收益最大化，风险最小化。

投资理财的原因很多，主要包括：①理财可以抵御通货膨胀，可以实现资产的保值增值；②对个人或家庭而言，理财是为了更好的生活，提高个人或家庭的生活水平，为未来生活提供保障，甚至实现财务自由。③在理财的过程中，通过不断的学习和巩固知识，建立正确的金融理财观念。④理财也涵盖了风险管理。因为未来具有不确定性，投资者需要充分了解风险与收益的关系。

6－1：储蓄

第一节 储　蓄

储蓄是居民货币收入中没有被用于消费的部分。储蓄存款是指居民个人将暂时不用或结余的货币收入，包括人民币或者外币存入储蓄机构（商业银行），商业银行开具存折或者存单作为凭证，个人凭存折或存单可以支取存款的本金和利息。储蓄存款是储蓄机构（商业银行）的一项重要资金来源，商业银行依照规定支付存款本金和利息。

储蓄是一切理财规划的基础，是个人能够自立和理财的基本体现。虽然有多种投资工具，但有些居民仍然将储蓄作为主要的方式进行家庭资金的管理。其原因在于：一是没有完善的社会保障体系，个人缺乏安全感，储蓄能够让居民很好地面对风险，对未来进行筹划。二是传统观念和生活习惯，大部分居民没有家庭理财观念。随着经济环境的变化，勤俭节约的传统单一理财方式已不能满足人们的需求。三是储蓄能够积累更多的资金，有了资金就可以进行大额的消费或投资。

一、银行存款的种类

银行存款主要分为活期和定期两种，还有介于活期和定期之间的其他类型，定期存款也分多种类别。

1. 活期存款

活期存款是指不规定期限，可以随时存取现金的一种储蓄。活期存款可以随存随取，但利率低。活期储蓄流动性强、灵活方便，适合个人日常生活待用资金的存储，但收益低。进行活期存款的货币大体有以下几类：对个人来说，暂不用作消费支出的货币收入或预备用于购买大件耐用消费品的积攒性货币；对企业来说，用于营运周转的货币资金。

2. 定期存款

定期存款是指存款人同银行约定存款期限，到期支取本金和利息的储蓄形式。定期存款的货币主要来自居民货币收入中的结余部分，暂不用作消费支出的货币收入或预备用于购买大件耐用消费品的积攒性货币。这种储蓄形式能够为商业银行提供相对稳定的信贷资金来源，其利率高于活期储蓄，但流动性较差。

（1）整存整取。其是指开户时约定存期，整笔存入，到期一次整笔支取本息的一种个人存款。整存整取的存款期限很多种，主要有三个月存款期限、半年存款期限、一年存款期限、两年存款期限、三年存款期限和五年存款期限之分。在一般情况下，定期存款的期限越长利率越高。计息按存入时的约定利率计算，利随本清。整存整取存款可以在到期日自动转存，也可根据客户意愿，到期办理约定转存。

（2）非整存整取。其主要分为零存整取、整存零取、存本取息。零存整取是指开户时由客户约定存期、分次每月固定存款金额、到期一次支取本息的存款方式。整存零取就是在存款开户时约定存款期限、本金一次存入，按固定期限分次支取本金的存款方式。存本取息是指在存款开户时约定存期、整笔一次存入，按固定期限分次支取利息，到期一次支取本金的存款方式。

3. 定活两便

定活两便是指在存款开户时不必约定存期，银行根据客户存款的实际存期按规定计息，可随时支取的一种个人存款种类。定活两便存款介于定期和活期之间，这种存款既像活期存款那样随存随取，存款利息又比活期存款利息更高。

4. 通知存款

通知存款是指在存入款项时不约定存期，支取时事先通知银行，约定支取存款日期和金额的一种个人存款方式。个人通知存款按存款人选择的提前通知的期限长短划分为 1 天通知存款和 7 天通知存款两个品种。其中 1 天通知存款需要提前 1 天向银行发出支取通知，并且存期最少需 2 天；7 天通知存款需要提前 7 天向银行发出支取通知，并且存期最少需 7 天。

5. 大额存单

大额存单有一定起存门槛，一般最低是 20 万元，但利率相对较高。大额存单利率最高可在基准利率基础上上浮 55%。

6. 结构性存款

结构性存款主要分为两个部分：一部分资金用于存款；另一部分资金购买金融衍生品，获得高收益。结构性存款的存款部分享受存款保险条例的保护。结构存款收益率可能比较高，但是收益没有保障，有可能无法实现。

二、存款利息

存款利息是指银行向存款人支付的利息。存款利息金额由本金、存期和利息率水平直接决定。存款的本金越多，期限越长，利息率越高，存款人的利息收入越高。相比定期存款，活期存款由于利息率低，利息收入比较低。存款利率是一定时期内利息的数额同存款金额的比率，也称为存款利息率。

存款利息的计算公式如下：

存款利息 = 本金 × 利息率 × 存款期限

根据存款期限的不同，存款利息也有年息、月息和日息之分。应当注意的是，一般银行公布的存款利率都是年利率。存款利息不是简单的本金乘以利率，还要结合存款期限。比如，某银行 3 个月定期存款利息是 1.91%，那么 100 元存 3 个月定期，到期的利息不是 1.91 元，而是 0.48 元（1.91/4）。

每个银行的存款利率都不一样，通常各大银行的存款利率都会在央行的基准利率基础上有所上浮。见表 6-1。

表 6-1　　2019 年银行存款利率表

银行	活期（年利率%）	定期存款（年利率%）					
		3 个月	6 个月	1 年	2 年	3 年	5 年
工商银行	0.30	1.35	1.55	1.75	2.25	2.75	2.75
建设银行	0.30	1.35	1.55	1.75	2.25	2.75	2.75
交通银行	0.30	1.35	1.55	1.75	2.25	2.75	2.75
农业银行	0.30	1.35	1.55	1.75	2.25	2.75	2.75
中国银行	0.30	1.35	1.55	1.75	2.25	2.75	2.75
广发银行	0.30	1.40	1.65	1.95	2.40	3.10	3.20
光大银行	0.30	1.40	1.65	1.95	2.41	2.75	3.00
华夏银行	0.30	1.40	1.65	1.95	2.40	3.10	3.20
民生银行	0.30	1.40	1.65	1.95	2.45	3.00	3.00
平安银行	0.30	1.40	1.65	1.95	2.50	2.80	2.80
浦发银行	0.30	1.40	1.65	1.95	2.40	2.80	2.80
招商银行	0.30	1.35	1.55	1.75	2.25	2.75	2.75

（一）利率和利息

利息是货币在一定时期内的使用费，是货币持有者（债权人）因出借货币从借款人（债务人）手中获得的补偿。存款利息（利率）是银行为了吸收存款，而给存款人货币时间价值的回报。如果没有利率，居民存款的动机不足，商业银行也无法作为信用中介，将钱作为贷款借给企业，企业也无法将资金运用到投资领域，就不会创造价值。银行吸收存款付给客户利息；银行再将吸收的资金贷款给客户，收到贷款利息；贷款利率高于存款利率，其中的存贷款利差就是银行的利润。付给储户的存款利息实际上最终由借款人支付。利息作为储户的补偿，主要受以下因素的影响：

（1）延迟消费。储户把金钱存入银行，等于延迟了对消费品的消费。根据时间偏好原则，消费者会偏好现时的商品多于未来的商品。

（2）预期通货通胀。通货膨胀是指物价的上涨，即一定数量的货币，在未来可购买的商品会比现在少。因此，商业银行需向储户补偿此段期间的损失。

（3）代替性投资。储户可以选择把金钱放在其他投资上。由于机会成本，储户把金钱存入银行，等于放弃了其他投资的可能回报。

（4）流动性偏好。人们偏好其资金或资源可随时立即交易，而不是需要时间或金钱才可取回。这是固定存款利率比活期存款利率高的主要原因。

（二）通货膨胀率与存款利率的关系

通货膨胀率与存款利率的关系是：在一般情况下，通货膨胀率较高时，存款利率会相应的提高。通货膨胀率也称为物价变化率，用以反映通货膨胀、货币贬值的程度。通货膨胀是指物价的上涨，即一定数量的货币在未来可购买的商品会比现在少。

著名经济学家费雪研究了通货膨胀率预期与利率之间的关系。他指出当通货膨胀率预期上升时，利率也将上升，这也被称为费雪效应。

费雪效应表达公式如下：

实际利率 = 名义利率 - 通货膨胀率

把公式的左右两边交换一下，公式就变成：

名义利率 = 实际利率 + 通货膨胀率

名义利率的上升幅度和通货膨胀率完全相等，这个结论被称为费雪效应或者费雪假设。费雪效应表明：物价水平上升时，利率一般有增高的倾向；物价水平下降时，利率一般有下降的倾向。当通货膨胀率较高时，银行相应的对策是提高存款利率。但如果存款利率赶不上通货膨胀率，存款实际还是在缩水，因为能购买的东西在减少。

三、存款风险

对储户来说，存款风险是指存款人利益能否获得保护。

第一种风险是损失本金的风险，将钱存入银行是否安全。按照《存款保险条例》的规定，如果储户本息低于50万元时，银行可以全额赔付，即便是银行破产倒闭，低于50万元本息的钱也能够确保安全。如果储户的存款本息超过了50万元，那超出的部分就可能遭受损失。商业银行在经营过程中，必须尽谨慎义务，加强建立存款准备金制度、存款保险制度，以化解存款风险。

第二种风险是货币贬值的风险。当通货膨胀发生的时候，货币就会贬值，银行的存款也会受到影响，可能就会出现贬值的情况。如果存款的利率小于通货膨胀率，那么银行存款也会出现贬值。这对于储户来说也是风险。

第三种风险是流动性差的风险。存款有定期存款和活期存款两种存款方式。定期存款的利率高，但流动性比较差。活期存款的流动性比较强，可是利率却比较低。很多储户选择定期存款主要就是看中了它的利率比较高，但是也不能忽视它流动性差这个问题，比如，活期存款可以随取随用，但是定期存款就不可以。如果需要紧急支取，那么定期存款就有损失利息的风险。如果提前支取，定期存款将按活期存款进行利息的计算，储户有损失利息的可能。

四、储蓄应注意的问题

尽管市场上的理财产品琳琅满目，但对普通投资者来说，通常他们更信赖传统型的银行存款。从银行存款的投资者偏好来说，看重本金百分之百安全，主要还是以中老年普通投资者为主。安全性是银行存款的“三性原则”之首，投资者选择银行的最大目的就是其安全性。

目前我国开放银行存款利率市场化，银行的大额存单和定期存款利率有所提高。银行存款方便且安全。虽然利率低是银行存款最大的缺陷，但由于本息有保障，不少居民还是选择把钱放在银行。在储蓄时，客户应该注意以下问题：

1. 选择合适的定期存款期限

根据自己预期的资金使用时间选择定期存款的期限。在办理定存的时候，不要直接办理期限最长的，要根据不同期限的利率、资金流动性的需求，决定选择哪种期限的银行定存。存款期限太长，如果急用钱，提前支取只能按活期利率计息，会损失很多利息。

2. 注意定期存款流动性

为了保证流动性，选择定期存款时，可以选择“一笔钱分多笔存”，或者是“长短搭配存”的方式，有急需用款储备和长期收益并存。存款采用梯形储蓄。梯形存款体系是以大额存款为前提的。如果投资者有 100 万元，20 万元可以存 1 年，30 万元可以存 2 年，50 万元可以存 3 年。这样既能增加收入，又能灵活提现。

4. 留意定期存款到期时间

有的储户没有办理自动转存，如果定期存款到期后不需要取出来，可以继续定存，但到期没有及时办理定存，那么就会转为活期存款，以活期利率来计算利息。如果金额比较大的话，活期的利息和定期的利息金额差异会很大。如果储户办理了自动转存，存款期限到期时，银行会自动把这笔钱存为定期，以定期存款利率计息。

5. 了解大额存单

大额存单与同期限的普通定期存款相比，利率会高一些。由于个人起存门槛较高，如果闲置资金比较多，可以考虑大额存单。同时，大额存单也受《存款保险条例》的保护，本质上就是一般存款，安全性和普通的定期存款一样。

6. 注意辨别存款、保险产品和理财产品

银行代售的保险产品和理财产品不是银行存款，虽然预计收益高于银行存款，但风险也比较高。有些保险产品和理财产品的周期较长，没有达到合同规定的期限不能提款。这些产品不受《存款保险条例》的保护，也无法确保还本付息。投资者应把安全性放在首位，注意分辨存款、保险产品和理财产品。如果投资者并不了解保险产品和理财产品，那么就不要随便购买。

6－2：债券投资

第二节 债券投资

债券（Bonds/debenture）是一种有价证券，是债务凭证。债券是政府、金融机构、工商企业等为筹集资金，按照法定程序发行并向债权人承诺于指定日期还本付息的有价证券。债券购买者或投资者与发行者之间是一种债权债务关系，债券发行人即债务人，投资者（债券购买者）即债权人。债务人筹借资金时，向债权人发行债券，进行借款，同时承诺按约定条件支付利息并偿还本金。债券包含了以下三层含义：

（1）债券的发行人（政府、金融机构、企业等机构）是资金的借入者，债务人。

（2）购买债券的投资者是资金的借出者，债券持有者是债权人。

（3）债券的发行人（借入者，债务人）需要按约定的条件还本付息。

一、债券基本要素

尽管债券种类多种多样，但是在内容上都包含一些基本的要素。债券要素是指发行的债券必须载明的基本内容，明确债权人和债务人权利与义务的主要约定。债券基本要素具体包括：发行人名称、债券面值、票面利率、偿还期、付息期。在很多情况下，债券发行者以公告或条例形式向社会公布债券的基本要素。

1. 发行人名称

发行人名称指明债券的债务主体，即债券由谁发行。债券的发行者可以是国家、地方政府或公司。发行人为债权人到期追回本金和利息提供依据。

2. 债券面值

债券面值是指债券的票面价值，是发行人对债券持有人在债券到期后应偿还的本金金额，也是发行人向债券持有人按期支付利息的计算依据。债券的面值与债券实际的发行价格并不一定相同，发行价格大于面值称为溢价发行，小于面值称为折价发行，发行价格等于面值称为平价发行或等价发行。

3. 票面利率

债券票面利率是指债券利息与债券面值的比率，是发行人承诺以后一定时期支付给债券持有人收益的计算标准。债券票面利率的确定主要受银行利率、发行者的资信状况、偿还期限和利息计算方法以及当时资金市场上资金供求情况等因素的影响。

4. 偿还期

债券偿还期是指规定的偿还债券本金的期限，即债券发行日至到期日之间的时间间隔。债券发行主体需要结合资金的用途，自身资金周转状况，以及外部资本市场的各种影响因素确定债券的偿还期。

5. 付息期

债券的付息期是指发行债券后，债务人利息支付的时间。债券的付息期可以是到期一次支付，或 1 年、半年或者 3 个月支付一次。到期一次付息的债券，其利息通常按单利计算；而年内分期付息的债券，其利息按复利计算。考虑到货币的时间价值和通货膨胀等因素的影响，付息期对债券投资者的实际收益存在很大影响。

二、债券的特征

债券作为一种债权债务凭证，主要特征有以下几点：

（1）偿还性。偿还性是指债券有规定的偿还期限，债务人必须按期向债权人支付利息和偿还本金。

（2）安全性。收益相对稳定，风险较小，不受市场利率影响。债券持有人的利益相对稳定，不随发行人经营收益的变动而变动，可以按期收回利息和本金。

（3）流通性。债券一般都可以在流通市场上自由转让。债券持有人可按需要和市场的实际状况灵活地转让债券，实现投资收益。

（4）收益性。收益性是指债券能为投资者带来一定的收入，即债券投资的回报。在实际经济活动中，债券收益可以表现为三种形式：一是投资债券可以给投资者定期或不定期地带来利息收入；二是投资者可以利用债券价格的变动买卖债券赚取差额；三是投资债券所获现金流入再投资的利息收入。

三、债券种类

（一）按发行主体

按发行主体分类，债券可分为政府债券、金融债券和公司债券三大类。

1. 政府债券

由政府发行的债券称为政府债券，主要包括国债、地方政府债券等。其中由中央政府发行的债券也称为公债或国库券，其发行债券的目的是为了弥补财政赤字或投资于大型建设项目；而由各级地方政府机构如市、县、镇等发行的债券称为地方政府债券，其发行目的主要是为地方建设筹集资金。因此它们都是一些期限较长的债券。以上两种政府债券的利息享受免税待遇。在政府债券中还有一类被称为政府保证债券，它主要是为一些市政项目及公共设施的建设筹集资金，而由一些与政府有直接关系的企业、公司或金融机构发行的债券，债券的发行均由政府担保，但不享受中央和地方政府债券的利息免税待遇。

国债通常信誉好、利率优、风险小。国家债券包括国家重点建设债券、国家建设债券、财政债券、特种债券、保值债券、基本建设债券，这些债券大多对银行、非银行金融机构、企业、基金等定向发行，部分也对个人投资者发行。向个人发行的国库券利率通常根据银行利率制定，一般比银行同期存款利率高 1—2 个百分点。在通货膨胀率较高时，国债也采用保值办法。

2. 金融债券

金融债券是由银行和非银行金融机构发行的债券。金融债券发行的目的一般是为了筹集长期资金，其利率一般也高于同期银行存款利率，而且持券者需要资金时可以随时转让。在我国金融债券主要由国家开发银行、进出口银行等政策性银行发行。金融机构一般有雄厚的资金实力，信用度较高，因此金融债券往往有良好的信誉。

3. 公司（企业）债券

在国外，没有企业债和公司债的划分，统称为公司债。它是由非金融性质的公司（企业）发行的债券，其发行目的是为了筹集长期建设资金。一般都有特定用途。

在我国，企业债券是按照《企业债券管理条例》规定发行与交易、由国家发展与改革委员会监督管理的债券。在实际中，其发债主体为中央政府部门所属机构、国有独资企业或国有控股企业，因此，它在很大程度上体现了政府信用。

公司债券管理机构为中国证券监督管理委员会，发债主体为按照《中华人民共和国公司法》设立的公司法人，主要是有限责任公司或股份有限公司，其信用保障是发债公司的资产质量、经营状况、盈利水平和持续盈利能力等。公司债券在证券登记结算公司统一登记托管，可申请在证券交易所上市交易，其信用风险一般高于企业债券。

企业债券和公司债券越来越成为机构投资者或个人投资者的投资对象。按有关规定，企业（公司）要发行债券必须先由信用评级机构对其进行评级，级别达到一定标准才可发行。由于企业（公司）的信用水平低于政府和金融机构，所以企业债券和公司债券的风险相对较大，因而其利率一般也较高。

（二）按期限长短分类

根据偿还期限的长短划分，债券可分为短期债券、中期债券和长期债券。一般的划分标准是：期限在 1 年以内的为短期债券，在 10 年以上的为长期债券，而期限在 1 年以上、10 年以下的为中期债券。

（三）按财产担保

按有无抵押担保划分，债券可分为信用债券、抵押债券、担保债券三种。

1. 信用债券

信用债券是指没有抵押品，完全凭信用发行的债券。债券投资者借以依赖的是债券发行机构的资产性质、收益能力以及信誉的好坏程度，因此只有那些信用等级高的发债机构才有可能发行信用债券。国债、金融债券、信用良好的企业发行的企业债券或公司债券都是信用债券。

与抵押债券相比，信用债券的持有人承担的风险较大，因而往往要求较高的利率。为了保护投资人的利益，发行这种债券的公司往往会受到种种限制，在债券契约中都要加入保护性条款，如不能将资产抵押给其他债权人、不能兼并其他企业、未经债权人同意不能出售资产、不能发行其他长期债券等。公司结业清算时，信用债券持有人的求偿权和普通债权人一样。未抵押的资产越多，债券持有人受保护程度越大，风险越小。

2. 抵押债券

抵押债券是指以企业财产作为担保的债券。债券发行人在发行债券时，通过法律上的适当手续将债券发行人的部分财产作为抵押，一旦债券发行人出现偿债困难，则出卖这部分财产以清偿债务。按抵押品的不同又可以分为一般抵押债券、不动产抵押债券、动产抵押债券和证券信托抵押债券。以不动产如房屋等作为担保品的，称为不动产抵押债券；以动产如适销商品等作为提保，称为动产抵押债券；以有价证券如股票及其他债券作为担保品的，称为证券信托债券。

在这一法律关系中有债券和信托协议两个凭证，涉及债券发行人、债券持有人和债券信托人三方面的关系。债券信托人代表债券持有人保管抵押品或留置品。债券发行人到期无力偿还本息时，债券持有人通过其信托人行使对抵押品或留置品的处理权。信托人就可将担保品变卖处置，以保证债权人的优先求偿权。

3. 担保债券

担保债券是指由一定保证人做担保而发行的债券。当企业没有足够的资金偿还债券时，债权人可要求保证人偿还。保证人向债权人保证债务人履行债务，债务人不履行债务的，按照约定由保证人履行或者承担连带责任；保证人履行债务后，有权向债务人追偿。

（四）按债券形态分类

按债券形态的不同，债券可分为实物债券、凭证式债券和记账式债券。

1. 实物债券

实物债券是一种具有标准格式实物券面的债券。在标准格式的债券券面上，一般印有债券面额、债券利率、债券期限、债券发行人全称、还本付息方式等各种债券票面要素。其不记名，不挂失，可上市流通。实物债券由于其发行成本较高，已经被逐步取消。

2. 凭证式债券

凭证式国债是指国家采取不印刷实物券，而用填制“国库券收款凭证”的方式发行的国债。我国于1994年开始发行凭证式国债。我国的凭证式国债通过各银行储蓄网点和财政部门国债服务部面向社会发行。凭证式国债具有类似储蓄、又优于储蓄的特点，通常被称为“储蓄式国债”。凭证式国债不印制票面金额，而是根据认购者的认购额填写实际的缴款金额。凭证式国债从购买之日起计息，可记名、可挂失，但不能上市流通。其与储蓄类似，但利息比储蓄高。

3. 记账式债券

记账式债券是没有实物形态的票券，利用证券账户通过电脑系统记录债权，完成债券发行、交易及兑付的全过程。如果投资者购买记账式债券，就必须在证券交易所设立账户。所以，记账式国债又称为无纸化国债。通过沪、深交易所的交易系统发行和交易的记账式国债就是这方面的实例。记账式国债可以记名、挂失，安全性较高，同时由于记账式债券的发行和交易均无纸化，所以发行时间短，发行效率高，交易手续简便，成本低，交易安全。

凭证式国债与记账式国债的区别如下：

（1）债权记录方式不同。记账式国债通过债券托管系统记录债权，投资者购买记账式国债必须开设账户；购买凭证式国债则不需开设账户，由发售银行向投资者出示凭证式国债收款单作为债权记录的证明。在发行方式上，记账式国债通过电脑记账、无纸化发行，而凭证式国债通过纸质记账凭证发行。

（2）在流通转让方面，记账式国债可自由买卖，流通转让也较方便、快捷。凭证式国债只能提前兑取，不可流通转让，提前兑取还要支付手续费。

（3）票面利率确定机制不同。记账式国债的票面利率由国债承购包销团成员投标确定。凭证式国债的利率是财政部和中国人民银行参照同期银行存款利率及市场供求情况等因素确定的。

（4）在还本付息方面，记账式国债每年付息，可当日通过电脑系统自动到账；凭证式国债是到期后一次性支付利息，客户需到银行办理。

（5）在收益方面，记账式国债要略好于凭证式国债，通常记账式国债的票面利率要略高于相同期限的凭证式国债。记账式国债二级市场交易价格由市场决定，买卖价格（净价）有可能高于或低于发行面值。当卖出价格高于买入价格时，表明卖出者不仅获得了持有期间的国债利息，同时还获得了部分价差收益，当卖出价格低于买入价格时，表明卖出者虽然获得了持有期间的国债利息，但同时也付出了部分价差损失。因此，投资者购买记账式国债于到期前卖出，其收益不能提前预知。而凭证式国债在发行时就将持有不同时间提前兑取的分档利率做了规定，投资者提前兑取凭证式国债，按其实际持有时间及相应的利率档次计付利息。也就是说，投资者提前兑取凭证式国债所能获得的收益可提前预知，不会随市场利率的变动而变动。

（五）按发行区域分类

按发行的区域划分，债券可分为国内债券和国际债券。国内债券是由本国的发行主体以本国货币为单位在国内金融市场上发行的债券。国际债券则是本国的发行主体在别国或国际金融组织等以外国货币为单位在国际金融市场上发行的债券。

（六）按募集方式

按照是否公开发行划分，债券可分为公募债券和私募债券。

公募债券（Public Offering Bond）是指向社会公开发行，其发行对象不限定，任何投资者均可购买的债券，向不特定的多数投资者公开募集的债券，它可以在证券市场上转让。公募债券向投资者提供多种财务报表和资料，以保护投资者利益。

私募债券（Private Placement Bond）是指向与发行者有特定关系的少数投资者募集的债券，其发行和转让均有一定的局限性。私募债券的发行手续简单，一般不能在证券市场上交易。该债券的发行范围很小，流动性较差，但其利率水平较公募债券高。

（七）按付息的方式

根据利息支付方式的不同，债券可分为零息债券、固定利率债券、浮动利率债券。

1. 零息债券

零息债券是指以贴现方式发行，不附息票，而于到期日时按面值一次性支付本利的债券。零息债券发行时按低于票面金额的价格发行，而在兑付时按照票面金额兑付，其利息隐含在发行价格和兑付价格之间。零息债券的最大特点是避免了投资者所获得利息的再投资风险。零息债券是不派息的债券，投资者购买时可获折扣（即以低于面值的价格购买），在到期时收取面值。由于这些特性，零息债券对利率的变化特别敏感。一般而言，债券价格与利率变动成反比关系。

2. 固定利率债券

固定利率债券是利率固定，并按期向债券持有人支付利息的债券。该利率不随市场利率的变化而调整。固定利率债券不考虑市场变化因素，因而其筹资成本和投资收益可以事先预计，不确定性较小，但债券发行人和投资者仍然必须承担市场利率波动的风险，如果未来市场利率下降，发行人能以更低的利率发行新债券，则原来发行的债券成本就显得相对高昂。

3. 浮动利率债券

浮动利率债券的息票率是随市场利率变动而调整的利率。因为浮动利率债券的利率同当前市场利率挂钩，而当前市场利率又考虑了通货膨胀率的影响，所以浮动利率债券可以较好地抵制通货膨胀风险。其利率通常根据市场基准利率加上一定的利差来确定。浮动利率债券往往是中长期债券。

（八）按能否提前偿还

按是否能够提前偿还划分，债券可以分为可赎回债券和不可赎回债券。

1. 可赎回债券

可赎回债券（Callable Bond）是指在债券到期前，发行人有权利在既定的时间和市场条件下按事先约定的赎回价格收回的债券。公司发行可赎回债券主要是考虑到公司未来的投资机会和回避利率风险等问题，以增加公司资本结构调整的灵活性。发行可赎回债券最关键的问题是赎回期限和赎回价格的制定。当市场利率降低到比票面利率低很多时，如果可赎回债券发行人认为把债券赎回，然后按较低的利率重新发行债券对自己更有利，债券发行人一般情况下会将债券赎回。

2. 不可赎回债券

不可赎回债券是指不能在债券到期前收回的债券。

（九）按是否可转换

按是否能够转换划分，债券可分为可转换债券和不可转换债券。

1. 可转换债券

可转换债券（Convertible Bond）在特定时期内可以转换为债券发行公司的股票。可转换债券具有债务与权益双重属性，属于一种混合性筹资方式。本质上讲，可转换债券是在发行公司债券的基础上附加了一份期权，允许购买人在规定的时间范围内将其购买的债券转换成指定公司的股票。由于可转换债券赋予债券持有人将来成为公司股东的权利，因此其利率通常低于不可转换债券。若将来转换成功，在转换前发行企业达到了低成本筹资的目的，转换后又可节省股票的发行成本。可转换债券兼具债权和期权的特征。

2. 不可转换债券

不可转换债券是指不能转换为普通股的债券，又称为普通债券，其利率一般高于可转换债券。

四、债券收益率的计算

投资债券时，投资者最关心的是债券收益有多少。为了精确衡量债券收益，一般使用债券收益率这个指标。债券收益率是债券收益与其投入本金的比率，通常用年收益率表示。债券收益不同于债券利息。债券利息仅指债券票面利率与债券面值的乘积。但由于人们在债券持有期内，还可以在债券市场进行买卖，赚取价差，因此，债券收益除利息收入外，还包括买卖盈亏差价。

决定债券收益率的主要因素有债券的票面利率、期限、面值和购买价格。

最基本的债券收益率计算公式如下：

债券收益率 =（到期本息和 - 发行价格）÷（发行价格 × 偿还期限）×100%

由于债券持有人可能在债券偿还期内转让债券，因此，债券的收益率是债券持有期间的收益率。

债券持有期间的收益率 =（卖出价格或到期价 - 买入价格 + 持有期间的利息）÷（买入价格 × 持有年限）×100%

例 1：如某人于 2020 年 1 月 1 日以 102 元的价格购买了一张面值为 100 元、利率为 10%、每年 1 月 1 日支付一次利息的 2016 年 1 月 1 日发行 5 年期国库券，并持有到 2021 年 1 月 1 日到期，则：

2020 年 1 月 1 日债券出售者的年收益率 =（102 - 100 + 100 × 10% × 4）÷（100 × 4）×100% = 10.5%

2020 年 1 月 1 日债券购买者持有债券到期的年收益率 =（100 + 100 × 10% - 102）÷（102 × 1）×100% = 7.8%

例 2：某人于 2013 年 1 月 1 日以 120 元的价格购买面值为 100 元、利率为 10%、每年 1 月 1 日支付一次利息的 2012 年发行的 10 年期国库券，并持有到 2018 年 1 月 1 日以 140 元的价格卖出，则：

债券持有期间的收益率 =（140 - 120 + 100 × 10% × 5）÷（120 × 5）×100%
= 11.7%

以上计算没有考虑把获得的利息进行再投资的因素。

五、债券的发行价格和交易价格

债券价格分为发行价格和交易价格。

债券的发行价格（Bond issuing price）是指债券原始投资者购入债券时应支付的市场价格，它与债券的面值可能一致也可能不一致。理论上，债券发行价格是债券的面值和要支付的年利息按发行时的市场利率折现所得到的现值。票面利率和市场利率的关系影响债券的发行价格。当债券票面利率等于市场利率时，债券发行价格等于面值，称为平价发行；当债券票面利率低于市场利率时，企业仍以面值发行就不能吸引投资者，故一般要折价发行；反之，当债券票面利率高于市场利率时，企业仍以面值发行就会增加发行成本，故一般要溢价发行。在实务中，根据上述公式计算的发行价格一般是确定实际发行价格的基础，但还要结合发行公司自身的信誉情况。

债券的交易价格是指投资者在二级市场转让债券的成交价。有的债券成交不活跃，一些机构投资者通常用第三方估值，如中央国债登记结算公司、中证指数公司的债券估值来计量债券价值。

六、债券评级

债券信用评级是由某些权威机构通过对债券发行者的财务状况及经营状况全面调查后对其所发行债券、按一定标准所评定出的级别，可作为投资者衡量债券投资风险的重要指标和债券管理机构对债券进行管理的依据。

由于债券的筹资数额巨大，所以对发行单位的资信评级是必不可少的一个环节。评级的主要内容包括：①分析债券发行单位的偿债能力。②考察发行单位能否按期付息。③评价发行单位的费用。④考察投资人承担的风险程度。

公司公开发行债券通常需要由债券评信机构评定等级。债券的信用等级对发行公司和购买人都有重要影响。债券信用评级有利于保护投资者利益。债券信用评级可以通过评级公开债券发行人的信用质量和偿债的可靠性，使投资者在做出投资决策前了解拟投资债券的风险程度。债券信用评级有利于债券发行人降低融资成本。如果债券的风险不确定，债券信用评级越低，投资者可能会要求更高的回报，而债券信用评级的作用在于它能够标记债券的风险程度，使投资者能够接受一个较低但与其风险程度相匹配的收益率。债券信用评级促进债券市场建设，债券信用评级提高市场效率。债券信用评级提高了市场信息的透明度，加快了传播速度，促进了平等竞争，减少了市场操纵，规范了市场交易和运作；有了债券信用评级，社会资源就可以按照债券信用评级的高值高价、低值低价的市场原则有效确定流向，从而提高资源配置的水平和效率。

目前国际上公认的最具权威性的信用评级机构主要有美国标准·普尔公司和穆迪投资服务公司。上述两家公司负责评级的债券很广泛，包括地方政府债券、公司债券、外国债券等，由于它们拥有详尽的资料，采用先进科学的分析技术，又有丰富的实践经验和大量专门人才，因此它们做出的信用评级具有很高的权威性。标准·普尔公司信用等级标准从高到低可划分为：AAA 级、AA 级、A 级、BBB 级、BB 级、B 级、CCC 级、CC 级、C 级和 D 级。穆迪投资服务公司信用等级标准从高到低可划分为：Aaa 级，Aa 级、A 级、Baa 级、Ba 级、B 级、Caa 级、Ca 级、C 级。两家机构信用等级划分大同小异。前四个级别债券信誉高，风险小，是“投资级债券”；从第五级开始的债券信誉低，是“投机级债券”。

中国境内债券等级分为 3 等 9 级。AAA 级为最高级，AA 级为高级，A 级为上中级，BBB 级为中级，BB 级为中下级，B 级为投机级，CCC 级为完全投机级，CC 级为最大投机级，C 级为最低级。债券评级是衡量违约风险的重要指标，债券评级直接影响债务融资的利率和企业债务成本。在一般情况下，信用等级高的债券以较低的利率发行；信用等级低的债券风险大，只能以较高的利率发行。

七、上市债券交易

上市债券的交易方式主要有债券现货交易、债券回购交易和债券期货交易。

（一）债券现货交易

买卖双方根据商定的付款方式，在较短的时间内进行交割清算，即卖者交出债券，买者支付现金。目前在沪、深证券交易所交易的债券有现货交易。投资者可直接通过证券账户买卖已经上市的债券品种。

（二）债券回购交易

债券回购是指交易双方在进行债券交易的同时，以契约方式约定在将来某一日期以约定的价格（本金和按约定回购利率计算的利息），由债券的卖方（正回购方）向买方（逆回购方）再次购回该笔债券的交易行为。债券回购交易有质押式回购和买断式回购两种。质押式回购是指回购双方自主协商约定，由正回购方（即资金融入方）将债券出质给逆回购方（即资金融出方）以融入资金，并在未来返还资金和支付回购利息，同时解除债券质押登记的交易。买断式回购是指债券持有人将一笔债券卖给债券购买方的同时，交易双方约定在未来某一日期，再由卖方以约定价格从买方回购相等数量同种类债券的交易行为。沪、深证券交易所均有债券回购交易，机构投资者和个人投资者都能参与。

（三）债券期货交易

债券期货交易是指在将来某一特定日期以双方承诺约定的价格买卖某特定债券的交易。国债期货交易就是债券期货交易的一种。国债期货是指通过有组织的交易场所预先确定买卖价格并于未来特定时间内进行钱券交割的国债派生交易方式。国债期货属于金融期货的一种，是一种高级的金融衍生工具。中国金融期货交易所上市三个系列的国债期货，即 2 年期国债期货、5 年期国债期货、10 年期国债期货。

八、从债券发行人（债务人）的角度看债券发行的优缺点

从债券发行人的角度出发，发行债券的优点包括：

（1）融资成本低。债券的利息可以税前列支，具有抵税作用。由于债券投资人比股票投资人的投资风险低，因此其要求的收益率也较低。所以公司债券的资本成本要低于普通股。

（2）具有财务杠杆作用。债券的利息是固定的费用，债券持有人除获取利息外，不能参与公司净利润的分配，所以具有财务杠杆作用。当资产的投资收益率高于债券利息率时，在息税前利润增加的情况下会使股东的回报以更快的速度增加。

（3）所筹集资金属于长期资金。发行债券所筹集的资金一般属于长期资金，使用期限超过一年，这为企业安排投资长期项目提供了有力的资金支持。

（4）债券筹资的范围广且金额大。债券筹资可以采用公开募集和私募的方式，发行对象范围广泛，可以向各类银行或非银行金融机构筹资，也可以向其他法人机构或个人筹资，因此筹资比较容易并可筹集较大金额的资金。

从债券发行人的角度出发，发行债券的缺点包括：

（1）财务风险大。债券有固定的到期日和固定的利息支出，当企业资金周转出现困难时，易使企业陷入财务困境，甚至破产清算。因此通过发行债券筹资时，筹资企业必须考虑利用债券等负债筹资方式所筹集资金使用的安全性，投资项目未来收益的稳定性和增长性。

（2）限制性条款多，资金使用缺乏灵活性。因为债权人没有参与企业经营管理，为了保障债权人债权的安全，通常会在债券合同中包括各种限制性条款。这些限制性条款会影响企业资金使用的灵活性。

九、从债券投资人（债权人）的角度看债券投资的优缺点

从债券投资人的角度出发，债券投资的优点包括：

（1）债券的本金具有比较好的安全性。债券投资本金的安全性由债券发行机构的信用决定，安全性较高。

（2）债券收益高于银行存款。债券的利率一般高于银行存款利率，利息收入固定，是稳定的现金流量。

（3）债券的流动性较强。如果债券在二级市场自由流通，投资者不一定需要到期才能还本，随时可以变现。有些债券可以利用债券合同中附买回及卖出回购约定，有不同的到期日可供选择，可以灵活调度资金。

从债券投资人的角度出发，债券投资的缺点包括：

（1）通货膨胀风险较大。债券的价格受实际利率变化和通货膨胀等的影响。利率上扬时，债券价格会下跌，对抗通货膨胀的能力较差。

（2）投资者没有企业的经营管理权，不能分享企业的经营成果。

债券投资人比股票投资人的投资风险低，但也存在风险。面对债券投资过程中可能遇到的各种风险，投资人应认真加以对待。首先，投资人可以利用各种方法和手段去了解风险、识别风险，寻找风险产生的原因；其次，制定风险管理的原则和策略，运用各种技巧和手段去规避风险、转嫁风险，减少风险损失，力求获取最大收益。通常可以采用以下方式规避风险：

（1）认真进行投资前的风险分析。在投资之前，应通过各种途径充分了解和掌握各种信息，从宏观和微观两个方面去分析投资对象可能带来的各种风险。

（2）制定各种能够规避风险的投资策略。

①债券投资期限梯形化。所谓期限梯形化是指投资者将资金分散投资在不同期限的债券上，投资者手中经常保持短期、中期、长期的债券，无论什么时候，总有一部分即将到期的债券，当它到期后，可以把资金投资到长期的证券中去。

②债券投资种类分散化。所谓种类分散化是指投资者将自己的资金分别投资于多种债券，如国债、金融债券、企业债券等。各种债券的收益和风险各不相同。

③保持债券投资的流动性要求。如果投资者需要保持一定的流动性，可以将资金较多地配置在短期债券上或者流动性好的长期债券上。

（3）运用各种有效的风险规避方法和技巧。如果投资者的投资组合中，配置了较多的债券投资，可以利用国债期货交易进行套期保值。国债期货套期保值交易对规避国债投资中的利率风险十分有效。国债期货交易是指投资者在金融市场上买入或卖出国债现货的同时，相应地做一笔同类型债券的远期交易，然后灵活地运用空头和多头交易技巧，在适当的时候对两笔交易进行对冲，用期货交易的盈亏抵补或部分抵补相关期限内现货买卖的盈亏，从而达到规避或减少国债投资利率风险的目的。

十、我国的债券市场

我国债券市场近年来迅速发展，无论从其债券交易主体数量还是交易规模来看，都在迅猛扩张，市场间的交易品种及交易工具等丰富多样，在债券总托管量上已成为全球第二大债券市场。债券市场在我国金融市场上的地位越来越重要。但是目前我国的债券市场，无论是其规模、品种，还是债券市场的发育程度等诸多方面都存在巨大的发展空间。将中美债券市场进行比较可以发现：

1. 债券市场的发行规模比较分析

在美国资本市场上，债券市场具有很重要的作用，债券品种发展也比较成熟。其规模也远远大于股票市场。美国每年发行国债的数额占 GDP 的比例为 100%，且市场可流通的债券品种丰富，既有国债、市政债券，也有公司债券、联邦机构债券等。

我国的债券和美国相比差距较大。每年发行总量占 GDP 的 15% 左右，且品种比较单一，主要有国债、中央银行债、政策性银行债、公司债等。

2. 债券市场投资品种比较分析

在美国的债券市场，以企业为发行主体的债券产品已经占据了举足轻重的地位。包括公司债券、资产证券化产品在内的企业直接债务融资工具占了债券市场整体规模的 60% 以上。企业发行的债券产品种类繁多。政府发行的短期债券占政府发行量的 40%。除此之外，不少地方政府、地方公共机构也发行地方政府债券。

在我国债券市场中，政府债券占相当大的比重。其中国库券和央行票据占债券市场的比重达到 70%，且大部分为 5—10 年的中长期债券。企业债券公司债券所占比重较小。

3. 债券的流通市场比较分析

美国的债券流通是以场外交易为主的交易市场。同时，电子化交易系统的普遍应用也大大促进了流通市场的活跃。债券市场的日交易量是纽约股票交易所日交易股票数量的 13 倍之多。政府债券及政府支持机构发行的债券十分活跃。

在我国债券流通以沪深证券交易市场、银行间债券交易市场和证券经营机构柜台交易市场为主。交易量比较小，整体换手率大约是美国债券市场的 1/10。

4. 投资者结构比较分析

美国债券投资者主要以银行、基金、个人、保险公司、国外和国际机构投资者等为主，各类投资者持有债券比例比较平衡。而我国债券市场投资结构不尽合理，主要有国有商业银行、股份制商业银行、城市商业银行、农村信用社、保险公司、证券公司、基金管理机构等。市场参与数量虽然众多，但债券持有比例不均等，外资机构参与度较低。

第三节
股票投资

6－3：股票投资

股票（Stock）是股份公司的部分所有权，是发行的所有权凭证，是股份公司为筹集资金而发行给各个股东作为持股凭证，并借以取得股息和红利的一种有价证券。股票是股份公司资本的构成部分，股票可以转让、买卖，是资本市场的主要长期信用工具，但不能要求公司返还其出资。股东凭借它可以分享公司成长或交易市场波动带来的利润，但也要共同承担公司运作错误所带来的风险。

股票是企业股权的权属证明，将公司的股份进行定量的份额划分，每一份代表拥有股份的数量。每股股票都代表股东对企业拥有一个基本单位的所有权。同一类别的每一份股票所代表的公司所有权相等。每个股东所拥有的公司所有权份额的大小，取决于其持有的股票数量占公司总股本的比重。

股票是永不偿还的有价证券，股份公司不会对股票的持有者偿还本金。一旦购入股票，就无权向股份公司要求退股，股东的资金只能通过股票的转让来收回，将股票所代表的股东身份及其各种权益让渡给受让者。股票股价在转让时会受到公司收益、公司前景、市场供求关系、经济形势等多种因素的影响。所以说投资股票有一定风险。

在股票市场中，发行股票的公司根据不同投资者的投资需求发行不同的股票。按照不同的标准，股票可分为几个种类。我们通常所说的股票是指在上海、深圳和北京证券交易所挂牌交易的A股，这些A股也可称为流通股、社会公众股、普通股。

一、股票的特征

1. 参与性

股东有权出席股东大会，选举公司董事会，参与公司重大决策。股票持有者的投资意志和享有的经济利益，通常是通过出席股东大会来行使股东权。股东参与公司决策的权利大小，取决于其所持有股份的多少。从实践中看，只要股东持有的股票数量达到左右决策结果所需的实际多数时，就能掌握公司的决策控制权。

2. 收益性

收益性是股票最基本的特征，是指股票可以为持有人带来收益的特征。股票的收益来源可分成两类：一是来自股份公司的股息和红利；二是来自股票流通产生的资本利得（差价收益）。

3. 流通性

股票的流通性是指股票在不同投资者之间的可交易性。流通性通常以可流通的股票数量、股票成交量以及股价对交易量的敏感程度来衡量。可流通股数越多，成交量越大，价格对成交量越不敏感，股票的流通性就越好，反之就越差。

股票的流通可以使投资者在市场上卖出所持有的股票，取得现金。通过股票的流通和股价的变动，反映投资者对相关行业和上市公司的发展前景和盈利潜力的判断。

那些在流通市场上吸引大量投资者、股价不断上涨的行业和公司，可以通过增发股票不断吸收大量资本进入生产经营领域，从而起到优化资源配置的效果。

4. 风险性

股票在交易市场上作为交易对象，同商品一样，有自己的市场行情和市场价格。由于股票价格会受到诸如公司经营状况、供求关系、银行利率、大众心理等多种因素的影响，其波动有很大的不确定性。

正是这种不确定性有可能使股票投资者遭受损失。价格波动的不确定性越大，投资风险也越大。因此，股票是一种高风险的金融产品。

股票风险的内涵是股票投资收益的不确定性，或者说实际收益与预期收益之间的偏差。投资者在买入股票时，对其未来收益会有一定预期，但真正实现的收益可能会高于或低于原先的预期，这就是股票的风险。风险本身是一个中性概念，风险不等于损失。

5. 永久性

股票所载有权利的有效性始终不变，因为它是一种无限期的法律凭证。股票的有效期与股份公司的存续期间相联系，两者是并存的关系。

二、股票的作用

（一）对社会经济的作用

通过股票市场的建立，可以广泛地集中社会闲散资金，为经济建设发展服务，扩大生产建设规模，推动经济的发展。可以充分发挥市场机制，通过股票的发行与流通，促进资金的融通，提高资源配置的总体效益。股票市场还可以促进我国经济体制改革的深化发展，特别是股份制改革的深入发展，有利于理顺产权关系，使政府和企业能各就其位，各司其职，各用其权，各得其利。

（二）对企业的作用

股票是企业筹集资金的一种有效手段，这是股票最原始的作用。

（1）通过发行股票，上市公司可以充分吸收投资者手中的闲散资金，将其转化为自己的经营资本。由于股票投资的无期性，股份制企业对所筹资金不需还本，因此可长期使用，有利于股份制企业的经营和扩大再生产。

（2）股票是企业分散自身风险的一种方法，无论是哪一类企业，总会有经营风险存在，当发起人难以或不愿承担所面临的风险时，他们总会想方设法地将风险转嫁或分摊给他人，而通过发行股票来组成股份公司就是分散投资风险的一个好方法。

（3）通过发行股票来实现创业资本的增值，当一家业绩优良的企业发行股票时，其发行价要高出其每股净资产许多，股票的溢价发行使股份公司发起人的创业资本得到增值。

（4）通过股票的发行上市还可以起到广告宣传的作用，一家公司上市发行股票自然就进入了广大投资者的视野，而且上市往往是品质的保障，对于普通客户来说也有吸引力。

（5）发行股票还有利于股份制企业建立和完善公司治理机制，加强股东大会、董事会和监事会对管理层的监督。

（三）对投资者的作用

股票是上市公司发行的一种凭证。持有这个证书意味着成为公司的股东。投资股票的好处如下：

（1）可以为投资者开拓投资渠道，扩大投资的选择范围，适应了投资者多样性的投资动机、交易动机和利益需求，一般来说，能为投资者提供获得较高收益的可能性。

（2）股票投资具有投机性，投资者可以进行短期投资。

（3）股票投资流动性好。股票投资很容易实现，不像固定资产和实物投资。

（4）股票投资门槛低，个人投资者介入成本比较低。

三、股票市场

股票市场是股票发行和交易的场所。股市参与者包括市场主体（股票发行者和股票投资者）、证券中介机构、自律性组织和证券监督机构。这些主体各司其职，充分发挥其自身作用，构成了一个完整的证券市场参与体系。

股票市场包括交易所市场和场外交易市场两大类别。股票市场的前身起源于1602年荷兰人在阿姆斯特河大桥上进行荷属东印度公司股票的买卖，而正规的股票市场最早出现在美国。我国有上交所、深交所和北交所，还有香港证券交易所和台湾证券交易所。

（一）股票发行市场

股票发行市场也称为一级股票市场，是筹集资金的公司向初始购买者出售其新发行的股票的金融市场，投资者可以在该市场认购该公司发行的股票。通过股票发行市场，发行人筹集到了公司所需的资金；投资者也通过购买股票成了公司股东，从而实现储蓄转化为资本的过程。股票发行目的：一是为新设立的公司筹措资金；二是为已有的公司扩充资本。

股票发行是发行公司自己或通过证券承销商（信托投资公司或证券公司）向投资者推销新发行股票的活动。两种方式各有利弊，前者发行费用较低，但筹资时间较长。后者筹资时间较短，但费用较高，需要付给投资公司、信托公司或承销商一定的手续费。

股票发行方式如图6－1所示。

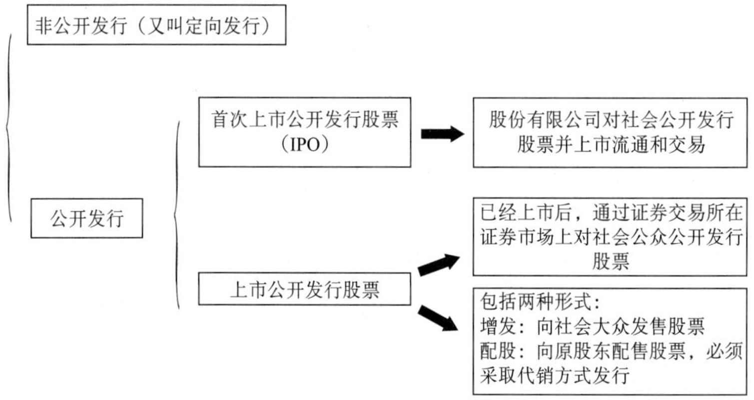

图6－1　股票的发行方式

股票发行市场主要包括股票承销商、股票投资者和股票发行人。投资者的实际投资能力和发行人的股票发行规模决定了发行市场的发育程度和存量容量。同时为了使发行人和投资者都能顺利实现自己的目标，保证发行的顺利进行，中介发行市场负责承购和承销股票，代表发行人发行股票，并向发行人收取手续费用。这样，发行市场一手联系投资者，一手联系发行人，以承销商为中心，积极开展股票发行活动。如图 6－2 所示。现在股票发行大多通过交易网络进行。

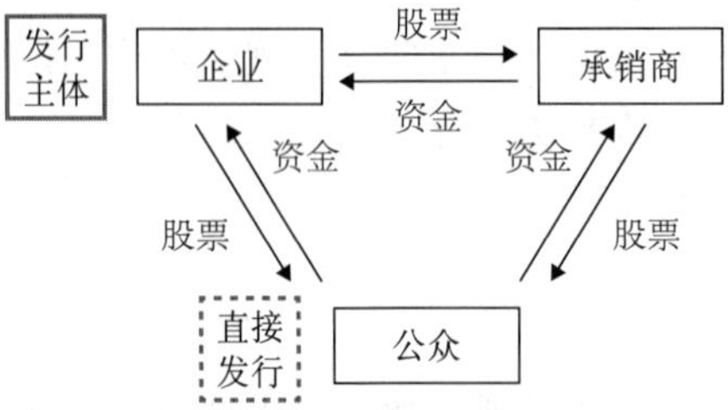

图 6－2 股票发行市场

（二）股票交易市场（流通市场）

二级市场指的是股票的流通市场，也就是我们常说的股市。在二级市场中，一级市场中的买家会将其购买的股票与其他投资者进行交易。在这一过程中，资金并不会直接流向上市公司，不过二级市场中股价的变动也会给公司带来深远的影响。二级市场包括：

（1）证券交易所市场。其是专门经营股票、债券交易的有组织的市场。进入交易的股票必须是在证券交易所登记并获准上市的股票。我国上交所和深交所可以进行上市股票的交易。

（2）场外交易市场。其又称为证券商柜台市场或店头市场，主要交易对象是未在交易所上市的股票。店头市场股票行市价格由交易双方协商决定。

（三）发行市场（一级市场）和流通市场（二级市场）的关系

发行市场和流通市场两者构成了一个完整的证券市场。发行市场和流通市场是相互制约、相互依存、不可分割的整体。流通市场是投资者投资的场所，发行市场是投融资的场所。

发行市场是流通市场的基础，而流通市场反过来也会影响整个发行市场。发行市场和流通市场的关系如下：

（1）发行市场是流通市场的前提和基础，首先是证券的发行，其次是证券的流通。证券发行的规模、类型和数量决定了流通市场的运行规模。

（2）流通市场是发行市场不断扩大的必要条件。只有流通市场为发行的证券提供流通保障，发行市场才能充满活力。

（3）发行市场和流通市场的交易主体不同。发行市场是以投资者和上市公司为交易主体的初始发行市场；而流通市场为发行后市场，以投资者和投资者为交易主体。

投资者参与股票发行市场，主要是通过打新股。在新股发行前，投资者如果有新股申购额度，可以在申购当天参与新股的申购。投资者参与流通市场的交易，只要有股票账户就可以买卖，但是某些特定的板块需要满足一定的条件才能交易。

四、股票与股东

普通股是股份公司资本构成中最普通、最基本的股份，是股份企业资金的基础部分。普通股是指在公司的经营管理和盈利及财产的分配上享有普通权利的股份，享受对企业盈利和剩余财产最后的索取权。现在上海、深圳和北京证券交易所上进行交易的股票都是普通股。持有某公司的普通股股票，就意味着拥有某公司的股份，具有某公司的股东资格，对某公司享有股东权利；持有的股票越多，拥有的公司股份比例就越高，可行使的股东权利就越大。普通股股东按其所持有股份比例享有以下基本权利：

（1）公司决策参与权。普通股股东有权参与股东大会，并有建议权、表决权和选举权，也可以委托他人代表其行使其股东权利。普通股的股东拥有发言权和表决权，有权在公司重大问题进行发言和投票表决的权利。投票表决权的大小与普通股的持股比例相关。

（2）利润分配权。普通股股东有权从公司利润分配中得到股利。但是必须是在公司支付了债息和优先股的股息后才可获得股利。普通股的股息不固定，由公司盈利状况及其分配政策决定。

（3）优先认股权。如果公司需要扩张而增发普通股股票时，现有普通股股东有权按其持股比例，优先购买新发行的股票，有时可以低价购入新发行的股票，从而保持其对企业所有权的原有比例。

（4）剩余资产分配权。公司破产或在结业的时候需要进行清算时，普通股权的股东需要在债权人和优先股股东之后才能分得剩余财产。

五、股票交易方式

转让股票进行买卖的方法和形式称为交易方式，它是股票流通交易的基本环节。现代股票流通市场的买卖交易方式种类繁多，从不同的角度可以分为以下三类：

（一）直接交易和间接交易

按达成交易的方式不同，分为直接交易和间接交易。直接交易是买卖双方直接洽谈，股票也由买卖双方自行清算交割，在整个交易过程中不涉及任何中介的交易方式。场外交易绝大部分是直接交易。间接交易是买卖双方不直接见面和联系，而是委托中介人进行股票买卖的交易方式。证券交易所的经纪人制度就是典型的间接交易。

（二）议价买卖和竞价买卖

从买卖双方决定价格的不同，分为议价买卖和竞价买卖。议价买卖就是买方和卖方一对一地面谈，通过讨价还价达成买卖交易。它是场外交易中常用的方式。一般在股票不上市、交易量少，需要保密或为了节省佣金等情况下采用。竞价买卖是指买卖双方都是由若干个体组成的群体，双方公开进行双向竞争的交易，即交易不仅在买卖双方之间有出价和要价的竞争，而且在买者群体和卖者群体内部也存在着激烈的竞争，最后在买方出价最高者和卖方要价最低者之间成交。在这种双方竞争中，买方可以自由地选择卖方，卖方也可以自由地选择买方，从而使交易比较公平，产生的价格也比较合理。竞价买卖是证券交易所中买卖股票的主要方式。

(三) 现货交易和期货交易

按交割期限不同，分为现货交易和期货交易。现货交易是指股票买卖成交以后，马上办理交割清算手续，当场钱货两清。期货交易则是股票成交后按合同中规定的价格、数量，过若干时期再进行交割清算的交易方式。

六、股票的价格与收益率

(一) 股票面值

面值是股份公司在发行的股票票面上所标明的金额，即票面金额。股票面值通常以每股为单位，股票上市发行公司将其资本额分为若干股，每一股所代表的资本额即为每股面值。股票的面值固定，以元/股为单位，其作用是用来表明每一张股票所包含的资本金额。在我国上海和深圳证券交易所流通的股票的面值均为1元，即每股1元。

股票面值的作用之一是表明股票的认购者在股份公司资本中所占的比例，每一股份对股份公司所占有的比例，可以成为确定股东权利的依据。如某上市公司的总股本为1000000股，则持有一股股票就表示在该公司占有的股份为1/1000000。第二个作用就是在首次发行股票时，将股票的面值作为发行定价的依据之一。一般来说，股票的发行价格都会高于其面值。当股票进入流通市场后，股票的面值与股票的价格关系就没有那么大了。

(二) 股票账面净值

股票的净值又称为账面价值，也称为每股净资产，是公司每股股票能够分到的会计账面净价值。股票净值等于公司资产减去负债的剩余盈余，或用公司的净资产（包括注册资金、各种公积金、累积盈余等）除以该公司所发行的股票总数，得到的就是每股的净值。股份公司的账面价值越高，则股东实际拥有的资产就越多。由于账面价值来自会计报表的计算结果，数据较精确而且可信度很高，所以它是股票投资者评估和分析上市公司财务状况的重要依据之一。但是每股净资产的计算来自于按历史成本计量的会计报表，可能无法反映企业未来的盈利情况。

(三) 股票发行价

股票发行价格是指股份有限公司出售新股票的价格。在确定股票发行价格时，可以按票面金额确定，也可以超过票面金额，但不得以低于票面金额的价格发行。如果股份有限公司发行的股票价格超过了票面金额，则称为溢价发行，至于高出票面金额多少，则由发行人与承销的证券公司根据市场情况协商确定。发行价如果定得低，公司上市融资的目的就不能达到，失去了上市的意义。但是，如果发行价定得过高，就没有人愿意买，也照样无法实现融资。

(四) 股票市价

股票的市价是指股票在交易过程中交易双方达成的成交价，通常所指的股票价格就是指市价。股票的市价直接反映股票市场的行情，是投资者购买股票的依据。成交价是经由买卖双方充分参与，在一定的撮合原则下，由市场供需决定的公平、合理的价格。由于受众多因素的影响，股票的市价处于经常性的变化之中。股票价格反映股票的市场价值。

（1）开盘价：指每天成交中最先的一笔成交价格。

（2）收盘价：指每天成交中最后的一笔成交价格，也就是收盘价格。

（3）最高价：指当天成交的各种不同价格中最高的成交价格。

（4）最低价：指当天成交的不同价格中最低成交价格。

（5）成交数量：指当天成交的股票数量。

（五）股票收益率

投资者购买股票最关心的是能获得多少收益，衡量一项证券投资收益大小以收益率来表示。股票收益率是指投资于股票所获得的收益总额与原始投资额的比率。股票得到投资者的青睐，是因为购买股票所带来的收益。股票的收益包括股息和股价的涨跌。股票收益率的计算公式如下：

$$股票收益率=\frac{收益额}{原始投资额}$$

收益额＝收回投资额＋全部股利－（原始投资额＋全部佣金＋税款）

衡量股票投资收益水平的指标主要有股利收益率、持有期收益率等。

1. 股利收益率

股利收益率又称为获利率，是指股份公司以现金形式派发的股息或红利与股票市场价格的比率。该收益率可用于计算已得的股利收益率，也可用于预测未来可能的股利收益率。

2. 股票持有期收益率

持有期收益率是指投资者持有股票期间的股息收入与买卖差价之和与股票买入价的比率。股票没有到期日，投资者持有股票的时间短则几天，长则数年，持有期收益率就是反映投资者在一定持有期内的全部股利收入和资本利得占投资本金的比重。持有期收益率是投资者最关心的指标，但如果要将它与债券收益率、银行利率等其他金融资产的收益率做比较，需要注意时间的可比性，即要将持有期收益率转化为年率。

七、国内外股票市场

全世界很多国家建立了股票市场。计算机和通信网络技术的的发展和广泛应用使股票交易日益国际化。

（一）国内股票市场

证券交易所是为证券集中交易提供场所和设施，组织和监督证券交易，实行自律管理的法人。中国三大证券交易所分别是上海证券交易所、深圳证券交易所和北京证券交易所，上海证券交易所成立于 1990 年 11 月 26 日，主要服务于比较传统的大型企业。深圳证券交易所成立于 1990 年 12 月 1 日，主要服务于中小企业。北京证券交易所成立于 2021 年 9 月 3 日，定位为服务创新型中小企业。另外香港证券交易所、台湾证券交易所等都属于中国的证券交易所。目前国内交易最多的是上海证券交易所、深圳证券交易所和北京证券交易所。2014 年上海证券交易所与香港证券交易所实现互联互通，沪港通即指大陆与香港两地的投资者可以通过当地的证券公司购买对方交易所挂牌上市交易的股票。2016

年深证证券交易所与香港证券交易所实现互联互通，两地的投资者可以通过证券公司买卖规定范围内对方证券交易所上市的股票。2018 年上海证券交易所与伦敦证券交易所实现互联互通，两地的上市公司可以通过发行存托凭证的方式在对方交易所上市交易。

目前，上海证券交易所、深圳证券交易所和北京证券交易所主要有以下类别的股票：

1. A 股

A 股也称为人民币普通股票、流通股、社会公众股、普通股，是指那些在中国大陆注册、在中国大陆上市的普通股票。以人民币认购和交易。A 股不是实物股票，以无纸化电子记账，实行“T+1”交割制度，有涨跌幅（10%）限制。其是投资者主要购买的股票。

2. B 股

B 股也称为人民币特种股票，是指那些在中国大陆注册、在中国大陆上市的特种股票。以人民币标明面值，只能以外币认购和交易。1991 年第一只 B 股上海电真空 B 股发行。B 股不是实物股票，以无纸化电子记账，有涨跌幅（10%）限制，参与投资者为中国香港、澳门、台湾地区居民和外国人，持有合法外汇存款的大陆居民也可投资。B 股交易的参与者不多。

（二）美国股票交易所

整体来看，目前美国主要有三大交易所，不同的交易所各有其不同的特色。

（1）纽约证券交易所（NYSE）：坐落于纽约百老汇大街，是世界上最大的证券交易所。在纽约证券交易所上市的企业通常历史悠久、规模庞大、发展稳定，如可口可乐、IBM 等。

（2）纳斯达克（NASDAQ）：全称为全国证券商公会自动报价系统，简称纳斯达克，创立于 1971 年。其是一套电脑系统，专门提供给在店头市场股票作报价之用，简单来说就是电子股票交易所，其是世界第一个电子证券交易市场。一般来说，在纳斯达克挂牌上市的公司以高科技公司为主，如微软、苹果、英特尔、戴尔、思科等。

（3）美国证券交易所（Amex）：位于纽约，为美国第三大股票交易所。大致上的营业操作和纽约证券交易所一样，不过和以上两个证券交易所不同的是，它是一个比较专注中、小企业股票上市的场所，在美国证券交易所上市的企业规模普遍较小。而且，它是能同时进行股票、期权和衍生产品交易的交易所。

（三）日本交易所集团

日本交易所集团（Japan Exchange Group）是一家亚洲金融服务公司，该公司运营多种证券交易，其中包括东京证券交易所和大阪证券交易所。该公司于 2013 年 1 月 1 日由两家公司合并而成。日本交易所集团总部在日本东京中央区兜町，子公司包括：东京证券交易所、大阪证券交易所、东京商品交易所。从上市公司行业分布来看，工业、可选消费和信息技术占据了总市值和公司数量规模的前三甲，与日本国民经济产业结构相匹配。

（四）伦敦证券交易所

伦敦证券交易所（London Stock Exchange）成立于 1698 年，它由伦敦证券交易所集团拥有和运营，伦敦证券交易所集团于 2007 年由伦敦证券交易所与 Borsa Italia 合并后成立。第一次世界大战前，伦敦证券交易所是世界上最大的证券交易所，第一次世界大战后，它被纽约证券交易所超越。在伦敦证券交易所上市的一些大公司包括：英国石油公司，巴克莱银行和葛兰素史克公司。

八、股市指数

股市指数是由证券交易所或金融服务机构编制的反映市场综合变化的可供参考的指示数字。通过查看指数，投资者可以了解当前各个股票市场整体的涨跌情况。由于股票价格起伏无常，投资者必然面临市场价格风险。对于具体某一种股票的价格变化，投资者容易了解，而对于多种股票的价格变化，要逐一了解，既不容易，也不胜其烦。为了适应这种情况和需要，一些金融服务机构就利用自己的业务知识和熟悉市场的优势，编制出股票价格指数，并公开发布，作为市场价格变动的指标。这种股票指数是表明股票行市变动情况的价格平均数。

编制股票指数，通常以某年某月为基础，以这个基期的股票价格作为100，用以后各时期的股票价格和基期价格比较，计算出升降的百分比，即该时期的股票指数。投资者根据指数的升降可以判断出股票价格的变动趋势。并且为了能实时地向投资者反映股市的动向，所有的股市几乎都在股价变化的同时即时更新并公布股票价格指数。

投资者据此就可以检验自己投资的效果，并用以预测股票市场的动向。同时，投资者和研究人员等也以此为参考指标观察、预测社会政治、经济发展形势。由于股票指数计算复杂，同时种类众多，因此人们常常从上市股票中选择若干种富有代表性的样本股票，并计算这些样本股票的价格平均数或指数，用以表示整个市场的股票价格总趋势及涨跌幅度。

（一）中国主要的股票价格指数

1. 上证指数

上海证券综合指数简称“上证指数”或“上证综指”，其样本股是在上海证券交易所全部上市股票，包括A股和B股，反映了上海证券交易所上市股票价格的变动情况，自1991年7月15日起正式发布。这一指数基日定为1990年12月19日，基日指数定为100点。新上证综指发布以2005年12月30日为基日，以当日所有样本股票的市价总值为基期，基点为1000点。

2. 深成指数

深成指数是指深圳成分指数，以1994年7月20日为基期，基日指数是1000点，而起始日期是1995年1月23日。深成指数由深圳证券证券交易所编制。通过对深圳证券交易所所有上市公司的调研，按照一定标准选取40家具有代表性的上市公司作为成分股，以成分股的可流通股为权重，采用加权平均法编制指数。

深圳证券交易选取成分股的一般原则是：有一定的上市交易时间；有一定的上市规模，以每家公司一段时期内的平均可流通股市值和平均总市值作为衡量标准；交易活跃，以每家公司一段时期内的总成交金额和换手率作为衡量标准。根据以上标准，再结合下列各项因素评选出成分股：公司股票在一段时间内的平均市盈率，公司的行业代表性及所属行业的发展前景，公司的财务状况、盈利记录、发展前景及管理素质等，公司的地区、板块代表性等。

3. 沪深300指数

沪深300指数是以2004年12月31日为基日，挑选的300只A股。这些A股的标准是规模大、流动性高，是上海和深圳300家大公司组合在一起的指数。其能够代表整个沪深市场的股票跌涨幅度，它们的发展走势反映了整个市场的走势。沪深300指数上涨，那么整个沪深证券市场也就上涨，下降则代表整个沪深股票市场下降。

4. 中证规模指数

中证规模指数指的是反映市场上不同规模特征股票的整体表现指数。其由中证指数有限公司编制，是以沪深300指数为基础，构建了包括大盘、中盘、小盘、大中盘、中小盘和大中小盘指数在内的规模指数体系，为市场提供丰富的分析工具和业绩基准，为指数产品和其他指数的研究开发奠定了基础。中证规模指数包括中证100指数、中证200指数、中证500指数、中证700指数、中证800指数。

5. 香港恒生指数

香港恒生指数是香港股票市场上历史最久、影响最大的股票价格指数，由香港恒生银行于1969年11月24日开始发布。恒生股票价格指数包括从香港500多家上市公司中挑选出来的33家有代表性且经济实力雄厚的大公司股票作为成分股，分为四大类——金融业股票、公用事业股票、地产业股票和其他工商业（包括航空和酒店）股票。这些股票涉及香港的各个行业，这一股票指数具有较强的代表性。

（二）国外重要指数

1. 道琼斯股票指数

道琼斯股票指数又称为“道琼斯股票价格平均指数”。它是在1884年由道琼斯公司的创始人查尔斯·亨利·道编制的一种算术平均股价指数，可以说是世界上历史最悠久的股票指数，同时也是世界上最有影响、使用最广的股价指数。道琼斯股票指数由四种股价平均指数构成，分别是：①以30家著名的工业公司股票为编制对象的道琼斯工业股价平均指数；②以20家著名的交通运输业公司股票为编制对象的道琼斯运输业股价平均指数；③以15家著名的公用事业公司股票为编制对象的道琼斯公用事业股价平均指数；④以上述三种股价平均指数所涉及的65家公司股票为编制对象的道琼斯股价综合平均指数。

2. 标普500指数

标普500指数全称是“标准普尔500指数”，英文简写是“S&P 500 Index”。它是记录美国500家上市公司的一个股票指数，因为这个股票指数由标准普尔公司创建并维护，所以叫作“标普500指数”。标准普尔由普尔先生在1860年创立，是一家世界性的权威金融分析机构。标普500指数在1957年开始编制，它最初的成分股包含了425种工业股票、15种铁路股票和60种公用事业股票，根据纽约证券交易所上市股票中绝大多数普通股票的价格计算而成。标普500指数覆盖的所有公司，都是在美国的主要交易所上市的公司。也正因为它包含的公司很多，所以它的指数数值很精确，也具有很好的连续性，能够反映出非常广泛的市场变化，也因此被普遍认为是一种理想的股票指数期货合约标的，同时也成为美国投资组合指数的基准。

3. 日经指数

日经指数原称为“日本经济新闻社道·琼斯股票平均价格指数”，是由日本经济新闻社编制并公布的反映日本东京证券交易所股票价格变动的股票价格平均指数。日经指数是日本的股票指数，是反映日本股市或资本市场是好是坏的晴雨表，也是反映日元价值的因素之一。日经指数的采样公司来自制造业、建筑业、水产业、矿业、商业等。现分为两种：一种是日经225种平均股价指数，它从1950年9月开始编制；另一种是日经500种平均股价指数，它从1982年1月开始编制。

九、股票投资分析

分析股票市场其实就是股票投资者对影响股票市场的各种资讯进行收集、整理、综合等工作，借以了解和预测股票价格的走势，进而做出相应的投资决策，以降低风险和获取较高的收益。进行股票市场分析的必要性在于：

（1）股票是风险性资产，风险由投资者自担，所以每一个投资者应谨慎从事。当然风险与收益是对应的，有高风险，才有高收益。因此，每一个股票投资者，在从事股票投资时，为了争取最大的收益，需要把风险的损失减少到最低限度。在买卖股票时，需要认真进行股票投资分析，防范可能发生的风险，避开隐蔽的陷阱，确保股票投资的安全性和盈利性。

（2）股票投资是一种智慧性投资。长期投资更偏重基本方法，短期投资则偏重技术分析，股市上的投资更是要运用智慧，其前提是看准时机才去投资，而看准时机是需要投资者运用知识、理论、技术、方法以及详尽的分析判断，进行科学的决策，以获得有保障的投资收益，这与盲目的、碰运气的赌博性投资有本质上的不同。

（3）从事股票投资要量力而行，适可而止，切忌盲目跟风随潮，入市前投资分析就显得更为重要。

由于股票投资分析是一个复杂的过程，在进行上述各种资讯分析时应由大到小、由远及近地分步骤进行。由于投资者在股票投资分析时往往会受到资讯不足、分析工具不全、个人分析能力欠缺等问题的困扰，因此，投资者除自行分析外，还应借助外界力量对股票投资进行分析，以便做出正确判断。

（一）投资分析方法

股票投资的分析方法主要有如下三种：基本分析法、技术分析法、量化分析法。它们之间既相互联系，又有重要区别。相互联系之处主要表现在投资决策的具体应用层面——技术分析要有基本分析的支持，而技术分析和基本分析要纳入量化分析的基本框架，才能提高其科学性、适用性、有效性和可靠性。

1. 基本分析法

基本分析法又被称为基本面分析法，是指证券分析师根据经济学、金融学、财务管理学及投资学等基本原理，通过对决定股票内在价值和影响股票价格的宏观经济形势、行业状况、经营状况等进行分析，评估股票的投资价值和合理价值，与股票市场价进行比较，相应形成买卖的建议。其是目前投资领域的主流分析方法。基本分析法的两个假设为：股票的价值决定其价格和股票的价格围绕价值波动。因此，价值成为测量价格合理与否的尺度。基本分析法体现了以价值分析为基础、以统计方法和现值计算方法为主要分析手段的基本特征。基本分析主要包括宏观经济分析、行业和区域分析、公司分析三大内容。

（1）宏观经济分析。宏观经济分析主要探讨各经济指标和经济政策对股票价格的影响。经济指标分为三类：第一，先行性指标。这类指标可以对将来的经济状况提供预示性的信息，如利率水平、货币供给、消费者预期、主要生产资料价格、企业投资规模等。第二，同步性指标。这类指标的变化基本上与总体经济有关活动的转变同步，如个人收入、企业工资支出、国内生产总值、社会商品销售额等。第三，滞后性指标。这类指标的变化一般滞后于国民经济的变化，如失业率、库存量、银行未收回的贷款规模等。经济政策主要包括货币政策、财政政策、信贷政策、债务政策、税收政策、利率与汇率政策、产业政策、收入分配政策等。

（2）行业和区域分析。行业和区域分析是介于宏观经济分析与公司分析之间的中观层次的分析。行业分析主要分析行业所属的不同市场类型、所处的不同生命周期以及行业业绩对股票价格的影响；区域分析主要分析区域经济因素对股票价格的影响。一方面，行业的发展状况对该行业上市公司的影响巨大，从某种意义上说，投资某家上市公司实际上就是以某个行业为投资对象；另一方面，上市公司在一定程度上又受区域经济的影响，尤其是我国各地区的经济发展极不平衡，产业政策也有所不同，从而对我国证券市场中不同区域上市公司的行为与业绩有着不同程度的影响。

（3）公司分析。公司分析是基本分析的重点，无论什么样的分析报告，最终都要落实在某家公司股票价格的走势上。如果没有对发行股票的公司状况进行全面分析，就不可能准确地预测其股票的价格走势。公司分析侧重对公司的竞争能力、盈利能力、经营管理能力、发展潜力、财务状况、经营业绩以及潜在风险等进行分析，借此评估和预测股票的投资价值、价格及其未来变化的趋势。

2. 技术分析法

技术分析法是仅从股票的市场行为来分析股票价格未来变化趋势的方法。股票的市场行为可以有多种表现形式，其中，股票的市场价格、成交量、价和量的变化以及完成这些变化所经历的时间是市场行为最基本的表现形式。技术分析法从股票的成交量、价格、达到这些价格和成交量所用的时间、价格波动的空间几个方面分析其走势并预测未来。

技术分析的三个假设是：市场行为包含一切信息、价格沿着趋势移动、历史会重复。技术分析理论的内容就是市场行为的内容。技术分析法认为，股票价格的波动是对市场供求均衡状态偏高的调整。技术分析法以价格判断为基础、以正确的投资时机选择为依据。从最早的直觉化决策方式，到图形化决策方式，再到指标化决策方式，进一步到模型化决策方式以及智能化决策方式，技术分析法的演进遵循了一条定量化、客观化、系统化的发展道路。投资市场的数量化与人性化理解之间的平衡，是技术分析法面对的最艰巨的研究任务之一。技术分析法主要有 K 线理论、切线理论、形态理论、技术指标理论、波浪理论和循环周期理论。

3. 量化分析法

量化交易并没有一个精确的定义，广义上可以认为，凡是借助于数学模型和计算机实现的交易方法都可以称为量化交易。量化交易起源于 20 世纪 70 年代的股票市场，是指借助现代统计学和数学的方法，利用计算机技术来进行交易的证券投资方式。量化交易从庞大的历史数据中海选能够带来超额收益的多种“大概率”事件以制定策略，用数量模型验证及固化这些规律和策略，然后严格执行策略来指导投资，以求获得可以持续的、稳定且高于平均收益的超额回报。

量化分析法是利用统计、数值模拟和其他定量模型进行证券市场相关研究，使用大量数据、模型和计算机解决证券估值、组合构造与优化、策略制定、绩效评估、风险计量与风险管理等投资相关方面的问题。量化交易是根据量化分析得出交易策略的一种交易技术，它通过数学计算和数值分析来识别交易机会。以往的完整数据是量化分析的基础，价格和数量是建立数学模型中的主要变量。

（二）股票交易

由于我国证券市场的快速发展，目前上海、深圳和北京二地交易所均实现了交易无纸化和电子化，投资者进入股市必须先到当地证券登记机构分别开立上海、深圳或北京股票账户，只有拥有股票账户，才能进行股票交易。开立股票时投资者必须持本人有效身份证件（一般为身份证），并提供投资者的详细资料，这些资料包括：姓名、性别，身份证号码、家庭住址、联系电话等。

投资者办理了股票账户后还需在券商（证券公司）处办理资金账户，而这个资金账户也仅在该券商交易有效。投资者如需在别的券商交易，需另外开立资金账户，因此，一个投资者可拥有多个资金账户。投资者资金账户的存款，券商按银行活期存款利率支付利息。

投资者在办妥股票账户及资金账户后即可进入市场买卖。股票购买只能通过委托下单来进行买入或卖出，并且只能在当天购买后的第二天出售。因为证券交易所只认可符合条件的证券公司的交易行为，也就是说，只有符合条件的证券公司才有权利在证券交易所进行股票交易。目前在我国券商提供的委托方式除填单委托外，还有自助委托、电话委托、可视电话委托、委托机委托、网上委托等。当面委托是客户到证券商的营业所，当面办理委托手续，提出委托买卖有价证券的要求。这是一种传统的委托方式。目前投资者比较多地采用网上交易或手机 APP 交易的方式进行股票的买卖。当前，我国互联网证券有两种主要模式：一种是传统券商的网络化运营；另一种是互联网企业与券商合作，共建互联网证券平台。网上证券交易投资者利用公用互联网、局域网、专网、无线互联网等各种互联网网络资源，进行与证券交易相关的活动，包括获取实时行情、相关市场资讯、投资咨询、网上委托等一系列服务。

开放性是互联网的最大特点，无论投资者身处何地，只要能够上网就可以进行证券交易。网上交易给投资者提供了获取信息和参与交易的平等通道。网上交易不受空间的限制，可以为广大投资者提供新的服务网。目前网上交易渗透到了证券活动的方方面面，如信息传递、交易、清算、交割等，从而减少了投资者到交易所的中间环节，能节省成本、提高效率。但是，网上证券交易除具有一般证券交易所有的风险外，投资者还应充分了解和认识以下风险：①在互联网上传输，交易指令可能会出现中断、停顿、延迟、数据错误等情况，导致投资者不能正常进行委托的风险。②由于电脑病毒、黑客侵入、硬件设备故障的影响，可能导致行情和委托指令出现中断、停顿、延迟和错误，导致投资者不能及时进行网上证券委托或发生错误交易的风险。③在互联网上进行证券委托，存在机构或投资者的身份被仿冒的风险。④互联网发布的证券行情信息及其他证券信息由于传输速度的原因可能滞后或可能出现错误或误导，投资者据此操作造成损失的风险。

6-4：基金投资

第四节 基金投资

基金投资是把投资人的资金汇集起来，由证券公司和基金公司的基金经理管理和运作。其是一种间接性的投资方式，同时也是一种体现组合投资、专业管理、利益共享、风险共担的集合型投资方式。基金投资的类型主要包括证券投资基金、私募股权投资基金、风险投资基金、对冲基金以及另类投资基金等。

本节所指的基金投资主要是指基金管理公司发行的证券投资基金。基金管理公司通过发行基金份额，集中投资者的资金，由基金托管人（即具有资格的银行）托管，由基金管理人管理和运用资金，从事股票、债券等金融工具投资，然后共担投资风险、分享收益。通俗地说，证券投资基金是通过汇集众多投资者的资金，交给银行保管，由基金管理公司负责投资于股票和债券等证券，以实现保值增值目的的一种投资工具。根据不同标准，可以将证券投资基金划分为不同的种类：

（1）根据基金单位是否可增加或赎回，可分为开放式基金和封闭式基金。开放式基金通常不上市交易，通过银行、券商、基金公司申购和赎回，基金规模不固定。封闭式基金有固定的存续期，一般在证券交易场所上市交易，投资者通过二级市场买卖基金单位。

（2）根据组织形态的不同，可分为公司型基金和契约型基金。基金通过发行基金股份成立投资基金公司的形式设立，通常称为公司型基金；由基金管理人、基金托管人和投资人三方通过基金契约设立，通常称为契约型基金。我国的证券投资基金均为契约型基金。

（3）根据投资风险与收益的不同，可分为成长型、收入型和平衡型基金。

（4）根据投资对象的不同，可分为股票基金、债券基金、货币市场基金、期货基金等。

一、基金形式

（一）基金单位是否可以赎回

开放式基金和封闭式基金共同构成了基金的两种基本运作方式。

封闭式基金（Close - end Funds）是指基金的发起人在设立基金时，限定了基金单位的发行总额，筹足总额后，基金即宣告成立，并进行封闭，在一定时期内不再接受新的投资。封闭式基金期限固定，一般为 10 年或 15 年。基金单位的流通采取在证券交易所上市的办法，投资者日后买卖基金单位，都必须通过证券经纪商在二级市场上进行竞价交易。

由于封闭式基金在证券交易所的交易采取竞价的方式，因此交易价格受到市场供求关系的影响而并不必然反映基金的净资产值，即相对其净资产值，封闭式基金的交易价格有溢价、折价现象。

开放式基金是指基金发起人在设立基金时，基金单位或者股份总规模不固定，可视投资者的需求，随时向投资者出售基金单位或者股份，并可以应投资者的要求赎回发行在外的基金单位或者股份的一种基金运作方式。基金规模不固定，基金单位可随时向投资者出售，也可应投资者要求买回；没有存续期，理论上可以永远存在；价格由资产净值决定。开放式基金是世界各国基金运作的基本形式之一。基金管理公司可随时向投资者发售新的基金单位，也需随时应投资者的要求买回其持有的基金单位。开放式基金已成为国际基金市场的主流品种，美国、英国、中国香港和中国台湾的基金市场均有90%以上是开放式基金。

开放式基金与封闭式基金的区别主要体现在以下几点：

第一，存续期限不同。开放式基金没有固定期，投资者可随时向基金管理人赎回基金单位；封闭式基金通常有固定的封闭期，一般为10年或15年，经受益人大会通过并经主管机关同意可以适当延长。

第二，规模可变性不同。开放式基金通常无发行规模限制，所发行的基金单位可赎回，投资者可以随时提出认购或赎回申请，从而导致基金的资金总额每日均不断变化。封闭式基金在招募说明书中列明其基金规模，发行后在存续期内总额固定，未经法定程序认可不能再增加发行。封闭式基金在存续期限内已发行的基金单位不能被赎回。

第三，可赎回性不同。开放式基金具有法定的可赎回性。投资者可以在首次发行结束一段时间（该期限最长不得超过3个月），随时提出赎回申请。而封闭式基金在封闭期间不能赎回，挂牌上市的基金可以通过证券交易所进行转让交易，份额保持不变。

第四，交易场所的不同。封闭式基金在证券交易所上市交易，封闭式基金份额的买卖，只能委托证券公司在证券交易所按市价买卖，交易在投资者之间完成。开放式基金的投资者可以按照基金管理人确定的时间和地点向基金管理人或其销售代理人提出申购、赎回申请，交易在投资者与基金管理人之间完成。

第五，交易价格计算标准不同。封闭式基金的交易价格受市场供求关系影响，常出现溢价或折价交易现象，通常为折价交易，并不必然反映基金的净资产值。开放式基金的申购价一般是基金单位净资产值加一定的购买费，赎回价是基金净资产值减一定的赎回费，不受市场供求关系的影响。

第六，投资策略不同。由于封闭式基金不能随时被赎回，其募集得到的资金可全部用于投资，这样基金管理公司便可据以制定长期的投资策略，取得长期经营绩效。为了应付投资者随时赎回兑现，开放式基金必须在投资组合上保留一部分现金和高流动性的金融产品，而不能尽数地用于长期投资。

第七，信息披露频率不同。封闭式基金是按周公布基金单位资产净值，而开放式基金则是按日（工作日）公布基金单位资产净值。

（二）基金的投资对象

基金投资对象有货币市场、债券市场和股票市场，基金根据投资标的分为：股票型基金、债券型基金、货币型基金、混合型基金、指数基金等。

1. 股票型基金

股票型基金是指以股票为投资对象的投资基金，股票基金即基金公司将募集来的投资者的资金主要用于股票投资的基金。股票基金以上市股票作为投资对象，包括优先股票和普通股票，主要收益为股票上涨所产生的资本利得，基金净值随投资股票市价的涨跌而变动。风险与债券型基金和货币型基金相比较高，相对地，可期望的回报率也较高。与投资者直接投资于股票市场相比，股票型基金具有流动性强、分散风险、变现性高等特点。股票型基金的绩效特征与股票市场行情的振荡有着较为密切的关联，基金净值的波动幅度相对较大，即风险和收益波动较大。股票型基金的投资对象通常是流动性极好的股票，变现容易。

与投资者直接投资于股票市场相比，股票型基金具有分散风险、费用较低等特点。对一般投资者而言，个人资本毕竟是有限的，难以通过分散投资种类来降低投资风险。但若投资于股票型基金，投资者不仅可以分享各类股票的收益，而且可以通过投资于股票型基金将风险分散于各类股票上，降低了投资风险。此外，投资者投资了股票型基金，还可以享受基金大额投资在成本上的相对优势，降低投资成本，提高投资效益，获得规模效益的好处。一般来说，股票型基金的风险比股票投资的风险低，收益较为稳定。

2. 债券型基金

债券型基金是专门投资于债券的基金，债券型基金的投资对象主要是国债、金融债和企业债。通常债券为投资人提供固定的回报和到期还本，属于低风险低收益的基金。国内大部分债券型基金以开放式基金形态发行，偏向于收益型债券基金，以获取稳定的利息为主。债券型基金的主要收益来自基金投资债券的利息收入和买卖债券获得的差价收入。

债券型基金投资的优点在于：

（1）债券为投资人提供固定的回报和到期还本，风险低于股票，所以与股票型基金相比，债券型基金具有收益稳定、风险较低的特点。

（2）由于债券投资管理不如股票投资管理复杂，因此债券型基金的管理费也相对较低。

（3）债券型基金通过集中投资者的资金对不同的债券进行组合投资，能有效降低单个投资者直接投资于某种债券可能面临的风险。

（4）投资者如果投资于非流通债券，只有到期才能兑现，而通过债券型基金间接投资于债券，则可以获取较高的流动性，随时可将持有的债券型基金转让或赎回。

债券型基金投资的缺点在于：

（1）债券型基金具有回报率低、波动小的特点。这决定了债券型基金短期内难以获得较高的收益。

（2）债券型基金的风险主要来自两个方面：一方面是利率风险；另一方面是信用风险。利率风险来自市场利率的变化。当国家货币政策紧缩，市场利率提高时，那么债券价格下跌，从而影响债券型基金的价格。信用风险是指债券发行人如果违约不能兑付债券的风险。底层资产违约风险是债券型基金的最核心风险。违约就是债券的发行者不还本付息，账面亏损直接变成实际亏损，则基金也会亏损。

3. 货币型基金

货币型基金是一种开放式基金，与其他的开放式基金类型不同，它的投资标的是风险较小的货币市场工具，具有较高的安全性和流动性，收益比较稳定。货币型基金只投资于货币市场，如债券、央行票据、回购等安全性极高的短期金融品种。另外，由于货币型基金具有风险低、资金安全度高、流动性好、投资成本低等特点，比较受低风险偏好投资者的青睐。

货币型基金投资的优点在于：

（1）较强的流动性。货币型基金流动性好、资本安全性高，这主要源于货币市场是一个低风险、流动性高的市场。

（2）本金安全。货币市场工具的到期日通常很短，货币型基金投资组合的平均期限一般为4—6个月，因此风险较低，其价格通常只受市场利率的影响，因此货币型基金通常被视为无风险或低风险投资工具。

（3）较低的成本。货币型基金通常不收取赎回费用，与其他类型的基金相比，具有较低的投资成本。资金进出方便，流动性也较好，并且其管理费用也较低，货币型基金的年管理费用一般为基金资产净值的0.25%—1%，低于传统的基金年管理费率1%—2.5%。

（4）收益率高于储蓄收益率。大多数的货币型基金通常都具有与投资国债相当的收益率，不仅如此，由于其能够投资央行票据、银行间债券等市场，收益率通常高于储蓄收益率，甚至可以达到一年期定期存款的利率水平。除此之外，货币型基金还可以避免隐性损失。当出现通货膨胀时，实际利率可能很低甚至为负值，货币型基金可以及时把握利率变化及通胀趋势，获取稳定的较高收益。

货币型基金的缺点是灵活性高所以收益低。货币型基金的风险很小，风险只会在极端情况下出现如出现银行破产风险等。

4. 混合型基金

混合型基金根据投资比例分为四种类型，分别是：偏股型基金（股票比例50%—70%，债券比例在20%—40%）、偏债型基金（债券比例50%—70%，股票比例在20%—40%）、平衡型基金（股票、债券比例比较平均，在40%—60%）、配置型基金（比例按市场状况进行调整）等。混合型基金是没有明确投资方向的基金，可以同时投资股票、债券、货币市场的基金，风险低于股票型基金，预期收益高于债券型基金。

混合型基金的优点：

（1）灵活配置，混合型基金既可以投资股票，又可以投资债券市场，相对来说比较灵活，并且基金经理可以根据市场行情进行调整。由于可以投资多种标的，混合型基金投资策略比较多样，如果行情比较好，混合型基金可以增加股票的占比，如果行情比较差，混合型基金可以投资债券、货币市场等。

（2）混合型基金种类比较多，混合型基金可以分为偏股型基金、偏债型基金、平衡型基金和配置型基金，投资者可以根据自身情况选择合适的产品。

（3）分散风险。混合型基金投资对象比较分散，混合型基金既投资股票也投资债券，还有少部分资产购买银行存款，股票风险大，债券、银行存款风险小，混合型基金同时投资这些标的，可以达到对冲风险的作用。

混合型基金的缺点：

（1）由于资产配置的弹性空间极大，基金的收益与风险完全取决于管理人对资本市场的判断，因此管理难度较大。所以，基金管理人的素质高低是影响混合型基金业绩的最主要因素。

（2）混合型基金中投资组合的构成比较复杂，投资者无法对各个混合基金的业绩进行客观比较，也无法对投资组合进行准确的风险分散。

5. 指数基金

指数是按照某个规则挑选出的一揽子股票，而指数基金则是按照指数的规则买入完全相同的一揽子股票。指数基金根据有关股票市场指数的分布投资股票，以令其基金回报率与市场指数的回报率接近。指数基金只要在选定指数之后，根据每一种证券在指数中所占的比例购买相应比例的证券，长期持有就可。一般基金的表现主要依赖于基金经理的个人决策能力，而指数基金主要取决于对应指数的表现。

交易型开放式指数基金，通常又称为交易所交易基金（Exchange Traded Fund，简称ETF），是一种在交易所上市交易的、基金份额可变的开放式基金。ETF 管理的资产是一揽子股票组合，这一组合中的股票种类与某一特定指数，如上证 50 指数，包含的成分股票相同，每只股票的数量与该指数的成分股构成比例一致，ETF 交易价格取决于它拥有的一揽子股票的价值，即“单位基金资产净值”。ETF 的投资组合通常完全复制标的指数，其净值表现与盯住的特定指数高度一致。比如，上证 50ETF 的净值表现就与上证 50 指数的涨跌高度一致。

指数基金的优点在于：

（1）通过充分地分散投资来降低风险。由于指数基金通过跟踪指数进行广泛地分散投资，它的投资组合收益与相应指数的收益基本上一致，任何单个股票的波动都不会对指数基金的整体表现构成太大的影响，这样就从整体上降低了投资者的投资风险。所以，指数基金投资者不必担心个别股票的大幅下跌对基金收益的影响。

（2）管理过程受人为影响较小。指数基金的投资管理过程主要是对相应的目标指数进行被动跟踪的过程，而不是频繁地进行主动性投资。这样在管理过程中就可以通过较为程序化的交易来减少人为因素的影响。

（3）业绩透明度较高。投资者只要根据指数基金所跟踪的目标指数涨跌就可以大体上判断出投资指数基金净值的变动，有多少获利或损失。而对于某些擅长判断大势，但对个股把握不住的投资者，就特别适合投资指数基金。

（4）费用相对较低。这可以说是指数基金最突出的优势之一。由于指数基金采取的是跟踪指数的投资策略，基金管理人不需要花大量的时间和精力来选择股票、债券等投资工具的种类和买入与卖出的时机，这样就在一定程度上减少了基金的管理费用。而且由于指数基金大致上采取的是一种买入并持有的策略，一般不会对投资组合进行频繁调整，只有在所跟踪指数的成分股变化时才进行相应调整，所以它的交易费用也会低于其他投资类型的基金。

指数基金的缺点在于：

（1）价格波动比较大，对于短线操作来说，风险很大。虽然说购买任何基金都有风险，但是如果购买长期投资基金，风险就会降低。

（2）基金赎回存在风险。如果想要提前赎回的话，可能需要在低位卖出，这样很容易亏损。

（3）定投效果差异太大。基金定投，也并不适用于所有情况；在不同的情况下，效果差异会较为显著。

（4）领涨但不抗跌。在任何市场条件下，指数基金都是高仓位，无法通过基金经理的操作来规避股市的风险。因此购买指数基金必须要谨慎。

6. QDII 基金

QDII 全称为“合格境内机构投资者”，是“Qualified Domestic Institutional Investor”的首字母缩写。它是在我国境内设立，经有关部门批准从事境外证券市场的股票、债券等有价证券业务的一种证券投资基金。QDII 允许投资者把资金交给专业机构，由专业机构将资金进行海外投资。QDII 可以分为：股票型、混合型、债券型等。产品的投资范围除股票和债券外，还可涉及多种衍生品、外汇等。资产分类要求与国内普通基金一致，只是其标的指向的是海外市场。QDII 基金能够在全球范围内进行资产配置，可以有效分散单个市场的投资风险。

7. 其他种类

（1）认股权证基金（Warrant Funds）：此类型基金主要投资于认股权证，基于认股权证有高杠杆、高风险的产品特性，此类型基金的波动幅度比股票型基金还大。

（2）专门投资于房地产的房地产基金；专门投资于期货、期权的期货和期权基金；专门投资于黄金市场的黄金基金；专门投资于实业的产业基金。这些基金对初涉基金投资的投资者来说风险比较高。

（三）对冲基金

相比于公募基金，对冲基金（Hedge Fund）即使在海外也是一类相对较新的资产类别，通常会和房地产投资（Real Estate）、私募股权投资（Private Equity）和风险投资（Venture Capital）一同被划分在另类投资（Alternative Investment）的范畴。

采用对冲交易手段的基金称为对冲基金，也称为避险基金或套期保值基金，是指金融期货和金融期权等金融衍生工具与金融工具结合后以营利为目的的金融基金。对冲基金有四种交易模式，分别是：股指期货对冲、商品期货对冲、统计对冲以及期权对冲。股指期货对冲以及商品期货对冲是最常用的交易模式。其中股指期货对冲指的是利用股指期货市场存在的不合理价格进行对冲来赚取差价的行为，有期限对冲、跨期对冲、跨市对冲以及跨品种对冲几种套利方式。商品期货对冲也类似于股指期货对冲，指的是在买入或卖出某一种期货合约的同时，卖出或者是买入相关的另一种合约，并在某一个时间内同时将两种合约平仓。相较于传统基金，对冲基金是一种风险比较高的基金。随着我国个股期权、指数期权等对冲工具和其他金融衍生产品不断推出，中国对冲基金也随之发展。一般对冲基金伴随着做空股票、使用杠杆、合伙人风险共担、收益提成几个特征，所以需要大量的资金和相对较稳定的出资人，普通投资者很难进行操作。

二、基金定投

基金定投是指在固定的时间以固定的金额投资到指定的开放式基金中。定期定额投资基金是基金申购业务的一种方式，投资者可通过基金的销售机构提交申请，约定每期扣款时间、扣款金额及扣款方式，由销售机构于约定扣款日，在投资者指定资金账户内自动完成扣款及基金申购。例如，在固定的时间（如每月 1 日）以固定的金额（如 1000 元）投资到指定的开放式基金中。相比较其他的投资方式来说，基金定投的投资方式简单，很多投资人只需要在第一次进行基金定投时签订好相关的协议，并保证账户中有足够的资金可以用于进行基金投资即可。

基金定投主要采用分批买入法，克服了一般在某点买卖的风险，可以平均成本。基金定投办理手续简单快捷，适合长期投资，受到风险承受力较低人群的青睐，是一个风险较低的投资理财选择。基金定投的特点包括：

1. 手续简单、省时省力

定期定额投资基金只需投资者去基金代销机构办理一次性手续，设置好每次定投的时间与金额，保证银行卡资金充足即可。它会自动购买与扣款，不需要投资者每次手动购买。

2. 不用考虑时点，平均投资成本

定投是一个长期的投资，投资者不必在乎进场时点，不必在意市场价格。定投的资金是分期投入的，投资的成本有高有低，长期平均下来比较低，在很大程度上分散了投资风险。普通投资者很难适时掌握正确的投资时点，常常可能是在市场高点买入，在市场低点卖出。而采用定期定额投资方式，无论市场行情如何波动，每个月固定一天定额投资基金，由银行自动扣款，自动依基金净值计算可买到的基金份额数。这样投资者购买基金的资金是按期投入的，投资的成本也比较平均。

3. 适合长期投资，回报率稳定

由于定期定额是分批进场投资，当股市在盘整或是下跌的时候，反而可以越买越便宜，股市回升后的投资报酬率也胜过单笔投资。基金定投能抵御市场的波动，每月定时定额买入有效地分散了投资风险，回报率比较稳定。

三、基金净值

基金净值是买入每一份基金的价格。基金净值是指当日每份基金的价值。例如，1.023 的基金单位净值意味着该基金当日每份份额的价值为 1.023。未来如果基金单位净值大于 1.023，说明上涨或升值。基金净值有两种：单位净值和累计净值。一般来说，我们通常所说的基金净值是指基金的单位净值。

单位净值的计算方法是，将组合中股票、债券或其他有价证券（包括现金）的价值加总，并扣除相关费用，将余额除以总份额。基金单位净值的估值是指对基金的资产净值按照一定的价格进行估算，它是计算单位基金资产净值的关键，基金往往分散投资于证券市场的各种投资工具，如股票、债券等，由于这些资产的市场价格不断变动，只有每日对单位基金资产净值重新计算，才能及时反映基金的投资价值。基金资产的估值原则如下：

（1）上市股票和债券按照计算日的收市价计算，该日无交易则按照最近一个交易日的收市价计算。

（2）未上市的股票以其成本价计算。

（3）未上市国债及未到期定期存款，以本金加计至估值日的应计利息额计算。

单位基金资产净值 =（总资产 - 总负债）÷基金单位总数

其中，总资产是指基金拥有的所有资产，包括股票、债券、银行存款和其他有价证券等；总负债是指基金运作及融资时所形成的负债，包括应付给他人的各项费用、应付资金利息等；基金单位总数是指当时发行在外的基金单位的总量。

累计单位净值 = 单位净值 + 基金成立后累计单位派息金额（即基金分红）

基金净值的高低并不是选择基金的主要依据，基金净值未来的成长性才是判断投资价值的关键。净值的高低除了受到基金经理管理能力的影响之外，还受到很多其他因素的影响。

基金净值公告主要包括基金资产净值、份额净值和份额累计净值等信息。封闭式基金和开放式基金在披露净值公告的频率上有所不同。封闭式基金一般至少每周披露一次资产净值和份额净值。对开放式基金来说，在其放开申购、赎回前，一般至少每周披露一次资产净值和份额净值；放开申购、赎回后，则会披露每个开放日的份额净值和份额累计净值。

四、基金投资选择和风险

近年来，中国资本市场的发展空间广阔。国家鼓励机构投资者入市，基金投资蓬勃发展。公募基金是广大居民投资理财、分享资本市场发展最重要的投资工具。它具有以下优点：

（1）集合理财，专业管理。把广大投资者的资金归集起来，由基金公司委托基金经理统一进行专业的投资管理。从长期的绩效来看，在大部分情况下，基金的整体表现要好于个人投资者。

（2）组合投资，分散风险。基金投资每只股票的最大投资额限制在基金资产的 10%，一般每只基金的投资组合有几十只股票，可以规避单只股票、单个投资板块的投资风险。

（3）独立托管，严格监管，信息透明。所有基金的资金都由银行第三方独立托管，资金不会被挪用。基金经理对基金的运作，受到基金公司、行业协会和证监会的严格监管。基金还会每季度定期公开发布季报，每年年初发布上一年的年报。

尽管存在以上优点，基金投资也存在以下基本风险：

（1）投资管理人的风险。基金公司管理不善或者基金经理投资操作失误，造成基金投资亏损、净值下降。不同的基金投资收益相差巨大。

（2）基金投资标的异常波动风险。证券市场中股票和债券的变化也会对基金产生影响。

（3）流动性风险。在基金投资标的异常波动的时候，由于广大投资人集中式申购或赎回，容易造成资源挤兑。

基金投资的基本方法包括：

（1）投资者需要衡量自身的风险承受能力，根据自身的投资目标和风险承受能力，选择适合的基金产品。通过定投、组合配置来分散风险、获取长期稳健的回报。

（2）优选基金公司和投资基金。选择表现较好的基金公司管理的、最近3—5年投资收益良好的基金进行投资。对基金要多方面综合评估长期考察。

（3）多个基金组合投资。选择一定比例的股票型基金、债券型基金、混合型基金组成一个投资组合。进取型投资者三者比例可以是7:2:1，稳健型投资者三者比例可以是5:3:2。投资者可以根据自身的投资目标和风险偏好选择基金、调整相应比例。

（4）系统性风险管控。做好投资组合以后，每月基金定投是一个分散系统性风险的好方法，也比较符合我国投资者的收入情况和理财习惯。有能力的投资者在基金面临系统性风险时，可以通过基金转换、赎回或卖出基金，管理系统性风险。

（5）注意对基金账户的后期养护。经常关注基金网站新公告，以便更加全面及时地了解自己持有的基金的变化。

本章思考题

1. 储蓄是一种好的投资理财产品吗？它的收益与风险各是什么？

2. 债券是一种好的投资理财产品吗？什么因素决定它价格的高低？它的收益与风险各是什么？

3. 股票是一种好的投资理财产品吗？什么因素决定它价格的高低？它的收益与风险各是什么？

4. 基金是一种好的投资理财产品吗？它的收益与风险各是什么？

第六章练习题

第七章 Project 7 投资理财产品总汇（二）

第一节 不动产（房产）投资

7－1：不动产（房产）投资

房地产投资（Investment In Real Estate）是指资本所有者将其资本投入房地产业，以期在将来获取预期收益的一种经济活动。房产投资是指以房地产为对象来获取收益的投资行为。投资性房地产是指为赚取租金或资本增值（房地产买卖的差价），或两者兼有而持有的房地产。投资性房地产应当能够单独计量和出售。

房地产投资有多种类型，主要包括直接投资和间接投资。直接投资是指投资者利用资金购买房地产或开发房地产的行为，投资者通常参与相关管理工作。房地产间接投资是指投资者利用资金购买房地产相关证券的行为，投资者一般不参与管理工作。对于普通个人投资者来说，房地产直接投资的方式主要是购买房产。按房产类别分为投资住宅、商铺、办公楼和厂房等。按投资地区分为一线城市、二线城市或三四线城市；按交付时间分投资现房和期房；按卖主分投资一手房和二手房。

一、房地产投资的分析

房地产投资是需要大量资金的活动，一旦做出投资决定，资金的投入就是难以逆转的持续过程。

（一）对经济与发展形势的了解

房地产业的发展与一个国家和地区的政治、经济、金融、教育和治安等因素息息相关。房地产投资风险比较高，原因在于房产红利具有周期性。据中国人口与发展研究中心的文章预测，未来十年将是中国出生人口规模减少最为快速的时期。一方面，人口净增长下降，甚至出现负增长，人口红利正在消失。另一方面，一些大城市虽然房价高昂，但对于人口的吸引力有增无减，人口向一线和二线城市聚集。房产投资需要先了解一个城市的未来发展。

（二）对房地产市场发展态势的了解

对全国、本省、本地区房地产开发建设的总体情况进行了解，避免投资的盲目性，有助于准确定位市场。市场分析的重点在于估计市场对于拟投资计划中的房地产需求强度以及竞争环境的分析。

（1）一般是经济情况向好，货币政策比较宽松的情况下，投资房地产比较容易获得银行贷款，且通货膨胀，房价上涨，卖出也相对容易。

（2）关注城市价值。一个城市经济价值增长快时，那么该城市的房产增值也会相对比较快。房地产的价值与当地人口净流动增速有很大关系。过去中国经济高速增长与人口红利密不可分。

（3）了解房产所在地段的未来价值。作为房地结合物的房地产其房子部分在一定时期内，建造成本相对固定，因而一般不会引起房地产价格的大幅度波动；而作为不可再生资源的土地，其价格却不断上升，房地产价格的上升也多半是由于地价的上升造成的。在一个城市中，好的地段十分有限，因而更具有升值潜力。所以在好的地段投资房产，虽然购入价格可能相对较高，但由于其比别处有更强的升值潜力，因而也必将能获得可观的回报。

（4）成熟地段。例如，人口密集、交通方便的地方，配套设施已经很完善的社区，老城区、地铁、火车站、公交站附近的房源、学区房等一般来说会是个人投资者关注的重点，相对出租率也较高。

（5）不同的房子具有不同的功能，有些房子易于出租，但是不会有太大的升值潜力，而有些房子恰好相反，因此，投资前应对目标房子所在地段进行考察，考察内容包括三个方面：一是了解目标房子所在地段未来的规划；二是了解目标房子的升值潜力；三是了解租客的类型和需求，掌握租金波动情况，计算年回报率。

（三）对房地产政策法规和政府有关措施的了解

房地产的投诉纠纷日益增多，购房者需要加强法律意识。在投资房地产时，投资者需要明确以下内容：

（1）看土地性质，投资不动产，在我国首先要弄清被投资房地产的性质。

（2）看房产性质，我国除了商品房外，还有房改房、集资房、军产房、经济适用房等。

（3）看房地产的土地和房屋的用途是否一致，土地用途决定房屋的用途。目前我国土地有关法律规定最高年限是居住七十年、工业五十年、商业旅游娱乐四十年等。在投资时不要看到房产证上是住宅就认为是居住用地，关心土地用途可以避免出现购房合同约定的房屋性质与土地性质不同的情况。

（4）对于房地产开发的期房，要查看《建设用地规划许可证》《建设工程规划许可证》《国有土地使用权》和规划审批通过的规划平面图，了解投资房产土地的性质和到期年限，以及整个小区各种用房、设施的整体布置和性质，防范投资风险。

（5）注意土地使用权证上土地使用权剩余年限，在我国建筑物产权受土地使用权年限的制约，所以在评估建筑物的时候只能以土地使用权剩余年限为准来估价建筑物的价值。

（四）财务分析和可行性研究

投资者经由市场分析估计未来房地产的收益，进而估计出未来的现金流量。

可行性分析是一个综合的步骤。投资者除了利用前述市场分析与财务分析的结果，研究和判断其可行性外，还要进行相关法律和法规限制的研究，以了解投资计划在法规限制上是否可行，以及目前的产权形式与产权的取得是否可行。

二、房地产的评估方法

房地产评估方法有成本法、市场比较法、剩余法、收益法、基准地价法等。

（一）成本法

房地产成本评估分为两部分：一部分是土地成本积算法，就是对合法取得的土地成本进行核算，然后将取得的利润积累，得出土地使用权价值；另一部分是房屋重置成本法，就是将房屋按照当下市场标准核算成本，同时还要考虑到开发商的利润，最后两者相加得出房屋总价。

（1）成本积算法，即对取得土地或已实现的土地开发的各项成本费用进行核算，剔除不正常因素影响，对于正常成本费用累积后取一定的资本利息和合理的投资利润，得出土地使用权价值的方法。该方法常用于对正常程序取得的土地的评估。

（2）重置成本法，即是对现有的房屋按照正常市场标准下的重新建造房屋所需成本的测算，然后考虑资金的利息并计取一定的开发（或建设）利润得出完全重置成本价，然后根据实际情况和法律规范确定房屋成新率，两者相乘后得出房屋评估价值的方法。建筑物损耗可分为有形损耗和无形损耗，建筑物折旧可分为物质折旧、功能折旧和经济折旧。

（二）市场比较法

市场比较法是指挑选市场上相同用途、其他条件相似的房地产价格案例（已成交的或评估过的、具备正常报价的）与待估房地产的各项条件相比较，对各个因素进行指数量化，通过准确的指数对比调整，得出估价房地产价值的方法。注意对比的房产必须是相同用途、相同情况以及正常的报价。这种方法具有较强的实际意义和准确性，在市场较为成熟、成交透明、比较案例易找的时候常常使用，并且估价结果较为准确。

（三）剩余法

房地产总价 = 土地使用权价值 + 房产价值，如果知道或者可以测算出房地产总价和土地使用权价值（或房产价值），用总价值扣除它后即可得出房产价值（或土地使用权价值）。这种评估方法一般用于单项房产价值评估，或者单项土地使用价值评估，计算也较简单。

（四）收益还原法

收益还原法是指按照房地产未来的收益来估计房价的方法，首先要估计房地产在各个时期将要取得的纯收益。这种评估方法的不确定因素比较多，不同地区和不同的房产都会影响收益率，一般是根据收益来推算该房地产的价值，不同的地区、不同用途、不同类型的房地产收益率也有所不同。其计算公式为：

$$房地产价值 = 房地产纯收益/收益还原利率$$

（五）基准地价法

分析某一地块的土地使用权证价值，可以参考现有的同级别、主要用途相同的基准地价，开展一般要素、地区要素、某些要素的调节，最终得到定价目标土地使用权证使用价值。基准地价是政府对城镇各级土地或均质地域及其商业、住宅、工业等土地利用类型分别评估的土地使用权平均价格。基准地价应按照同一市场供需圈内，土地使用价值相同、等级一致的土地，具有同样市场价格的原理进行确定。

（六）路线价法

路线价法是在各样点宗地价格的基础上，分析宗地地价与影响地价的临街深度等因素的相关关系，进而据此估算其他宗地地价。路线价法认为城市内各宗地土地（以商业用地为主）价格的高低，随其距离道路的远近程度即临街深度的增加而递减；宗地越接近道路利用价值越大，地价也越高；距离道路越远，利用价值越小，地价也越低。因此，路线价法与市场比较法类似，只不过以路线价取代了市场比较法中的比较实例价格，以深度等差异修正取代了区域因素和个别因素等的修正。假定市区内土地价值随临街路距离成反向关系，且同一深度价值相同，因存在宽度、形状、位置等差异，需要进行修正调整评估。土地使用权的价值与土地所处位置（临街状况：宽度深度）有很大的关系，对于同一街区，土地的价值具备相对的稳定性，如果知道该街区土地的平均价格，通过临街宽度、临街深度的调整可得出估价对象土地的价值。

三、房地产投资的回报

衡量房地产是否值得投资的重要参考数据是房地产开发投资回报率。衡量房地产投资回报的方法有很多，最常用的是投资收益率。

投资收益率是指持有的不动产在出租时，通过其租金收益可获得的投资收益率。简而言之，收益率是预期收益与投资额的比率。一般来说，收益率越高，盈利能力越好，收益率越低，盈利能力越差。其计算过程并不考虑房价升值或贬值产生的收益或损失。房地产投资中的收益率分为“表面收益率”和“NOI（实际）收益率”。

“表面收益”是指预估年租金收入除以房地产的购买价格。如果我们实际购买一套房地产还需要支出部分管理费用、每年要缴纳的固定资产税以及维修费用等各种费用，能反映出这些收益率是“NOI（实际）收益率”。NOI（Net Operating Income）为净营业收入。房地产的盈利能力可以通过将NOI除以房地产价格获得的NOI收益率来判断。

表面收益率 =（年租金收入）÷（房地产收购价格）×100%

NOI收益率 =（年租金收入 - 持有成本）÷（房地产收购价格）×100%

也就是说，NOI收益率比表面收益率更接近实际情况。但是，表面收益率的一大好处是易于计算市场价格，表面收益率更好理解，可以作为初步的判断标准。即使表面收益率相同，根据房地产的状态，其情况也会有所不同。如果建筑物维护管理较好，那建筑物的部分维修费用暂时不是必需支出。当然，根据建筑物的状态，也有购买后马上发生大规模修补维修的情况，表面收益率和NOI收益率在这种情况下相差较大。

通过贷款购买商业地产，而后出租以获取租金，然后以月租金偿还银行贷款的“月供”，超出偿还银行贷款月供还款额的部分，才是投资者的投资回报。

投资回报率 =（每月租金收益 − 按揭月供款）×12 ÷（首期房款 + 期房的按揭款）

只要结果大于8%，就是一个不错的投资，这种方法考虑了租金和房价的相对关系。但是，这只是一个简单而粗略的计算，没有考虑资金的时间价值，也不能为抵押贷款支付方式提供具体的投资分析。

房产投资回收时间分析计算公式如下：

投资回收年数 =（首期房款 + 按揭款）÷（税后月租金 − 按揭月供款）×12

这种方法可简略估算资金回收期的长短，一般认为在12—15年都是合理的投资。该方法适用范围更广，但有其片面性。

在房地产投资中，收益率并不是考虑的唯一指标。因为在某些情况下，高收益率的房产实际上的入住率远低于预期，房屋一旦空置，投资者没有收益，但仍然需要支付房屋的持有成本，会产生大量的维修费用。投资者不能仅仅通过收益率数据来决定购买哪里的房产、购买哪一套房产，更要充分了解房地产投资费用、空置风险、维修费用等。做好房地产管理才是投资房产后保持资金稳中有升的重要开始点。

如上所述，房地产投资中有许多因素不能简单地通过表面收益来判断。收益率是一个重要因素。但是，不能仅靠收益来判断投资房产情况。为了成功投资房地产，投资人应该在考虑位置、便利性、房屋年限、居民入住率和财务规划等各种因素以及可能发生的风险等基础上做出最终决策，减少不必要的损失。

第二节　外汇投资

7－2：外汇投资

外汇投资是指投资者为了获取投资收益而进行的不同货币之间的兑换行为。世界上不同的国家流通着不同的货币。例如，在日本是日元，在美国是美元，在英国是英镑，在德国和法国则是欧元，等等。这些不同货币之间的交换行为就是“外汇交易”，也称为“外汇兑换”。使用的“外国货币”就是“外汇”。严谨地说，外汇就是“国际间交易的支付工具”。外汇交易就是一国货币与另一国货币进行交换。“外汇交易”是同时买入一对货币组合中的一种货币而卖出另外一种货币。外汇是以货币对形式交易，例如，欧元/美元（EUR/USD）或美元/日元外汇交易市场。与其他金融市场不同，外汇市场没有具体地点，也没有中央交易所，而是通过银行、企业和个人间的电子网络进行交易。

一、汇率

汇率又称为外汇利率、外汇汇率或外汇行市，指的是两种货币之间兑换的比率，亦可视为一个国家的货币对另一个国家货币的价值。其具体是指一国货币与另一国货币的比率或比价，或者说是用一国货币表示的另一国货币的价格。货币具有价值计量的功能，汇率是解决不同货币价值计量问题的方法。通过汇率实现统一的价值计量。例如，现在1美元兑换6.8人民币元。汇率是由外汇市场决定的。在外汇市场中不同类型的买家和卖家可以进行广泛连续的货币交易。

一国外汇行市的升降，对进出口贸易和经济结构、生产布局等会产生影响。汇率是国际贸易中最重要的调节杠杆，汇率下降，能起到促进出口、抑制进口的作用。影响汇率走势的原因十分复杂。影响因素包括：

（1）市场预期心理。由于人们对某个国家的经济状况、收支状况、通货膨胀、利率前景的看好，就会引起该国货币大量被买进，造成汇率上升；反之看淡，则汇率就会下跌。

（2）各国的宏观经济政策。各国的宏观经济政策，特别是财政金融政策对汇率的影响较大。比如，当一国实行“双紧”的财政金融政策时，其货币对外汇率基本呈上升趋势，实行“双松”的财政金融政策时，将导致货币汇率的下跌。

（3）国际收支。如果一国国际收支为顺差，则外汇收入大于外汇支出，外汇储备增加，该国对外汇的供给大于对外汇的需求，同时外国对该国货币需求增加，则该国外汇汇率下降，本币对外升值。反之，发生逆差时，该国货币供大于求，汇率就将下降。

（4）利率。利率水平对外汇汇率的影响是通过不同国家的利率水平的不同，促使短期资金流动导致外汇需求变动。如果一国利率提高，外国对该国货币需求增加，该国货币升值，则其汇率下降。当然利率影响的资本流动需要考虑远期汇率的影响，只有当利率变动抵消未来汇率不利变动仍有足够的好处，资本才能在国际间流动。

（5）货币当局的干预。国家的中央银行为了维护经济稳定，避免因汇率变动给国内经济带来的不良影响，往往会对市场进行干预，通过买卖外汇使汇率变动有利于本国经济。

（6）通货膨胀。如果本国通货膨胀率比外国高，则本国货币对外贬值，外汇汇率上升。

二、外汇市场

外汇市场区别于传统的股票市场或期货市场，没有固定的、集中的交易场所，以场外交易市场的形式组织起来，由机构市场和零售市场组成。机构市场具体的参与者是很多家交易商，通过电话和计算机网络联系，参与不同货币的交易，形成机构间的外汇交易市场。外汇交易商以大型银行为主，同时还包括各国政府相关部门及大型的集团公司。随着互联网科技的发展，无论是证券交易所的场内交易，还是外汇交易商对零售客户的场外柜台式交易，都通过计算机网络进行，客户足不出户就可以在账户里买卖外汇产品，但其背后的交易模式不变。

汇率产品则重点集中在几大货币同美元的汇价方面，例如，欧元兑美元、英镑兑美元、澳元兑美元、美元兑日元、美元兑瑞郎、美元兑加元等。交易的双方通过电话和电子交易系统进行，而非在特定的交易所交易。时差将各地外汇交易所的营业时间紧密连接，令交易不间断。外汇市场的特点为投资者提供分散投资的机会，以降低整体投资风险。外汇市场的特点包括：

（1）24 小时不间断的交易。外汇交易是一个真正的 24 小时全天交易市场。

（2）市场透明度高。外汇交易的投资者分布在全球，市场难以被操控。另外，影响外汇市场的因素广泛，包括国家中央银行设定的利率、股票市场、经济环境、政策决定、各种政治因素以及重大事件等，这些因素并非单一投资者或集团所能操控的。

（3）资金流动性高。外汇市场是世界经济中最大的金融市场之一，市场参与者包括各国银行、商业机构、中央银行、投资银行、对冲基金、政府、货币发行机构、发钞银行、跨国组织以及散户，因此外汇市场资金流动性高，投资者不用承受因缺乏成交机会而导致的投资风险。

各主要市场交易时间（北京时间）如下：

悉尼：06：00—15：00

东京：08：00—15：30

香港：09：00—16：00

法兰克福：15：00—23：00

伦敦：15：30—23：30（冬令时间 16：30—00：30）

纽约：20：20—03：00（冬令时间 21：20—04：00）

周末交易：外汇市场永远不会有严格意义上的关闭，但实际上所有主要银行和交易商在周末关闭。

三、主要外币

近几年随着中国外汇市场的开放，国际化步伐加快，人民币在国际市场的结算交易中所占比重逐渐提升，已经成为重要的结算币种。外汇市场交易最为常见的货币被称为“主要货币”。大部分货币的买卖相对于美元（USD）进行。美元（USD）是交易次数最多的货币。另外五种频繁交易的货币是：欧元（EUR）、日元（JPY）、英镑（GBP）、澳大利亚元（AUD）和瑞士法郎（CHF）。这六种主要货币的交易占据全球外汇交易市场 90% 的交易量。

1. 美元（USD）

美元是美利坚合众国的法定货币。美元的发行主体部门是国会，具体发行业务由联邦储备银行负责办理。在第二次世界大战以后，欧洲大陆国家与美国达成协议同意使用美元进行国际支付，此后美元作为储备货币在美国以外的国家广泛使用并最终成为国际货币。美元是目前国际外汇市场上最主要的外汇，各国中央银行的外汇储备包括黄金与各种货币，但其中最主要的储备资产仍然是美元。全球的主要贸易品几乎都以美元计价。

2. 欧元（EUR）

欧元是欧盟成员国国家的货币。1999 年 1 月 1 日在实行欧元的欧盟国家中实行统一货币政策（Single Monetary Act），2002 年 7 月欧元成为欧元区唯一合法货币。欧元由欧洲中央银行（European Central Bank，ECB）和各欧元区国家的中央银行组成的欧洲中央银行系统（European System of Central Banks，ESCB）负责管理。目前，欧元区包括 20 个国家，分别是：奥地利、比利时、德国、希腊、法国、芬兰、爱尔兰、意大利、卢森堡、荷兰、葡萄牙、西班牙、斯洛文尼亚、塞浦路斯、马耳他、立陶宛、拉脱维亚、爱沙尼亚、斯洛伐克、克罗地亚。

3. 日元（JPY）

日元是日本的法定货币，日元也经常在美元和欧元之后被当作储备货币。日本发行的纸币面额有 10000、5000、1000、500、100、50、10、5、1 日元等，另有 500、100、50、10、5、1 日元硬币。日本钞票正面文字全部使用汉字（由左至右顺序排列），中间上方均有“日本银行券”字样，各种钞票均无发行日期。发行单位负责人使用印章的形式，即票面印有红色“总裁之印”和“发券局长”图章各一个。

4. 英镑（GBP）

英镑是英国国家货币和货币单位名称。英镑主要由英格兰银行发行，但亦有其他发行机构。最常用于表示英镑的符号是£ 。由于英国是世界最早实行工业化的国家，曾在国际金融业中占统治地位，英镑曾是国际结算业务中使用最广泛的货币。第一次世界大战和第二次世界大战以后，英国经济地位不断下降，但由于历史原因，英国金融业还很发达，英镑在外汇交易结算中还占有非常高的地位。英镑为英国的本位货币单位，辅币单位改为新便士（New Penny），1 英镑等于 100 新便士。流通中的纸币面额有 5、10、20 和 50 英镑，另有 1、2、5、10、50 新便士及 1 英镑的硬币。

5. 澳元（AUD）

澳元是澳大利亚联邦的法定货币，由澳大利亚储备银行负责发行。在外汇市场上，目前澳大利亚元为交易量世界第五大的流通货币，居美元、欧元、日元、英镑之后。澳大利亚流通有 5、10、20、50、100 澳元面额的纸币，另有 1、2、5、10、20、50 澳分硬币。1 澳大利亚元等于 100 澳分。所有硬币的正面图案均为英女皇伊丽莎白二世头像。

6. 加元（CAD）

加拿大元简称加元，是加拿大的官方货币。加拿大元由加拿大银行（Bank of Canada）发行。加拿大纸币有 1、2、5、10、20、50、100、1000 加元八种面额。另有 1 元和 1、5、10、25、50 加分硬币。加拿大居民主要是英、法移民的后裔，分英语区和法语区，因此钞票上均使用英语和法语两种文字。

7. 瑞士法郎（CHF）

瑞士法郎是瑞士和列支敦士登的法定货币，由瑞士的中央银行发行。由于瑞士奉行中立和不结盟政策，所以瑞士被认为最安全的地方，瑞士法郎也被称为传统避险货币，加之瑞士政府对金融、外汇采取的保护政策，使大量的外汇涌入瑞士，瑞士法郎也成为稳健而颇受欢迎的国际结算和外汇交易货币。

8. 新西兰元（NZD）

新西兰元通常简称为纽元，由新西兰中央银行——新西兰储备银行发行，是新西兰、库克群岛、纽埃、托克劳及皮特凯恩群岛的法定货币。1934 年新西兰建立了储备银行，行使中央银行职责，开始发行统一的钞票。纸币面额为 1、5、10、50 和 100 新西兰元。

四、外汇管理

外汇管理亦称为外汇管制，是指对外汇的收支、买卖、借贷、转移以及国际间结算、外汇汇率和外汇市场所实施的一种限制性的政策措施。目前，我国外汇管理体制基本上属于部分外汇管制，即对经常项目的外汇交易不实行或基本不实行外汇管制，但对资本项目的外汇交易进行一定的限制。我国外汇体制改革的目标是：在经常项目下可兑换的基础之上，创造条件，逐步放开，推进资本项目下可兑换，从而实施人民币的完全可兑换。

（一）中央银行

中央银行负责发行该国货币，制定货币供给额，持有及调度外汇储备，维持该国货币之对内及对外的价值。我国中央银行下设外汇管理局，我国现行外汇管理体制内容包括：①实行外汇收入结汇制。②实行银行售汇制，允许人民币有条件的兑换外汇。③建立银行间外汇市场，保持统一和稳定的人民币汇率。④核定外汇指定银行的结算周转外汇比例。⑤严格外债管理，建立偿债基金。

（二）商业银行

商业银行的外汇业务主要有外汇存款、外汇贷款、汇款、结售汇、贸易融资、国际结算等。只要有外汇业务资格的银行均对客户开放，部分业务限制对个人提供，如国际结算、贸易融资等。外汇业务目前在境内对个人开放的主要有存款、汇款和结售汇。银行外汇部门的主要业务就是将商业交易与财务交易的客户资产与负债从一种货币转换为另一种货币。

五、外汇经纪和外汇投资

外汇经纪是指介绍客户进行外汇交易的中介。其本身并不买卖外汇，只是连接外汇买卖双方，促成交易。外汇经纪人是指外汇市场上经中央银行或有关外汇经营机构批准、经营代客买卖外汇业务的中介人。他们受商业银行、其他金融机构或一国政府的委托，作为中介人在外汇市场上买卖外汇，有些也兼做外汇交易。外汇经纪商及经纪人，本身并不承担外汇交易的盈亏风险，其从事中介工作的代价为佣金收入。普通投资者主要有以下四种外汇投资方式可供选择：

（1）外汇汇率投资。汇率上下波动均可获利，拥有外汇的人士可以考虑参与外汇汇率投资交易。

（2）期权型存款（含与汇率挂钩的外币存款）。期权型存款的年收益率通常能达到10%左右，如果对汇率变化趋势的判断基本准确，操作时机恰当，则是一种期限短、收益高且风险有限的理想外汇投资方式。

（3）外汇理财产品。相对国际市场利率，国内的美元存款利率仍然很低，但外汇理财产品的收益率能随国际市场利率的上升而稳定上升。国内很多外汇理财产品大都期限较短，又能保持较高的收益率，投资者在稳定获利的同时还能保持一定的资金流动性。许多银行都推出了类似的产品，投资者可以根据自己的偏好选择。

（4）定期外币储蓄。这是目前投资者最普遍选择的方式。它风险低，收益稳定，具有一定的流动性和收益性。但它与人民币储蓄不同，由于外汇之间可以自由兑换，不同的外币储蓄利率不一样，汇率时刻在变化。

六、外汇投资方式

（一）准备工作

（1）学习投资知识和技能。在外汇市场中，个人是最小的交易者和参与者，是随行就市的服从者，所以掌握投资基础知识是必要的。基本面分析和技术面分析是进行外汇投资时主要的两种行情分析方式，基本面分析的重点在于通过对国家的经济数据、政局变动来分析国家的经济现状，而技术面分析则从图表形态入手，运用技术理论来判断货币未来走势。

（2）选择好的外汇经纪。正规外汇经纪，操作比较正规。佣金和其他手续费可能比较高，但服务及时、专业，投资者的资金安全也有保障。

（3）建立风险意识。交易的时候要设好止损，控制好仓位，这点很重要。

（二）选择适合的外汇投资方式

针对外汇理财方法，要切实制定理财方案，确定理财目标，认真研究各类外汇理财工具，比较不同理财方法的风险和收益，制定适合自己的外汇理财方案组合，谋求外汇资产的最优增长。

（三）注意事项

第一，善用理财预算。要想成为一个成功的外汇投资者，首先要有充足的投资资本，如有亏损产生不至于影响投资者的生活。切记勿用自己的生活资金作为外汇投资的资本，资金压力过大会误导投资者的投资策略，增大外汇投资风险，容易导致更大的错误。

第二，善用免费模拟账户，学习外汇投资。初学者要耐心学习，循序渐进，不要急于开立真实外汇投资账户。不要与其他投资者比较，原因是每个人所需的学习时间不同，获得的心得也就不同。在仿真外汇投资的学习过程中，主要目标是锻炼个人的操作策略，当获利几率提高，获利额逐渐提升，证明可开立真实外汇投资账户进行外汇投资。

第三，风险意识。任何投资都有风险，在投资时一定要设立必要的止损点，这样才能规避一定的外汇投资风险。天下没有免费的午餐，做投资就一定要有风险意识，要先想风险，再想收益。

七、外汇投资风险

外汇作为一种投资方式，必然存在风险。同时，外汇投资也存在一些陷阱。对于新入市的投资者来说，应该多加注意，才能在投资中避免这些问题。

1. 高杠杆风险

外汇市场的高杠杆率是许多交易者被外汇市场所吸引的原因之一。对于大部分交易者而言，高杠杆意味着可以“以小博大”，可以获得高收益。殊不知，投资领域风险往往和收益成正比，高收益意味着高风险。有些经验不足的交易者倾向于满仓交易，想借助高杠杆的作用。风险意识在外汇市场显得很有必要，杠杆的运用是一门很大的学问。可以通过使用止损设置来降低交易风险，但止损的选择取决于交易者，交易者可以选择适合自己的赔率，当价格移动至所设置的价格水平时就会强制平仓，进而降低交易损失。

2. 汇率风险

汇率的变化受很多因素的影响。当一国的货币相对于另一国货币的汇率下降时，就会发生货币贬值。货币贬值可以被视为经济疲软的迹象，这可能危及一国的信誉。有时，贬值可能导致其他国家货币贬值。这种情况会加剧全球市场的经济问题。外汇市场每天 24 小时运作，趋势没有限制。当波动剧烈时，交易者可以在一天内体验到“天上地下”。由于影响外汇走势的因素很多，没有人能够准确判断汇率走势。

3. 信用风险和交易风险

信用风险是指特定交易的交易商或经纪人无法支付的风险，这可能是由于一方违约或破产造成的。在外汇交易中，没有交易所或清算所做担保。如果市场剧烈波动，经纪商可能无法或拒绝遵守合同。

在中国，有些投资者违规通过外汇经纪商平台进行外汇交易。目前可投资外汇保证金业务的公司都未经监管部门批准，其账户是境外账户，且没有与银行达成三方托管协议，无法对账户资金进行监管，因此不受法律保护。按照有关规定，境内个人从事外汇保证金等外汇买卖交易，应当通过依法取得相应业务资格的境内金融机构办理，未经监管部门批准或备案同意，任何单位和个人一律不得擅自经营外汇按金交易，否则将视为非法经营外汇业务和私自买卖外汇行为。

外汇保证金交易主要通过互联网进行。由于互联网的特点，它可以无法连接到外汇交易商的系统。这种情况可能会导致巨大的损失，外汇交易商对此不负责任。

4. 欺诈风险

外汇投资陷阱很多。例如，让投资者通过“专业”交易者“投资”，后者用投资者的资金换取一定比例的利润。然而这样做的问题是，投资者将自己的钱全权托付给一个完全陌生的交易者。投资者根本无法对交易者进行监管。EA 陷阱是指投资完全依据智能交易 Expert Advisor。但外汇市场是一个不断变化的市场，过去对未来几乎没有影响，通常要伴随着交易者的判断，结合采用适当的 EA 策略才能获取相对稳定的回报。一般市场上号称能够全天不用盯盘，没有风险却能保证获得高额回报的 EA 基本都是陷阱。通过虚拟外汇投资平台对普通投资者实施电信网络诈骗。

为了减少与不道德经纪商合作的机会，交易者应对希望合作的外汇经纪商做好调查，选择境内的合法合规机构进行投资交易。外汇保证金交易的特点在于成本小、利润大。正是由于这一特点，投资者在追求利润时往往忽视风险。外汇市场存在风险，投资应谨慎。任何投资都有风险，风险与收益有关，投资者找到一种最大限度地规避风险的方法十分重要。

7－3：期货投资

第三节 期货投资

期货，“期”就是未来的意思，“货”就是指货物。期货作为一种金融衍生品，主要被用来对冲现货市场带来的风险。期货是从远期合约发展而来的一种标准化合约，就是和对手方签订一份购买远期商品的合约，从而达到套期保值的目的。期货交易是在现货交易的基础上发展起来的，通过在期货交易所买卖标准化的期货合约而进行的一种有组织的交易方式。作为一种特殊的交易方式，期货交易的形成经历了从现货交易到远期交易，最后到期货交易的复杂演变过程。它是人们在贸易过程中不断追求交易效率、降低交易成本与风险的结果。在现代发达的市场经济体系中，期货市场作为重要的组成部分，与现货市场、远期市场共同构成既各有分工而又密切联系的多层次的有机体。

期货是以某种大宗商品或金融工具为标的的标准化可交易合约，标的物可以是农产品、原油、黄金等商品，也可以是金融工具。期货本质上是远期商品买卖合同。在期货市场中，大部分交易者买卖的期货合约在到期前，又以对冲的形式了结。也就是说，买进期货合约的人，在合约到期前又可以将期货合约卖掉；卖出期货合约的人，在合约到期前又可以买进期货合约来平仓。先买后卖或先卖后买都是允许的。一般来说，期货交易中进行实物交割的只是很少量的一部分。期货交易的对象并不是商品（标的物）的实体，而是商品（标的物）的标准化合约。期货交易的目的是为了转移价格风险或获取风险利润。

1. 期货交易与现货交易

（1）买卖的直接对象不同。现货交易买卖的直接对象是商品本身，有实物、看货定价。期货交易买卖的直接对象是期货合约，是买进或卖出多少手或多少张期货合约。

（2）交易的目的不同。现货交易是钱货的交易，马上或一定时期内获得或出让商品的所有权，是满足买卖双方需求的直接手段。期货交易中进行实物交割的只是很少量的一部分。套期保值者的目的是通过期货交易转移现货市场的价格风险，投资者的目的是为了从期货市场的价格波动中获得风险利润。

（3）交易方式不同。现货交易一般是一对一谈判签订合同，具体内容由双方商定，签订合同之后不能兑现，就要诉诸法律。期货交易是以公开、公平竞争的方式进行竞价交易。

（4）交易场所不同。现货交易一般不受交易时间、地点、对象的限制，交易灵活方便，随机性强，可以在任何场所与对手交易。期货交易必须在交易所内依照法规进行公开、集中交易，不能进行场外交易。

（5）商品范围不同。现货交易的品种是一切进入流通的商品。而期货交易品种虽然很多，但主要是农产品、石油、金属商品和金融产品等。

（6）结算方式不同。现货交易是货到款清，无论时间多长，都是一次或数次结清。期货交易实行每日无负债结算制度，必须每日结算盈亏，结算价格按照成交价加权平均来计算。

2. 期货交易与远期交易

远期交易是交易双方私下签订的、非标准化合约的交易。而期货交易则是交易双方在统一场所公开的、标准化合约的交易。

（1）交易对象不同。期货交易的对象是标准化合约。远期交易中，合约由交易双方设计、是非标准化的。

（2）功能作用不同。远期交易和期货交易都具有价格发现功能，但双方价格发现功能的效率不同，期货交易价格发现功能的效率更高效，也比较全面。远期交易中的合同缺乏流动性，价格发现功能的局限性非常明显。

（3）履约方式不同。期货交易有实物交割和对冲平仓两种履约方式；远期交易最终的履约方式一般是实物交收。

（4）信用风险不同。期货交易的违约风险较低，因为期货交易所实际上起到了履约担保的作用。期货交易实行每日无负债结算制度，即便出现了期货交易（交割）的违约事件，那么期货交易所也会和不违约的一方正常履行合约，并追究违约一方的责任。远期交易从交易达成到最终实物交割有很长一段时间，此间市场会发生各种变化，任何不利于履约的行为都可能出现。远期交易的违约风险比较大，理论上只要到期价格变动幅度超过双方在签订远期合约时支付的订金，那么违约将更有利，此时违约的概率也就越大。

（5）保证金制度不同。期货交易有特定的保证金制度，远期交易是否收取或收多少保证金由交易双方私下商定。在远期交易中，除了签订合约和到期履约之外，期间并无资金压力。在期货交易中，交易所会按合约价值收取一定比例的履约保证金，这与远期交易的订金模式类似，但又有很大的区别。期货交易所的履约保证金是每日盯市计算，在每日收盘结算后，期货交易所按照当日结算价格重新计算保证金金额，多还少补。即期货交易中，保证金是动态的。价格上涨时需要缴纳更多的保证金，而价格下跌时需要缴纳更少的保证金。因为期货价格预测难度较大，所以在期货交易中，资金压力具有持续性。

一、期货市场对经济生活的作用

期货经济与现货经济存在着巨大的不同，现货市场的核心功能是通过价格有效进行资源配置，从而达到社会福利的提升，而期货市场的核心则在于通过期货价格有效地配置风险。期货市场的产生是为了规避风险。当人们在现货市场上由于各种各样因素得不到保障时，就会采取在期货市场上进行相反行为的操作，规避在现货市场上可能存在的风险，以此来保障自己的利益。

1. 回避价格风险的功能

期货市场最突出的功能就是为生产经营者提供回避价格风险的手段，即生产经营者通过在期货市场上进行套期保值业务回避现货交易中价格波动带来的风险，锁定销售价格或原材料成本，实现预期利润。也就是说，期货市场弥补了现货市场的不足。

2. 发现价格的功能

在市场经济条件下，价格根据市场供求状况形成。期货市场上来自不同地区的交易者带来了大量的供求信息，标准化合约的转让又增加了市场流动性，期货市场中形成的价格能真实地反映供求状况，可以为现货市场提供参考价格，起到了“发现价格”的功能。国际期货市场往往也是世界性的定价中心，具有定价功能。

3. 有利于市场供求和价格的稳定

首先，期货市场上交易的是在未来一定时间履约的期货合约。它能在一个生产周期开始之前，就使商品的买卖双方根据期货价格预期商品未来的供求状况，指导商品的生产和需求，起到稳定供求的作用。其次，由于投机者的介入和期货合约的多次转让，使买卖双方应承担的价格风险平均分散到参与交易的众多交易者身上，减少了价格变动的幅度和每个交易者承担的风险。期货市场为交易者提供了一个能安全、准确、迅速成交的交易场所，提高了交易效率，有助于市场经济的建立和完善。

4. 风险投资和资源配置功能

期货为投资者提供获取风险收益的功能，包括利用期货套期保值、套期图利和期货投机。同时，期货市场快捷的信息传递、严格的履约保证、公平公开的集中竞价、简捷方便的成交方式，可以迅速有效地消除区域性不合理的价差，达到资源配置的效果。作为一种重要的投资工具，期货交易有助于合理利用社会闲置资金。

二、期货交易的基本特征

期货交易的基本特征可以归纳为以下几个方面：

1. 合约标准化

期货交易通过买卖期货合约进行，期货合约是标准化的。期货合约的所有条款都是事先约定的，例如，商品的数量、保证金的比例、交割地点、交割方式等，只有期货的价格随着市场的变化而变动。期货合约标准化给期货交易带来极大便利，交易双方不需对交易的具体条款进行协商，节约了交易时间，减少了交易纠纷。

2. 交易集中化

期货交易必须在期货交易所内进行。期货交易所实行会员制，只有会员方能进场交易。那些处在场外的客户若想参与期货交易，需要委托期货经纪公司代理交易。所有期货交易都通过期货交易所进行结算，且期货交易所成为任何一个买者或卖者的交易对方，并为每笔交易做担保，投资者不必担心履约问题。

3. 双向交易和对冲机制

期货实行的是 T+0 交易制度，可以双向交易，投资者既可以买涨也可以买跌，投资者可以通过与建仓时的交易方向相反的交易来解除履约责任。双向交易也就是期货交易者既可以买入期货合约作为期货交易的开端（称为买入建仓），也可以卖出期货合约作为交易的开端（称为卖出建仓），也就是通常所说的“买空卖空”。与双向交易相联系的还有对冲机制。在交易的过程中，大部分的投资者在合约到期的时候都不会以实物交割的方式来履行合约，取而代之的是以与建仓时交易方向相反的交易来解除履约责任，这就是所谓的对冲机制。具体说就是买入建仓后，可以通过卖出相同合约的方式解除履约责任；卖出建仓后，可以通过买入相同合约的方式解除履约责任。期货交易的双向交易和对冲机制的特点，吸引了大量期货投机者参与交易。在期货市场上，投机者有双重的获利机会，期货价格上升时，可以低买高卖来获利，价格下降时，可以通过高卖低买来获利。投机者可以通过对冲机制免除进行实物交割的麻烦，投机者的参与大大增加了期货市场的流动性。

4. 杠杆机制

期货交易实行保证金制度，投资者在进行期货交易时，只需要支付5%—10%的保证金即可获得交易的权利，从而完成整个期货交易。所以期货交易存在杠杆，也就是说，交易者在进行期货交易时缴纳少量的保证金就能完成数倍乃至数十倍的合约交易。期货交易具有以少量资金进行较大价值额投资的特点，被称为“杠杆机制”。期货交易的杠杆机制会放大风险与收益。对于投资者来说，期货保证金交易制度可以增加盈利的机会，但需要控制风险。

5. 每日无负债结算制度

其也称为“逐日盯市制度”，是指期货交易所在每个交易日结束后，计算、检查保证金账户余额，通过及时发出追加保证金通知，使保证金余额维持在一定水平之上，防止负债现象发生的结算制度。结算部门在每日交易结束后，按当日结算价对会员和投资者结算所有合约的盈亏、交易保证金及手续费、税金等费用，对应收应付的款项实行净额一次划转，相应增加或减少保证金。交易结束后，一旦会员或投资者的保证金余额低于规定的标准时，将会收到追加保证金的通知，要求交易者必须在下一日开市前追加保证金，以做到“每日无负债”。期货市场是一个高风险的市场，为了有效地防范风险，需要将期货价格不利变动给交易者带来的风险控制在有限的幅度内，从而保证期货市场的正常运转。

三、期货产品

国际期货市场的发展大致经历了由商品期货到金融期货、交易品种不断增加、交易规模不断扩大的过程。期货可以大致分为两大类：商品期货与金融期货。商品期货中主要品种可以分为农产品期货、金属期货（包括基础金属与贵金属期货）、能源期货三大类；金融期货中主要品种可以分为外汇期货、利率期货（包括中长期债券期货和短期利率期货）和股指期货。

（一）商品期货

商品期货是指标的物为实物商品的期货合约。商品期货历史悠久，种类繁多，主要包括农业产品、金属产品、能源产品等几大类。其是关于买卖双方在未来某个约定的日期以签约时约定的价格买卖某一数量的实物商品的标准化协议。商品期货交易是在期货交易所内买卖特定商品的标准化合同的交易方式。

1. 农产品期货

1848年芝加哥期货交易所（CBOT）的诞生以及1865年标准化合约被推出后，随着现货生产和流通的扩大，不断有新的期货品种出现。农产品期货包括：粮食期货，主要有小麦期货、玉米期货、大豆期货、豆粕期货、红豆期货、大米期货、花生仁期货等。经济作物类期货包括：原糖、咖啡、可可、橙汁、棕榈油和菜籽期货。畜产品期货主要有肉类制品和皮毛制品两大类期货。林产品期货，主要有木材期货和天然橡胶期货。

2. 金属期货

最早的金属期货交易诞生于英国。1876 年成立的伦敦金属交易所（LME）开金属期货交易之先河。美国金属期货的出现晚于英国。19 世纪后期到 20 世纪初以来，美国经济从以农业为主转向建立现代工业生产体系，期货合约的种类逐渐从传统的农产品扩大到金属、贵金属、制成品、加工品等。目前在国际期货市场上上市交易的有色金属主要有 10 种，即铜、铝、铅、锌、锡、镍、钯、铂、金、银。其中，金、银、铂、钯等期货因其价值高又称为贵金属期货。有色金属是当今世界期货市场中比较成熟的商品期货品种之一。

3. 能源期货

20 世纪 70 年代初发生的石油危机给世界石油市场带来巨大冲击，石油等能源产品价格剧烈波动，直接导致了石油等能源期货的产生。1978 年，能源期货开始在纽约商业交易所交易，商品是热燃油。目前，纽约商业交易所（NYMEX）和伦敦国际石油交易所（IPE）是世界上最具影响力的能源产品交易所，上市的品种包括原油、取暖油、燃料油、汽油、天然气等多个品种，其中，原油期货合约最为活跃。

（二）金融期货

金融期货是指以金融工具作为标的物的期货合约，其合约的标的物是金融商品，包括外汇、债券、股票指数等，金融期货的交易者可以在特定的交易所以公开竞价的方式成交。金融期货基本上可以分为三类：外汇期货、利率期货和股权类期货。不同种类的期货投资标的均有所不同，利率期货是指以债券类证券为标的物的期货合约，一般可分为短期利率期货和长期利率期货；外汇期货又称为货币期货，是指以汇率为标的物的期货合约，用来回避汇率风险；股权类期货是指以股价指数为标的物的标准化期货合约，目前我国主要有沪深 300、中证 500、上证 50 三大产品。

进入 20 世纪 90 年代以后，在欧洲和亚洲的期货市场，金融期货交易占据了市场的大部分份额。在国际期货市场上，金融期货也成为交易的主要产品。金融期货的出现，使期货市场发生了翻天覆地的变化，彻底改变了期货市场的发展格局。目前，在国际期货市场上，金融期货已经占据了主导地位，并且对整个世界经济产生了深远的影响。

（三）期货期权

期权是在期货基础上衍生出来的一种金融工具，它是一种约定了合约持有人在某一特定日期或该日期之前的任何时间以某一个固定的价格（即行权价格）购入某种资产的权利。简单来说，期权就是购买一种在特定日期买入某种标的资产的权利。期货期权是指对期货合约在特定日期内买卖权利的交易。期货期权的基础是商品期货合约，期货期权合同实施时要求交易的不是商品而是期货合约本身。期货期权包括商品期货期权和金融期货期权。期货期权分为看涨（认购）期权和看跌（认沽）期权，投资者根据自己的需要可以进行买入开仓、卖出开仓，反向平仓。交易时买方向卖方支付权利金，有行使期权的权利和放弃权利（买方：收益无限，损失有限）；卖方支付保证金（并根据行情变化追加保证），配合买方行权义务（卖方收益有限，损失无限）。

期权交易与期货交易都具有规避风险，提供套期保值的功能。但期货交易主要是为现货商提供套期保值的渠道，而期权交易不仅对现货商具有规避风险的作用，而且对期货商的期货交易也具有一定程度规避风险的作用。相当于给高风险的期货交易买了一份保险。因此，期权交易独具的，或与期货交易结合运用的各种灵活交易策略，吸引了大批投资者。目前，国际期货市场上的大部分期货交易品种都引进了期权交易方式。

四、期货市场的投资者

根据投资者的类型，期货市场的主要投资者主要包括个人投资者和机构投资者。个人投资者就是以自然人的身份开立期货投资账户，只通过期货合约价格涨跌赚取差价，并不参与期货实物交割，期货合约到期后只能对冲平仓的一类投资者。

机构投资者主要包含企业套期保值投资者、对冲基金和商品类投资基金投资者。企业套期保值类型的投资者主要是在现货市场有业务，利用期货市场来对冲现货市场亏损的投资者。对冲基金也叫风险对冲基金，一般属于私募基金，期货投资只是其投资组合中的一部分，一般也不参与现货交割，只不过身份属于组织类型。商品投资基金是通过专业的投资机构，将投资者的资金集中起来，进行专业的期货期权交易，并给投资者带来投资收益的基金类型。相比较而言，对冲基金的投资范围更广，期货只是其中分摊风险的一部分，而商品投资基金投资范围更小，主要集中于交易所的期货和期权，除此之外，商品投资基金的组织透明度也更高，风险相对较小。

根据投资者投资的目的，期货投资者可以分为：

（1）投机交易者。投机是指根据对市场的判断，把握机会，利用市场出现的价差进行买卖从中获得利润的交易行为。投机者可以“买空”，也可以“卖空”。投机的目的很直接——就是获得价差利润。但投机是有风险的。投机者是期货市场的重要组成部分，是期货市场必不可少的润滑剂。投机交易增强了市场的流动性，承担了套期保值交易转移的风险，是期货市场正常运营的保证。

（2）套期保值者。套期保值的目的就是买入（卖出）与现货市场数量相当、但交易方向相反的期货合约，以期在未来某一时间通过卖出（买入）期货合约来补偿现货市场价格变动所带来的实际价格风险。套期保值是期货市场产生的原动力。无论是农产品期货市场，还是金属、能源期货市场，其产生都是源于生产经营过程中面临现货价格剧烈波动而带来风险时自发形成的买卖远期合同的交易行为。企业通过期货市场为生产经营买了保险，保证了生产经营活动的可持续发展。

（3）套利交易者。套利是指同时买进和卖出两张不同种类的期货合约。交易者买进自认为是“便宜的”合约，同时卖出那些“高价的”合约，从两个合约价格间的变动关系中获利。套利一般可分为三类：跨期套利、跨市套利和跨商品套利。交易者之所以进行套利交易，主要是因为套利的风险较低，套利交易可以为避免始料未及的或因价格剧烈波动而引起的损失提供某种保护，但套利的盈利能力也较直接交易小。套利的主要作用体现在：一是帮助扭曲的市场价格恢复到正常水平；二是增强市场的流动性。

五、主要的期货交易所

（一）国内期货交易所

当前国内期货交易所有5家，分别是：郑州商品交易所、大连期货交易所、上海期货交易所、中国金融期货交易所和广州期货交易所。

郑州商品交易所成立于1990年10月12日，是我国第一家期货交易所，交易品种主要有：小麦、绿豆、棉花、芝麻、花生仁、白糖、菜籽油等。上海期货交易所主要交易品种有：黄金、白银、铜、铝、锌、铅、螺纹钢、线材、燃料油、天然橡胶、沥青等。大连期货交易所主要交易品种有：玉米、大豆、豆粕、豆油、棕榈油、聚丙烯、聚氯乙烯、塑料、焦炭、焦煤、铁矿石、胶合板、纤维板、鸡蛋等。中国金融期货交易所主要交易品种有：股指期货和国债期货。2021年1月22日广州期货交易所成立，主要为粤港澳大湾区内企业、"一带一路"沿线企业提供更多风险管理工具。此外，中国香港和台湾的期货交易所规模也很大。

（二）国际期货交易所

目前全世界约有50余家期货交易所，其中大部分分布在美国和欧洲。

美国芝加哥交易所集团（CME Group）是迄今为止全球最大的交易所，包含了芝加哥商品交易所、芝加哥期货交易所、纽约商业交易所和纽约商品交易所。芝加哥交易所集团（CME Group）交易品种包括：农产品商品类（谷类、油籽、牲畜、乳产品、木材、咖啡、糖、可可豆等）、能源期货类（原油、天然气、石油等）、股指期货类（提供多个主要指数的期货交易，包括标普500指数、纳斯达克100指数、道琼工业平均指数、日经225指数、MSCI指数以及英国FTSE指数）、外汇期货类［提供超过20个不同国家的货币（含人民币）期货与期权交易］、金属期货类（提供包括金、银、铂、钯、铜及铁的金属期货交易，也提供有关伦敦国际黄金市场现时和远期场外交易以及铁矿掉期期货的结算服务）。

除了CME Group集团，美国还有两家期权交易所，即芝加哥期权交易所和国际证券交易所。芝加哥期权交易所是世界上第一家以期权产品为主的交易所，它的主要产品是指数期权和个股期权。国际证券交易所是美国期权市场第一家全电子化交易的期权交易所，目前已经成为全球最大的股票期权交易所。国际证券交易所主要上市交易股票期权和指数期权。

欧洲的期货市场主要包括欧洲期货交易所、伦敦金属交易所、伦敦国际石油交易所和俄罗斯期货交易所。欧洲期货交易所为一家全面电子化交易所，其电子交易平台可以提供广泛的国际基准产品。它的主要交易产品是德国国债和欧元区股指期货。伦敦金属交易所是世界上最大的有色金属交易所，其价格和库存对世界范围的有色金属生产和销售有着重要的影响。它的主要交易品种有铜、铝、铅、锌、镍和铝合金。伦敦国际石油交易所（IPE）是欧洲最重要的能源期货和期权的交易场所。它成立于1980年，目前已发展成为世界第二大能源期货和期权交易所。它的主要交易品种有布伦特原油期货合约、柴油期货合约和天然气期货合约等。俄罗斯期货交易所是欧洲第三大股指期权交易所。它的主要产品有黄金、白银、原油、原糖、债券、单一股票、RTS 指数等。

在亚洲，新加坡国际金融交易所是亚洲第一家金融期货交易所。它主要从事期货和期权合约、利率、货币、股指、能源和黄金等交易。东京工业品交易所是日本唯一的一家综合商品交易所，是世界上为数不多的交易多种贵金属的期货交易所。它的交易品种以贵金属交易为主，同时发展石油、汽油等能源类商品。韩国期货交易所的主要交易品种有指数期权、美元期货及期权、CD 利率期货、国债期货和黄金期货等。

六、个人投资者的期货投资

（一）参与期货投资

我国的期货市场越来越开放，上市的期货品种也越来越多。期货市场一直允许个人投资者参与交易。首先个人投资者需要开通一个期货账户，期货开户要选择一个合法代理资格、信誉好、资金安全、运作规范和收费比较合理的期货公司。

不过有些品种不是开户就能交易，像特殊品种就有一定的开户门槛。所谓的特殊品种是指有一定要求的品种，例如，原油、股指、国债、20 号胶、低硫燃料油、PTA、棕榈油、铁矿石、国际铜等。国内的原油期货开户门槛比较高，必须要满足 50 万元的验资要求，同时，还要有 10 笔以上的期货交易记录，需要考试，满 80 分以上才能开通交易权限。

（二）期货投机的方法

期货投机交易是指在期货市场上以获取价差收益为目的的期货交易行为。投机者根据对期货价格走势的判断，做出买进或卖出的决定，如果这种判断与市场价格走势相同，则投机者平仓出局后可获取投机利润；如果判断与价格走势相反，则投机者平仓出局后承担投机损失。由于投机的目的是赚取价差收益，所以，投机者一般平仓了结持有的期货合约，而不进行实物交割。投机交易分为两种：价差投机和套利交易。

所谓价差投机是指投机者通过对价格的预期，在认为价格上升时买进、价格下跌时卖出，然后待有利时机再卖出或买进原期货合约，以获取利润的活动。价差投机的关键在于对期货市场价格变动趋势的分析预测是否准确，由于影响期货市场价格变动的因素有很多，特别是投机心理等偶然性因素难以预测，正确判断难度较大，所以这种投机的风险较大。

套利交易是期货投机交易中的一种特殊方式，它利用期货市场中不同月份、不同市场、不同商品之间的相对价格差，同时买入和卖出不同种类的期货合约来获取利润。正如一种商品的现货价格与期货价格经常存在差异，同种商品不同交割月份的合约价格变动也存在差异；同种商品在不同的期货交易所的价格变动也存在差异。由于这些价格差异的存在，使期货市场的套利交易成为可能。套利交易丰富和发展了期货投机交易的内容，并使期货投机不仅仅局限于期货合约绝对价格水平变化，更多地转向期货合约相对价格水平变化。套利交易对期货市场的稳定发展有积极的意义，具体地讲，套利的作用主要表现在两个方面：一方面，套利提供了风险对冲的机会；另一方面，套利有助于合理价格水平的形成。

能否正确地分析和预测期货价格的变化趋势是期货交易成败的关键。因此，每一个期货交易者都十分重视期货价格变化趋势的分析和预测。分析和预测期货价格走势的方法有很多，但基本上可划分为基本因素分析和技术分析两种。

1. 基本因素分析

基本因素分析是通过分析期货商品的供求状况及其影响因素，来解释和预测期货价格变化趋势的方法。期货交易以现货交易为基础。期货价格与现货价格之间有着十分紧密的联系。商品供求状况及影响供求的众多因素对现货市场商品价格产生重要影响，因而也必然会对期货价格产生重要影响。所以，通过分析商品供求状况及其影响因素的变化，可以帮助期货交易者预测和把握商品期货价格变化的基本趋势。在现实市场中，期货价格不仅受商品供求状况的影响，而且还受其他许多非供求因素的影响。这些非供求因素包括：金融货币因素、政治因素、政策因素、投机因素、心理预期等。因此，期货价格走势基本因素分析需要综合考虑这些因素的影响。

2. 技术分析

技术分析的理论基础是基于三个假设：市场行为包容消化一切；价格以趋势方式演变；历史会重演。

“市场行为包容消化一切”构成了技术分析的基础。技术分析者认为，能够影响某种商品期货价格的任何因素——基础的、政治的、心理的或任何其他方面的——实际上都反映在其价格之中。既然影响市场价格的所有因素最终必定要通过市场价格反映出来，那么投资者只需要研究价格。实际上，技术分析人员通过研究价格图表及大量的辅助技术指标，让市场自己揭示它最可能的走势。

从“价格以趋势方式演变”可以自然而然地推断，对于一个既成的趋势来说，下一步常常是沿着现存趋势方向继续演变，而掉头反向的可能性要小得多。可以换个说法：当前趋势将一直持续到掉头反向为止。即坚定不移地顺应一个既成趋势，直至有反向的征兆为止。“趋势”概念是技术分析的核心。研究价格图表的全部意义就是要在一个趋势发生发展的早期，及时准确地把它揭示出来，从而达到顺着趋势交易的目的。事实上，技术分析在本质上就是顺应趋势，即以判定和追随既成趋势为目的。

“历史会重演”具体地说，就是未来可能复制历史，或者说将来是过去的翻版。技术分析和市场行为学与人类心理学有着千丝万缕的联系。价格的趋势与投资者的心理相关，既然它们在过去具有某些规律，那么它们在未来同样有效，因为它们是以人类心理为根据的。

（三）期货交易中的风险与风险规避

虽然我国的期货交易有了很大的发展，但是期货交易存在不少风险。期货交易中涉及的风险比较复杂。

（1）经纪委托风险。投资者在选择期货经纪公司时，应对期货经纪公司的规模、资信、经营状况等进行对比，确立最佳选择后与该公司签订《期货经纪委托合同》。在准备进入期货市场时，投资者必须仔细考察、慎重决策，挑选有实力、有信誉的公司。

（2）流动性风险。即由于市场流动性差，期货交易难以迅速、及时、方便地成交所产生的风险。这种风险在投资者建仓与平仓时表现得尤为突出。如建仓时，交易者难以在理想的时机和价位入市建仓，难以按预期构想操作，套期保值者不能建立最佳套期保值组合；平仓时则难以用对冲方式进行平仓，尤其是在期货价格呈连续单边走势或临近交割，市场流动性降低，使交易者不能及时平仓而遭受惨重损失。因此，要避免遭受流动性风险，重要的是投资者要注意市场的容量，研究多空双方的主力构成，以免进入单方面强势主导的单边市场。

（3）强行平仓风险。期货交易实行由期货交易所和期货经纪公司分级进行的每日结算制度。在结算环节，由于经纪公司根据交易所提供的结算结果每天都要对交易者的盈亏状况进行结算，所以当期货价格波动较大、保证金不能在规定时间内补足的话，交易者可能面临强行平仓风险。除了保证金不足造成的强行平仓外，还有当投资者委托的经纪公司的持仓总量超出一定限量时，也会造成经纪公司被强行平仓，进而影响投资者强行平仓的情形。因此，投资者在交易时，要时刻注意自己的资金状况，防止由于保证金不足造成强行平仓，带来重大损失。

（4）交割风险。期货合约都有期限，当合约到期时，所有未平仓合约都必须进行实物交割。因此，不准备进行交割的投资者应在合约到期之前将持有的未平仓合约及时平仓，以免于承担交割责任。这是期货市场与其他投资市场相比较最为特殊的一点，新入市的投资者尤其要注意这个环节，尽可能不要将手中的合约持有至临近交割，以避免陷入被“逼仓”的困境。

（5）市场风险。投资者在期货交易中，最大的风险来源于市场价格的波动。这种价格波动给投资者带来交易盈利或损失的风险。因为杠杆原理的作用，这个风险被放大了，投资者应时刻注意防范。

期货交易是高风险高收益的投资方式，采取的是合约保证金交易制度，所以就决定了它有杠杆作用，也就是把风险和收益都放大数倍。只要严格进行止损，风险还是可以控制在可以接受的范围内。

（1）资金管理。资金管理是成功投资的关键。期货投资的目的是为了获利。潜在的盈利是能够承受亏损风险的函数。收益的高低与风险水平直接相关，所有的交易都应该与资金状况以及投资者的投资目标相关联。

（2）制定期货交易计划。期货交易是一项风险性很高的投资行为，妥善的交易计划主要包括：自身财务抵御风险的能力、所选择的交易商品、该交易的盈利目标和亏损限度、该商品的市场分析、该交易的入市时机等。投资者自身的财务状况决定了其所能承受的最大风险，交易者应根据自身的财务状况慎重决策。不同的商品期货合约的风险不一样。在进行期货交易之前，必须认真分析研究，对预期获利和潜在的风险做出较为明确的判断和估算。交易者在分析商品价格走势时，时刻都要注意把握市场的基本走势，这是市场分析的关键。

（3）做好止损。如果选错趋势或者损失到一定范围时应立刻平仓，重新选择趋势或者选择入场时机。投机者还要避免以下行为：例如，交易资金不足；以很小的价格变动进行交易；超出投机者能力交易；或是交易那些并不了解的品种；急于获利而拖延了止损。

第四节 信托产品

7－4：信托产品

信托（Trust）是指委托人基于对受托人的信任，将其财产权委托给受托人，由受托人按委托人的意愿以自己的名义，为受益人的利益或特定目的，进行管理和处分的行为。信托是一种理财方式，也是一种特殊的财产管理制度和法律行为。信托品种在产品设计上非常多样，并各自有不同的特点。各个信托品种在风险和收益潜力方面可能会有很大的差别。

一、信托公司

在中国，信托公司是指根据《中华人民共和国公司法》和《信托公司管理办法》规定设立的主要经营信托业务的金融机构。信托公司以信任委托为基础、以货币资金和实物财产的经营管理为形式，是融资和融物相结合的多边信用行为。

信托业务主要包括委托和代理两个方面的内容。前者是指财产的所有者为自己或其指定人的利益，将其财产委托给他人，要求按照一定的目的代为妥善管理和有利经营；后者是指一方授权另一方，代为办理的一定经济事项。

信托业务的关系人有委托人、受托人和受益人。转移财产权的人，即原财产的所有者是委托人；接受委托代为管理和经营财产的人是受托人；享受财产所带来利益的人是受益人。信托的种类有很多，主要包括：个人信托、法人信托、任意信托、特约信托、公益信托、私益信托、自益信托、他益信托、资金信托、动产信托、不动产信托、营业信托、非营业信托、民事信托等。

二、信托产品

目前市场上常见的信托有两种形式：一种是信托形式的理财产品；另一种是家族信托。信托理财产品是指由信托公司发行的一种为投资者提供了低风险、稳定收入回报的金融产品，主要采取抵押、质押、担保和结构化设计等方式进行风险控制，且信托产品一般投资于基础设施、房地产、工商企业等，组合投资类信托还会投资于低风险的债券市场、货币市场等。按照资金投放性质划分，信托产品主要可分为贷款类、股权投资类、权益投资类、组合投资类，投资者可以根据自己的投资需求进行选择。家族信托由委托人、受托人、受益人组成。简单来说，其就是委托人拿钱给信托公司成立家族信托。一般信托公司会将家族信托基金交由专业投资人管理，拿去投资股权、债权、项目等。其中产生的投资收益，委托人可以指定受益人，如配偶，子女等，受益人每年都可领取家族信托基金投资所产生的收益。为了保障家族信托基金的安全，会为家族信托基金设置一个监管人，一般由专业律师来担任，监督家族信托基金的投资情况，以及监督受益人能否领到收益。当资金打入信托公司账户那一刻起，这笔资金的所有权不再属于委托人，而是属于信托公司，以后委托人出现破产或者其他的情况，相关部门没有权利查封或冻结家族信托里面的资金。

信托形式的理财产品作为资管产品种类之一，跟银行理财、基金、保险等其他资管产品主要存在七大区别：第一，信托产品在财产的管理上有自己的特点。信托是委托人（投资人）将自己的财产交给信托公司（受托方）来管理，通过信托公司的经营管理让受益人获取收益。受益人可以是委托人自己，也可以是受托人指定的其他任何人（或者机构）。而银行理财、保险、基金并不是委托其他人代替自己理财。银行理财是银行自己在操作，保险则是通过资金的投入获得其他的金融保障。信托具有所有权与财产权分离的功能，委托人享有财产的所有权，受益人可以享受信托产出的利益。其他的资管产品都不具备这种功能。第二，银行理财等资管产品属于投资人的消费财产，个人可以随意支配。信托财产则有所不同。信托财产具有独立性，信托计划一旦成立，信托财产就自动隔离起来，不能随意支配，不受投资人的债务影响。银行理财等其他资管产品不具有这种功能。第三，产品性质不同，信托公司发行的信托产品全都是私募性质的资管产品。而银行理财、基金、保险等资管产品既有私募的，也有公募的。银行理财等资管产品面向的客户群体要远大于信托产品。第四，购买门槛不同。银行理财、基金、保险面向大众用户，基本上任何一个自然人都可以购买，信托则不一样。资管新规对合格的信托人具有明确的界定，信托投资门槛需要100万元起步，有的信托产品则是要求达到300万元，而且要求投资信托的自然人具有一定的投资经验。第五，信托资金运用灵活。信托资金可以投资货币、资本和实业三大市场，可以用股权、贷款等多种方式进行灵活运作，银行理财、保险等其他资管产品则没有这方面的资质。第六，在收益率方面，信托的年化收益率一般高于银行理财、保险基金等其他资管产品。第七，信托投资具有连续性的特点，也就是说，信托计划成立之后，信托计划就要一直进行下去，不因委托人或者受托人的突发情况而中断。委托人也不能要求信托计划暂停或者终止履行。银行理财不具备这项特点。

三、信托理财投资

信托投资的风险介于银行存款和股票投资之间。信托投资主要面向资金较雄厚的投资者。投资者选择信托投资，主要在于其安全性和稳健的收益。

第一，要选择信誉良好的信托公司。投资者要全面了解信托公司的整体情况，要选择资金实力雄厚、诚信度高、资产状况良好、资产运作能力高并且其历史业绩一直表现良好的信托公司。信托公司的诚信度、资金实力、资产状况、风险管控力度、历史业绩和人员素质等各方面因素决定其发行的信托产品是否值得购买。

第二，投资者要关注具体信托产品的基本要素，包括投资方向和投资策略、运作期限、流动性设计、预期收益率等，投资者要选择适合自己的经济能力、风险承受能力的信托产品。市场上的信托产品大多已事先确定了信托资金的投向，因此，投资者可以透过信托资金所投资项目的行业、现金流的稳定程度、未来一定时期的市场状况等因素对项目的影响进行预测，进而预估信托产品的盈利前景。从各类信托理财产品本身的风险性和收益状况来看，信托资金投向房地产、股票等领域的项目风险较高，收益也较高，比较适合风险承受能力较强的年轻投资者或资金较雄厚的高净值投资者；投向能源、电力、基础设施等领域的项目则安全性较好，收益则相对较低，比较适合于运用养老资金或子女教育资金等长期储备金进行投资的稳健投资者。

第三，要考察信托项目担保方的实力。如果融资方因经营出现问题而到期不能“还款付息”，预设的担保措施能否有效地补偿信托“本息”就成为决定投资者损失大小的关键。因此，在选择信托理财产品的时候，不仅应选择融资方实力雄厚的产品，而且应考察信托项目担保方的实力。一般而言，银行等金融机构担保的信托理财产品虽然收益相对会低一些，但其安全系数却较高。

第四，投资者在选购信托理财产品时，还应注意一些细节问题。例如，仔细阅读信托合同，了解投资者的权利、义务和责任，并对可能要承担的风险有个全面的把握。信托理财产品绝大多数不可提前赎回或支取资金，购买后只能持有到期，如果投资者遇到急事需要用钱而急于提前支取，可以协议转让信托受益权，但需要支付一定的手续费，因此，应尽量以短期内不会动用的闲散资金购买信托理财产品。信托法规对信托公司的义务和责任做出了严格的规定，监管部门也要求信托公司向投资者申明风险并及时披露信托产品的重要信息，不少信托公司已定期向受益人披露信托财产的净值、财务信息等，广大投资者应充分行使自己的权利并最大限度地保障自己的投资权益。

四、信托理财投资风险与规避

任何理财方式都具有风险性，信托投资理财亦是如此。但相对于其他的理财方式，信托在安全和收益方面也存在一定的优势。信托公司将客户的资金以理财产品的形式集中起来，投向指定对象。信托理财的风险有四类：信用风险、流动风险、信誉风险和市场风险。

信用风险是常见也是最令投资者担忧的风险。它是指融资方会出现兑付的违约风险。多数信托产品的投资对象是单一项目，风险集中在融资方的信用上。融资方的违约风险与金融环境和经济发展相关。如果经济发展的大环境向好，则违约风险比较低，反之亦然。对于违约风险来说，可以通过信托公司本身进行风险把控，那么融资方的违约风险可控。另外，信用风险受各种因素的影响。如财政政策、产业政策和监管政策等，国家政策的变化对市场会产生一定的影响，可能导致市场波动，从而影响信托计划收益，甚至造成信托计划财产损失。如果信托计划所投资的公司经营不善，会使用于分配的利润减少，信托计划收益下降，甚至造成信托计划财产损失。

流动性风险与信托产品投资期限比较长直接相关。一般来说，金融产品收益率高，期限通常比较长；期限短，收益率相对也低。相比其他的理财产品，信托类理财产品投资期限较长，而且客户无权提前支取和赎回产品，投资者购买后只能持有到期。所以信托类理财产品的流动性风险较高。

信誉风险与信托公司和融资方相关。信托以信任为基础，信托公司应忠实于委托人与受益人，不能利用信托财产谋取自己的私利。比如，掩盖风险、抽逃资本金等不道德、不法行为。信托产品的融资方（委托人）不能恶意逃债，或无正当理由不愿偿还债务。在一般情况下，投资者应该采取诉讼手段，对企业资产申请保全，最大限度地保护投资人利益。

市场风险主要指利率风险，信托理财相对于股票、期货等投资来说风险比较小，但是还是会受到利率的影响。特别是信贷类理财产品与银行的利率水平密切相关。如果银行存款利率大幅提高，短期的信托类理财产品可能受到的影响有限，但是对于中长期的产品来说就可能失去利率提高的机会收益。

投资者在购买信托产品时需要从多个角度进行分析，规避风险：

首先，投资者需要考察信托公司综合实力。购买信托产品是否安全与信托公司的综合实力相关。每家公司的管理水平、风险控制能力、盈利能力、管理资金规模等都不尽相同。评价信托公司的几个主要标准包括监管评级、行业评级、股东背景、注册资本、净资产、专注领域、经营状况、盈利能力、涉及风险项目的情况等。

其次，投资者需要了解交易对手，即信托产品背后的融资方。信托最大的风险来自交易对手的违约。①需要了解交易对手（融资方）所处行业的景气度及成长前景、整体实力及其在相关行业中的地位和影响力，查看交易对手过去 3 年的财务数据、金融信用评级、过去是否发生过逾期或其他违约情况。②需要评估还款的来源。还款来源是信托融资类项目非常重要的评估标准，交易对手过去 3 年的财务数据、日常的经营性现金流、标的项目现金流等都是可以参考的指标，投资者需了解预期收入的可靠性，即项目成功的可行性。③需要了解增信措施。信托产品的抵押、质押、担保，其目的就是保障一旦交易对手发生违约，可以最大限度降低风险。投资者需要了解担保人背景、担保人净资产及构成、担保人与融资方关系、担保人承担的责任、强制执行的方式等，同时也要看抵（质）押物的变现性。

最后，投资者需要小心预期年化收益率畸高的项目。对预期年化收益率畸高的项目，投资者需要格外小心。投资者一定要关注风险与收益的匹配度，不能一看收益率高就忘记风险。投资者在认购信托时，要有风险意识，市场上各类理财产品数不胜数，投资者筛选产品时，要做到与自身风险承受能力相一致，不能盲目追求高收益。

身边的案例

北京国际信托有限公司

北京国际信托有限公司（简称“北京信托”）是一家专业从事金融信托业务的大型非银行金融机构，是中国改革开放之初首批成立的信托公司之一。2000 年 3 月增资改制成为国内多家知名企业参股的有限公司，2002 年 3 月经中国人民银行批准重新登记，2007 年实施公司股权重组，引进了境外战略投资人。同时，按照信托新规的要求，经中国银监会批准换发了新的《金融许可证》。

北京信托在金融领域不断创新，是一家资产质量高、流动性良好、抗风险能力强，以追求并实现投资人、受益人利益最大化为目标的金融机构。北京信托拥有优质的高端客户群体、完善的法人治理结构、高素质的专业管理团队、雄厚的产品研发实力、有效的风险管理体系和卓越的公司品牌。在2008年末上海证券报公布的“信托公司理财能力年终大排名”中，北京信托的理财能力综合排名第二位，信托产品规模、风险控制、专业能力、信息透明度四个单项位列行业前十名之内。截至2009年末，公司净资产达到23.13亿元，受托管理的信托财产余额为534.94亿元，分配信托财产收益25.05亿元。公司以自身不断提升的综合实力为投资人创造了安全、稳定的信托财产增值收益，成为广大投资人值得信赖的金融机构。

北京信托始终恪守“谨慎、诚信、尽职、创新”的理念，坚持防范风险、合规经营、持续创新、稳健发展的方针。在现代企业制度基础上建立了日臻完善的公司法人治理结构；公司拥有高素质、专业化的利得管理团队；具备雄厚的产品研发、创新实力并已形成卓越品牌；建立了涵盖各类业务操作流程、内控制度在内的较为完备的风险管理体系。在信托网内，公司以自身雄厚的综合实力位居前列，为投资人创造了安全、稳定的财产增值收益，成为广大投资人（委托人）值得信赖的金融机构。

北京信托为中国信托业协会会员、理事单位。

北京信托业务范围广泛，涵盖了能源基础设施建设基金、环保产业投资信托基金、房地产类信托、金融资产类信托、私人股权投资信托、融资租赁信托等。团队利用自身的专业知识与经验，对项目进行系统分析与严格筛选，为可行项目设计多种金融方案并进行对比分析，并有效地参与信托的发行与销售，以及项目的中后期管理。团队在业务过程中积累了丰富的经验，团队的大多数信托产品一方面为项目公司实现了资金需求，另一方面为投资者实现了预期收益。2009年团队完成的低碳财富系列信托，是国内首个专项用于开发清洁发展机制下核证减排量的金融产品，为开发CDM单边项目进行了有益的尝试。

7－5：理财产品

第五节 理财产品

理财产品，即由商业银行和正规金融机构自行设计并发行的产品，将募集到的资金根据产品合同约定投入相关金融市场及购买相关金融产品，获取投资收益后，根据合同约定分配给投资人的一类理财产品。当前能够从事资产管理业务的公司除了证券公司、基金公司、信托公司以外还有第三方理财公司。理财产品主要有以下几类：债券型、信托型、信托型、挂钩型及QDII型，包括储蓄、基金、国债、债券、外汇、股票等。另外，理财产品根据风险等级可以分为：低风险、中低风险、中等风险、中高风险、高风险；根据收益类型分为：保本、保本保息、非保本。

一、理财产品类型

第一大类是固定收益类理财产品，常见的有银行理财产品、信托理财产品。第二大类是保本浮动收益理财产品，以银行发行为主。第三类是非保本浮动收益类理财产品，主要分为银行理财产品和证券投资理财产品。银行理财产品大致可分为债券型、信托型、挂钩型及 QDII 型。

（一）固定收益类理财产品

固定收益类理财产品是指理财产品的利率固定不变，到期按约定的利率给予收益。固定收益类理财产品的主要资产投资于债权类产品。固定收益类产品通常投资回报相对固定，属于收益风险适中的理财。常见的固定收益类理财包括债券、债券基金、固定收益类银行理财产品、固定收益类证券公司理财计划、固定收益类信托产品等。一般来说，固定收益产品是比较稳健的投资产品，投资者可以选择购买银行、证券公司发行的固定收益产品。但是，当一些突发情况发生时，投资者在投资固定收益类理财产品时也会产生损失。其主要原因如下：①信用风险。信用风险主要指发行人的违约风险。比如，债务人经营不善，其资产无法偿还，债权人可能损失大部分投资，尤其是专项资产管理计划、不良贷款证券等一些实体发行的国民收益类产品，最容易出现信用风险。②流动性风险。固定收益类产品通常承诺到期保本保收益。如果投资人急需用钱，提前终止，就要支付数目不等的违约金。

（二）保本浮动收益理财产品

保本浮动收益型产品是指银行或金融机构按照约定保证支付本金，本金以外的投资风险由客户承担，并依据投资收益实际情况确定客户实际收益。目前我国金融机构发行的理财产品基本都是非保本理财，其是指用户投资的理财产品并不保证本金的安全，如果在投资时发生亏损，需要投资者自己承担保本理财产品的风险。结构性存款与银行保本理财最为相似，两者均由银行发行，都是保本浮动收益，收益率水平也差不多，但结构性存款被归为存款。在中短期的保本理财中，结构性存款的收益率有一定优势，成为更多投资者首选。

（三）非保本浮动收益类理财产品

非保本浮动收益理财产品是指商业银行、银行理财子公司或其他金融机构根据约定条件和理财业务的实际投资收益情况向投资者支付收益，并不保证投资者本金安全的理财计划。大部分理财产品都是非保本理财。购买非保本浮动收益理财产品需要一定的风险承受能力。银行理财产品一般分为 5 个风险等级：R1（低风险）、R2（较低风险）、R3（中等风险）、R4（较高风险）、R5（高风险），均不保本。等级为 R1 和 R2 的理财产品可以购买，本金的安全性较高，但是风险等级为 R3 以上的理财产品就要谨慎购买。

二、理财投资的渠道

理财产品一般通过商业银行或非银行金融机构购买。传统渠道包括：银行、保险公司、证券公司、期货公司、基金公司。新兴渠道包括：第三方理财机构、综合理财服务机构。

三、理财产品的风险

购买理财产品需要承担种种风险，这是每一个投资人都需要清楚的事情。投资人在选择时需注意阅读产品说明书，关注理财资金的保本条款、币种、期限、投资方向等信息，以决定是否进行投资。与其他机构的理财产品相比，银行理财比较大众化，风险比较小。但理财产品如果不保本，就存在风险。与银行理财产品相关的风险包括：

（1）银行理财产品根据不同的投资方向，给出了不同的风险等级。理财产品可以划分为 5 个风险等级：低风险、中低风险、中风险、中高风险和高风险，一般用 R1、R2、R3、R4、R5 来表示。对应的投资人等级也分为了谨慎型、稳健型、平衡型、进取型和激进型几种类型。厌恶风险的投资者可以购买 R2 以下的银行理财产品，R3 以上的理财产品具有一定的投资风险，风险要自担。

（2）银行理财产品风险往往是投资者盲目追求高收益率，或对理财产品不了解所造成的。在签订理财合同前，应该了解这款银行理财产品的投资方向，隐藏着哪些风险？理财产品募集资金将由商业银行投资于相关金融市场，理财产品的本金和收益受金融市场的波动而产生影响。影响金融市场价格波动的因素非常复杂，价格波动较大，投资者购买的金融产品也面临市场风险。投资理财产品与企业或机构的信用有关，如购买企业发行的债券、投资企业的信托贷款等，理财产品需要承担企业相应的信用风险。如果企业违约或破产，投资理财产品将遭受损失。

（3）部分银行为了提高业绩，受信托、基金、保险等公司委托，代售其他公司的理财产品。结果是一些中老年投资者在不知情的情况下，以为是银行出售的理财产品，由银行负责。却不知，银行还有代销理财产品的业务。一旦购买了银行代售的理财产品，如果发生投资损失，那只能由投资者自己来承担。所以，投资者在购买银行理财产品时，一定要搞清楚，到底是购买了银行理财产品，还是购买了银行代售的理财产品。

（4）流动性风险。一些理财产品具有长期性或投资于难以及时变现的金融产品。在理财产品存在期间，投资者可能面临无法提前赎回其理财产品资金的风险，或因以不利的市场价格变现而面临亏损的风险。投资者可以配置资产，将部分闲置的资金投资于可随时赎回的高流动性产品，以便降低流动性风险的影响，避免用钱时不能及时赎回。此外，应该注意的是，现金管理产品受到巨额赎回条款的限制。一旦集中客户的赎回达到一定比例，银行有权拒绝或推迟处理。

本章思考题

1. 房地产是一种好的投资理财产品吗？什么因素决定它价格的高低？它的收益与风险各是什么？

2. 外汇是一种好的投资理财产品吗？什么因素决定它价格的高低？它的收益与风险各是什么？

3. 期货是一种好的投资理财产品吗？什么因素决定它价格的高低？它的收益与风险各是什么？

4. 信托是一种好的投资理财产品吗？它的收益与风险各是什么？

5. 银行理财是一种好的投资理财产品吗？它的收益与风险各是什么？

第七章练习题

第八章 Project 8

投资理财产品总汇（三）

8－1：黄金

第一节 黄金

黄金长久以来一直是一种投资工具。它价值高，并且是一种独立的资源，不受限于任何国家或贸易市场，它与公司或政府也没有牵连。因此，投资黄金通常可以帮助投资者避免经济环境中可能会发生的问题。黄金具有良好的物理属性，稳定的化学性质、高度的延展性及数量稀少等特点，不仅是用于储备和投资的特殊通货，同时又是首饰业、电子业、现代通信、航天航空业等部门的重要材料。其在20世纪70年代以前还是世界货币，目前依然在各国的国际储备中占有一席之地，是一种同时具有货币属性、商品属性和金融属性的特殊商品。黄金的用途包括国家货币的储备金，个人资产投资和保值的工具，美化生活的特殊材料，工业、医疗领域的原材料。

一、投资品种

1. 实物黄金

实物黄金买卖包括金条、金币和金饰等交易，以持有黄金作为投资。黄金现货市场上实物黄金的主要形式是金条（Gold Bullion）和金块，也有金币、金质奖章和首饰等。黄金现货投资有两个缺陷：须支付贮藏和安全费用，持有黄金无利息收入。投资购买，只能买涨，不能买跌，投资额大，手续和费用复杂。普通投资者难在辨别黄金的真假和成色。

2. 纸黄金

“纸黄金”交易是黄金的纸上交易，投资者的买卖交易记录只在个人预先开立的“黄金存折账户”上体现，而不涉及实金的提取。盈利模式即通过低买高卖，获取差价利润。纸黄金实际上是通过投机交易获利，而不是对黄金实物投资。由于不涉及实金的交收，交易成本可以更低。值得注意的是，虽然它可以等同持有黄金，但是账户内的“黄金”一般不可以换回实物，纸黄金投资没有杠杆。

3. 黄金现货保证金交易

黄金现货保证金交易以伦敦现货市场为代表，它没有固定的交易场所，伦敦五大金商（罗富齐、金宝利、万达基、万加达、美思太平洋）作为全球市场参与者的交易对手，投资者买进黄金时，由于只支付了一定比例的现货保证金，剩余货款需向银行贷款，所以要按日支付一定比例的利息。上海金交所推出的黄金延期交收交易也是一种现货黄金保证金交易，但其仅针对其会员。这种保证金交易与伦敦现货保证金交易不一样，它有固定的交易场所，仅仅充当投资者的交易媒介，撮合投资者之间进行交易，交易所自身不参与黄金买卖。

4. 黄金期货

黄金期货交易标的不是现货黄金本身，而是标准化的黄金买卖合约，约定交易双方在未来某特定时间以约定价格进行黄金实物交割。一般而言，黄金期货的购买、销售者都会在合同到期日前出售和购回与先前合同相同数量的合约，也就是平仓，无须真正交割实金。每笔交易所得利润或亏损，等于两笔相反方向合约买卖差额。黄金期货合约交易采用保证金制度，具有较大的杠杆性，少量资金推动大额交易。世界上大部分黄金期货市场交易内容基本相似，主要包括保证金、合同单位、交割月份、最低波动限、期货交割、佣金、日交易量、委托指令。

5. 黄金期权

期权是买卖双方在未来约定的价位，具有购买一定数量标的的权利而非义务。如果价格走势对期权买卖者有利，会行使其权利而获利。如果价格走势对其不利，则放弃购买的权利，损失的是只有当时购买期权时的费用。由于黄金期权买卖投资策略比较多并且复杂，不易掌握，目前世界上黄金期权市场不太多。

6. 黄金股票

所谓黄金股票，就是金矿公司向社会公开发行的上市或不上市的股票，所以又可以称为金矿公司股票。由于买卖黄金股票不仅是投资金矿公司，而且还间接投资黄金，因此这种投资行为比单纯的黄金买卖或股票买卖更为复杂。投资者不仅要关注金矿公司的经营状况，还要对黄金市场价格走势进行分析。

7. 黄金基金

黄金基金是黄金投资共同基金的简称，所谓黄金投资共同基金，就是由基金发起人组织成立，由投资人出资认购，基金管理公司负责具体的投资操作，专门以黄金或黄金类衍生交易品种作为投资载体的一种共同基金。其由专家组成的投资委员会管理。黄金基金的投资风险较小、收益比较稳定，与证券投资基金有相同的特点。

二、黄金投资的优点与风险

作为传统的避险产品，黄金投资一直以来都备受大众欢迎，不过，由于市面上的黄金投资品种和投资渠道繁多，因此黄金投资的优缺点也各不相同。

（1）黄金投资可以对抗通货膨胀。在通货膨胀时期，货币价值贬值，货币购买力日渐降低。黄金本身属于贵重商品，金价会随着通货膨胀而上升，也就是黄金抵消了通货膨胀的损失，保证了投资者的资产不会被通货膨胀侵蚀。

（2）避险功能。当世界政局和经济不稳，尤其是发生战争或经济危机时，各种普遍的投资工具如股票、基金、房地产等都会受到严重的冲击，这时黄金就能体现出很好的避险属性。即使遭遇经济危机，黄金的价格仍能维持不变甚至稳步上升，保持了资产的价值。而随着黄金矿产的不断开采和需求的不断增加，黄金变得更加稀有，增强了其自身的避险属性。

（3）市场难以被操控。黄金市场属于全球性市场，任何个人或财团均不能操控全球黄金市场，因此黄金价格能够一直保持在反映实际供求关系的水平。

（4）24 小时交易。黄金不是专属于某个国家的交易品种，而是全球通行的交易产品。因此当一个国家的黄金市场休市时，地球对面另一个国家的黄金市场正在开市，24 小时内黄金都有活跃的报价，因此可以随时进行交易。

（5）世界通行，且价值稳定。黄金仍然是世界通行的货币。在世界各地的银行，首饰商、金商都能够把黄金兑换为当地的货币，它的货币地位比美元还要稳固。黄金也是全世界都认可的资产，所有国家的人们对黄金的贵重价值都有共识。黄金是不可再生的稀有金属，价值相对稳定。

三、影响黄金价格的因素

影响黄金价格变动的因素日益增多，具体来说，可以分为以下几方面：

1. 黄金供求关系

影响黄金供给的因素包括：地球上的黄金存量、年供应量、新的金矿开采成本等。金矿黄金的供应量和开采成本受黄金生产国的政治、军事和经济的变动状况。这些国家的任何政治、军事动荡都会直接影响该国生产的黄金数量，进而影响世界黄金供给。和其他商品不同，黄金具有稳定的物理、化学性质，现存黄金随时可以上市扩大黄金的供应量。各国央行抛售黄金也会影响黄金的供应量。由于黄金的主要用途由重要储备资产逐渐转变为生产珠宝的金属原料，或者为改善该国国际收支，或为抑制国际金价，目前各国央行的黄金储备无论在绝对数量上和相对数量上都有很大的下降，数量的下降主要是因为其在黄金市场上抛售库存储备黄金。

影响黄金需求的因素包括：

（1）黄金实际需求量（首饰业、工业等）的变化。一般来说，世界经济的发展速度决定了黄金的总需求，例如，在微电子领域，越来越多地采用黄金作为保护层；在医学以及建筑装饰等领域，尽管科技的进步使黄金替代品不断出现，但黄金以其特殊的金属性质使其需求量仍呈上升趋势。在首饰业，印度和东南亚各国一向对黄金饰品有大量的需求。

（2）投资保值的需要。黄金储备一向被央行用作防范国内通胀、调节市场的重要手段。而对于普通投资者，投资黄金主要是在通货膨胀情况下，达到保值的目的。在经济不景气的态势下，由于黄金相较于货币资产更为保险，导致对黄金的需求上升，金价上涨。

亚洲地区，尤其是东南亚和日本及中东等地区，有长期囤积金条的传统。例如，在第二次世界大战后的三次美元危机中，由于美国的国际收支逆差趋势严重，各国持有的美元大量增加，市场对美元的信心动摇，投资者大量抢购黄金，直接导致布雷顿森林体系解体。1987 年因为美元贬值，美国赤字增加，中东形势不稳等也都促使国际金价大幅上升。

2. 其他因素

（1）美元汇率影响。美元汇率也是影响金价波动的重要因素之一。一般在黄金市场上有“美元涨则金价跌，美元降则金价扬”的规律。美元坚挺一般代表美国国内经济形势良好，美国国内股票和债券将得到投资人青睐，黄金作为价值贮藏手段的功能受到削弱；而美元汇率下降则往往与通货膨胀、股市低迷等有关，黄金的保值功能又再次体现。

（2）各国的货币政策与国际黄金价格密切相关。当某国采取宽松的货币政策时，由于利率下降，该国的货币供给增加，加大了通货膨胀的可能，会造成黄金价格的上升。例如，20 世纪 60 年代美国的低利率政策促使国内资金外流，大量美元流入欧洲和日本，各国由于持有的美元净头寸增加，出现对美元贬值的担心，于是开始在国际市场上抛售美元，抢购黄金，并最终导致了布雷顿森林体系的解体。

（3）通货膨胀对金价的影响。对此，要进行长期和短期分析，并要结合通货膨胀在短期内的程度而定。从长期来看，每年的通胀率若是在正常范围内变化，那么其对金价的波动影响并不大；只有在短期内，物价大幅上升，引起人们恐慌，货币的单位购买力下降，金价才会明显上升。进入 20 世纪 90 年代后，世界进入低通胀时代。作为长期投资工具，黄金收益率日益低于债券和股票等有价证券。但是，从长期来看，黄金仍不失为对付通货膨胀的重要手段。

（4）国际政局动荡、战争、恐怖事件等。国际上重大的政治、战争事件都将影响金价。政府为战争或为维持国内经济的平稳而支付费用、大量投资者转向黄金保值投资，这些都会扩大对黄金的需求，刺激金价上扬。如两次世界大战、美越战争、1976 年泰国政变、1986 年“伊朗门”事件等，都使金价有不同程度的上升。

（5）股市行情对金价的影响。一般来说，股市下挫，金价上升。这主要体现了投资者对经济发展前景的预期，如果大家普遍对经济前景看好，则资金大量流向股市，股市投资热烈，金价下降。反之亦然。除了上述影响金价的因素外，国际金融组织的干预活动，该国和地区中央金融机构的政策法规，也将对世界黄金价格的变动产生重大的影响。

（6）石油价格。黄金本身作为通胀之下的保值品，与通货膨胀形影不离。石油价格上涨意味着通胀会随之而来，金价也会随之上涨。

四、主要的黄金市场

（1）伦敦黄金交易市场：伦敦是世界黄金交易的中心。伦敦金市每天上午和下午进行两次黄金定价。由五大金行定出当日的黄金市场价格，该价格影响纽约和中国香港的交易。

（2）纽约商品交易中心：其是黄金期货交易中心，最大的特点在于以期货形式做买卖，其提供的价格对伦敦金市的价格行情具有很大的影响作用。

（3）香港黄金交易市场：以香港金银业贸易场为核心的香港金市距今已经有一百多年的发展历史，黄金买卖种类丰富，为国内外伦敦金市交易者提供了便捷的投资环境。

（4）苏黎世黄金市场：其是现货交易中心，在国际黄金市场的地位仅次于伦敦。苏黎世黄金市场没有正式组织结构，而是由瑞士三大银行：瑞士银行、瑞士信贷银行和瑞士联合银行负责清算结账。

五、我国的黄金投资

个人投资黄金的方式在市场上有很多类型，以现阶段的投资热度来看，常见的方式大概有四种。

第一种实物黄金。可以前往各地有名的、专业的金店购买黄金首饰，或者前往支持黄金业务的银行购买金条等实物黄金，但是需要保存好发票和收据。实物黄金需要前往实体店或者银行购买，还要进行黄金的质量检测，程序烦琐复杂，并不适合想要做短线的投资者。

第二种是纸黄金。纸黄金属于银行产品，是买卖双方成交后清算交收的一张黄金所有权凭证。纸黄金是指黄金的纸上交易，投资者的买卖交易记录只在个人预先开立的“黄金存折账户”上体现，而不涉及实物黄金的提取，是个人凭证式黄金，它的报价跟随国际黄金市场的波动情况进行报价，客户可以通过把握市场走势低买高抛，赚取差价。目前我国已经停止银行经营个人纸贵金属双向交易业务。

第三种是期货黄金。其是期货交易所推出的一款期货产品，也称为黄金期货合约，是以黄金为交易对象的期货合同。黄金期货是以黄金作为标的物的期货品种，目前在我国上海期货交易所上市。

第四种是与国际市场实时接轨的现货黄金。现货黄金（也叫国际现货黄金和伦敦金）是即期交易，指在交易成交后交割或数天内交割。现货黄金是一种国际性的投资产品，由各黄金公司建立交易平台，以杠杆比例的形式向坐市商进行网上买卖交易，形成的投资理财项目。其最显著的特点就是杠杆原理，即以小博大的保证金形式。

第二节 收藏品

8－2：收藏品

收藏品投资是以具有历史、科学和观赏价值的人类创造性作品为客体，进行有兴趣的收集研究的行为叫作收藏。而以此进行资本运作和财富配置的行为叫作收藏品投资。收藏品分为自然历史、艺术历史、人文历史和科普历史四类，具体分为文物类、珠宝、名石和观赏石类、钱币类、邮票类、文献类、票券类、商标类、徽章类、标本类、陶瓷类、玉器类、绘画类。收藏是一门艺术，更是一门学问。由于收藏品种类繁多，如何科学收藏、科学定位、科学保存、科学分类非常重要。收藏品的范围一般分为：①古玩类——青铜器、瓷器、陶器、玉器、古典家具、古籍等；②书画类——书法、绘画等；③珠宝类——玉、翡翠、水晶等；④自然类——观赏石、化石等；⑤钱币邮票类——稀缺的钱币邮票等；⑥文献类——名人书信、档案照片类；⑦奢侈类——钟表、名笔、红酒等；⑧其他类——商标、徽章、标本、卡片、票证、纪念品等。

一、收藏品的特征

（1）稀缺性。物以稀为贵，物品没有稀缺性就失去了投资价值。通常收藏品制作的年代越长久，或者年代久远的物品，因为时间（时间价值）的流逝，能够保存到现代的同类产品越来越少，越具有稀缺性。收藏品的生产和发行量直接影响其价值，工业产品一般没有太多收藏价值。自然类的产品被发现或开采得越少，钱币邮票类的产品发行量越少，越具有稀缺性。

（2）保值增值性。收藏品是实物投资，与房地产、黄金一样具有保值功能，而其稀缺性可带来长期增值的空间。

（3）多样性。收藏品种类繁多，需按照个人兴趣、专业和资金门槛来选择投资标的（如书画类还是古玩类）。有些收藏品，如邮票、徽章、卡片、纪念品等不需要太高的资金门槛。但多数收藏者把它当作一种兴趣爱好而不是以投资为主要目的。名人书画、古玩、珠宝、名表等收藏品投资门槛较高，除了收藏欣赏以外，一些收藏家也会在适当的时机出售这类收藏品来获得资本利得。

（4）流动性。收藏品的多样性和缺乏集中交易市场的状况使其变现能力较差，与同为保值工具的黄金比较，收藏品可能出现有价无市的情况。

二、收藏品市场

收藏品市场是指集中进行收藏品买卖的交易场所。收藏品交易的场所一般相对并不固定，大多数都是约定俗成的。收藏品市场的形成首先需要有以投资为主要目的的收藏者。收藏者分为两类：一类收藏者把收藏看作投资行为；另一类收藏者把收藏看作消费行为，视为生活不可缺少的一部分。

成为收藏者通常要具备以下两个条件：①在年收入方面，不低于一定水平的人士才可能进入低端收藏品市场，远远高于股票市场的投资门槛。在资金方面私人银行客户级别的高净值客户才可能进入高端拍卖品市场。②有兴趣且有时间。有相对固定的生活方式，有一定的文化素养提升愿望，有相当的自由支配时间。投资者应有时间学习如何辨别收藏品的真伪，浏览收藏品信息和选择标的物，赏玩收藏品，寻找出售收藏品的渠道。

在和平时代，精美的收藏品可为拥有者带来即时的享受，并令其生活更为充实和更富情趣。艺术品投资属于中长线投资，投资者不应抱有即时获利的心态，也不要因投资艺术品而影响正常的生活。即最佳的投资策略是既可获得即时的艺术享受，又可投资保值。艺术品投资属于一种有益身心并极富前景的投资。

三、收藏品的用途

目前市场上收藏品的种类越来越丰富，以市场上较受追捧的艺术品收藏为例，除最传统的古代艺术品，如名人字画、陶瓷、玉器、碑匾、织锦等以外，现代艺术品外延更是不断拓展，例如，由现代艺术家在原有古代艺术品种类的基础上，采用新工艺、新技术、新材质进行创造的艺术品。

与任何一种理财方式相同，收藏理财也有自己的风险性。收藏品商业流动性不强，真伪和价值不如一般商品那样容易估量。而且由于国家政策不明朗，收藏品行内缺乏鉴定专家，缺乏统一的估价标准，收藏品的风险很难量化。如果在艺术收藏品市场上盲目投入较大资金，却又急需用钱，一时半刻很难找到合适的买家脱手，就会遭遇收藏品无法抵押、资金大量被占用的境况。

收藏品的用途包括：①作为保值增值的投资途径。如同股票、房地产、实业等，收藏品也可以作为投资理财的工具。②作为居家的装饰品。把外表精美的艺术品放在家里，是一种美的享受，还可以体现收藏者的艺术品位。③作为馈赠的佳礼，收藏品既方便又具有巨大的价值。

四、影响收藏品价格的因素

收藏品价格与其他商品和投资产品一样，受供应量与需求量的影响。当需求量高于供应量时，价格就会上涨。

1. 供应量

收藏品受存世量的影响。物以稀为贵，同等档次的藏品，当代存世量越少，经济价值越高。实际上对于想通过投资收藏品保值增值的人来说，并不希望收藏品供应量增加，只有稀缺的东西才有收藏价值。最大的威胁来自技术高超的仿制品。

一般来说，制造年代越久远（可以保存下来的精品越少），品质或品相工艺水平高的（品质好），保存完好的（品相好），能跟历史文化挂钩，有研究价值的古董，经济价值越高。

2. 需求量

“盛世收藏，乱世求生”，社会稳定，经济发展，物质丰富，物质需求被满足后人们就会追求更高层次的精神文化需求。经济状况越好，收藏品市场越繁荣。反之则亦然。古代陶朱公有句名言：“荒年米贵，丰年玉贵”。

（1）投资需求。人是一种社会性动物，从众心理会影响人们的价值观念和取舍行为。在繁荣时期，很多中小投资者也会参与收藏品的投资。

（2）消费需求。投资者视收藏品为生活不可缺少的一部分。精美的收藏品可为拥有者带来即时的享受，并令其生活更为充实和更富情趣。

五、收藏品投资应注意的问题

投资任何一种收藏品，都必须深入了解相关知识，否则，根本不知道其中的风险和机会。如何能够在规避风险的前提下“慧眼识真金”？收藏理财总结起来有以下三点：把握市场、积累知识和请教专家。

纯粹的爱好者在得到一件心仪的艺术品之后，不会更多地考虑脱手获利的问题。但对于大多数理财者而言，这样做只能满足艺术欣赏的需求，不能达到收藏理财的目的。要理财，就要懂得其价值及其动态变化，而价值是市场决定的，所以收藏理财的第一个要旨便是深入地把握市场。

查阅图书馆、互联网、专业期刊等资料，参加艺术品拍卖会，观摩收藏品集贸市场和专题展览会，这些都是投资者了解市场的具体操作方法。

另外，积累必要的收藏品专业知识也相当重要，具备了专业知识，就会在提高个人艺术修养的同时会让投资者对收藏品的选择更理性。

身边的案例

我国五大收藏品骗局经典案例

案例 1：老太苦等回购 过度沉迷收藏品

张先生告诉记者，70 多岁的母亲从一年多前开始沉迷购买收藏品，满屋子都是收藏品。还有一些“限量版纪念币”或外国钱币，每一个的价格都在几千元。这些纪念币十分粗糙，购买时销售员也不给老人发票。“只有一部分保健品给了收据”。记者在收据上看到，一套纪念币的价格为 6000 元。“老人被忽悠买了这么多垃圾，我们都不知道怎么办才好。”

案例 2：空壳公司 直接诈骗

2016 年 10 月，被告人文某在西安市五米魔方小区非法组建某公司，并陆续招募被告人李某等 13 人作为管理、销售人员。文某通过网络购买来无任何收藏价值的工艺品，谎称为某公司的收藏品，指使李某等人利用其购买的公民个人信息，群呼拨打被害人电话，吹嘘该公司销售的收藏品具有升值空间和收藏价值，骗取被害人信任，高价向襄城县居民焦某等 2925 名被害人销售工艺品，诈骗金额共计人民币 60 多万元。

案例 3：抵押房子买藏品 公司人去楼空

北京的王先生收到短信，他被邀请去某钱币收藏品公司参加活动，业务员说这些钱币一两年以后就会增值数倍，然后就可以拍卖。业务员还说过段时间会把钱币拿到香港拍卖，公司会负责给客户买机票，拍卖结束后把钱直接打到客户的卡里。王先生就这样“上了贼船”。

王先生表示手头没有那么多钱，业务员劝说王先生用信用卡贷款的方式购买了 17 万元的纪念币。之后，业务员又劝说王先生将房子做了抵押，贷款 200 万元继续购买他们的纪念币。王先生有所犹豫，因为他只有这一套房子，但业务员劝他，不久他们就会拍卖这些钱币，等资金回笼，他的 200 万元就会变成 1000 万元。

当王先生再次来到该公司时，该公司已人去楼空。

案例4：杂志广告也不可全信

43岁的张先生是鄂州城区人，6月3日，张先生在某杂志上看到一则免费送收藏品的购物广告，虽然张先生平时没有收藏爱好，但考虑到是免费赠送，他便拨打了广告客服电话，并向对方说明了自己的身份信息、联系方式、家庭住址、购买收藏品记录等个人信息。

6月4日，一名自称是某收藏家协会的工作人员主动给张先生打来电话询问其家中是否有收藏品，张先生说自己没有收藏品。工作人员向张先生介绍，最近鄂州会举办拍卖会，张先生可以在拍卖会上出售他们赠送的收藏品，但是只有持有会员卡方可进入拍卖会。“对方说需要先从他们手中购买一件收藏品，再用藏品编号激活会员卡，并且购买的收藏品也可以在拍卖会拍卖，起拍价远远高于购买价格。”张先生回忆，考虑到有利可图，他便同意购买一件收藏品。

6月8日，张先生以货到付款的方式支付了2000余元收到了收藏品，里面还夹带有会员卡、收藏品证书。可到了6月20日，张先生也没有收到参加拍卖会的通知，而对方一直以各种名义叫其继续交钱，经多方打听，张先生发现对方根本没有在鄂州举办拍卖会，后经鉴定，张先生确信自己收到的收藏品为假货。

案例5：以“宣传推广藏品”为幌子专骗古玩藏家

据群众反映，某公司工作人员主动电话联系各地收藏人士，对持有古玩的收藏人士声称可宣传推广藏品并帮助联系买家。不少人信以为真，先后以银行转账或二维码扫码的方式各自支付了1700元至数万元不等的宣传推广费。然而，在收取费用后，该公司工作人员以各种理由声称无法完成交易且拒不退还相关费用。对此，上海崇明警方立即组成专案组对相关信息展开核查。

中国收藏品诈骗事件频现，收藏品行业骗局的原因可总结如下：

（1）收藏品行业注册门槛较低。随着国家大力倡导推动文化产业的发展，成立了大量的艺术品公司或拍卖公司，但该行业企业注册门槛较低，以至于鱼龙混杂，难以辨别正规公司和诈骗公司。

（2）消费者相关法律意识薄弱。如果公司涉嫌承诺“回购”“定期征集”“短时间内升值多少”“帮助出售变现”“帮助线上交易”，基本可以断定是违法行为。投资者（消费者）要充分了解相关法律，要有风险意识。

（3）消费者不具备鉴别收藏品的能力，就是消费者不知道收藏品是真品还是赝品。

（4）加强有关监管理部门的专项监管。如果出现收藏品诈骗案件，监管部门和执法部门要尽早进入，严格核查检验。

8－3：理财保险

第三节 理财保险

理财保险是集保险保障及投资功能于一身的新型保险产品，属于人寿保险中的一种。

理财保险一般是指保险公司提供给消费者的年金保险，兼并了保险保障及投资的功能，通过保险进行理财，对资金进行合理安排和规划。理财保险同时涵盖了保险保障及分红理财两大功能，用户在获得保障的同时，还能收获一定的收益。经营投资类保险的保险公司利用其规模投资优势及投资专家为保户争取最大的投资利益。通过保险进行理财，可防范和避免因疾病或灾难而带来的财务困难，同时可以使资产获得理想的保值和增值。

一、理财保险的特点

理财保险与其他投资产品如储蓄、国债等相比，存在很大的差异。

（1）风险性低，平安性强，保底低。保险是合同行为，客户的权益受法律及合同的双重保护。对比股票或基金等风险类投资，理财保险更为稳健。但理财保险产品区别与银行存款、普通保险产品的是，它是不一定完全“保本的”。

（2）长期性，流动性较差。寿险保险单限期短则五年至十年，长则终身。保险单权益经常涉及几代人。如果短期内有用钱需求，不适合购买保险理财产品，这类产品的资金流动性都比较差。

（3）理财保险回报率适度，相对确定。依据顾客的投资限期长度来确定理财规划占比和投资方式，可以确保基本的长期投资，而且不用顾客自己实际操作。保单未来收益可以通过一定的收益率推算出来。但需要注意的是，理财保险的未来收益率来自对未来的假设，是否能实现存在很大的不确定性。

（4）含有一定的强制性存款性。理财保险以保险费用方式，要求购买者按年交纳保费，类似于强制性存款，养老金或生存保险金只能在约定的若干年后领取，一般不能提前领取。如果没有强制约束，部分投资者缺乏存款意识，会影响其投资理财计划的实现，影响未来的生活保障。

除以上特点以外，保险还有其他功能，如合理避税、保费豁免、保障权益转换等。作为非常独特的理财工具，如果投资者能运用好保险理财手段，将大大提高理财功效，改善人们的生活质量，保障人们的经济利益。

二、理财保险的主要种类

理财保险一般分为固定年金保险、分红型年金保险、万能型年金保险、投资连结保险（投连险）等。

（一）固定年金保险

固定年金保险是指投保人在规定期限内缴纳保险费，被保险人生存至一定时期后，依照保险合同的约定按期领取年金，直至合同规定期满时止的年金保险。年金保险金的给付，通常采取的是按年度周期给付一定金额的方式，因此称为年金保险。年金保险的主要特点是，投保人要在开始领取之前交清所有保费，不能边交保费，边领年金。年金保险可以有确定的期限，也可以没有确定的期限，但均以年金保险被保险人的生存为支付条件。在年金受领者死亡时，保险人终止支付。投保年金保险可以使投资者晚年生活得到经济保障。人们在年轻时节约闲散资金缴纳保费，年老之后就可以按期领取固定数额的保险金。投保年金保险对于年金购买者来说是相对安全可靠。因为，保险公司必须按照法律规定提取责任准备金，而且保险公司之间的责任准备金储备制度保证，即使投保客户所购买年金的保险公司停业或破产，其余保险公司仍会自动为购买者分担年金给付。

（二）分红型年金保险

分红型年金保险是投保人在享有一定保险保障的基础上，分享保险公司部分经营成果的一种保险形式。分红型的年金保险，即年金分红保险，属于人寿保险的一种，以被保险人的生存为给付条件。在被保险人生存期间，保险人会按照与被保险人之间约定的给付金额、方式，按时在约定的期限内，定期的、有规则的向被保险人给付保险金的保险。一般给付保险金都是按年度周期给付，所以才叫年金保险。年金分红保险的分红来源于保险公司每年的经营业绩，但是保险公司是否盈利具有不确定性。如果保险公司某一年度经营不好时，投保人所能分享到的经营成果可能会非常有限，年金分红保险也有可能出现零分红现象。

分红型年金保险由传统年金保险和保险公司的经营分红构成，既有保险保障，又有分红收益。相比于传统年金保险来说，分红险的保费会相对较高。分红型保险的分红不确定，和保险公司当年的经营状况有着直接的关系。

（三）万能型年金保险

万能型年金保险是指包含保险保障功能并至少在一个投资账户拥有一定资产价值的人身保险产品。万能型保险除了同传统寿险一样可以提供生命保障外，还可以让投保人直接参与由保险公司为投保人建立的投资账户内资金的投资活动。万能型保险的特点主要是交费灵活，且收费透明。通常来说，投保人在缴纳首期保费后，可不定期不定额进行缴纳保费，同时保险公司也会向投保人明示所收取的各项费用。此外，万能型保险的灵活性较高，对应账户的资金可在合同约定的条件下灵活支取。

万能型年金保险与分红型年金保险在诸如设有最低收益保障、保险公司和保户共同分享经营成果等方面具有相似之处，但在保费缴纳方面则比分红型年金保险更加灵活。可根据人生不同阶段的保障需求和经济状况，对保险金额、所缴保费和缴费期进行调整，使保障和理财的比例在各个时期达到最佳状态，让有限的资金发挥出最大的作用。

（四）投资连结保险（和投资挂钩的保险）

投资连结保险指的是和投资挂钩的保险，同时拥有保障功能和投资功能，又称为证券连结（Equity - Linked）、变额寿险（Variable Life）或单位连结（Unit - Linked）。投资连结保险是指一份保单在提供人寿保险时，在任何时刻的价值是根据其投资基金在当时的投资表现决定。投资连结保险虽然具有投资功能，但是回报率不固定，也就是说有一定的投资风险。

在投资连结保险中，保险公司为保户单独设立投资账户，由专门的投资专家负责运作，投资收益扣除少量费用后划入保户的个人账户。保户不参与保险公司其他盈利的分配。投资账户不承诺投资回报，投资账户的所有投资收益和损失均由保户自行承担。投资连结保险是不保本的投资组合收益，不保本也不保收益，风险由投资人自己承担。

三、理财保险的风险

投资有风险，投资市场有很多不确定性和风险性，购买理财保险也存在风险。从目前我国的整体经济形势、保险基金的投资渠道、投资方式、投资策略、投资人员构成等方面分析，理财保险产品除具有保障功能、抵御利率波动风险的功能外，应能给客户带来一定的投资收益。如果将这种投资收益定位过高，不仅不符合当前的实际，而且还会带来不利的影响。

在保险公司的保险产品中，分红险、万能险、投连险均为理财型保险。相比之下，分红险由于有保底收益，因此风险较小。而万能险和投连险风险较大，当然在一定的前提下，收益也较大。从风险大小来看，投连险的风险最大，需要投保人具有一定的专业知识；万能险最为灵活，但需要投保人自己操作；分红险相对稳健一些。不管怎样，投资者应理性对待保险的收益，注重其保障功能。

理财保险的特点是低风险与安全性较高。不过因为风险较低、安全性较高，因此其收益不会太高。投资者在购买理财保险产品时，一定要看清楚保险合同，要注意所有未来的收益率均来自于预测，且具有很大的不确定性。

第四节　P2P（个人对个人）网络借贷平台

8－4：P2P（个人对个人）网络借贷平台

P2P是英文 peer to peer lending（或 peer－to－peer）的缩写，即个人对个人（伙伴对伙伴）。P2P的全称是P2P金融，或者是P2P信贷，是互联网上的金融点对点借贷平台。点对点网络借款是将小额资金聚集起来借贷给有资金需求者的民间借贷模式，属于互联网金融产品的一种。

P2P金融（信贷）的参与者主要包括借款人、出借人以及P2P理财平台三方。借款人有借款需求，却无法通过传统金融市场获得融资，但可以通过P2P理财平台发布融资需求。出借人想要利用多余的钱获取更多收益，于是通过P2P理财平台进行投资。P2P理财平台承担的就是信息中介的角色，将借款人与出借人的需求匹配起来，将出借人的钱借给有融资需求的借款人，平台做好风险把控工作，而借款人需要承担一定的借款利息，到期还本付息，出借人可以获取一定的借款利息。这就是P2P信贷的根本原理。

P2P由于操作便利，而且套现能力强，能很好地满足人们的资金需求。但P2P平台快速增长，监管不完善，带来了很多的问题与风险。2018年12月19日，互联网金融风险专项整治工作领导小组办公室、P2P网贷风险专项整治工作领导小组办公室联合发布了《关于做好网贷机构分类处置和风险防范工作的意见》。该意见将全部网贷机构分为了六大类。针对已出险机构中已立案的机构处置工作目标为：第一，提高追赃挽损水平，稳控投资者情绪；第二，针对已出险但未立案机构处置工作目标为：平稳有序处置风险；第三，针对僵尸类机构处置工作目标为：尽快推动机构主体退出；第四，针对在营规模较小机构，处置工作目标：坚决推动市场出清，引导无风险退出；第五，针对在营的高风险机构，处置的工作目标是稳妥推动市场出清，努力实现良性退出；第六，针对正常运营机构，处置工作的目标：坚决清理违法违规业务，不留风险隐患。

一、P2P（个人对个人）网络借贷的运作方式

P2P 机构不是信用中介，只是信息中介，不承担信用风险；投资人和融资人要实名登记，资金流向要清楚明确。作为新兴的金融业态，P2P 网络借贷平台应合理地设置业务边界：一是要明确平台的中介性质，P2P 网贷平台只能提供借贷撮合与匹配等信息服务，不能提供担保和保本保息等信用中介服务。二是不得将归集资金搞资金池，要做到清算结算分离。借贷双方要在银行或第三方支付机构开个人账户，不能把钱存入平台账户，这一点十分关键。三是借款项目要小额分散，借款方主要是小微企业和个人。四是平台信息要公开透明，要向借贷双方提供原始真实信息，特别是真实利率和期限等信息，不能暗箱操作，不能搞期限错配。

（1）纯平台模式和债权转让模式。根据借贷流程的不同，P2P 网贷可以分为纯平台模式和债权转让模式两种。在纯平台模式中，借贷双方关系的达成是通过双方在平台上直接接触，一次性投标达成。债权转让模式是借款人和投资人之间存在着一个中介就是专业放款人。为了提高放贷速度，专业放款人先以自有资金放贷，然后把债权转让给投资者，使用回笼的资金重新进行放贷。

（2）无担保平台模式和有担保平台模式。无担保模式保留了 P2P 网贷模式的原始面貌，平台仅发挥信用认定和信息撮合的功能，提供的所有借款均为无担保的信用贷款，由出借人根据自己的借款期限和风险承受能力自主选择借款金额和借款期限。担保/抵押模式或引进第三方担保公司对每笔借款进行担保，或是要求借款人提供一定的资产进行抵押，因而其发放的不再是信用贷款。若担保公司满足合规经营要求，抵押的资产选取得当、易于流动，该模式下投资者的风险较低。尤其是抵押模式，因有较强的风险保障能力，综合贷款费率有下降空间。但由于引入担保和抵押环节，借贷业务办理的流程较长，速度可能会受到影响。在担保模式中，担保公司承担了全部违约风险，对于担保公司的监督显得极为重要。

（3）纯线上模式和线上线下相结合模式。在纯线上模式中，用户开发、信用审核、合同签订到贷款催收等整个业务主要在线上完成。这种模式比较接近于原生态的 P2P 借贷模式，注重数据审贷技术，注重用户市场的细分，侧重小额、密集的借贷需求。平台强调投资者的风险自负意识，通过风险保证金对投资者进行一定限度的保障。绝大多数 P2P 网贷公司采用的是线上与线下结合的模式，即 P2P 网贷公司将借贷交易环节主要放在线上，而主要将借款审查和贷后管理这样的环节放在线下，按照传统的审核及管理方式进行。

二、P2P（个人对个人）网络借贷的风险

风险管理是现代金融理论的核心之一，任何网络借贷都存在一定的风险。

（一）平台风险

平台风险包括资质风险、资金风险和技术风险等。

资质风险是阻碍网贷平台发展的一大障碍。网贷不同于金融机构，平台的法律性质一直很模糊，P2P网贷平台基本上都是以两种身份注册：一是投资咨询类公司；二是网络技术类电子商务公司。但P2P网络借贷平台的本质是利用互联网从事借贷中介甚至理财业务。平台的身份不明，致使这一行业蕴含了极大的政策风险。这种资金管理至少在形式上已经属于非法吸收公众存款或者变相吸收公众存款，违反法律的规定，扰乱国家的金融秩序。

既然是互联网行业，就不可避免地会出现信息技术风险。很多网贷平台使用购买的现成的模板，当初的开发人员在贷款平台程序里留下的漏洞都可能给不法分子带来可乘之机，而且购买的软件，若没有好的后期维护，如果遭到黑客攻击，很可能给投资者造成难以估量的损失。网络化也有可能带来个人信息泄露等难题。网贷平台都会要求借贷双方提交详细的个人信息，有些平台甚至要求借款人提交亲朋好友的验证信息以提高自己的信用度，这样就会形成一个非常大的个人信息数据库，一旦平台遭到黑客攻击或者自身网络管理不善，资料被盗、泄露甚至被有偿买卖都有可能发生。

同时，网贷行业可能还会涉及一些管理风险、政策风险等，这些都是广大投资人以及平台企业负责人需要考虑的问题。

（二）借款人风险

P2P网贷平台首先是为了满足借款人的融资需求，但是借款人引发的风险也不容忽视，主要表现为信用风险，又称为违约风险，即交易对手未能履行约定契约中的义务而造成经济损失的风险。

P2P网贷平台的服务对象通常是无法提供抵押担保、被排斥在传统金融服务之外的借款人，其偿债能力通常较弱。各P2P网络借贷平台在进行交易撮合时，主要是根据借款人提供的身份证明、财产证明、缴费记录、熟人评价等信息评价借款人的信用。一方面，此种证明信息极易造假，给信用评价提供错误依据；另一方面，纵然是真实的证明材料也存在片面性，无法全面了解借款人的信息、做出正确客观的信用评价。

资金贷出后，如何保障借款人按照承诺的用途使用资金，而不是进行违法犯罪活动。另外贷后资金追踪问题也没有完善的法律法规来规定。即便是有限制借款用途的规定，由于网络的特殊性，平台的贷款人也不可能像商业银行一样严格执行贷款用途管理，在相关监管制度和责任追究制度不完善的情况下也得不到有效的执行，由此也会导致借款人的违约风险加大。P2P网贷平台在借贷关系中仅起联系、介绍作用，不承担保证责任。因此，当借款人不能按时还本付息时，网站仅仅充当的是追款者的角色，若单笔小额贷款数额小，追款成本也难以弥补。

（三）出借人的风险

P2P 网络借贷的资金来源于出借人持有的闲散资金。这些资金一般情况下是从正当渠道而来的，但是也不能排除其来源的非法性。P2P 网络贷款平台往往也缺乏对资金来源的审查，所以这些网络平台就有被用作洗钱工具或者从事高利贷的风险。

身边的案例

e 租宝

e 租宝全称为“金易融（北京）网络科技有限公司”，是安徽钰诚集团的全资子公司，注册资本金 1 亿元。平台主打 A2P 模式，即资产对个人，是指以融资租赁债权转让为基础的互联网金融服务模式。6 款产品都是融资租赁债权转让，预期年化收益率在 9.0%—14.2%，期限分为 3 个月、6 个月和 12 个月，赎回方式分 T+2 和 T+10 两种。自 2014 年 7 月上线，e 租宝交易规模快速挤入行业前列。根据零壹研究院数据中心统计，截至 2015 年 11 月底，e 租宝累计成交数据为 703 亿元，排名行业第四位。网贷之家的数据显示，截至 2015 年 12 月 8 日，e 租宝总成交量 745.68 亿元，总投资人数 90.95 万人，待收总额 703.97 亿元。

2015 年 12 月 16 日，e 租宝涉嫌犯罪，被立案侦查。2016 年 1 月警方公布 e 租宝非法集资 500 多亿元。

2018 年 2 月 7 日，北京市第一中级人民法院已对被告单位安徽钰诚控股集团，钰诚国际控股集团有限公司，被告人丁某等 26 人犯集资诈骗罪、非法吸收公众存款罪、走私贵重金属罪、偷越国境罪、非法持有枪支罪一案立案执行阶段。

2019 年 7 月 2 日至 2019 年 8 月 30 日对“e 租宝”平台集资的全国受损集资参与人进行信息核实登记。

2020 年 1 月 8 日，北京市第一中级人民法院发布“e 租宝”案首次资金清退公告。

第五节 数字货币

8－5：数字货币

数字货币（Digital Currency）是电子货币形式的替代货币，是价值的数字化表示，可以作为支付手段，也可以电子形式进行转移、存储或交易。数字货币被认为是一种基于节点网络和数字加密算法的虚拟货币。由央行发行的数字货币具有等同于纸币的功能和属性，属于央行的负债，具有国家信用，属于法定货币。

一、虚拟货币、数字货币和加密货币

数字货币是一种不具备实体形式，仅以数字形式存在的货币，包含虚拟货币、加密货币、电子货币等。它们之间既有区别，又有联系，界限比较模糊。

（一）虚拟货币

虚拟货币是指未打印在纸上或印在金属上的任何货币，所以它是虚拟的，只存在于虚拟世界中。2014 年，欧洲银行管理局（EBA）对虚拟货币进行定义："虚拟货币是价值的一种数字表达，其并非由中央银行或公共权威机构发行，也不一定与某一法定货币挂钩，但被自然人或法人接受用于支付手段，可以进行电子化转移、贮藏或交易。"虚拟货币一般由网络运营商发行，发行数量由发行主体决定，信用保障来源于运营商品牌信用，发行数量和定价可随时变更，并且只能在某一个场景中单向流通。例如，腾讯公司 Q 币就是一种中心化的虚拟货币：由腾讯自行发行、管理，可通过微信支付、银行卡等方式充值、按 1Q 币/RMB 比例购买，只能用来购买 QQ 平台的产品（如游戏道具）和服务，只能单向流通，即不能兑换现金，也不能进行转账交易。与此类似的还有网络游戏中的点券、直播平台的鱼丸、电商平台的金豆，均属于虚拟货币的范畴。

（二）数字货币

数字货币的定义分歧最大，但统一的部分是：一种以数字形式呈现的货币，而非纸币、硬币等实体货币，承担了类似实体货币的职能，能够支持即时交易和无地域限制的所有权转移。数字货币包括加密（数字）货币和央行数字货币。部分权威机构认为，只有央行发行的具备法定地位的数字货币，才是真正的数字货币。数字货币必须具备法定地位、国家主权背书，明确发行责任主体。数字人民币字母缩写按照国际使用惯例暂定为"e－CNY"，是由中国人民银行发行的数字形式的法定货币，由指定运营机构参与运营并向公众兑换，以广义账户体系为基础，与纸钞硬币等价，具有价值特征和法偿性，支持可控匿名。

以比特币和以太币等为代表的加密货币没有国别，没有主权背书，没有合格发行主体，没有国家信用支撑，这些都不是数字货币。另外数字货币是真实存在于数字世界的货币，不同于支付宝、微信支付、手机银行转账，这些都是基于电子账户实现的支付方式，本质上只是现有法币的信息化过程，称为电子货币更为精准。

（三）加密货币

加密货币是基于某种加密算法创建的数字货币，所以称为加密数字货币更好理解。加密货币并非由任何中心化机构发行，理论上它不会受到政府部门干涉、管控的影响，目前币圈流通的比特币、以太坊、EOS 等币种都是加密货币。

加密货币的"加密"是相对于"非加密"而言。非加密数字货币为中心化的数字货币，发行数量由发行主体决定，存在监控网络交易的计算机网络，交易受到中心化机构的监管，钱包地址和交易信息不对外公布等，公司或者国家发行的数字货币或虚拟货币就是此类。加密货币采用分布式记账系统，共识机制由社区内大部分用户制定，对使用者有很好的隐私保护，但交易信息完全公开透明，且交易规则不会被某个机构或个人擅自更改，受到所有成员的监督。加密货币的目标是安全的数据交换，创建并分析算法和协议，以便传输的信息不会被第三方改变或破坏，它提供算法和协议的准确性和可靠性。

二、数字货币的交易模式和特点

现阶段数字货币更像一种投资产品，因为缺乏强有力的担保机构维护其价格的稳定，难以充当支付手段。数字货币作为投资产品，其发展离不开交易平台、运营公司和投资者。目前，我国不承认数字货币，一切与数字货币有关的交易均不合法。根据中国的相关规定，各个金融机构以及非银行支付机构是不能够直接或间接地为虚拟货币提供开户登记等相关业务。与此同时，中国的法律也不承认数字货币交易的合法性。2017 年 9 月，中国人民银行等七部委发布《关于防范代币发行融资风险的公告》，正式定性 ICO 是未经批准的非法融资行为，任何组织和个人不得参与。

数字货币交易方式在国外主要有数字货币场内交易和数字货币场外交易 OTC 两种。数字货币场内交易通常是指在指定的数字货币证券交易所进行的交易，在那里所有的供应商和需求者聚集在一起进行投标。目前，数字货币的大部分交易是在交易所完成的。优点是不需要长时间在线，只需要设定购买价格，达到购买价格后交易所自动完成委托，基本不会出现交易纠纷。数字货币交易所在中国被禁止。在宣布数字货币 ICO（Initial Coin Offering）是非法融资行为后，央行同时把为虚拟货币提供交易、兑换、定价、信息中介等服务也列为禁止项，这意味着数字货币交易所在中国目前也不合法。交易平台外的交易统称为场外交易，也称为场外交易 OTC。商家在线上发布购买信息，买家可以直接用法币购买比特币等数字货币商品，简单方便。优点是可以在平台上汇总交易需求，方便交易，能验证买卖双方身份，相对安全。一旦出现纠纷，平台可以出面解决。缺点是如果出现交易纠纷，处理起来相对烦琐，交易过程需要双方同时在线购买和支付。场内交易和场外交易市场最大的区别在于，场外交易往往只是双方的私下约定，而场内交易是标准合同受监管。

数字货币交易有以下三个特点：

（1）交易成本低。与传统的银行转账、汇款等方式相比，数字货币交易不需要向第三方支付费用，其交易成本更低，特别是相较于向服务供应商支付高额手续费的跨境支付。

（2）交易速度快。数字货币所采用的区块链技术具有去中心化的特点，不需要任何类似清算中心的中心化机构来处理数据，交易处理速度更快捷。

（3）高度匿名性。除了实物形式的货币能够实现无中介参与的点对点交易外，数字货币相比于其他电子支付方式的优势之一就在于，其支持远程的点对点支付，它不需要任何可信的第三方作为中介，交易双方可以在完全陌生的情况下完成交易而无须彼此信任，因此，具有更高的匿名性，能够保护交易者的隐私，但这同时也给网络犯罪创造了便利，容易被洗钱和其他犯罪活动等所利用。

三、数字货币的风险

数字货币因其去中心化发行、数量稀缺等特性受到投资者的青睐，市场规模不断扩大，种类不断增加，但其背后的风险不容忽视。中国人民银行网站2021年9月24日宣布，比特币等虚拟货币不具与法定货币等同的法律地位，相关业务活动都属于非法金融活动，“一律严格禁止，坚决依法取缔”。央行宣布所有涉及加密货币的金融交易均属非法。与数字货币相关的业务是“非法金融活动”，犯罪嫌疑人将受到刑事调查。中国不仅禁止数字货币交易，还禁止出售数字资产和加密衍生品交易。

（一）投机与欺诈行为

一是投机盛行，泡沫充斥。数字货币的价格不以货币锚为准，没有价值支撑，导致价格波动剧烈，容易成为炒作工具，诱发了大量的投机交易，也酝酿了巨大的泡沫。二是假币泛滥，劣币横行。在利益的驱动下，各种基于区块链技术的数字货币迎来了爆发式发展，以太坊、瑞波币、莱特币等如雨后春笋般涌现，此外，“空气币”“山寨币”“传销币”等各种假币、劣币开始盛行于市，使数字货币市场鱼龙混杂。三是首次币发行（ICO）项目缺乏监管，违法犯罪活动猖獗。ICO项目缺乏监管，融资流程简单，导致大量ICO项目演变成为披着金融科技外衣，融合众多金融手法的非法集资、金融诈骗、洗钱传销等违法犯罪活动。四是交易平台事件频发，信用危机迭起。目前除日本等少数国家实行持牌经营外，其他国家的数字货币交易平台大多处于自由发展状态，各种交易平台的资质参差不齐，存在蓄意操纵价格、抗风险能力差、容易遭受黑客攻击等问题。

数字货币的身影频繁出现在网络传销、洗钱、非法集资、诈骗、贿赂等犯罪案件中，并呈愈演愈烈的趋势，对国家的政治稳定、社会安定、经济安全构成严重威胁。数字货币去中心化的特质使其完全摆脱了以往中心化金融模式，巨额非法资金的转移不再依靠银行作为纽带，银行、外汇管理、公安等部门传统的反洗钱监测模型、系统也随之失效。非法资金转移的痕迹隐匿在区块链中海量的公共分布式账本中难以被发现，传统的资金穿透分析战法难以对数字货币类犯罪形成有效打击。

（二）对国家金融安全的影响

现代金融体系中，货币的发行方一般是各国央行，央行负责对货币运行进行管理和监督。而作为网络上用来替代现实货币流通的等价交换品，网络虚拟货币实质上同现实货币已经没有区别。不同的是，发行方不再是央行，而是各家网络公司。如果虚拟货币的发展使其形成了统一市场，各个公司之间可以互通互兑，或者虚拟货币整合统一，都以相同标准和价格进行通用，某种意义上来说虚拟货币就是通货，很有可能会对传统金融体系或经济运行形成威胁性冲击。

（1）对货币政策的影响。如果数字货币被广泛接受且能发挥货币的职能，就会削弱货币政策的有效性，并给政策制定带来困难。因为数字货币发行者通常都是不受监管的第三方，货币被创造于银行体系之外，发行量完全取决于发行者的意愿，因此会使货币供应量不稳定，再加上当局无法监测数字货币的发行及流通，导致无法精准判断经济运行情况，给政策制定带来困扰，同时也会削弱政策传导和执行的有效性。

（2）对金融基础设施的影响。基于分布式分类账技术进行价值交换的分散机制改变了金融市场基础设施所依赖的总额和净额结算的基本设置。分布式分类账的使用也会给交易、清算和结算带来挑战，因为它能促进不同市场和基础设施中传统服务供应商的非中介化。这些变革可能对零售支付体系以外的市场基础设施产生潜在影响，如大额支付体系、证券结算体系或交易数据库。

（3）对广义金融中介和金融市场的影响。数字货币和基于分布式分类账的技术如果被广泛使用，就会对金融体系现在的参与者特别是银行的中介作用带来挑战。银行是金融中介，履行代理监督者的职责，代表存款人对借款人进行监督。通常，银行也开展流动性和到期转换业务，实现资金从存款人到借款人的融通。如果数字货币和分布式分类账被广泛使用，任何随后的非中介化都可能对储蓄或信贷评估机制产生影响。

四、比特币（Bitcoin）

比特币（Bitcoin）是通过互联网技术而产生的一种数字货币。比特币是全世界第一个加密货币，是以区块链技术为基础所发行的货币。比特币在全球拥有 2100 万枚，这个总数固定不变，通过线上交易在不同的所有人之间流转，比特币的价格会随着不断的交易上涨或者下跌。比特币拥有去中心化、全球化、匿名性等特点，在全球范围内交易非常简单，成本很低，流通性很强。在我国交易比特币是非法的。

与所有的货币不同，比特币不依靠特定货币机构发行，它依据特定算法，通过大量的计算产生，比特币交易使用整个网络中众多节点构成的分布式数据库来确认并记录所有的交易行为，并使用密码学的设计来确保货币流通各个环节的安全性。去中心化特性与算法可以确保无法通过大量制造比特币来人为操控币值。基于密码学的设计可以使比特币只能被真实的拥有者转移或支付。这同样确保了货币所有权与流通交易的匿名性。比特币与其他虚拟货币最大的不同是，其总数量非常有限，具有极强的稀缺性。

2017 年 12 月 17 日，比特币达到历史最高价 19850 美元。2021 年 1 月 8 日，比特币创下了超过 4.1 万美元/枚的历史新高，市值超过 7000 亿美元。

（一）比特币的产生原理

比特币的本质其实就是一堆复杂算法所生成的特解。特解是指方程组所能得到有限个解中的一组。而每一个特解都能解开方程并且唯一。以钞票来比喻的话，比特币就是钞票的冠字号码，如果知道了某张钞票上的冠字号码，投资者就拥有了这张钞票。比特币挖矿的过程就是通过庞大的计算量不断地去寻求这个方程组的特解。挖矿是将一段时间内比特币系统中发生的交易进行确认，并记录在区块链上形成新区块的过程。成功抢到记账权的矿工，会获得系统新生的比特币奖励，挖矿就是生产比特币的过程。要挖掘比特币可以下载专用的比特币运算工具，然后注册各种合作网站，把注册来的用户名和密码填入计算程序中，再点击运算就正式开始。

完成 Bitcoin 客户端安装后，可以直接获得一个 Bitcoin 地址，当别人付钱的时候，只需要自己把地址贴给别人，通过同样的客户端进行收付款。在安装好比特币客户端后，它将会分配一个私钥和一个公钥。需要备份你包含私钥的钱包数据，才能保证财产不丢失。如果不幸完全格式化硬盘，个人的比特币将会完全丢失。

（二）比特币的特征

比特币具有没有集中发行方、总量有限、使用不受地域限制和匿名性四个主要特点。虽然比特币被称为“货币”，但由于其不是由货币当局发行，不具有法偿性与强制性等货币属性，并不是真正意义的货币。从性质上看，比特币应当是一种特定的虚拟商品，不具有与货币等同的法律地位，不能且不应作为货币在市场上流通使用。

比特币的特点在于：①完全去处中心化，没有发行机构，也就不可能操纵发行数量。其发行与流通是通过开源的计算机算法实现。匿名、免税、免监管。②健壮性。比特币完全依赖计算机网络，无发行中心，所以外部无法关闭它。比特币价格可能波动、崩盘，多国政府可能宣布它非法，但比特币和比特币庞大的计算机网络不会消失。③货币匿名且流向不可追踪。如果用比特币交易，不用提供任何个人身份信息即可发送和接受比特币。不经过任何管控机构，也不会留下任何跨境交易记录。④全球流通便捷，转账成本低。在任何国家、任何接入互联网的智能终端都能进行比特币转账、交易。

比特币的缺点在于：①交易平台的脆弱性。比特币网络很健壮，但比特币交易平台很脆弱。交易平台通常是一个网站，而网站会遭到黑客攻击，或者遭到主管部门的关闭。②价格波动大，投机性强。由于大量投机者的介入，导致比特币兑换现金的价格如过山车一般起伏。使得比特币更适合投机，而不是进行匿名交易。

（三）比特币的交易

对于参与投资比特币等虚拟货币的个人投资者，我国央行明确，相关投资交易活动存在法律风险。任何法人、非法人组织和自然人投资虚拟货币及相关衍生品，违背公序良俗的，相关民事法律行为无效，由此引发的损失由其自行承担；涉嫌破坏金融秩序、危害金融安全的，由相关部门依法查处。

投资者可以通过场内方式和场外方式购买比特币。当然投资者也可以使用计算机依照算法进行大量的运算来“采矿”比特币。

比特币是类似电子邮件的电子现金，交易双方需要类似电子邮箱的“比特币钱包”和类似电邮地址的“比特币地址”。和收发电子邮件一样，汇款方通过电脑或智能手机，按收款方地址将比特币直接付给对方。比特币地址和私钥是成对出现的，它们的关系就像银行卡号和密码。比特币地址就像银行卡号一样用来记录你在该地址上存有多少比特币。持币人可以随意地生成比特币地址来存放比特币。每个比特币地址在生成时，都会有一个相对应的该地址的私钥被生成出来。这个私钥可以证明你对该地址上的比特币具有所有权。可以简单地把比特币地址类比成为银行卡号，私钥类比成为所对应银行卡号的密码。

比特币在我国不具备货币法偿性，不能用于支付。在部分国家，比特币可以在线上线下购买。例如，2017 年日本新版消费法案承认了比特币为合法的支付方式。在日本，合计有大约 26 万家商店、餐厅、药店、连锁百货公司和其他零售店接受比特币支付。在日本，比特币支付就像银联或者支付宝一样，只是一种特殊的支付方式，扫码支付的比特币数量等于日本境内比特币交易所与法币的汇兑价格。2020 年 10 月 21 日晚间，支付平台 PayPal 发布公告称将上线新的加密资产服务，允许用户持有、买卖加密资产，同时也将允许用户使用加密资产在平台 2600 万家商户处进行购物结算。PayPal 数字钱包中将支持比特币、以太坊和莱特币等。

本章思考题

1. 黄金是一种好的投资理财产品吗？什么因素决定它价格的高低？它的收益与风险各是什么？

2. 收藏品是一种好的投资理财产品吗？什么因素决定它价格的高低？它的收益与风险各是什么？

3. 理财保险是一种好的投资理财产品吗？它的收益与风险各是什么？

4. 什么是P2P？它的收益与风险各是什么？

5. 什么是数学货币？什么因素决定它价格的高低？它的收益与风险各是什么？

第八章练习题

第九章 Project 9 家庭理财

第一节 家庭（个人）财务报表

9－1：家庭（个人）财务报表

家庭（个人）财务报表指的是围绕家庭或个人这一对象，对其财务状况加以描述的会计报表。其包含两大主要类型，一是家庭资产负债表；二是家庭收入支出表。家庭（个人）资产负债表反映特定日期某一个人或家庭的资产、负债及其净财富。与企业资产负债表有所差异的是，该表包含的第三要素并非所有者权益，而是净财富，同时通过一个总金额予以表示。

家庭（个人）财务报表可以用来辅助个人或家庭财务方案的制定和实施，例如，享受分期付款的消费优惠、规划退休方案等。在部分国家和地区，公务人员和即将进入政府部门任职的人士，通常会定期编制和对外公开自己的财务报表，以获取支持者的信任，证明其是否廉洁奉公。

企业财务报表主要涉及三个财务报表：资产负债表、利润表和现金流量表。同样家庭财务管理也对应着三大财务报表，除了资产负债表以及收入支出表之外，同时还包括现金流量表。对于个人或家庭而言，引入前两种财务报表已经能够满足使用要求，至于是否使用现金流量表，需要参考个人或家庭是否拥有变现能力不同的收入或资产权益收入。

一、资产负债表

资产负债表包含左右两大部分，左边列示的是资产，右边列示的是负债。家庭资产主要包括流动资产、固定资产、金融资产。

分析家庭流动资产可知，其除了包括现金、存款之外，同时还包括储值卡等。

分析家庭金融资产可知，其除了包括股票、债券之外，同时还包括基金及其他理财产品。

分类家庭长期资产可知，其主要有两类：一类是汽车；另一类是房产。

资产项目可列得全面些，其中有些项目金额是零，如股票、债券，汽车、房产。负债项目也是同理。

表内负债包括三部分：信用卡负债、短期负债和长期负债。长期负债主要指房贷、车贷。

最后一部分是权益，权益又叫作净财富，是总资产扣除负债之后的权益。作为一个家庭来说，有多个家庭成员，每个人持有多少净财富均能够在此处加以描述和反映。

（一）个人资产

简单地说，个人资产指的是所有权掌握在个人手中的财产。大部分资产可被划归到有形资产的范畴，常见的如汽车和房产，另一部分则为无形资产，常见的如著作权等。把某种物品划归到资产的范畴，并不是根据其是否通过购买的方式获得，主要是依据其所有权是否掌握在某人手中。哪怕该物品的全部款项并没有全部结清，只要确定它的所有权已经归属于某人，该种情形下便可以把其记录到资产负债表中，例如，通过贷款方式购置的汽车等。

对于个人资产，可将之归纳为下述几类：①流动资产。除了现金之外，同时还包括那些通常易于折现，并且不会遭受损失的各种财产，常见的如活期存款。就实际用途来看，该类资产大多用于日常开支、商品购置以及贷款利息偿还等。②投资。投资指的是用于获取相应回报的那一类资产。在此类资产中，金融类投资通常是其关键组成部分，如企业股票、国债以及基金等。除此之外，还涵盖以收藏品为代表的多种类型的非金融类投资资产。当投资类型存在差异时，其流动性也不同，在通常情况下，金融类资产拥有更高的流动性，而非金融类资产的流动性则相对偏弱。③高价实物财产和其他一些类型的个人财物。所谓高价实物财产一般指的是个人应用于日常生活，价格处于高位水平，在个人全部资产中占有颇大比例的物品，常见的如房子、汽车以及珍贵首饰等。其他类型的个人财物除了衣服之外，还包括家用电器及电子产品。除房子具有较高的保值性之外，诸如衣服这类个人财物一旦付诸实际使用，其市场价值往往会立即明显缩水。

（二）个人负债

个人负债应当于未来的某个时期内予以归还，常见的如住房按揭贷款等。结合到期时间的差异，可将个人负债划归为两大类，一类是短期负债（到期时间 <1 年），另一类是长期负债（到期时间 >1 年）。

（三）个人净资产（净财富）

个人净资产即个人真实掌控和拥有的财物，可通过“个人资产 - 个人负债”这一公式进行计算。如果个人净资产比零还小，提示其陷入了资不抵债的境地。通常而言，个人净资产会随着时间推移而呈递增之势。例如，在学生时代，一个人不可能拥有太多的个人净资产，主要拥有一些家长分配给他的生活费用。毕业工作若干年之后，便会产生一定规模的积蓄，意味着个人净资产的规模扩大了。成婚之后，往往已经拥有了个人的汽车和房产，同时银行存款也有明显增加。在实施长期类的理财活动时，知晓家庭（个人）净资产便显得尤为关键，这是一个不可或缺的参考。倘若把积累财富当成是理财规划的一个主要目标，该种情况下密切跟踪和准确获悉家庭（个人）净资产数据是一种切实可行的分析方法。

（四）资产负债表

表9-1给出了一个通过模拟方式得到的家庭（个人）资产负债表。资产设置在左边，负债与净值设置在右边。就格式而言，其和企业通用的资产负债表非常接近。在资产与负债包含的一系列科目之下，又列出了若干具体项目。然而不管通过何种方式对资产与负债进行分类，表左边数据之和与表右边数据之和应保持相等的关系。值得一提的是，在整个家庭（个人）资产负债表中，不同科目下的项目由于涉及不同的核算主体，所以显示出较明显的差异，应立足具体情况筛选和确定出可用的项目。

表9-1 家庭（个人）资产负债表示例 单位：元

资产	成本	市价	负债及净值	成本	市价
现金	10000	10000	信用卡欠款	10000	10000
活期存款	20000	20000	小额消费信贷		
其他流动性资产			其他消费性负债		
流动性资产合计	30000	30000	消费性负债合计	10000	10000
定期存款			金融投资借款		
外币存款	81000	78000	实业投资借款		
股票投资	20000	34400	投资性房地产按揭贷款	200000	200000
债券投资			其他投资性负债		
基金投资	10000	19000	投资性负债合计	200000	200000
投资性房地产	300000	400000	住房按揭贷款	300000	300000
保单现金价值	160000	180000	汽车按揭贷款		
其他投资性资产	30000	30000	其他自用性负债		
投资性资产合计	601000	741400	自用性负债合计	300000	300000
自用房产	500000	700000	负债总计	510000	510000
自用汽车	150000	75000			
其他自用性资产			净值	771000	1036400
自用性资产合计	650000	775000			
资产总计	1281000	1546400	负债和净值总计	1281000	1546400

对各项资产市场价值加以确定的过程和企业资产负债表存在明显差异。在编制企业资产负债表的时候，应当遵循历史成本这一原则，参考买入时的付出价格求出资产的价值。在编制家庭（个人）资产负债表的时候，应当参考编表时资产拥有的市场价值予以计算。例如，一辆5年之前付出20万元代价购置来的汽车，当下如果将之投放到二手车市场，其售价仅为6万元，在企业资产负债表编制过程中，依旧需要按照20万元这一数值对它的资产价值进行核算。而在家庭（个人）资产负债表编制过程中，在市价计量中应当将它记作6万元。除了房产为代表的少数资产可能存在升值空间外，大部分资产往往会随着

时间的流逝而贬值。

二、收支表

收支表，即收入是多少，支出是多少，最后的盈余是多少。可以将家庭成员的收支情况分别列示，也可以将家庭成员的个人收入分开列示，但是支出统一在一起，因为支出项目比收入项目多很多，分开列太复杂。可将支出按照项目进行分类，比如，日常支出、旅游支出、大额固定支出、人情支出。这样分类是为了更清楚地反映家庭日常支出情况。

个人财务报表的编制无须多么深厚和扎实的会计知识，贵在坚持。在闲暇时，可对个人拥有的全部财物予以详细、准确地统计和汇总，借入和借出的钱也需统计在内，同时正确书写正负号。刚开始尝试这项工作时会遇到诸多麻烦，然而其有助于个人准确知晓其拥有的财产的实际规模。需要指出的是，财产不能和资产画等号，较为认可的一种说法是“资产能够增加你的个人收入，而负债则可以减少你的金钱”。每日都应把当天的全部花销以及收入一一准确地记录好，标明花费的具体用处，同时明确收入的具体来源，并做科学合理的分类处理，列出包括“饮食”“休闲”以及“社交”在内的各个项目。见表9-2。

表9-2 家庭月度收支表示例

收入		支出	
本人月收入		房租	
工资收入		房屋月供	
奖金收入		日常生活开支（餐饮/交通/水电燃气/网费/日用品等）	
兼职收入		衣物添置费	
		养车费	
配偶收入		医疗支出	
工资收入		父母家用	
奖金收入		休闲娱乐支出	
兼职收入		人情往来	
		保费支出	
投资收入		其他支出	
利息所得			
租金收入			
其他收入			
收入合计		支出合计	
每月结余			

每月对不同项目下的花费予以汇总处理，能够明确现金的总体流向，更为关键的是也能够知晓本人实际上究竟拥有多少财产及其变动情况。倘若可以将之记录在计算机或手机的有关软件和App中，则能够为查阅、统计工作提供更大便利。对于如何规划表格，在有需要的情况下，可通过柏拉图及走势图等工具予以专门的分析，并在此基础上制定有针对性的解决办法。

编制财务报表的优势在于：能够对个人资金及其使用情况有一个相对准确的认知，知晓应当通过何种方式开展节流和开源活动，能够设计出更为合理的财务方案，强化个人的财务意识。其缺点是：持之以恒编制财务报表的人容易在不自觉之中朝着过分节省的方向发展，做任何事情都要精打细算，可能会失去对全局的把控。

三、家庭（个人）财务报告的制作

（一）准确地记账

没有账目数据，哪儿来的财务报表呢？所以，数据的准确性是第一位的，例如，房租支出放在固定支出项目中，份子钱放在特殊支出项目中，不能随意记录，更不能修改余额，否则你做报表的时候会发现很难调整平衡数据。

（二）了解家庭财务报表类目

对于家庭而言，编制资产负债表、月收支表已经可以满足实际需求，至于是否编制现金流量表，主要参考的是家庭有无涉及能够不断产生被动收入，具有投资性特点的资产权益收入。

（三）分析总结家庭财务报表（见表9－3）

表9－3

家庭财务比率计算公式	合理区间范围	合理区间内	合理区间外
资产负债率 $=\frac{\text{总负债}}{\text{总资产}}$	≤50%	家庭资产较为安全稳定	较高：负债较多；较低：加速资产累计
债务偿还比率 $=\frac{\text{家庭月偿债额}}{\text{每月支出}}$	≤40%	家庭月供压力小	家庭月供压力大
紧急预备金倍数 $=\frac{\text{流动资产}}{\text{每月支出}}$	3—6	流动资金充足	较低/较高：家庭预留资产过少/过多
收入集中度 $=\frac{\text{家庭支出收入}}{\text{家庭税后总收入}}$	≤60%	对家庭支柱依赖程度低	对家庭支柱依赖程度高
保费负担率 $=\frac{\text{保费支出}}{\text{总收入}}$	10%—20%	家庭获得足够的保险保障	较低/较高：保险保障过少/过多
财务自由度 $=\frac{\text{投资性收入}}{\text{日常支出}}$	>30%	投资性收入多，收入来源广	投资性收入少，收入来源单一

主要需要总结的数据见表9－4。

表 9 - 4

维度	指标	计算方法	合理参数
储蓄能力	储蓄率	（税后年总收入 - 年总支出）÷税后年总收入	>25%
	自由储蓄率	（总储蓄 - 固定用途储蓄）÷税后年总收入	>10%
财富增值能力	生息资产比率	生息资产÷（总资产 - 负债）	>50%
	投资回报率	理财收入÷生息资产	>CPI + 2%
财务自由度	财务自由度	年理财收入÷年总支出	>1 则可不工作
应急能力	紧急备用金倍数	流动性资产÷月总支出	3—6
偿债能力	资产负债率	总负债÷总资产	≤60%
	财务负担率	年本息支出÷税后年收入	≤40%
	流动比率	流动性资产÷流动负债	>2
保障能力	保险覆盖率（长期寿险与重疾险	年保额÷税后年收入	>10
	保费负担率	保障型年保费÷税收年收入	5%—15%

（1）储蓄比例（计算公式是“年结余÷年税后收入”），通过该指标能够分析出在提升净资产方面具有的能力：一般情况下控制在 40% 相对合适。倘若小于该值，提示日常开销甚大，应当加以相应调整，立足于接下来若干年的家庭安排，适当增加投资比例。

（2）投资比率（计算公式是“投资资产÷净资产”），其能够分析出资金投资程度。一般情况下在 50% 相对适宜。倘若小于该值，则意味着拥有过多的闲置资金。

（3）偿债比率（计算公式是“净资产÷总资产”），通过该指标能够对家庭资产负债的安全系数予以评价，同时了解家庭实际拥有的偿还能力。一般情况下控制在 50% 相对合适。倘若小于该值，则应当对家庭的未来偿还能力加以必要关注，根据实际情况适当减持债务。

（4）负债比率（计算公式是“负债总额÷总资产”）和偿债比例率之间有着相辅相成的关系，一般情况下控制在 50% 相对合适。

（5）负债收入比率（计算公式是“负债额÷年税后收入”），通过该指标能够评价家庭的短期偿债能力，一般情况下控制在 4 相对合适。倘若小于该值，尽管偿债能力未发生异常，然而从另一个角度分析却也暴露出未能对债务工具加以高效利用的问题。以住房按揭贷款为例，倘若能够取得低息贷款的资格，转而用多余现金购置若干理财产品，该种情况下实际回报可能会超过因贷款而产生的利息。

（6）即付比率（计算公式“流动资产÷负债额”），流动资产由三大块构成，一是现金；二是存款；三是短期投资。家庭生活过程中有时候会遇到若干突发事件，这对其支付能力提出了一定的要求，一般情况下即付比率控制在 70% 上下相对合适，倘若小于该值，便会出现难以应对突发性风险的问题。

（7）流动比率（计算公式“流动资产÷每月支出”），主要用来评价流动资产实际上可以满足多长时间（按月计）的日常生活支出，倘若家庭收入及其支出之间维系相对稳定的关系，此时该值控制在 3—6 相对合适。见表 9 - 5。

表 9－5

	测算依据	参考标准
储蓄比率	年结余 ÷ 年税后收入	40%
投资比率	投资资产 ÷ 净资产	50%
偿债比率	净资产 ÷ 总资产	50%
负债比率	负债总额 ÷ 总资产	50%
负债收入比率	负债额 ÷ 年税后收入	4
即付比率	流动资产 ÷ 负债额	70%
流动比率	流动资产 ÷ 每月支出	3—6

（四）整理家庭财务报表

梳理的过程是于某个时点予以相应的梳理和总结，能够更加有效地了解家庭接下来的资金分配方案。

梳理工作完结后，对当下能够进行投资的资产进行专门的整理，其实理财好比是以定期方式将家庭资产与负债记录清楚，然后立足家庭的实际情况，对后续的投资加以适当的安排。见图 9－1。

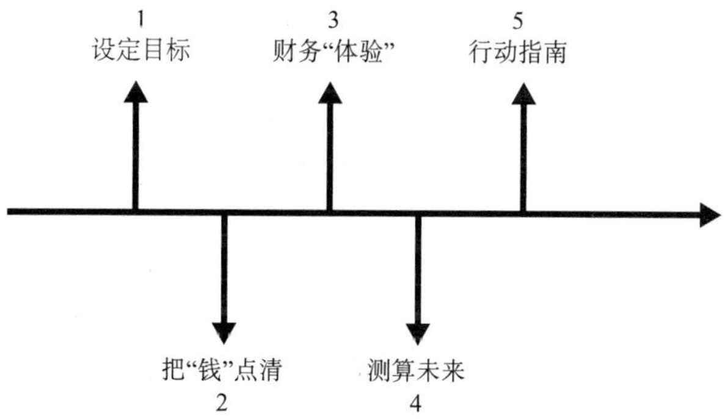

图 9－1

第二节　学习与工作

9－2：学习与工作

一、教育是消费，还是投资？

教育是消费，同时也可以将它划归到投资的范畴。

消费指的是人们付出金钱得到相应的消费品并加以使用，从而使个人欲望得到有效满足的一种经济行为，包括购买物品与劳务的支出等，因此，人们为了获取科学知识、文化知识，增长见识、技能、经验等的教育支出属于消费。

投资是指为了在未来可预见的时期内获得收益或是资金增值，人们在教育上的消费支出就是期望在获取知识、增长见识、学习经验的过程中逐步积累丰富的经验、知识和阅历，期待将来赚取更多的资金，实现资金增值，这属于远期投资行为。

（一）教育是消费

教育是一种付出货币，获得非货币回报的行为。教育可以被视为一种消费，但同时它所带来的这种非货币回报可能间接地带来资本回报，所以也可以把它间接地视为一种投资，但只限于对被教育人的投资。为什么说其是消费呢？是因为这种行为只消耗货币，并不直接产生货币回报，从这一角度看，其是一种消费性投资。

（二）教育是投资

从西方经济学许多经典的研究看，教育往往被视为一种投资品，其中最典型的就是以人力资本投资的形式出现。根据卢卡斯（Lucas，1988）的人力资本模型可知，人力资本主要经由两种途径形成：第一种途径是通过学校教育，假设所有的生产者不仅要从事生产，同时还需投入相应的时间进行人力资本建设活动。那么脱离生产实践的学校教育究竟会给人力资本的增加产生什么样的影响？第二种途径是在实践中不断学习。在职培训或在工作中积累经验和提高能力也可以增加人力资本，这就是通常所说的具有专业化特点的人力资本。在大多数研究中，将教育作为人力资本投资的形式，原因在于教育虽然能够使人们获得精神上的满足（当期），但是更大的收益在日后兑现。作为一种投资品，通过教育进行人力资本的积累，在日后一般能够带来价值的增值。

1. 投资收益

教育成本是固定的，是现值，收益是未来的，是终生的，具有复利的收益。

如果把教育视为一个投资产品，那从产品规划和目标设定来看，其所具有的主要特征包括：①投资额高，是多数家庭最重要的投资；②投资周期长，一般要 12—20 年；③市场需求具有极大的不确定性，所以收益很难确定。

既然是投资就有投资收益大小的问题。在某个特定时期，可能某个专业不是很好，如果利用学习的这段时间去打工赚钱反而会有更好的收益。但是知识既是一种投资，也是一种储备，利往往大于弊，而且学习可以使人们获得精神上的满足，专业的选择应该是兴趣所向。不管从哪个方面说都是收效大于消耗，因此教育投资是值得去做的事。

另外，这种投资是亲情层面的，是一种爱，并不期望它的回报率有多高，与世俗的投资有着本质的区别。父母对于孩子在教育上的花费，无非只是希望孩子能够接受更多教育，拥有更多的竞争资本，将来可以在激烈的社会竞争中占据一席之地。

2. 非货币收益

收益中只有部分可以用金钱进行衡量，其他部分如素质和修养的提升，是难以用金钱进行量化的。教育的本质是一种能够对人类文化需求加以相应满足的重要途径，从这个层面上看，教育无疑是一种消费品。随着教育的普及，绝大部分的人都可以获得一定程度的现代教育，收获精神层次的那种满足感。即便是把教育看作一种投资品，基于教育投资对应的来源看，公立教育部门获得的教育资金主要来自国家财政预算的支出。从另一个方面看，教育和消费之间的关系并不能完全割裂，因为教育和人类的消费活动可能密切相关。它会将某些理念渗透进人类思维，从而影响人们的消费观和消费行为。

教育不仅是学习书本上的知识。更重要的是学习如何合理地规划安排人们的生活，学习如何同别人相处。

教育需要明确的目标。只有制定好明确的目标，人生才能有所成就，教育能给人们提供各种有益的机会。

3. 人力资本投资

在决定是否进行人力资本投资时，投资者必须把投资所需付出的成本与预期得到的收益进行比较。它的核心理念是，在制定人力资本投资决策的过程中，一定要保证该决策可以带来收益，反之，不可执行这一投资。若要使付出的或预期付出的人力资本投资成本能够和预期收益进行比较，需要将未来的成本值和收益值按某一贴现率贴现，这就是净现值法。贴现的原因很简单：货币具有时间价值，现在的 1 元钱与将来的 1 元钱并不等值。

运用净现值法，人力资本投资决策应遵循的原则为：将未来收益及成本根据预先设定的贴现率进行专门的折现处理，分析它们之间的差额，倘若差额被确定为非负值，该种情况下强调生命周期之中收益最大化的决策主体便会产生投资意愿；倘若差额被确定为负值，此时便会给出放弃投资的决定。

第一，人力资本投资收益现值的计算。假设某项人力资本投资在未来一段时间内（t 年）为投资者带来的收益是 B_1，B_2，…，B_i，贴现率为 r，t 年内折现的收益为 PV。那么，人力资本投资收益现值为：

$$PV = \frac{B_1}{1+r} + \frac{B_2}{(1+r)^2} + \cdots + \frac{B_t}{(1+r)^t} = \sum_{i=1}^{t} \frac{B_i}{(1+r)^i}$$

其中，$i=1, 2, \cdots, t$。

第二，人力资本投资成本的计算。假设该项人力资本投资的成本为 C，投资预计在 n 年内完成，且每年的投资成本为 C_1，C_2，…，C_n，n 年内投资成本的现值为 PVC，那么，人力资本投资成本现值为：

$$PVC = \frac{C_1}{1+r} + \frac{C_2}{(1+r)^2} + \cdots \frac{C_n}{(1+r)^n} = \sum_{i=1}^{n} \frac{C_i}{(1+r)^i}$$

其中，$i=1, 2, \cdots, n$。

第三，人力资本投资决策。假设人力资本投资收益的净现值为：

$$Q = \sum_{i=1}^{t} \frac{B_i}{(1+r)^i} - \sum_{i=1}^{n} \frac{C_i}{(1+r)^i} \geqslant 0$$

如果净现值 Q 的值为非负值，则该项投资可行；如果净现值 Q 的值为负值，则放弃该项投资。

二、从经济学的角度来分析，毕业了是工作还是考研?

大三的学生进入大四时，肯定需要考虑是工作还是考研。考研还是工作或是别的发展，这需要根据个人的人生规划来决定。不管毕业了是直接找工作还是考研，都要明白一个问题，个人最终目标究竟为什么？即便决定考研，也需要慎重考虑：将来从事何种职业。

工作还是考研可以根据投资回报率、机会成本、人力资本等经济学概念来进行分析和思考，这其实是一个经济学中投资回报率的问题。

1. 投资回报率

投资回报率是一个比较容易理解的经济学术语，以买菜为例，物美价廉是购买者的普遍追求，即追求较高的性价比。分析是否攻读研究生这项投资，首先需要分析各种付出，包括时间、精力以及学费等。最终的回报是投资者能否获得一个更为“理想”的工作。此处的“理想”指的是研究生毕业之后被更优质企业录取、获得更高水平的报酬、拥有更大的发展潜力。

以一个坐标系为工具对该投资回报率进行针对性分析，横轴指的是投入时间，纵轴指的是用人单位对学位达到了何种认可程度。读研究生对应的投资回报率可以通过中间的抛物线予以表示。如此解析，能够了解到当下社会能够提供的四大类工作。见图 9－2。

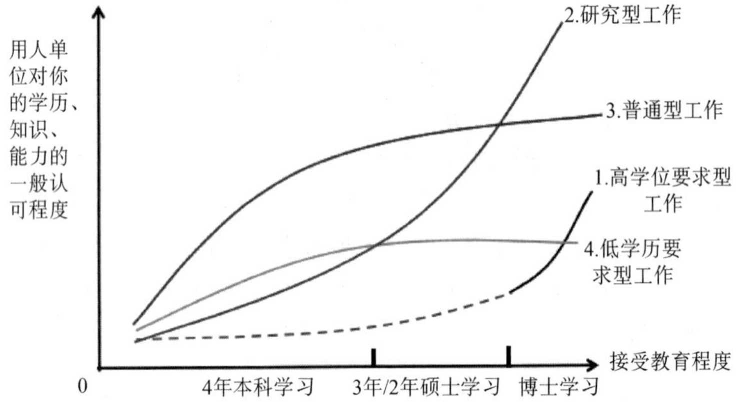

图 9－2 大学教育对于找工作的投资回报率（ROI）分析

第一类被称作是“高学位要求型工作”。最具代表性的便是大学教师这种工作岗位，若想在高校任教，通常情况下要求取得博士学位。该条件下，本科学习对应的投资回报率等于 0，换言之，根本不可能获得该项工作，不存在回报。

第二类被称作是“研究型工作”。就抛物线来看，同本科阶段相比，硕士阶段显得更为陡峭一些，提示其投资回报率会因为学习年限的增加而不断上升。以市场研究、证券投资以及产品研究这类工作为代表。上述工作通常会要求应聘人员拥有较强的研究分析能力，必须成功取得硕士学位。

第三类被称作是“普通型工作”。它指的是最为常见的、需求量最大的那些工作类型，是高校毕业生的主流分配方向。用人单位对求职者的一个硬性要求是成功取得本科学士学位。同上述两类工作相比，它的“门槛”明显降低。它对应的抛物线起步阶段很陡，然而发展至研究生阶段便会趋于平缓，提示实际投资回报率朝着更低的方向发展。出现这种情况并不是说用人单位不关心学历，而是意味着用人单位在考察求职者学历的同时，更为关心他在沟通、学习以及成长等方面的能力。人力资源、市场以及销售等均属于这一类工作。

第四类被称作是“低学历要求型工作”。此类工作不要求求职者取得太高的学历，主要原因有两个，首先，高学历意味着需要为之提供更高水平的薪水；其次，高学历者会产生所谓的“屈才”心理，企业难以留住，浪费用人方的人力资源。很多招聘广告专门指出：“不招聘研究生及更高学历者。”此类工作大部分是那些技术含量相对偏低的工作，较具代表性的如餐馆服务员等。

虽然工作本身并不存在贵贱之分，然而站在大学生的视角来看，根据个人的受教育程度寻找到一份更为契合的工作，以此获得更为理想的投资回报率完全可以理解。大学生也可被划归到“经济人”的范畴，所以应当关注投资回报率，并追求最大化收益。

2. 人力资本

个人的学历是其被优质用人单位录取的条件之一，用人单位还会对求职者的工作能力、知识储备以及沟通技巧等多个方面予以综合考察，以上这些也是所谓的“人力资本”。在求职过程中，应突出人力资本，使之最大化，从而获得更为理想的工作。见图9－3。

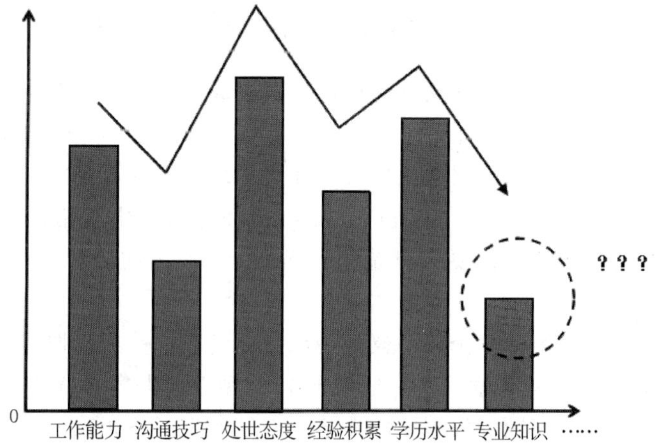

图9－3 个人人力资本（Human Capital）积累

使个人的人力资本增值不是一朝一夕的事情，它需要时间和精力。如今很多学生发现实习在进一步增加个人的人力资本上有着重要作用。然而也随之产生了另外一个问题，即通过何种方法或方式实现对实习和专业学习之间的有效平衡。由著名的“木桶原理”可知：木桶的容量上限由最短木板决定。因此切不可对“专业学习”掉以轻心，如若不然，则可能导致它成为短板。

3. 机会成本

所谓“机会成本”指的是为拥有某样物品而需要对其他物品进行舍弃。例如，某位学生今天晚上计划在寝室休息，该种情况下便无法到教室去学习。无论做哪件事，都无法彻底回避机会成本的问题，读研、就业便是此类问题。读研需要付出的最大机会成本是，相较同龄人而言，将会缺失 2—3 年的实践经验。而有相当一部分工作，用人单位强调的是工作经验的多少，而不是看重学历的高低。从这一视角出发，相较三年制读研来说，两年制读研实际付出的机会成本无疑要少一些。但读研经历可能在其他某些方面大幅增加个人的人力资本，是一些高门槛、高回报工作的“敲门砖”。因此应当围绕收获和机会成本之间的关系进行研究，明确得失。见图 9 - 4。

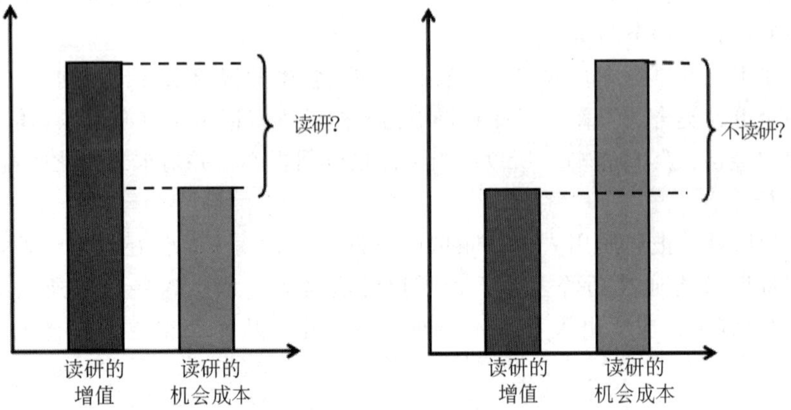

图 9 - 4　读研的机会成本（Opportunity Cost）分析

倘若选择直接就业，便会放弃继续深造这一机会成本。然而需要指出的是，目前不读研并不是说将来无法再读研。工作若干年之后，当遭遇职业天花板时，可选择继续深造。这种情形下，读研对应的投资回报率抛物线往往会呈现出更为陡峭的走势。

在陷入“考研还是找工作”的困扰时，相当一部分人产生了错误认知，即市面上的工作要么是“高学历要求型”，要么就是“研究型”。而事实上，“普通型”工作才是主流。

综上所述，首先，学历并非全部，仅是一部分而已。一些成功取得硕士学位的人最终还是走上了“普通型工作”岗位，这时他们便会出现心理失衡，认为读研投入未能换来较理想的回报。导致这一问题的根本原因在于，他们产生了不正确的认知，即认为无论是对于何种工作，读研投资回报率均是一致的。

其次，一些人将太多精力投放在了“考研还是找工作”的思考上，而没有关注能够使人力资本显著增长的办法。不管是本科生或者是研究生找到一份契合自己的工作，才是最为理想的状态。

最后，对考研或就业各自对应的机会成本缺乏足够关注，还可能深陷于机会成本的陷阱，想要取得“鱼和熊掌兼得”的局面，如此一来只能左顾右盼，无法付诸行动。

三、工作与闲暇的经济学分析

假设存在两类商品，它们都能使人感到幸福，一类付出闲暇时间即可获得，另一类需要付出货币购买。当两种途径都能满足时，意味着在一定条件下两者具有彼此替代性。当某个人不得不放弃部分的货币收入时，例如，减少工作时间，该种情况下闲暇时间会有所增加，能够替代因此而损失的货币收入。基于以上分析，聪明人往往会对自己的货币收入、闲暇时间进行有机组合，从而让自身获得更大程度的满足。把效用水平一致的各类货币收入以及闲暇时间有机组合到一起，便能够得到无差异曲线（见图9－5）。

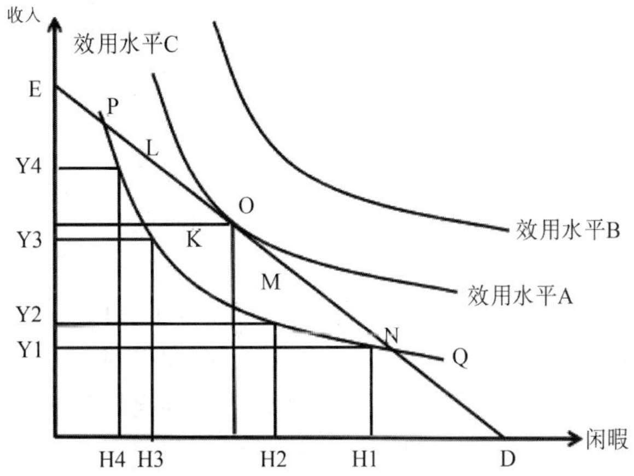

图9－5　各种收入状态的无差异曲线

每个人均想在效用上达到最大化水平，具体而言，如何才能将获得的闲暇时间与收入维系在最大化水平。然而人们手中可供支配的资源均具有有限的特点，通过预算约束线能够对闲暇、收入之间的可能组合形式加以反映。该线的斜率也就是工资率对外呈现的图形。在图9－5中，$\Delta Y/\Delta H$ 指的是预算约束线对应的斜率。刚好和预算约束线之间保持着相切关系的那个无差异曲线，描述的是在预算约束情形下，一个人能够达到的最高程度的效用水平。预算约束线会和无差异曲线会点O处发生相切，该点便是所谓的最大效应条件下收入、闲暇的有机组合。预算约束线一致，但对闲暇有所偏好的人，在看待工作时间时会进行差异化的选择。倘若个人偏好对应的无差异曲线的外观十分陡峭，提示该人尤为关注额外的闲暇时间。实际效用于“端点”D部位进入到最大化水平。提示此类人压根不想工作，据此可将他们排除劳动力队伍之列。

四、怎样从经济学角度来分析拖延症？

从经济学角度上讲，拖延（procrastination）是指个人觉得以后再做这件事所能获得的效用比现在就做这件事所能获得的效用更大。具体来说：

人在不同的阶段偏好是不一样的。举个例子，对于今天（周一）的你来说，明天

（周二）做作业是件好事；可是一觉醒来，对于明天（周二）的你来说，在这一天（周二）做作业不见得是件好事了（到了周二你很可能又觉得周三做这件事对你更好）。拖延的一个心理根源就在于，你每天都觉得明天再做这件事对你来说更好（效用更大）。

更重要的是，你错误地估计了自己的偏好。就拿刚才那个例子来说，你今天（周一）认为，明天（周二）做作业对你来说更好，并且你还天真地认为，到了明天（周二），你还会认为在周二做作业是好的，也就是说你认为你周二会做作业。但是你并没有认识到，到了明天，你就会认为后天做作业会更好，于是你拖延了。

如果你幸运地认识到了这一点，你就会想，嗯，估计我明天又会把事情往后天拖，要不我把作业先写写？你的这种想法会缓解拖延症。

综上所述：最严重的拖延症患者的问题在于，他始终确信他明天会写作业，但是到了明天他又确信他后天会写，于是，他无限地拖下去了。

分析拖延症可知，它是符合经济学原理的，具体原因包括：

（1）予以拖延，是由于该事不是行为人想做的，而现在先行处理的事情是行为人喜欢干的。如同付钱、收钱一般，前者令人反感，后者令人欣喜。在金融学领域，考虑到货币存在时间价值，当一个人知晓他将会获得一笔钱，同时也会支出一笔钱，该种情况下其个人期望是尽早收到钱，同时尽晚支出钱。分析拖延症可知，它是契合上述假设的。

（2）经济学分析和探讨的是，通过何种方法方式赋予有限资源以最大程度的利用价值，这也是人的一种倾向。以拖延症为例，当 Deadline 即将到期时，人的办事效率会跨入一个全新的水平，倘若很早便着手做，则有可能进入一种拖拉状态。拖延症反映的是人们喜欢将事情安排在个人的高效时段，即 Deadline 即将来临的那段时间，由此可见，拖延症又符合此类最大限度对时间加以优化规划的假设。

（3）拖延至何种程度反映的是个人持有的风险偏好。能够预知，当拖延越是严重时，留下的有效时间便越少，无法完成任务的概率便会大增，但提前太早去实施，又会面临效率偏低的问题，所以人们便会对效率、任务失败风险进行分析，在两者之间做出权衡，最终明确着手做的时间点。当然在确定该时间点的过程中，人们还会权衡任务失败的严重性。

相当一部分人表现出下述倾向：避免进行那些“长期努力才能见效”的事情，例如，奋斗几个月在期末考试中取得好成绩。大多喜欢进行那些“短期便能见效”的事情，例如，将蛋糕放到嘴中便能立刻使口腹之欲得到满足。纵观此类行为，可将之划归到即时倾向的范畴，也就是说，人的大脑普遍认为“活在当下”最为重要，现在舒适了就好，以后的事情可暂且抛弃。该种人通常是拖延症较严重的群体，之所以会出现此类想法，是由于其大脑产生了“贴现”的念头。

“贴现”，即把一张还没有正式到期的汇票提供给银行，以此取得相应现金的行为。在汇票尚未到期时便执行现金汇兑所产生的收益，相比汇票到期后执行汇兑的收益要少一些，该折扣也便是所谓的贴现率。也就是说，未来收益当下兑现势必要承担一定损失，人的大脑也仿佛银行一般，同样会产生“贴现”现象，且其贴现率通常明显超过银行。比如，经过 6 个月的奋斗之后，能取得了 A + 的成绩，然而经大脑执行所谓的贴现分析之后，可能会变得不那么重要了，因此人们便倾向于拖延。

时间贴现一般涉及两种不同的选择：一是报酬相对丰富然而耗时偏长；二是报酬相对

偏少然而耗时相对偏短。对于以上两种情形，受即时倾向的影响，人们更愿意选择后者，具体而言，人们倾向于尽快将报酬成功拿到手，事件对应的主观价值会随着其出现时间的不断延长而呈现减少之势。

第三节 财务规划

9－3：财务规划

个人（家庭）财务规划（Personal Financial Planning）指的是立足个人（家庭）真正需要，促使财务朝着健康、安全、自主以及自由的方向不断发展，并于上述期间确保现金流始终处于顺畅状态，同时使创造财富的能力得到不断提高。

长期以来，人们并没有针对财务规划进行具体分类。在社会分工越发精细化的背景下，财务规划被划分成两大类，一类是个人（家庭）财务规划，另一类是企业财务规划。当人们提到大类资产配置的时候，往往想到的是“股票”“债券”“房地产”等。很多投资顾问也花费了很多时间在这些资产类别中进行配置，以达到风险收益最有效率的资产组合。然而，这些常见的组合只是针对个人“财务资本”进行配置，真正完善的财富管理，还必须考虑“人力资本”这个资产类别。

“财务资本”是已经积攒的资产，包括金融资产和不动产等；“人力资本”是依靠自身能力赚取的未来所有收入的贴现总额，包括工资薪金、做生意赚的钱等。也就是说，财务资本代表现在已经有的钱，人力资本代表未来能赚的钱。

一、人力资本

人力资本（human Capital）也称“非物质资本”。与“物质资本”相比，其是体现在劳动者身上的资本。如劳动者的知识技能、文化技术水平与健康状况等。人力资本通常指的是劳动者在包括教育、培训以及实践在内的诸多领域进行相应投资，在此基础上收获知识的积累及专业技能的掌握，因为上述两者能够为劳动者创造包括工资在内的多种收益，因此产生了所谓的人力资本。

人力资本同货币之类的“硬资本”相比表现出更为可观的增值空间，尤其是进入知识经济时代之后，其必将拥有更为理想的增值潜力。人力资本被划归到“活资本”的范畴，不仅表现出一定的创新性，同时还拥有一定的创造性，无论是在合理配置资源方面或是在优化企业发展战略方面均能发挥出不俗的作用。

（一）人力资本的周期

个人人力资本投资是一个长期工程，可以说存在完整的经济生命周期。就个体视角来看，自计划介入劳动力市场开始，到成功介入之后，再到接受一系列的职业技能培训，直至全经济生命周期涉及的个人知识、能力和健康，均可被划归到人力资本投资行为的范畴。作为人力资本承载者，劳动者的个人人力资本投资主要指接受完正规教育准备进入或已经进入劳动力市场的，或处于劳动年龄范围内劳动者的人力资本投资。经济生命周期可以划分为前期、中期和后期，不同时期的人力资本投资内容和形式不尽相同。

（1）前期。基于知识和技能的投资多，健康投资少。第一，该时期人力资本投资的效率处于高位水平；人力资本的市场价值实际上不会有太多的存量，所以此类投资的机会成本低，故基于知识和技能的人力资本投资行为居多。第二，该时期人力资本承载者健康存量高，故健康投资少。

（2）中期。基于知识和技能的投资少，健康投资多。第一，该时期人力资本的市场价值的实际存量会进入到高位水平，人力资本投资的机会成本很大，因此并不急需人力资本投资；该时期人力资本投资的效率变低，故基于知识和技能的人力资本投资行为少。第二，该时期人力资本承载者健康存量下降，健康投资增多。

（3）后期。基于知识和技能的投资几乎没有，主要是健康投资。第一，该时期人力资本的市场价值存量非常低，因为接近退出人力资本市场，所以没有必要进行基于知识和技能的人力资本投资。第二，该时期健康存量贬损严重，健康投资多。

（二）人力资本货币性计量方法

分析价值法是将人力资本对应的产出价值用作计量基础的一种方法。人力资本的价值有其特殊性，无法如同物质资本一般于静态条件下加以精准的货币计量，而仅能于人力资本实践期间即人处于动态情况下，通过对他取得的绩效予以度量最终实现确定。人力资本价值的高低会受到两大因素的影响：一是假设；二是计量方法。在计量依据方面，采用的是人力资本在合同明确规定的工作期限内有可能产生的价值，由于引入了对人力资本产出价值的考量，因而可以相对理想地预测和评价人力资本具备的产生未来经济利益的能力。

在未来工资折现模型中，先会明确员工未来工资报酬对应的现值，并将之当成是人力资本的价值。其可通过如下公式计算求得：

$$V = \sum \frac{Y_t}{(1 + r)^t}$$

其中，V 指的是人力资本的价值；Y_t 指的是第 t 年能够领取的工资报酬；t 的取值范围是 $1 - T$，T 指的是人力资本价值对应的计算年限；r 指的是折现率。

该方法简化了计算过程，仅需知晓三大信息（一是未来工资报酬数额；二是计算年限；三是折现率）便能够计算得到。分析未来工资报酬总额可知，其主要受两大因素的影响：一是加薪；二是增员或裁员，所以在对该总额加以确定的过程中应当考虑以上两大因素。计算年限存在差异时，计算出来的人力资本价值也会有明显不同。该方法存在一定的局限性，即通过工资报酬来呈现人力资本价值仅仅属于一种假设，另外，工资报酬通常情况下只是人力资本补偿价值的一个重要反映。

二、财务资本和规划

很多人把投资股票、基金、保险、房产等同于个人（家庭）的财务资本。个人（家庭）财务规划不能公式化地套用现金规划、消费支出规划、教育规划、风险规划与保险规划、税收筹划、投资规划、退休养老规划、财产分配与传承规划。财务规划的目标是让个人（家庭）财务状况更健康、更稳固、更安心，心理的需要逐步得到满足，生活更幸福。

可以根据“五步骤”来制定合适的家庭财务规划。

第一步，设立具体、明确的家庭财务规划目标，既涵盖长期目标，同时也涵盖短期目标。在开展家庭财务决策活动中，应和家庭成员进行充分讨论，确保其财务需求均可以获得较理想的满足。

第二步，基于家庭具体需要规划出特定方案。明确不同家庭成员于人生不同阶段在财富管理上的实际需求，同时立足家庭财务的现实情况提出一个初步的家庭财务规划。

第三步，对家庭财务规划进行必要的补充和完善。听取专业机构的专业意见，了解家庭当下存在的财务缺口，遵循平衡、健康以及稳健等原则进一步完善家庭财务规划。

第四步，尽快将既定的规划付诸实践。当该规划彻底成型之后一定要尽快实施；在具体操作过程中，严格贯彻执行“保障为本、投资为稳、循序渐进”这一原则。

第五步，以规划为对象实施定期检查，以便查缺补漏。参考不同家庭成员当下正在经历的人生阶段，对规划实施情况进行定期检查，同时结合家庭当下的财务状况及其实际需求进行针对性的调整。

个人理财计划指的是立足个人的真实财务状况，设计出科学的、针对性较强的个人财务规划，并在此基础上进行有关投资活动。

（1）划定理财目标。当理财目标得以明确之后，能够在很大程度上降低情绪化决定发生的几率，以更为理性的态度介入市场。

（2）明确投资期限。纵观理财目标可知，其存在三种类型：一是短期目标；二是中期目标；三是长期目标，而上述目标自然会对应着差异化的投资期限，进而导致风险水平存在一定差异。

（3）设计出科学合理的投资方案。当理财目标和投资期限均得以明确之后，投资人接下来要做的工作便是基于自身需求设计出一个科学合理的投资方案。投资人应当对自己的风险承受能力加以专门考虑，因为这是投资不可回避的问题，如果拥有较强的风险承受能力，该种情况下可选择购置风险相对偏高的投资组合；如果拥有相对偏弱的风险承受能力，这种情况下可选择购置风险相对偏低的投资组合。

三、资产隔离

资产隔离是人力资本与财务资本分散化管理的现实需要。“财务资本”是已经积攒的资产，包括金融资产和不动产等；“人力资本”是依靠自身能力赚取的未来所有收入的贴现总额，包括工资薪金、做生意赚的钱等。也就是说，财务资本代表现在已经有的钱，人力资本代表未来能赚的钱，两者在个人生命周期中的关系大抵见图 9－6。

财务资本一直在增长是因为我们的钱越攒越多，人力资本为何先升后降呢？这是因为在年轻时，通过专业学习和经验累积，我们的赚钱能力快速提升，未来年限又很长，人力资本就上升；过了中年，赚钱能力的提升不再那么显著，而未来可工作的年限越来越短，所以人力资本就下降了。

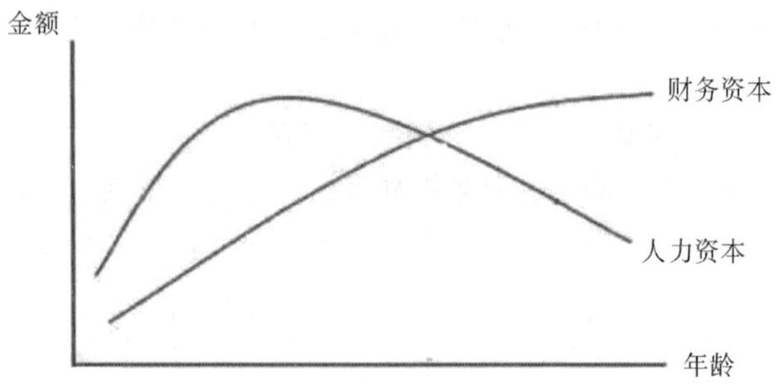

图 9－6　人力资本与财务资本金额在人生中的关系

人力资本如何影响财务资本的资产配置？

在人的一生中，我们在对财务资本做规划时，必须要考虑到人力资本的风险收益特征，诸如工作的稳定性、收入的稳定性、工作所处的行业。

核心的要点是：人力资本与财务资本的投资组合相关性一定要低！

要有分散化投资的理念，“鸡蛋不能放在一个篮子里”，是比较基本的投资原则。进行资产配置时，投资组合中的各类资产相关性低，才能达到分散风险的目的。举个例子，股票和债券的相关性较低，而 A 股票和 B 股票的相关性就可能很高。

有个真实的案例：某投资人想要投资 P2P，也知道要分散化投资来降低总风险，于是他就分散地投了 6 家不同的 P2P；后来 P2P 爆雷，他投的 6 家公司全都跑路了。这位投资者的错误就在于，他投资组合中的 6 个资产相关性太高了，一荣俱荣、一损俱损，根本达不到降低风险的目的。

结合上面的理论，人力资本也可以被看作一种大类资产，要达到降低人生总体风险而收益基本不减的目的，就必须做到降低人力资本和财务资本的相关性。

如何来做呢？举两个例子。一个石油化工的高级工程师，他的财务资本的投资组合就不能重仓能源类股票，否则他的人力资本和财务资本就会有过高的行业集中度，人生的风险很高。这个工程师应当投资一些与能源相关性较低的股票，如教育、医疗等，都是不错的选择。这是从行业相关性来讲。

再如，一个房地产经纪人，他的人力资本的特点是收入依赖佣金，很不稳定，波动性非常大。那么，他的财务资本就应当投资于那些流动性较好、波动性较小的资产类别，如债券、信托等。这是根据波动率的相关性得到的结论。

第四节
家庭和个人贷款

9－4：家庭和个人贷款

贷款简单通俗的理解，就是需要支付利息的借钱。贷款指的是以银行为代表的各种金融机构，按相应利率及务必归还等一系列条件，出借自身持有的货币资金的一种较为常见的信用实践形式。从广义视角来看，贷款是将贷款、贴现以及透支等各种类型的出贷资金全都涵盖在内的一个总称。银行借助贷款这一方式，把手中持有的货币有条件地投放给有需要的人，用于借款方的扩大生产或消费。在此过程中，银行可以从借款方那里获取一定数量的贷款利息收入。

一、个人信用贷款

个人信用贷款是指以银行为代表的各种金融机构，向那些资信符合要求的借款人提供一定数额的、无须担保的贷款。在这一过程中，银行也会对这类贷款的实际用途予以专门规定，禁止投放到银保监会现阶段明令禁止的各个领域。这给借款人提出了要求，即必须向出借机构提供资金用途证明。

借款人向银行申请个人信用贷款，需填写书面申请表，并提交如下资料：

（1）本人有效身份证件；

（2）居住地址证明（户口簿等）；

（3）个人职业证明；

（4）借款申请人本人及家庭成员的收入证明；

（5）银行规定的其他资料。

贷款额度起点为 1 万元，一般不超过 100 万元（含）。

在贷款利率方面，执行中国人民银行规定的同期同档次水平的贷款基准利率。

贷款期限在 1 年（含）以内的采取按月付息，按月、按季或一次还本的还款方式；贷款期限超过 1 年的，采取按月还本付息的还款方式。

申请个人小额信用贷款，无论是银行放款还是金融机构放款，都需要申贷人有还款能力。也就是说，那些声称不需要任何条件就可以贷款的机构千万不可以相信。无论是通过银行还是金融机构贷款，都要保证按时还款，这样下次需要贷款的时候，对方才会认可你的信用度。

二、信用卡贷款

信用卡是指由商业银行这一类金融机构，向信用条件满足要求的客户专门设计和提供的一种信用证明。其实际形式表现为提供一张专属卡片。持有者进入特约商业服务机构消费之后，可使用信用卡结算，后期银行会分别和商户、持卡者做分别结算，这也使得持卡人被赋予了一定的透支资格。

与一般银行储蓄卡相比较，信用卡的主要优势在于，即便卡中现金不足，也可实施正常的一般消费，仅需在约定时间内补还提前消费的资金即可。不用存款也可提前消费，另外还能够享受 20—56 天相对较长的免息期，只要在规定期限内还款便不会产生任何利息。购物过程中刷卡消费具有较高的安全性和便捷性，甚至还有机会获得免费的积分礼品。于特定机构之中持卡消费，可获得打折资格。信用卡最好用于消费刷卡，不建议直接取现，因为取现需付出较多的手续费。

信用卡贷款，即银行基于信用卡持有者目前的资信状况为之提供相应额度的贷款。此类贷款对应两种偿还方式：一是一次性还本；二是分期偿还。

（一）信用卡分期手续费

信用卡分期付款一般没有利息，只收取分期手续费，其是在持卡人申请了分期业务之后，针对持卡人选择的分期期数逐期收取费用。而不同的银行规定的信用卡分期手续费率也会有所不同，选择的分期业务以及分期期数不同，分期手续费率也会有区别。

信用卡账单分期手续费不同银行有不同的规定，以 2020 年 7 月为例：

中国银行：分 3 期、6 期、9 期、12 期、18 期、24 期，分期手续费整体（所有期数合计）分别为 1.95%、3.6%、5.4%、7.2%、11.7%、15%，一次性收取。

建设银行：分 3 期、6 期、12 期，分期手续费每期（月）分别为：0.7%、0.55%、0.55%，按月收取。

农业银行：固定手续费 0.6%，按月收取。

工商银行：分 3 期、6 期、9 期、12 期、18 期、24 期，分期手续费分别为：1.65%、3.6%、5.4%、7.2%、11.7%、15.6%，一次性收取。

年化的手续费相当于信用卡分期资金的使用成本，相当于支付给银行的利息。无论是一次性收取手续费，还是按月收取手续费，银行都按全额收取手续费，事实上持卡人并非一直欠银行全额，到最后一个月，实际上只欠银行 1/3 或 1/12 的金额。因此，计算信用卡年化手续费（相当于年利率）比较复杂。可以参考以下公式：

年利率 = 分期手续费率 ÷（分期数 +1）×24

最常见的 12 期 7.2% 的手续费，相当于 13.29% [7.2 ÷（12 +1）×24] 的年利率。

12 期 3.58% 的手续费，年化利率 6.61%，相当于一年期贷款基准利率 6.0% 的 1.1 倍。

分期收取 = 0.0358 ÷ 13 × 24 = 0.06609 = 6.61%

首期收取的话，年化利率应该再除以（1 - 分期手续费）。

首期收取 = 0.0358 ÷ 13 × 24 ÷（1 - 0.0358）= 0.06854 = 6.85%

（二）信用卡利息

不同于分期手续费。利息是在信用卡消费后，未能在到期还款日（含）之前全额还清的情况下才会产生，每天会按照 0.05% 的日利率计收，并按月计收复利。另外，信用卡取现也享受不了免息期，所以自取现那天起也会按照 0.05% 的日利率每日计收利息，直到持卡人全部还清为止。

信用卡取现，收取取现手续费，日息 0.05%，从记账日开始计收。

假设账单日为每月 3 日，到期还款日为每月 23 日。

然后信用卡持有者 7 月 3 日取现 10000 元，假设手续费 100 元，日息 0.05%，为 5 元。3 日取现，4 日入账，假设信用卡持有者下个月 5 日还款。则：

7 月 4 日至 8 月 3 日，30 天，利息 150 元。到 8 月 3 日之后，利息计入本金累计复利，那么：

4—5 日的利息 = 10150 × 0.05% × 2

= 5.08（5.075，四舍五入）× 2 = 10.16（元）

到 8 月 5 日，总欠款 = 10000 + 100 + 150 + 10.16 = 10260.16（元）

在不考虑手续费和滞纳金的情况下，日息 0.05%，相当于月利率（单利，0.05% × 30）大约 1.5%，年利率（复利，$1.015^{12}-1$）大约 19.56%。因此信用卡只适合消费刷卡，最好不要取现，利率太高。

（三）信用卡贷款类型

1. 信用卡贷款买车

信用卡贷款买车是银行设计和实施的一种常见的、也是颇为重要的信用卡分期业务。信用卡的信用额度通常在 2 万—20 万元；分期有三档，分别是 12 个月、24 个月以及 36 个月；通过信用分期方式购车不会产生贷款利息，只需支付一定手续费即可。

信用卡贷款购车行为存在诸多优势，包括享受无息贷款、减免手续费以及无须担保等。不足之处是会划定车型，同时车价也受限制，但大部分基础车型均适宜采用该种购置方式。

2. 信用卡商场购物分期付款

商场购物分期指的是信用卡拥有者在购物的过程中，可通过分期方式去购买某些商品，主要有 3 期、6 期、12 期以及 24 期四档分期支付类型。每期在信用卡账单规定时限内足额偿还即可。信用卡使用者在银行特约允许的分期商户店中发生消费时，可借助专门的 POS 机去实施所谓的分期支付，这便是“商场分期”。

3. 信用卡网上购物分期付款

其是银行信用卡消费信贷服务之一，银行为信用卡持卡人提供网上支付分期付款结算平台，目前只有部分银行开通了这项服务。

持卡人若想经由网上途径完成对分期付款的支付，首先需要开通信用卡网上银行，并启用网上支付功能，设置好相应的网上支付额度，不仅如此还需保证网上支付额度余额超过待购买的商品的金额。

4. 信用卡家装分期付款

贷款额度：一般不超过 20 万元。

贷款期限：一般不超过 24 个月。

手续费：信用卡家装贷款分期付款无须向发卡机构支付贷款利息，然而需为此付出一定金额的手续费。手续费可通过公式“分期金额 × 持卡人手续费率”计算取得，不同发卡机构执行的手续费率可能略有差异。

（四）信用卡使用风险

信用卡有利有弊，能够缓解燃眉之急，然而发卡机构的初衷是获利。当未能在免息时限内归还时，便需为之付出高水平的违约金，通常执行每日 0.05% 的标准。

（1）盲目消费。刷卡时不会给人带来花现金时的强烈感官刺激，轻轻一刷，整个消费过程便结束了，埋下了盲目消费的隐患，容易使人陷入消费不节制的困境。

（2）过度消费。在以提前方式享受个人感兴趣物品的过程中，需要考虑个人实际的偿还能力。

（3）利息高。倘若未做好信用卡管理工作，一旦超过免息期限，便需向发卡机构偿还较高水平的利息。信用卡虽然有免息期，但只针对刷卡消费，套现没有免息期，而且还要收取手续费。

（4）需交年费。信用卡几乎都设置有年费，同时也出台了相应的免年费标准。例如，建行的规定是，一年刷信用卡3次便享有免年费资格，但刷卡少于3次时，意味着年费要照常缴纳。

（5）盗刷。信用卡几乎都执行免密支付的模式，一旦丢失很容易被盗刷，产生一定的经济损失。当然，也可为信用卡支付设置专属的密码，然而相当多的消费者却不清楚这一点。另外，虽然注销了信用卡然而未作销户处理，使得不法分子有机可乘，重新申请并予以透支，损失大量金钱。

（6）影响个人信用记录。如果存在长期恶意欠款的行为，便会在个人信用记录上留下记录，甚至被发卡机构列入黑名单，后期发生的借贷行为会受到严格限制。

三、个人房屋抵押贷款

个人房屋抵押贷款，即借款人将自己名下拥有的房产作为抵押物，向以银行为代表的有关金融机构申请一定数额的、计划投入合法合规领域的贷款。个人房屋抵押贷款是普通居民买房的主要方式。买房先首付大约30%的房款，剩下的部分采用个人房屋抵押贷款的方式。

房屋抵押贷款需满足下述条件：房屋年限不超过一定期限；房屋面积大小需符合规定；房屋具备较为理想的变现能力；商品房、公寓以及商铺等。在办理此类贷款的过程中，通常需向专业从事房地产担保业务的这一类机构寻求帮助，由其推动各个环节。随着时间的推移，房产抵押贷款的重要性越发凸显，是现阶段居民对个人不动产加以适当理财处置的常见手段之一。经此途径取得的贷款能够为各种临时性质的消费需求提供支撑，且其成本并不算太高。

向以银行为代表的有关金融机构提出个人房屋抵押贷款时需执行下述基本程序：

（1）借款人贷前咨询：如实且完整地填写好个人住房抵押申请书，并根据银行规定呈交有关的证明材料。

（2）银行对借款人包括贷款申请在内的有关材料予以严格审查。

（3）借款人提供待抵押处理房产的产权证书等资料，交付银行后由后者收押。

（4）借贷双方担保人在协商一致的基础上签订正式的、具有法律效力的住房抵押贷款合同，并予以公证。

（5）银行将贷款打入有关账户。

贷款结清涵盖两种情形：一是正常结清；二是提前结清。①正常结清：在约定的到期日完成偿还；②提前结清：在尚未到期的情形下，提前偿还一定比例或所有的贷款，此时应当根据合同的约定，提前发出这一类申请，待获得出借方的同意之后，再至指定会计柜台完成还款操作。等待贷款正式结清之后，借款人需携带有关材料领回暂押于银行处的有关文件，不仅如此还需携带贷款结清凭证前往原先的抵押登记办理机构去完成最后一步的抵押登记注销业务。

贷款利率常常以央行基准利率基础上根据贷款人的情况进行上下浮动，如上浮

10%—50%。2019 年 8 月 25 日，央行发布了有关贷款市场报价利率（Loan Prime Rate，简称 LPR）的公告。自 2019 年 10 月 8 日起，新发放商业性个人住房贷款利率以最近一个月相应期限的贷款市场报价利率为定价基准加点形成，即 LPR + 加点（可以是负值）。虽然 LPR 每月浮动，但商业性个人住房贷款重新约定的重定价周期最短为 1 年。也就是说，房贷利率最短一年变动一次，如果变动太频繁，也可选择 3 年或 5 年进行调整。

四、贷款渠道

贷款平台很多，但是建议根据个人的实际信用状况以及经济能力来贷款。如果个人信用非常良好，首选当然是大的国有银行，因为利息低，额度高。如果个人征信有一点瑕疵，建议考虑一些小的地方银行，但利息相对会高一些。如果在银行无法获得贷款，可以考虑一些小额贷款、网络贷款，但是要明确它们具体的收费方式。从渠道来说，有以下几种方式：

（1）线下贷款。传统的贷款渠道源于线下。有贷款需求，大家首先想到的肯定是各大银行，比如，中国银行、工商银行、建设银行等，在银行贷款比较安全，是很多人首选的贷款渠道。除了银行，线下的贷款机构还包括小额贷款公司、中小型的融资担保公司、第三方金融机构等。

（2）线上贷款。除了传统的贷款渠道，还有很多线上渠道可以申请贷款。除了网贷平台，传统的金融机构也开通了网上贷款。另外，现在有很多贷款 App，借款人只要下载相关的 App，根据提示操作填写相关信息，就能获得贷款。这类贷款一般是小额贷款，而且放款快。

需要注意的是，不管是通过什么渠道申请贷款，都有一定的条件。综合来说，对个人来讲，好的贷款渠道就是在自身经济能力以及信用之间找到一个平衡点，使费率最低，同时又能够解决当下的资金需求。非正规的借贷方式，普通大众最好不要使用，利息一般很高，而且很可能使自己陷入困境。

身边的案例

大学生网贷的现状

由于大学生信用等级低、偿还能力弱，大部分银行对大学生信用卡贷款的限额都控制在百元级别，而且审核程序复杂，基本无法满足大学生的需求。当前部分互联网信贷平台，虽给大学生提供高额度、高利率的贷款，但设置了一些诸如手续费、服务费等隐藏的消费陷阱，使大学生承担了很大的风险。

合肥某学校大二女生小静（化名）通过“裸条贷”借钱用来和男友花销，结果陷入泥潭。其借来自用的本金不到 5 万元，一年不到，欠下的贷款本金已高达 30 万元，本息合计更是达 50 多万元。还不起钱后其裸持身份证照片被曝网上，家人电话也被催债电话打爆。不得已，其家人选择了报警处理。

本章思考题

1. 家庭财务报表与企业财务报表有什么相同点？有什么不同点？
2. 编制家庭或个人财务报表的好处是什么？
3. 教育是消费，还是投资？
4. 对工作与闲暇进行经济学分析。
5. 分析“资产隔离是人力资本与财务资本分散化管理的现实需要”。
6. 信用卡贷款的成本有哪些？

第九章练习题

第十章 Project 10

金融理财从入门到精通

10－1：专业课程的学习

第一节 专业课程的学习

要做好金融理财，需要学习经济、金融、会计、理财、证券和期货等基本理论和基本知识。

需要加强下述领域的有关知识及能力：

（1）熟悉包括经济学、金融学以及财务管理学在内的多个专业的基本知识，拥有较扎实的经济金融理论基础。

（2）可以相对熟练、准确地应用包括统计学在内的多个关联学科的主流分析方法，能够围绕金融学实际问题进行分析研究。

（3）拥有正确处理包括银行、证券以及投资在内的多个关联领域有关业务的基本能力。

（4）熟悉国家现行的有关法律法规、政策以及方针等，能够识别和规避金融市场风险，并能提出具有操作性的政策建议。

（5）拥有某种程度的科研能力及实操水平，能够秉持批判性思维去审视和解决问题。

（6）能够运用统计学方法和计算机软件进行金融分析和理财服务等科学研究和实际工作。

（7）具备查找和使用相关文献资料的能力，拥有某种程度的科研能力及实操水平。

（8）正确认识金融创新和金融深化，具有创新意识和创新思想。

一、经济学

所谓经济学指的是，以人类社会为对象，对不同发展阶段出现的经济活动及错综复杂的经济关系进行分析，以此明确其运行和发展内在规律的一门重要学科。经济学的主要思想在于两点：一是明确物质本身的稀缺性；二是找到充分利用资源的方法方式。其又涵盖两大分支：一是微观经济学；二是宏观经济学。经济学是一门研究财富的学问，同时也是一门研究人的学问。日常中经济问题主要分为以下两点：

（1）研究人预期在不同的选择下“将会怎样”。

（2）探讨人在选择下“该要怎样”。

需要熟悉和掌握经济学的基本理论及一系列的基础知识，接受与之对应的各项基本训练，详情如下：

（1）熟悉现代经济学提出的各项基本理论及一系列基本知识。

（2）可以依托包括统计学在内的有关工具去分析和解决各种现实问题。

（3）熟悉当下国情，熟悉国家经济建设和经济改革等方面的基本方针、政策和法规。

（4）知晓经济学理论的发展现状，了解中国经济社会成长与改革所面临的重大问题。

（5）熟悉相关科学的一些重要的基本理论，拥有比较理想的向关联学科适度扩展的能力。

核心课程主要有：政治经济学、微观经济学以及宏观经济学等。

二、金融学

金融学是研究价值判断和价值规律的学科。金融学研究涉及面较广，除了对金融理论领域进行研究之外，还会探讨金融史和各国金融体制方面的内容，另外以证券、信托以及保险为代表的诸多领域也被纳入其研究范围。

在金融理论领域，主要研究课题具体包括货币的本质、职能及其在经济社会中的地位和作用；信用的具体形式、银行的核心职能和它们在经济中扮演的角色；利息的属性及其作用等。

微观金融学是金融学的一大分支学科，有着相当重要的地位，是参考微观经济学设计和发展起来的理论体系。其探讨的核心内容是通过何种方法（方式）在不确定的情形下，以资本市场为依托最终实现资源的最优配置。其核心内容具体包括：个人在不确定情形下通过何种方法（方式）实施最优化；企业通过何种方法（方式）基于生产的客观需求从个人那里取得投资；在个人或企业对自身资源加以配置的过程中，中介机构应当如何发挥自己的作用；在有需求的情况下应当如何架构起一个科学完备的均衡价格体系。微观金融学在研究问题时引入了传统经济学常用的多项基本方法，这使得它被赋予了相当浓郁的新古典色彩；另外也实现了对现代数学中各种有用工具的使用，如随机过程理论等。

核心课程包括：计量经济学、应用统计学、金融工程、投资学等。

三、会计和财务管理

应当学习或者掌握下述知识及能力：

（1）汲取包括经济学及管理学在内的关联学科的一些基本理论。

（2）了解会计语言和技术，掌握会计中的复式记账、会计恒等式、会计循环和会计报表编制的基本方法。

（3）熟悉财务管理的一些重要的基本理论，并掌握有关的基本技能。

（4）拥有一定水平的语言表达能力、人际沟通能力以及解决实际问题的能力等。

（5）熟悉国内外业界现行的一系列法律法规、方针以及政策等。

（6）熟悉本学科当下的各种前沿理论。

（7）具备包括查询和分析企业财务报告和公告在内的一些实用的基本方法，拥有一定水平的实操能力。

核心课程主要有：会计学基础、经济法、税法、金融市场学、财务分析、投资学、会计信息系统、高级财务管理等。

四、跨学科思维

知识体系是一个整体，在分析问题的时候，可以把其他领域的知识融合进来。知识与学问是贯通的，思考的时候不要局限于某一科目的思维圈子，而是要跳出来想想是否涉及其他相关领域和学科，综合起来解决问题，这就是跨学科思维。

面对一个重大问题时，想要去解决这个问题往往会牵涉到许多学科。如果想要得到最佳的结果，必须学习大量的跨学科知识，持久地掌握能够应用自如的所有必要技能。

第二节　投资理财的实战

10－2：投资理财的实战

投资理财理念的养成以及方法构建，短期内很难形成，需要投资者不断的实践，需要将投资理财与生活实际相结合，要实际体验投资理财。

（1）了解自己的资金情况。初次面对投资理财这个问题，先要明确自身资金情况。比如，同样是闲散资金，10万元和1万元在选择投资产品和策略时是有区别的。

（2）了解自己的风险态度。除资金状况外，还要明确自己对投资风险的态度，即风险偏好。激进型，希望获得较高收益，能够承受较大风险；保守型，只能获得较小收益，能够承受较小风险。这也会影响对理财投资产品的选择。

（3）学会多样化投资。多样化投资是积累经验、分散风险的最佳途径。“不要把鸡蛋放在同一个篮子里”，就是要多样化投资。可以分别选择一些短期的、中期的和长期的，各种不同的理财产品。以这种方式不但能获取不同投资理财产品的不同收益和投资经验，还可以分散风险。

（4）形成自己的投资习惯。如将自己的资金分为三部分，保守型投资、稳健型投资和高收益型投资应该分别占多少比例等。

一、投资理财如何入门?

首先需要先攒钱，有本金才可以理财，钱少钱多都要理财，钱少时侧重于储蓄，钱多时侧重于投资。先坚持记账，每一笔消费都记下来，要知道自己的钱花在哪里了。养成记账的习惯，是投资理财入门的必备工作。养成记账的习惯可以帮助人们知道钱的流向，然后有针对性地去节省不必要的开销，养成不乱花钱的好习惯。

（一）投资理念

要有一个良好的投资理念，要知道风险和收益是并存的，没有绝对安全的投资产品。要学会规避风险，让资产实现收益最大化。对于新手来说，无论别人给自己介绍什么产品，一定要先自己学习了解之后再行动。了解资产配置相关概念，懂得合理花钱，适当分配投资，尽早实现自己的财务自由。

（二）制定理财计划

为个人的诸项消费设置适当比例，争取各月投资规模均不会少于上个月。这主要涉及生活日常支出、意外支出以及投资理财等，在合理分类的基础上形成书面资料，方便基于实际情况随时地并有针对性地优化计划。

1. 压缩开销，零存整取

相当多的人对小额支出缺乏关注，但需要指出的是，哪怕是极小的投资，积累下来也可能变成一笔可观的财富。假设一个人从 25 岁开始，每月都坚持多存 100 元，假设能够获得 10% 的年收益率，那么他 35 岁时便会积累 2 万元。随着投资时间的积累，复利发挥的作用将会更加显著。

零存整取是每月固定储蓄一定数额的钱，存期设定为一年，期满之后 100% 转为一年定期存款。因为存款基本不存在风险，能够充当生活备用金，又或是可用作诸如房款首付之类的领域。

2. 合理控制个人信用卡的使用

在使用信用卡的过程中，要规避各种风险行为，如盲目透支等。实际消费总额建议控制在工资收入的 25% 以内。为降低盲目透支的风险，建议注销多余的信用卡，持有一张信用卡即可。

以大多数年轻人为例，举个例子来了解应该如何制定自己的理财计划：假设月收入 4000 元，年终奖 4000 元，平均每月正常支出 1000 元，应该这样做：

每月划拨 500 元执行零存整取操作，充当平时生活的应急开支。手中拥有一张信用卡，平时有节制地刷卡消费。当遭遇意外事件时，可凭借信用卡暂时应急，但需注意的是务必要准时偿还，防止个人信用出现问题。

3. 关注现金流变化

个人一生的现金流变化主要有两个关键时刻。

第一个关键时刻：刚参加工作的时候，因为有了工作，个人就有了正向的现金流，而没有收入的时候，现金流一直是负的。

第二个关键时刻：事业达到顶峰以后，现金流就会减少，因为个人已步入中年，劳动能力在逐渐降低。

从第一个关键时刻到第二个关键时刻，中间的这段过程其实就是个人投资理财最好的阶段。这个阶段的现金流是最好的。

在第一个关键时刻之前是投入期，个人在参加工作前其父母要付出巨大投资。

在第二个关键时刻之后是储蓄期，个人要给自己做储蓄，准备养老，要提前想好很多未来的开销。

（三）注意事项

收益和风险之间保持着相对应的关系，换言之，两者之间存在相伴而生的密切关系。在通常情况下，收益越高意味着承担的风险越大。常言道“高风险，高收益”。大部分人都清楚，在有价证券投资领域，股票能够产生更为可观的收益，然而由全面统计结果可知，真正盈利的人通常仅占投资者总数的1%左右。需要指出的是，一旦实施了不正确的投资决策，遭遇股票价格下跌时便会面对相当惨重的经济损失。股票市场存在如此问题，其他类型的投资项目也大概如此。收益和风险关联度甚高，收益建立在风险这一基础之上，同时风险可通过收益予以相应补偿。投资者之所以做出投资行为，其主要目的在于获取更多的收益，当然在此过程中势必要承担一定的风险。

二、投资模拟

利用软件进行股票、期货和外汇的模拟交易、动态复盘，系统按照模拟者的操作行为及成绩进行评价，模拟者根据评价了解自己的股票、期货和外汇交易水平和逐步改善自己的交易策略。

有练习型的模拟股票、期货和外汇交易软件，也有比赛型的模拟股票、期货和外汇交易软件。

（一）作用

（1）在真实的行情、交易规则里锻炼金融投资思维。

（2）无投资成本，无风险。

（3）模拟软件对交易结果的评价有利于模拟者了解自己的水平，总结投资经验。

（二）模拟品种

目前市面上的该类软件，一般不仅能模拟炒股，还能交易其他金融品种。

“虚拟交易所”：A股、B股、基金、债券、权证、股指期货、商品期货、跨品种组合投资。

“高校金融教学系统”：A股、B股、基金、债券、外汇、商品期货。

“金融模拟产品”：A股、B股、基金、债券、权证、外汇、商品期货。

（三）现实差别

“模拟投资的价值到底几何？”该问题难以通过“是”或“否”予以回答，而需进行系统且细致的分析。“模拟投资根本毫无用处！”为什么这样说呢？模拟投资并非投入现实中的真钱，有些投资者执行的是全仓杀入杀出的做法，一旦涉及真金白银，投资者便丧失了如此做的勇气。有些人参加模拟投资时会认真对待，也能够将盈利保持在一定水平，然而进入实战环节时，便会出现各种失误性操作，导致损失惨重。导致该种情况的主要原因是，投资模拟盘不存在什么心理压力，因此能够正常甚至超常发挥，大多数操作是合乎逻辑、理性的；而一旦参与实战，患得患失之心渐重，会干扰到正常的分析和判断。

模拟投资具备何种价值，这要看操作者持有何种心态。模拟盘能够为投资者营造一个不存在风险及压力几乎为零的理想环境，让投资者去大胆验证既定的投资策略和当前认可的操作手法等，若能严肃认真地进行模拟，自然不会毫无收获；倘若随意为之，如此模拟投资也必然效果不大。在模拟投资时发挥出色，而一旦进入实战便惨不忍睹的投资者，最需要端正的是心态。实战很残酷，会无限放大个人的人性弱点，一旦陷入贪婪或恐惧的困扰，就会做出很多错误的判断。模拟投资是不可能提供实战般压力的，然而可通过它去反复验证既定的选股策略和操作手法，当验证为可行时，那么应用于实践通常也是可行的。模拟投资赚钱，实战亏钱，出现这种差异的主要原因是心态没有摆正。模拟投资的一大突出作用是能够增强人的自信心，然而光有信心是不够的，但失去信心更是万万不可的。所以模拟投资存在一定的参考价值，能够让新接触投资产品的人反复锤炼个人技术，而对于成熟的投资者的意义则是对个人新规划的投资策略予以验证。

10－3：自我修炼和稳健原则

第三节 自我修炼和稳健原则

人生是一个不断修炼、完善自我的过程，做投资也是如此。完善自我并非追求完美，而是客观理性地分析自己的优势和弱点，尽量去最大化地发挥自己的优势，克服弱点。投资有三重境界：方法与技巧、性格与心态、价值观。投资方法与技巧的学习、投资工具和策略的运用、投资规律的掌握和投资模式的形成，这是投资的第一重境界，也是相对简单的。价值观是要明白，可以做什么，不可以做什么，有所为有所不为，决定投资人的最终归宿。性格与心态的修炼也很困难。

一、做投资是不断的自我修炼

投资是一场自我修炼，金融市场的投资很难。因为，投资者需要洞悉大众人性规律和自我人性弱点，把“自我”从“本我”的弱点中分离出来并要战胜它。要想成为金融市场的成功投资者，不仅需要一套超越大众，适应市场特性的思维方法，更要磨炼超越“大众和本我”弱点的心性。投资市场有时让人无比兴奋，有时又使人极度焦虑，让一些人赚钱，又让另一些人赔钱。抱朴守真、信守投资常识最为重要。投资过程就是一场克服自身人性弱点的自我修炼。优秀投资人需要具备的六种特质：好奇心、自信心、谦逊、敬业、判断力和热忱。

（一）投资中最重要的品质：intellectual honesty（智识）

能否诚实地面对自己，真诚地去衡量自己？能不能诚实地面对自己，是投资人的第一个考验，不仅针对年轻的学生，对于那些做到行业顶端的职场人士，更是巨大的挑战与考验。作为一名投资人，一定要诚实地面对自己的失败。诚实面对自己可以把生活变得更简单。

聪明的投资人容易犯的错误是什么呢？——不能够正视自己，或是过度的自信，高估了自己的聪明。很多成功的投资人，独立思考的能力特别强，但他在独立思考的时候又容易陷入思维的定式，有时候又会低估市场，而这种想法持续的时间很久。

在自信心和谦逊心的平衡下，客观对待自我，客观对待价格波动，客观等待市场的反馈。

（二）聚焦可以控制的因素

影响金融市场和投资人的投资因素有很多，投资人不可能面面俱到。投资人需要记住，绝大多数因素个人无法完全掌控。当市场或个人的投资与预期相反时，投资人不能意气用事，市场从来不会专门与个人作对。投资人应聚焦那些能控制的因素，建构合理的资产配置方案，了解个人的风险偏好和投资期限。这是降低或减轻那些折磨无数投资者，并在错误时间产生致命错误的负面情绪影响的最佳方式之一。

（三）设立个人最佳投资流程

这是指投资人愿意且能够跨越任何市场周期而坚守的投资方式。如果个人的投资方式不能跨越诸多不同的市场与经济周期而坚守，投资人采取的任何策略实际上并不能发挥作用。所有人的投资都要经得起时间的考验。也就是说，个人制定的投资方式，在经济增长、停滞或者衰退周期内，投资人都能坚持下去，这样投资收益才能有所保障。

（四）情商远比智商更为重要

要想成为一位成功的投资者，必须要知道如何统筹平衡风险与收益，对金融市场史要有深刻理解，并建构合适的资产组合。比如，华尔街有些投资者，他们因为缺乏自知之明，无法克制自负及过度自信，最终爆仓。在金融行业有很多聪明的投资人，但是很少有投资人能控制自己的情绪。

投资人不仅要知道自己的弱点所在，还应当了解市场会集体失去理性，就像我们知道的金融史上那些非理性的事件。最好的解决方案就是分析导致每项错误的行为（偏差），建立系统化/设立既定的投资过程，这样投资人不必担心个人行为（偏差）会干扰未来的决策。

普通投资者要采取被动的、系统的、可重复的投资策略，因为只有少数主动投资者能够并确实跑赢市场。

（五）资产配置提高总体投资绩效并增加风险承受能力

要重视资产配置（即将股票、债券、现金与其他资产纳入资产组合），虽然资产配置并不一定完美，但是如果投资者能够长期坚守资产配置，跨越较长时期的多元化资产配置会给投资者带来更高的收益。

（六）设定合理的预期收益率

在确定投资计划之前，储蓄应当是压倒一切的最优先事项。为了实现存钱的目标，最好开通每月自动存款业务。时间是财富的朋友，不要轻视每月一点一滴的积累。

对期望收益率要有一个比较合理的预期。股票市场中，很多投资者对于一年赚不到

50%的股票兴趣并不大，结果只能“all in”。10%—15%的年化收益率应该适合绝大多数投资者，关键是要赚最稳妥、最有把握的钱。

（七）损失无法避免

投资能够长期获利的原因在于短期的波动，有涨就有跌。投资者应平静地接受损失，而不是自责。投资者应当主要关注长期结果，并基于长期结果进行评价。如果投资者不能承受损失，则应当将更多资金配置到低波动性的资产上。

（八）要简单，守纪，富有耐心，着眼长远

投资者的行为已经越来越短视，比如，评判专业投资者绩效的考核周期越来越短。普通投资者，除了自身原因外没有外部压力，因此要严格遵守自己设定的投资计划。利用个人投资者没有固定投资期限的优势，采取长期策略而不是短期投机，从而提高投资收益。

（九）财富要有附加价值

如果没有附加价值，财富什么都不是。只有当个人运用财富提高生活满意度时，财富才有意义。科学研究证明，带来最大幸福效应的花钱方式是花多少钱在别人身上，某人在别人身上投入越多，幸福感越强。给个人的资产赋予价值，着眼于实际价值，弄明白个人的财产如何才能给自己带来幸福，寻找享受财富的方式。投资其实就是一场大道至简却又终生修炼的过程。

（十）少即是多

如果投资者耗费大量的时间与精力，使用更加复杂的投资策略，是否有可能获得持续跑赢市场的业绩？当然，一切皆有可能。但是，简单投资的魅力在于个人在享受生活的同时，还能实现投资目标。没有附加意义的财富毫无价值。

时间往往是最有价值的商品，如果个人使用简单的投资方法，可以赢得更多时间与家人和朋友在一起，做喜欢的事情，这样所产生的巨大效应是任何投资都难以企及的。况且，在投资过程中少做决策，可以降低因缺乏耐心做出错误决策，进而打乱甚至摧毁投资计划的可能性。

（十一）专业团队的优势

普通投资者由于时间与知识能力的限制，购买基金等可能会更合适。专业投资团队具有专业理财优势（投资技术、信息灵通、国家政策领悟等），借助专业人士和投资团队购买指数基金，比竭力选择少数持续跑赢市场的主动型基金或者投资更高风险的股票，投资者获得的收益可能更高。

二、稳健原则

第一，要控制资金投入比例。

第二，适可而止的投资原则。在市场整体趋势向好之际，不能盲目乐观，更不能忘记风险而随意追高。股市风险不仅存在于熊市中，在牛市行情中也一样有风险。如果不注意，即使是上涨行情也同样会亏损。

第三，分散投资，以此实现对市场中各种非系统性风险的有效规避。需要指出的是，分散投资也需保持适度，当手中投资产品种类五花八门时，不但无益于降低风险，还会招致实际收益的缩水，增加交易费用。

第四，克服贪婪之心。一些投资者倾向于追逐暴利，在行情看涨时认为前面还有大牛市。愿望虽然是好的，但追涨杀跌的结果却是所获无几。

第四节 财务自由之路

10－4：财务自由之路

财务自由是源自西方投资理财领域的“financial－freedom”这一概念。财务自由可被理解成一个人不用努力工作便可以过上不错生活的状态。

简而言之，一个人当前持有的资产所带来的财产性收入在数额上已经大于他的日常开支，这便是通俗意义上的财务自由。在迈向财务自由的路上，财产性收入是一个尤为关键的指标。哪怕是待在家中不工作，也能源源不断地获得一定的净现金流入。财产性收入的来源主要有房租、股票红利以及债券利息等。

然而也有相当一部分人持有如下观点：只有高收入人群才有机会过上财务自由的生活，而一般人在正常情况下是不可能实现财务自由的，因此一些人便不再奢望提前退休。上述观点并不正确。收入高自然帮助甚大，然而更为关键的因素还是要看决心、自律以及坚持等。

其实大部分人设置财务自由的标准并非高不可攀，可梳理和归纳为下述若干条：

（1）无须为钱而工作。大多数人出来工作无非是出于“讨生活”的目的，具体而言，为了维系个人或家庭的正常运转，偿还房贷车贷，又或者是让自己看起来体面一些。丢了工作，“体面生活”便会立即中止。因此大部分人因“钱”而不得不工作。

（2）保持财产性收入的净现金流入。想方设法增加财产性收入。对于拥有工作岗位的人，其收入可以分为两种：一种是职务性收入，即每月领到的工资和奖金；另一种是财产性收入，就是通过投资理财产生的资金回报。排除工资收入，财产性收入是关系到一个人能否跨入财务自由门槛的一个尤为关键的指标。也就是说，即便待在家中不工作也会取得足够支持日常开销的净现金流入。

在探讨财产性收入的时候，务必要弄清楚什么是净现金流入。当财产性收入不断地增加，直至几倍于工资性收入时，我们的人生在商业意义上就开始自由了，可以选择自己喜欢的工作，不再被工作所捆绑。

（3）保有一定规模的净资产。若想赋予“财务自由”一个直观的、定量的概念，可通过净资产（net wealth）予以反映。例如，高净资产投资者通常指的是：“总资产－总负债”不少于100万美元。

（4）保持平常、自由的心态。一个人究竟要掌控何等规模的资产，才能步入心灵自由的理想状态呢？这不存在标准答案。一个真正意义上的“财务自由人”需满足三大必要条件：不仅有钱，同时有闲暇，另外还能够保持平常、自由的心态。钱不能百分百带来自由，然而没有钱百分百不自由。若想跨入财务自由的大门，不仅要做到“身往之”，更需做到“心往之”。

收入高自然有益于财务自由的早日达成，然而更为关键的依旧是一个人持有的决心、自律程度、有无坚持。通过下述方法，一般人即便工作平常、收入平常，同样也有机会跨入财务自由的大门。

一、转变金钱观，把钱看作资本而不仅仅是资产

钱是资产，是财富的集中反映之一，同时它也是一种资本，换言之“钱可生钱”。在成为财务自由人士之前，一个人势必需要努力工作，甚至为此而废寝忘食。任凭个人拥有的钱静静地、无意义地躺着并不合适，而应该经由投资产生相应收益。钱可全天候处于投资领域，源源不断地产生收益。因此，若想尽快地进入到财务自由状态，那么树立正确的金钱观便显得尤为必要且重要，即想方设法地探寻生钱之道，让个人持有的钱也运转起来。

要善于储蓄和投资。善于储蓄——先存钱后花钱，减少不必要的开支，才能攒下以后投资的资本。善于投资——提升自身价值、抓住机遇，只有挣得越多，实现财务自由的速度才越快。长期且持续的增长会使资产增值得非常可观。

二、认识小额投资的威力，长期坚持投资

在积累财富的过程中，因为有复利的存在，即便是看似微不足道的小额投资，日积月累之下也能大幅改观人们的远期财务状况。对大部分人而言，实现财务独立的最大阻碍并非收入过少，而是没有端正心态，错误地认为那是高净值人士才有机会做的事情。

三、科学配置资产

理财是一门让生活变得更加优质的重要技能。在日新月异的当代社会，若想相对精彩地生存下去，那么强迫自己拥有一定的理财能力便显得十分必要。当下投资理财方式有很多，最常见的如银行理财、信托、股票、债券等，这些理财方式的收益、风险高低各有千秋，有些人通过这些理财方式赚得盆满钵满，也有人即便是投资风险最小的理财产品依然赔本，这都是因为没有进行科学的资产配置，选择适合自己的投资产品。

四、明白金钱不等于幸福

金钱和幸福不能画上绝对的等号。拥有再多金钱的人，其金钱数量终归会有一定的限度，然而人的欲望无穷无尽。在基本生存得以满足之后，多出来的金钱在通常情况下仅会导致更多的物质渴求。

应在金钱之外不断探寻自己的幸福，学会享受、感悟生活，这也是跨入财务自由世界的终极之路。

作为一位年轻人，要想实现财务自由，应该从好好学习，好好工作起步。

第一，不管如何，均需积极地多赚一些钱。倘若钱不充足，所谓自由也便无从谈起。但也不是推崇起早贪黑式的蛮干，而是说应当在工作中持有端正的态度，如此才能最大限度提高个人的工作能力和工作业绩，赚取更为可观的工资，毕竟对于大部分人来说，工资收入仍旧是稳居第一位的现金流。

第二，学会随时投资自己。若想走上可持续发展之路，那么学会投资自己便显得尤为必要，只有坚持不懈地强化个人能力，才能拥有更为理想的个人成长空间。

第三，保持健康状态。常言道“身体是革命的本钱”，这是真理，倘若失去了健康，便失去了一切，因此合理规划时间，规划好健身事宜很关键。

第四，懂得投资理财。纵观被动收入可知，相当一部分并非经由工作途径取得，倘若片面依赖工作收入，则显得过于单调，只有懂得且愿意理财，才能拓宽收入渠道，才能更好地降低个人在经济上的压力，争取早入成为财务自由人士。

本章思考题

1. 要做好金融理财需要掌握哪些专业知识？
2. 投资理财如何入门？收益与风险有什么关系？
3. 做投资哪些素质很重要？
4. 分析金钱、财富、资本和幸福的关系。

参考文献 References

1. 格里高利·曼昆. 经济学原理（第8版）[M]. 中译本，北京：北京大学出版社，2020年.

2. 沃尔特·尼科尔森. 微观经济理论：基本原理与扩展（第11版）[M]. 北京：北京大学出版社，2022年.

3. 米什金. 货币金融学（第12版）[M]. 北京：中国人民大学出版社，2021年.

4. 罗斯，等. 公司理财（第11版）[M]. 吴世农，等译，北京：机械工业出版社，2020年.

5. 博迪，等. 投资学（第10版）[M]. 汪昌云，等译，北京：机械工业出版社2017年.

6. 李维安，公司治理学，“十一五”国家规划教材，高等教育出版社，2020年.

7. 蒙克斯/米诺. 公司治理（第5版）[M]. 北京：中国人民大学出版社，2017.

8. 拉克尔，等. 公司治理：组织视角（第2版） [M]. 北京：中国人民大学出版社，2018.

9. 约翰·梅纳德·凯恩斯. 就业、利息与货币通论 [M]. 北京：商务印书馆，2002年.

10. 亚当·斯密. 国民财富的性质和原因的研究 [M]. 北京：商务印书馆，1974年.

11. 弗兰克·奈特. 风险、不确定性与利润 [M]. 北京：商务印书馆，2006年.

12. 小艾尔弗雷德·钱德勒. 看得见的手：美国企业的管理革命 [M]. 北京：商务印书馆，1987年.

13. 罗纳德·哈里·科斯. 企业、市场与法律 [M]. 上海：上海三联书店，1990年.

14. 思拉恩·埃格特森. 经济行为与制度 [M]. 北京：商务印书馆，2004年.

15. 加里·贝克尔. 人类行为的经济分析 [M]. 上海：格致出版社，2008年.

16. 奥利弗·威廉姆森. 资本主义经济制度 [M]. 北京：商务印书馆，2002年.

17. 奥利弗·哈特. 企业、合同与财务结构 [M]. 上海：上海人民出版社，2006年.

18. 托马斯·谢林. 微观动机与宏观行为 [M]. 北京：中国人民大学出版社，2005年.